国际中文教师专业能力丛书

CHINESE AS A SECOND LANGUAGE SKILLS TEACHING (SECOND EDITION)

赵金铭 主编

汉语技能教学（第2版）

翟　艳　苏英霞 著

北京语言大学出版社
BEIJING LANGUAGE AND CULTURE
UNIVERSITY PRESS

©2022北京语言大学出版社，社图号22117

图书在版编目（CIP）数据

汉语技能教学/翟艳，苏英霞著. —2版. —北京：
北京语言大学出版社, 2022.11（2025.2重印）
（国际中文教师专业能力丛书/赵金铭主编）
ISBN 978-7-5619-6174-2

Ⅰ.①汉…　Ⅱ.①翟…②苏…　Ⅲ.①汉语—对外汉
语教学—研究生—教材　Ⅳ.①H195.3

中国版本图书馆 CIP 数据核字 (2022) 第 194210 号

汉语技能教学（第2版）
HANYU JINENG JIAOXUE (DI 2 BAN)

排版制作：华伦图文制作中心
责任印制：邝　天

出版发行：北京语言大学出版社
社　　址：北京市海淀区学院路 15 号，100083
网　　址：www.blcup.com
电子信箱：service@blcup.com
电　　话：编辑部　　　8610-82303395
　　　　　发行部　　　8610-82303650/3591/3648
　　　　　北语书店　　8610-82303653
　　　　　网购咨询　　8610-82303908
印　　刷：天津鑫丰华印务有限公司

版　　次：2010 年 8 月第 1 版　2022 年 11 月第 2 版
印　　次：2025 年 2 月第 2 次印刷
开　　本：710 毫米 ×1000 毫米　1/16　　印　　张：28
字　　数：452 千字
定　　价：98.00 元

PRINTED IN CHINA

编者的话

"国际中文教师专业能力丛书"（以下简称"丛书"）[1]，顾名思义，是一套为准备成为国际中文教师的读者编写的丛书，也可以用作"国际中文教师证书"考试的参考用书。目的在于使其具备必有的知识，并获得基本教学能力，从而经检验最终取得教师资格。

随着国际中文教育事业的蓬勃发展，越来越多有志于从事国际中文教学和刚刚从事国际中文教学的人都摩拳擦掌，跃跃欲试，希望通过考试，验证一下自己作为国际中文教师是否合格。更多的人则希望获得证书，跻身国际中文教师行列。

但是这些应试者并不都是国际中文教师，其中不少人来自不同的专业背景，知识结构多样化，语言文化背景也多有差别，有些人并未受过汉语作为第二语言教学的专业培养。即使已进入国际中文教师队伍，比照证书大纲的要求，也还会发现自己的短板或弱项，需要进一步充电学习。

本套"丛书"除了作为国际中文教育硕士专业课程的教材外，还可为其提供复习的材料，以便在知识结构和能力水平两方面进行提升，从而能够面对资格检验，验证其是否为合格的国际中文教师。

"丛书"面向的读者对象，约略有如下三种情况：

一是准备参加"国际中文教师证书"考试获取证书的人，可把"丛书"作为备考的参考用书；

二是非语言学、汉语出身的人，兴趣所在，将来有志于从事国际中文教学工作，可把"丛书"作为入门自学的教材，以便此后参加考试；

三是国际中文教育专业的学生或已进入国际中文教师队伍的人，可把"丛书"作为教材，提升个人修养和教学能力。

---

[1]　为了切合国际中文教育事业的发展需要，丛书名从"国际汉语教师能力与资格丛书"改为"国际中文教师专业能力丛书"。

　　"丛书"的编写酝酿已久。2007年，国家汉语国际推广领导小组办公室研制了《国际汉语教师标准》（以下简称《标准》）。这个《标准》由五项能力标准组成，分别是语言基本知识与技能、文化与交际、第二语言习得与学习策略、教学方法、教师综合素质。

　　《标准》涵盖汉语作为第二语言教学的方方面面，突出能力的描述是其特色。为满足国际中文教师之需要，我们根据国家对外汉语教学领导小组办公室编写的《汉语作为外语教学能力等级标准及考试大纲》，撰写并从2008年起陆续出版了一套"汉语作为第二语言教学丛书"。

　　国际中文教育事业不断发展，国际中文教师有很大缺口。补充新教师，不断提升新教师的业务水准，已成为当务之急。2015年，孔子学院总部/国家汉办又颁布了《国际汉语教师证书考试大纲》（以下简称《大纲》）。《大纲》按照《标准》中的五项能力标准，规定了应试者在各项中所应具备的能力。《大纲》更加注重汉语教学基础、汉语教学方法和课堂教学，并以此为特色。《大纲》中的五项能力标准分别为：汉语教学基础、汉语教学方法、教学组织与课堂管理、中华文化与跨文化交际、职业道德与专业发展。

　　在新形势下，教材必须适应变化了的情况，于是我们决定在原"汉语作为第二语言教学丛书"的基础上，重新调整内容，改变行文方式，增添新知，注重能力培养。这样，新编的"丛书"就以《大纲》的五项能力标准为基础，即如何才能掌握这些能力，这些能力又如何使其胜任国际中文教师。这样看来，必须全面掌握汉语和中华文化相关知识，熟悉汉语作为第二语言教学的原则与方法，才能将所学知识转化为汉语教学能力。能力是在掌握知识的基础上，经思考、训练、实践而具备的本领。基础知识加基本技能，经实践检验，才能具有专业资格。

　　"丛书"并未完全依照《大纲》的五项能力标准依序成书，而是依据知识与能力的系统性，按照科学的逻辑顺序及从知识到能力的发展脉络，设计了六本书，依次如下：《汉语纲要》（施春宏著）[①]、《汉语国际教

---

① 《汉语纲要》分为上下册，已在2018年出版。

育概说》（刘长征著）、《汉语要素教学》（毛悦著）、《汉语技能教学》（翟艳、苏英霞著）、《汉语课堂教学》（姜丽萍著）、《中华文化与跨文化交际》（杜道明著）[①]。这六本书的内容并不完全对等于《大纲》的五项能力标准，虽涵盖了《大纲》的全部内容，但在内容的安排上采取了交叉处理的方式，以体现知识与能力系统的渐进性与完整性。

　　"丛书"着眼于系统知识的梳理，在汉语知识、中华文化知识和汉语教学知识等方面涵盖应试的全部内容，在汉语教学能力、汉语教学方法、跨文化交际能力方面提供大量实际案例，以使应试者具备《大纲》要求的知识结构和能力水平。

　　"丛书"没有采取依据考试大纲编写模拟题的做法，而是从知识结构的需求、技能训练的标准出发，编排了国际中文教师应具备的汉语知识与教学技能的完整框架。应试者按照"丛书"进行准备，不管以后考试遇到什么问题，均能调动所学内容进行类推对比、举一反三，自会应用裕如。
"丛书"内容与《大纲》内容交叉情况如下：

　　（1）《汉语纲要》对应标准1"汉语教学基础"的知识部分。

　　包括：具备汉语语言学基本知识，具备基本的汉语语音、词汇、语法和汉字的分析能力。附思考与检测、常见语法偏误分析，突出汉语语法的特点。

　　（2）《汉语要素教学》《汉语技能教学》对应标准1"汉语教学基础"的汉语教学原则及标准2"汉语教学方法"的全部内容。

　　包括：用大量实际案例，介绍汉语语音、词汇、语法、汉字的教学方法与技巧，介绍听、说、读、写的训练方法与技巧。无论是要素教学还是技能训练，都注重综合教学。

　　（3）《中华文化与跨文化交际》涵盖标准4"中华文化与跨文化交际"的全部内容。

　　包括：了解中华文化基本知识，具备文化阐释和传播的基本能力；了解中国基本国情，能客观、准确地介绍中国；具有跨文化意识和跨文化交

---

① 《中华文化与跨文化交际》分为《国际中文教师中华文化通识》和《跨文化交际通识》两册，待出版。

际的能力。

（4）《汉语课堂教学》涵盖标准3"教学组织与课堂管理"的全部内容。

包括：熟悉汉语教学标准和大纲，并能进行合理的教学设计；能根据教学需要选择、加工和利用教材与其他教学资源；能设计课堂教学的任务与活动；能进行有效的课堂管理；能高效地组织课外活动；了解测试与评估的基本知识，能对学习者进行相对准确的测试与评估。

（5）《汉语国际教育概说》则涵盖了标准5"职业道德与专业发展"及上述各书难以容纳的《大纲》内容。

包括：汉语作为第二语言教学的一些分支学科知识，如第二语言教学的一般原则、第二语言习得的基本原理；一些具有相对独立性的内容，如"了解现代教育技术，并能应用于教学""了解测试与评估的基本知识和主要方法"。将上述具有理论色彩的一些问题，与职业道德、职业规范，以及教育研究能力与专业发展意识并入一册。

考虑到读者可能来自国内外不同的教育环境，教学理念多有不同，外语教学传统也各有差异，学习策略更是因人而异，即使知识结构也有高下、浅深之分，因而"丛书"的编写原则为：

一是多采用一般性、通用的理论，注重带有规律性的结论。无论是语言理论、语言教学理论还是语言学习理论，都选取已形成共识的观点。个人的不成熟的具有创新意义的意见一般不做重点阐述。

二是理论与实践密切结合，注重教学技能的培养。以教学实例阐释教学原理，用案例证实学习规律；设计一些思考题，引导读者深入思考，加深认识。不尚空谈，授人以"渔"。

"丛书"的七位作者均为北京语言大学教授。七位教授都有二三十年的国际中文教学与研究的经验，他们对国际中文教师应具备的知识与技能，以及如何准备应试，胸有成竹，情况明了。

"丛书"的出版单位北京语言大学出版社一贯重视国际中文教师的培训与培养，此次为策划这套"丛书"，曾多次组织编写组成员论证，从确立内容到研讨体例，集思广益，尽力使本套"丛书"能符合客观实际需要，满足读者的需求。我们希望这套"丛书"可以为国际中文教育事业略尽绵薄，自然也会有些疏漏与不足之处，更期待广大读者不吝赐教。

赵金铭

2018年8月

前　言

时光荏苒，继2010年第1版问世以来，国际中文教育事业发展迅猛，形势发生了巨大的变化，修订《汉语技能教学》被提上了日程。我们既是一线教师，又是国际中文教学领域的研究者，这十余年间也在不断丰富汉语教学的认识和实践经验，有必要把我们更新的体会奉献给读者。在主编赵金铭教授的精心筹划下，在资深编辑沈岚老师的积极督促下，经过多次集体研讨，我们数易其稿，第2版终于付梓了。

第1版作为一本较早系统研究汉语技能教学的专著，搭建了汉语作为第二语言技能教学的理论框架，对其教学特点与过程、教学内容与方法等进行了探讨，梳理了海内外教学方法对汉语技能教学的影响，并依据《国际汉语教师标准》《国际汉语能力标准》（英汉对照）和《国际汉语教学通用课程大纲》等，对相关内容做了阐释和说明，使全书内容更加丰富。书中还融入了我们对汉语教学的反思，提供了大量的课堂教学实例，理论与实践相结合。

2021年《国际中文教育中文水平等级标准》（下面简称《等级标准》）的发布更敦促我们要根据《等级标准》与时俱进。鉴于此，第2版进行了全面修订，以反映汉语教学的新近研究成果，服务于广大读者。

第2版延续了第1版的基本框架和写作风格，并在以下方面做了调整：

（1）重新撰写了第一章。

第一章厘清了语言知识与语言技能的相关概念，梳理了汉语技能教学的发展历程，从教学理论、教学实践和科学研究等方面对汉语技能教学进行了全方位的探讨，提出了一些新的观点。

（2）在听、说、读、写各章节中，我们增加了《等级标准》关于语言技能的等级描述，并做了相应解读。

在教学设计中，我们参考了《等级标准》的相关要求，将其应用到了教学实例中。同时还将第1版中的《国际汉语教师标准》、《国际汉语能力标准》（英汉对照）、《国际汉语教学通用课程大纲》与《等级标准》进行了对比。

（3）补充了大量教学实例，使汉语技能教学的教学过程更具实操性。

如第二章《汉语综合技能教学》的教学环节部分，我们扩充了生词教学环节、语法教学环节、课文教学环节和交际应用环节的内容。在第三章和第五章，我们增补了外国学生汉语口语表达和阅读理解的常见问题，并结合实例加以说明，还根据学习者不同的阅读水平，配上了相应的教案。在第六章中，我们将汉语写作技能教学的过程与方法分为两节进行阐述，使重点更为突出。

（4）从有利于学习的角度，本书新增了"思考题"部分，可以检测读者对相关知识的理解和掌握程度。第三章、第五章补充了课程测试与教学评价的内容。

不过，本书还存在一些不足之处，如《等级标准》"言语交际技能"中"译"的部分是这本书所欠缺的。

国际中文教学的根本目的是培养学生的语言交际能力，这是由语言交际的本质所决定的。语言技能是构成语言能力的核心部分。从这个角度来说，汉语技能教学理应受到教师的重视并在教学过程中得以充分体现。我们已在国际中文教学领域深耕三十余年，希望这本书能给读者带来启发。

在写作过程中，我们得到多方的支持和帮助。感谢主编赵金铭教授给予我们的信任和指导，以及北京语言大学出版社沈岚老师认真细致的工作！

基于不同的研究方向，本书做了如下分工：

第一章、第二章、第四章、第六章由翟艳撰写；

第三章、第五章由苏英霞撰写。

能力有限，书中不当与粗疏之处，敬请读者批评指正！

翟　艳　苏英霞

2022年仲秋

目　录

第一章　汉语技能教学的相关理论

第一节　汉语技能教学的相关概念

汉语教学的根本目的是培养学生的语言交际能力，这是由语言的交际性所决定的。根据2008年出版的《国际汉语教学通用课程大纲》[①]，学习者的语言综合运用能力由语言知识、语言技能、策略和文化四方面组成，其中，语言技能包括听、说、读、写四个单项技能，它们是构成语言能力的核心部分。本书旨在全面阐述汉语技能教学的理论，分析汉语技能教学的特点、原则等，探讨"让一个从未学过汉语的外国留学生在最短的时间内能最快最好地学习好、掌握好汉语"的课堂教学（陆俭明，2004）。

一、语言知识与语言技能的关系

语言知识和语言技能是语言教学的两个主要方面。这两个方面有什么关系？各有什么特点？

语言知识主要指语音、词汇、语法等语言要素所具有的本体知识和语用知识。汉字也是汉语的语言要素之一。因此，汉语教学的语言要素分为四个层面：（1）语音、汉字；（2）词汇、短语；（3）句子、句群；（4）段落、篇章。语言技能指的则是运用语言进行听、说、读、写的技能。

语言知识和语言技能是密不可分的。一方面，语言技能的训练不能脱离语言要素的教学，不借助词汇和句子，人们就不能表达思想；不借助语音和文字，人们就无法使说/写出的词和句子被识别和理解。另一方面，语言知识作为静态的陈述性知识，要在一定的交际场合应用，才能使交际

---

① 国家汉语国际推广领导小组办公室. 国际汉语教学通用课程大纲[S]. 北京：外语教学与研究出版社，2008.

发生，进而实现交际的目的。

然而，语言知识和语言技能不是并列的关系，也不是先后的关系，我们可以把语言知识看成语言技能的基础，两者之间是你中有我、我中有你的关系。

二、语言教学的认识误区与困惑

从事汉语教学的教师常常有一个认识误区，即错把语言知识教学当作语言教学，以为完成了语音、词汇、语法等要素知识的讲授就完成了汉语的教学任务，混淆了知识与技能的关系。教师应认识到知识的传授只是一种认知行为，认知是不能形成能力的。

一些汉语教师的困惑在于他们即使认识到知识的学习只是教学的第一步，也仍不能在技能教学中找到行之有效的方法，面临教学困境。语言教学的认识误区与困惑都会导致教学的针对性不强，影响教学效果。

三、语言知识教学和语言技能教学

课堂教学的语言知识内容一般都是确定的，如语法点等，可以量化统计。以《汉语口语速成：入门篇（下）》[①]第16课为例，学生将学到"家""顾客"等34个词，"正在……呢""有的……有的……""一边……一边……"3个语法点，教师可以根据这些语言知识备课并组织教学。要素教学的效果也比较容易观察，如通过诊断测试、学业考试等，教师可以了解学生的掌握情况，并对学生的语言错误进行归类分析，找到教学的对策。

在语言教学领域，结构主义语言学派对语言教学的影响颇深，并拟定了一些语言项目大纲。比如1996版和2001版的老HSK[②]、2009版的新

---

① 马箭飞.汉语口语速成：入门篇（下）[M].北京：北京语言文化大学出版社，2000.
② 1996版老HSK指的是国家对外汉语教学领导小组办公室汉语水平考试部编写的《汉语水平等级标准与语法等级大纲》，2001版老HSK指的是国家汉语水平考试委员会办公室考试中心编写的《汉语水平词汇与汉字等级大纲》（修订本）。

HSK[①]根据语料库和语言要素的使用频率制定出不同级别的汉字、词汇、语法大纲。老HSK采用的是基础、初中等、高等三等11级的体系，即1—3级为基础水平、3—5级为初等水平、6—8级为中等水平、9—11级为高等水平。新HSK是一到六级的体系，2021年颁布的《国际中文教育中文水平等级标准》采用的是三等九级的体系，与老HSK的标准体系相仿。一般语言水平大纲除了对语言水平做描述性界定外，还规定了相应的字、词、语法的学习要求，如1996版的老HSK[②]对"读"的规定为：

　　四级标准：能够认读和理解甲乙丙丁级词7000个左右、甲乙丙丁级语法910项左右、甲乙丙丁级汉字2555个左右。

　　五级标准：能够认读和理解甲乙丙丁级词8822个、甲乙丙丁级语法1168项、甲乙丙丁级汉字2905个。

　　语言大纲关于语言要素有明确的说明，也有难度的划分和等级的说明，但语言技能却很难像语言要素那样一目了然。技能大纲主要采取的是描述法，即将各项技能细分为在不同复杂度的交际场景下能够完成的任务，并对其难度等级加以说明。对汉语口语技能的说明见表1-1：

表1-1　《国际汉语教学通用课程大纲》关于口语技能的描述

一级	能主动问候他人或对他人的问候做出回应。
二级	能用简单的词句就日常生活中非常熟悉的话题与他人沟通，提出简单问题或给出明确的回答。
三级	能就日常生活及学习中熟悉的话题与他人进行简单的交流，或做简单陈述。
四级	能在一般社交场合与人沟通，就一般性话题进行交谈。
五级	能在多种场合下与他人就一般性话题进行有效的沟通和交流。
六级	能在多种场合下与他人进行有效的沟通和交流，说话得体。

　　从可提取的关键词，我们发现划分的层级差别：

---

① 国家汉办/孔子学院总部. 新汉语水平考试大纲[S]. 北京：商务印书馆，2009.

② 国家对外汉语教学领导小组办公室汉语水平考试部. 汉语水平等级标准与语法等级大纲[S]. 北京：高等教育出版社，1996.

（1）交流的程度

问候回应──→简单的词语──→简单的交流──→交谈──→有效的沟通和交流

（2）交际的场合

日常生活──→日常生活与学习──→一般社交场合──→多种场合

（3）话题的熟悉程度

非常熟悉的话题──→熟悉的话题──→一般性话题

从这些描述中，我们可以看到交际的场合越来越复杂，交谈的话题越来越广泛，语言的表达效果也越来越好。然而对于课堂教学而言，这样的描述缺乏具体的训练抓手，没有明确训练的技能及训练程度。

因此，在语言教学中，我们需要对汉语技能教学提出更有指导意义的理论。语言微技能理论的提出，为我们指明了汉语技能教学的方向。

四、按技能设课的理据

为什么能按单项技能来设课呢？首先是因为人们注意到运用语言做事有时只需要某一项技能，如阅读书籍、听广播、发表讲话、写报告等。其次，每一个个体的人所具有的语言技能可能是不均衡的。比如在贫困国家和地区，有相当数量的人不识字，被称为文盲；还有大量的外语学习者的语言阅读能力可以满足研究的需要，却不能开口说话。

人脑的左半球具有语言功能，四种语言技能在人脑机制中有相对应的中枢区域，左脑前半部的损伤也可能导致说话功能的丧失，后半部的损伤可能导致听话功能的丧失。之后还发现了视觉语言中枢和书写中枢的位置。神经生理学的发现为语言教学的分技能训练理论提供了重要依据。

大量刺激说的是训练的强度，表明语言技能操练需要达到一定的量。那么在课程设置上就要安排足够的课时，在课堂教学中的输入量或输出量也要充分，这样才能保证技能训练的基本效果。

语言的四项技能分别是听力理解技能的"听"、口头表达技能的"说"、阅读理解技能的"读"和笔头表达技能的"写"。从信息传递的角度来看，听和读是接收技能，对接收的语音或文字信息进行解码，构建话语意义；说和写是表达技能，调取大脑中储存的语言知识和概念进行编码，用语音或文字信息输出话语，进行意义的表达。

从语言功能上看，听和说是口头语言交际，是即时完成的；读和写是书面语言交际，是延时表达的，可以反复加工。"用不同的方法训练不同的语言技能"是20世纪七八十年代提出来的，问题的提出缘于多年来对汉语教学认识的提高，也得益于技能教学实验的成功经验。正如吕必松先生（2017）所说："提出用不同的方法训练不同的语言技能，不但有利于帮助人们认识语言内容的传授和语言技能的训练这两者之间的区别，增强训练语言技能的意识，而且可以促使人们去研究不同语言技能的不同习得规律，并根据不同的习得规律去研究和设计有效的教学方法。"

综上所述，我们可以把语言技能教学概括为：语言技能教学就是通过合适的教学方法和技巧，把语言知识、语用知识、文化知识及策略技巧转化为学习者的语言交际能力。技能教学不是围绕着知识来进行的，而是围绕着技能来进行的。在这个过程中，教师需要根据不同技能的特点，进行大量的输入和输出练习。由于交际场合和任务难度的不同，汉语技能教学还应根据学习者的不同水平和教学阶段的要求，进行分层级的教学。也就是说，汉语技能教学是从不同的技能特点出发，以微技能训练为中心、以语言交际能力为培养目标的汉语教学。

第二节　汉语技能教学的发展历程

汉语教学是一个实践性较强的学科，从历史的角度来看，它的教学实践先于理论建设。在多年的教学实践中，汉语作为第二语言教学的性质、特点和任务得以明确，学科建设也得以逐渐完善。

汉语技能教学是汉语教学的重要内容，然而在早期的汉语教学中，技能教学更多地体现在理念上。作为一个独立的教学法出现，是在20世纪的80年代。那么早期的汉语技能教学是怎样的呢？下面我们从理论和实践两方面来梳理汉语技能教学的发展历程。

1950年9月，清华大学"东欧交换生中国语文专修班"开办，拉开了新中国来华留学生汉语教育的序幕。

50年代到80年代是汉语教学的创立和发展时期，吕必松先生（2017）从教学法的发展角度将其划分为4个大的阶段：（1）50年代初到60年代初；（2）60年代初到70年代初；（3）70年代初到80年代初；（4）80年代初以来。我们基于吕必松先生的观点，将其划分为五个大的阶段。前三个阶段合并了吕必松先生的四个阶段，第四个阶段为80年代到90年代（发展阶段），第五个阶段为21世纪初至今（稳定阶段）。从第四个阶段起，各种教学法流派大量涌入。这个阶段汉语教学的主要特点是教学法的兼收并蓄，其中交际法是核心的理论。进入第五个阶段，在海内外的大环境中，汉语教学的主要特点是在社会文化理论的背景下，任务型教学等兴起。

一、50年代初到60年代初（初创阶段）

这一阶段主张理论指导实践，讲练并重，教学上以词汇和语法为中心。如周祖谟先生（1953）所说："在全部的教学过程中，词汇教学和语法教学应当是教学的中心，别的都要围绕这个中心来进行。"1958年出版的汉语教材《汉语教科书》①，集中体现了这个阶段的教学理念和教学方法。教材的体例以语法为纲，由生词、语法、课文、课外练习和汉字表五部分组成。生词和课文都是为语法教学服务的。技能训练倾向于全面要求、综合教学、阶段侧重，要求学生全面掌握听、说、读、写四种技能，初期侧重听说，中、后期侧重听读、读写（钟榫，1979）。

二、60年代初到70年代初（改进阶段）

这个时期之所以叫作"改进阶段"，是因为吕必松先生认为这个阶段与前一个阶段在教学上是一脉相承的，没有重大突破，只是在总结前一阶段教学经验的基础上提出了一些改进性意见。不过这些建议和意见在今天看来仍然弥足珍贵，因为它们形成了汉语教学的传统，提出了"实践性原

---

① 由邓懿主编的《汉语教科书》1958年在时代出版社出版。

则"和"精讲多练"原则，以及"学以致用"的教学要求。这些观点的提出，主要针对的是前一个阶段重视语言知识教授、忽视语言应用的现象。不过，当时学界对这些观点的阐释不够清晰。1965年钟梫执笔对这15年的汉语教学经验进行了全面总结，较为清楚地讨论了此阶段的教学特点、教学要求、教学原则和教学安排等问题，并提出了以上这些重要原则和要求，文章发表在1979年。

在技能教学方面，1962年、1963年外国留学生高等预备学校（1964年更名为北京语言学院）在北京大学和清华大学做了外国学生入系后学习情况的调研，结果发现学生的主要学习困难表现为专业基础差、专业词汇少、听读困难多等，因而做出一些教学调整。并于1962年编写了两本教材，即第一学期使用的《基础汉语》，第二学期使用的《汉语读本》[①]，前者是词汇、语法的路子，内容侧重学习生活和日常生活，后者的内容由一般常识过渡到科学常识，再过渡到数理化，语言教学向专业方向靠拢，教法上加强了听读练习。

三、70年代初到80年代初（探索阶段）

1972年，针对外国留学生的汉语教学开始恢复，这个阶段新的教学方法、教材编写、教学模式的探索层出不穷，因而吕必松先生（2017）把它称作"探索阶段"。此时，交际法的教育思想已经传入中国，汉语教学对实践性的认识也更加全面了。在对"实践性"进行阐释时，首先是强调了"实践性"的意义，即理论必须为实践服务，语言教学应是实践性的教学。其次是区分了交际性实践和非交际性实践，认为并不是所有的教学实践都有利于培养学生的交际能力，只有那些有交际价值的语言练习，才是交际性实践。同时，也强调了社会实践、语言实践的作用。吕必松先生（1977）指出："我们今天强调的实践性原则，不但包括教学方法，而且包括教学内容和教学组织形式；不但体现在教学过程中，而且体现在教材

---

① 1971年夏由吕必松任组长，李忆民任副组长，成立教材编写组，以《基础汉语》和《汉语读本》为基础进行改编。《基础汉语》（上、下册）由赵淑华、王还负责，经朱德熙等审订；《汉语读本》由许德楠、张维负责，经吕叔湘审订。

中。也就是说，它贯穿在整个教学体系中，是我们进行汉语教学的一个基本原则。"可以说实践性原则已经融入教学的全过程。

在国外教学理论和方法的推动下，汉语教学也进一步有了探索创新的动力，出现了几项重要的教学实验，对以后的汉语教学产生了深刻的影响。

一是由李德津主持的句型教学实验。教学实验借鉴了以《英语900句》①为代表的听说法，编写了结合句型教学的《汉语课本》②。《汉语课本》的特点是在语音教学后，侧重于句型、语法，每一课的第一部分是替换练习，在替换练习前，用方框标出代表本课句型的典型句子。特别值得肯定的是，汉语教学引进了句型教学的方法，但不是单纯的句型教学，而是把句型和语法、课文结合起来，目的在于加强听说训练。在以后的汉语语法教学中，听说法句型操练的方法占据了重要位置。《汉语课本》1974年试用后，1975年在学校推广，不过由于内容有较浓厚的政治说教色彩，应用的时间并不长，但是它"在教学方法上的许多创新对以后的教材编写产生了广泛的影响。80年代在国内外影响最大、使用面最广的《基础汉语课本》就是以这套教材为蓝本编写的"（吕必松，2017），其影响可见一斑。

二是分听说和读写两种课型进行教学的实验。1975年进行的这次实验，当时叫作"两条线"教学实验，针对的是"讲授+练习"教学模式所导致的技能教学效果差、教师分工复杂等问题。听说和读写这两种课型每天上午各两个课时，听说课的重点是结合语音、词汇、语法进行听说训练，特别是听力训练。读写课教汉字认读、书写、阅读，后期还教写作，特别重视构字法和构词法的教学，以及阅读速度的训练。这次教学实验取得较好的教学效果，表明按照技能的要求来编排教学内容和组织教学，不仅是可行的，而且效果较好，可以说"是一次教学思想上的重大突破"（吕必松，2017）。

---

① 美国麦克米兰公司编写的《英语900句》，由常叙平译注，1978年由《英语900句汉译注释》编辑组编辑出版。
② 李德津，等.汉语课本[M].北京：商务印书馆，1977.

另一个教学实验是1979年由鲁健骥主持的改革精读课、加强听力课和阅读课教学的实验。实验的教材是《初级汉语课本》①和《汉语精读》②，课型为精读课加听力课和阅读课。在实验过程中，由于减少了精读课的课时，增加了听力课和阅读课的课时，所以编写了听力和阅读教材。实验的突出特点是在综合教学的基础上，强调了分技能教学。这一实验延续到80年代，并最终形成了以精读课为主干课，综合课、听力课和阅读课为专项技能课和辅助课程的教学模式。

四、80年代到90年代（发展阶段）

80年代以来，国外的语言教学理论和教学方法被大量引进，这一时期的汉语教学有了更多、更直接的学习和借鉴机会。经过近40年的不断探索，特别是对各种教学法流派的实践和总结，汉语教学逐渐形成了一套较完整的教学法路子，在教学理论和实践等方面都有了更深入、全面的认识，形成了以训练语言技能和培养交际能力为主要目标，根据学生的特点和学习目的确定教学内容，采用结构、情境和功能相结合的教学方式，用不同的方法训练不同的语言技能的教学思想。1981年，英国教学法专家亚历山大（Alexander）来华讲学，对交际法进行了系统的介绍。1983年，北京语言学院邀请美国俄亥俄州立大学东亚语言文学系主任黎天睦（Timothy Light）教授来讲语言教学法课程，讲稿经整理后定名为《现代外语教学法：理论与实践》，于1987年出版，这是中国出版的第一部论述汉语作为第二语言教学理论和教学方法的著作。培养语言交际能力，而不只是掌握语言知识及语言技能，成为第二语言教学的根本目的（刘珣，2005），这一点已在汉语教学界达成共识。

在这一阶段，汉语教学关注的问题主要有对外汉语教学的性质与特点、教学理论、教学原则、声调教学、词汇教学、语法教学、课型教学、技能教学等，这些问题大多紧扣汉语课堂的教学实际。如吕必松（1983）

---

① 由鲁健骥主编的《初级汉语课本》系列教材，1986年在北京语言学院出版社出版。

② 《汉语精读》是第二学期的主课教材，1989年在北京语言学院出版社出版时改书名为《初级汉语课本》第三册。

深刻分析了汉语教学与本族语教学、外语教学的异同，指出汉语的特点决定了汉语作为第二语言教学有别于其他二语/外语教学。在教学重点的选择和教学内容的编排上，在听、说、读、写的关系处理上，都必须从汉语的特点出发，不能照抄其他语言教学的做法，进而提出加快对汉语教学规律的研究和把汉语当作一个专门的学科来建设的问题。经过不懈的努力，对外汉语教学的学科建设取得实质性进展。1994年召开的"对外汉语教学的定性、定位、定量问题座谈会"①对此达成共识，明确了对外汉语教学的名称、内涵及其学科属性，解决了学科发展的若干重大问题，推动了对外汉语教学和研究的发展。在这个时期，汉语水平测试——HSK考试也发展起来了，从此，我们有了一部国家级的汉语水平标准和等级大纲，对外汉语教学朝着科学化、规范化和标准化迈进。

在教学上，除了关注教师的"教"，也开始关注学生的"学"。教学研究逐渐由研究"如何教"转向研究"如何学"。偏误研究、汉外对比研究、学习过程的研究破冰式地出现，中介语研究、偏误研究以鲁健骥先生（1984）的文章为开山之作。

90年代，文化与语言的关系、跨文化交际开始进入人们的研究视野。这一时期，教材编写在教学理念、体例设计、内容选择、练习编排等方面均有突破。1981年刘珣等编写的《实用汉语课本》在商务印书馆出版，这是一部培养学生听、说、读、写综合运用能力的教材。教材遵循"结构、情景、功能"相结合的编写路子，之后发展为"结构、功能、文化"相结合，成为汉语教材编写的典范。教材的基本体例是："课文+注释+替换与扩展+阅读短文+语法和语音语调"。"结构"主要体现在句型语法练习上，也包括汉字、语音、词汇、语篇等语言要素及其规则上。"功能"指用语言做事，表现为在具体语言环境下得体表达的各种言语形式，有功能项目和意念项目。功能项目如"请求""拒绝"等常用表达，意念项目如"数"的概念、"量"的概念、"比较"的概念等，这些项目都体现在课文的编写上，往往设计好了语境和情节，围绕生活话题来展开，既有交

---

① 由中国对外汉语教学学会、《世界汉语教学》编辑部、《语言教学与研究》编辑部联合主办的"对外汉语教学的定性、定位、定量问题座谈会"于1994年12月6日至8日在北京第二外国语学院举行。

际性，又有趣味。文化知识则选取了中国社会、文化生活的方方面面，内容涉及历史、地理、语言、文字、艺术、教育、习俗等，都是外国人感兴趣的主题，开辟了一条把语言教学和文化知识结合起来的新路子。第三册增加会话部分，进行口语教学，第四册增加写作部分。练习的编写也精心设计、新颖多样，练习量大。如第三册配合口语训练，设计了成段表达的练习，练习形式包括要求学生按照提示根据指定的情境或话题造句，并利用指定的词语围绕一定的功能项目、情景或话题会话等，提高了学生的表达能力。吕必松先生（2017）评价说，该教材"代表了到那时为止的综合教材的最高水平"。2010年，该教材改编出版了第2版，2015年出版了第3版，深受海内外汉语教学界的欢迎。

1986年，基于鲁健骥教学实验的教材《初级汉语课本》[①]陆续出版，颇受好评。教材可用于听、说、读、写的综合训练，第一二册都是会话体课文，第三册为叙述体课文。课文内容选材丰富，突出了日常生活和社会生活用语，因而具有较强的真实性和交际性。《初级汉语课本：听力练习》被誉为"中国最早编写的真正具有专项技能教材特色的汉语听力教材之一"（吕必松，2017）。课本注重从语音、语法、词汇等不同的角度训练学生的听力，就语音练习而言，就有辨别声韵母、辨别声调、画出听到的音节、标出重音等多种练习方式，突出了语音教学的特点，又有针对性。《初级汉语课本：汉字读写练习》每课由汉字知识、生字表、阅读、练习等若干部分组成，最大的特点是把汉字知识的教学同汉字的认读、书写和阅读有机结合起来，创造了"理解—认读—书写—阅读"的汉字教学模式。《初级汉语课本：阅读理解》题材广泛，内容丰富有趣，第一次选用了较多的应用文，如火车时刻表、日历、请柬等，既新颖又实用，能够引起学生的兴趣。阅读练习有根据课文内容选择正确答案、根据课文内容填空、理解句子、用中文解释词语、回答课文问题等。大部分练习是针对阅读理解的过程设计的，体现了培养阅读理解能力的教学目的。

---

① 《初级汉语课本》由课本（1—3册）及其平行的《听力练习》（1—3）册、《汉字读写练习》（1—2册）和《阅读理解》组成。1979年2月，原北京语言学院来华留学生三系开始组织编写，主要由鲁健骥负责，1986年至1989年由北京语言学院出版社和华语教学出版社联合出版。

五、21世纪初至今（稳定阶段）

进入21世纪，中国的国际地位不断提升，中外交往密切而广泛。留学生数量不断增多，对外汉语教学获得一系列的政策支持，有了较大的发展空间。特别是2004年第一所孔子学院成立，对外汉语教学发展为汉语国际教育，汉语教育走出国门，来华留学汉语教育与海外汉语教育齐头并进。

此时国内的汉语教学已走上平稳发展的轨道，汉语教学从汉语事实出发，既立足于语言学、心理学、教育学等已有的经验和成果，也积极吸取了海外二语教学的合理成分，形成了兼容并包的教学体系。赵金铭先生（2006）说：“对外汉语教学作为第二语言教学或外语教学，经业内同人几代人的苦心孤诣、惨淡经营，目前在世界上汉语作为第二语言教学领域已占主流地位。”

此时教学的重点和难点为海外汉语国际推广和孔子学院建设。在发展过程中，海外汉语教学着力解决不同年龄、不同身份、不同国别的“三教”问题，在教法研究、教材编写、教师培训、孔子学院可持续发展等方面做了大量有创新性的工作。汉语教学也继续在科学化、规范化、标准化的路上前进。2008年国家汉语国际推广领导小组办公室研制了《国际汉语教学通用课程大纲》，从语言知识、语言技能、策略、文化意识四个方面对语言综合运用能力进行了细化说明，对指导海内外汉语教学起到了积极作用。

在教学法方面，值得一提的是任务型教学的介绍和应用。20世纪90年代，任务型语言教学逐渐成为国外英语教学界的主流。2008年出版的《欧洲语言共同参考框架：学习、教学、评估》作为欧洲各国成员共同制定的关于语言教学、学习及评估的纲领性文件，虽声明不完全采取某种语言教学法，但从其框架来看，已经将任务型教学系统应用到了课堂活动和语言学习中。中国的对外汉语教学界是从21世纪初开始关注任务型教学的，稍晚于外语教学界，研究的数量也比较有限，大多集中在介绍国外学者提出的任务型模式或任务设计等研究成果上。

马箭飞的一系列论文系统地介绍了任务型教学的发展、主要观点和基本特点，2002年发表的《任务式大纲与汉语交际任务》一文从对外汉语教学大纲设计的角度提出了汉语交际任务的概念，并对交际任务的特点、汉语交际任务在教学应用中的分类和分级进行了初步的分析研究，同时提出了建立以汉语交际任务为教学组织单位的新的教学模式的设想。从汉语教学的角度，他也对何为交际任务进行了探讨，认为交际任务是从语言教学与语言学习的角度对现实生活中的言语交际活动进行提炼和概括的结果。

2009年，吴中伟、郭鹏出版了一部研究任务型教学的著作——《对外汉语任务型教学》[①]。这不是单纯介绍、分析任务型语言教学理论的专著，而是一部结合对外汉语教学实际，致力于解决对外汉语教学实际问题的论著。书中首先介绍了任务型教学的理论知识，然后就输入、输出、互动对于习得的意义，包括形式和内容、知识和能力的关系，以及教学大纲和教学法的关系等问题都进行了深入探讨。这本书还结合大量实例探讨了任务的类型、任务的设计、基于任务的课堂教学原则和教学过程及教材编写问题，最后结合对外汉语教学，提出了在传统课堂教学模式中引入任务的几种设想。

在汉语教学中，应该如何认识任务型教学的意义，赵金铭先生（2008）在《汉语作为第二语言教学：理念与模式》一文中对其进行了全面的探讨。他从第二语言教学目的、教学法的发展、任务型教学法的教材编写和任务活动等方面，强调了将汉语教学主旨由"学以致用"转向注重"用中学""做中学""体验中学"的必要性。他指出，我国早期以"实践性"为原则的对外汉语教学，主张的是"学以致用"，采用的是"语文并进"的教学模式，注重听、说、读、写技能的训练，课堂上提倡"精讲多练"，这体现着交际教学法的某些合理内核，然而随着第二语言教学理念和交际语言教学法的发展，汉语作为第二语言教学在教学理念上也应转变观念、拓展思维、开阔视野，寻求教学模式的创新与突破。

随着研究的发展，很多一线教师率先利用现有教材对任务型口语课堂教学模式进行了实践。他们或者根据教材的内容，按照任务型教学的理念和操作步骤来设计任务活动，或者进行任务型汉语教材的编写。以任务型

---

① 吴中伟，郭鹏. 对外汉语任务型教学[M]. 北京：北京大学出版社，2009.

教学的特点或按照任务型教学理念编写的教材有陈作宏主编的《体验汉语口语教程》①、吴中伟主编的《当代中文》②、靳洪刚和许德宝编写的《中国之路：中级汉语教程》③等。这些教材都体现了任务型教学法的理念和特点，但是教材与教材之间的差异很大，对"任务"的定义很宽泛，对任务的理解和设计也有不同。下面我们有选择性地介绍几套教材。

《尔雅中文：沟通——任务型中级汉语口语》（上、下）④⑤是一套基于任务型语言教学理论编写的口语教材，它以培养外国学习者的跨文化汉语口头交际能力为目标，以《国际汉语教学通用课程大纲》规定的同级教学目标为蓝本，围绕口头表达训练的各个不同侧面，选择、设计了与学习者现实生活、学习及未来工作相关的各种主题和交际任务活动，旨在帮助学习者以对话或独白的形式完成各种任务。在此过程中，学生要能基本流利、准确、灵活地选择不同的语言表达方式，得体地与人沟通或表达自己的观点，顺利完成各种口头交际任务。

这套教材分上、下两册，可供中级水平的外国学习者使用一年。每个单元包括"课前预习""演练与交际""语言聚焦""视听说""记录与评价""相关链接"和"语言工具箱"七个部分。其中"演练与交际"是口语教学的核心部分，设计了讲故事、角色扮演、小组调查、班级讨论等课堂活动，这是一套将任务型语言教学理论应用于对外汉语口语教学实践的优秀教材。这套教材在试用时，开设了校级观摩课，其教法上的创新和教学效果都获得了充分肯定。

《体验汉语口语教程》从初级到高级，共分八册。它采用以任务为中心的体验式的课堂教学模式，设计以意义为中心的课堂活动和贴近真实生活的任务，力求提升课堂教学的互动性和交际性。每课都按照任务型语言教学模式设计教学环节。"任务前"设计有语言准备和以语言输入为主的

---

① 陈作宏.体验汉语口语教程[M].北京：高等教育出版社，2010.

② 吴中伟.当代中文[M].北京：华语教学出版社，2003.

③ 靳洪刚，许德宝.中国之路：中级汉语教程[M].北京：北京大学出版社，2005.

④ 赵雷.尔雅中文：沟通——任务型中级汉语口语（上）[M].北京：北京语言大学出版社，2012.

⑤ 赵雷.尔雅中文：沟通——任务型中级汉语口语（下）[M].北京：北京语言大学出版社，2013.

活动，如词语和句子练习；"任务中"是以完成具体交际任务为目的的语言输出活动，一般有3—4段听力课文，然后设计了双人活动和小组活动；"任务后"为语言练习和扩展活动，如"看图比较""游戏"等。这本口语教材较好地体现了任务型教学理念和操作方式。

翟艳主编的《发现：汉语交际入门》（上、下）①是以任务型教学理念和操作原则来编写的一套口语教材。它将"行走中华"作为任务展现的场景，按照衣、食、住、行、购、娱六大旅游元素精选了典型交际场景，将语言学习落实在一个个任务活动中，进而培养学习者的口头语言表达能力。

教材分为上下两册，上册15课（包括语音部分），下册10课，共计25课。全书熟记生词500多个，拓展性词语500多个，共计1000多常用词语。重要语法项目49项。体例为（1）语言目标；（2）语言热身，旨在激活学生的语言；（3）身在其中，提供了任务活动真实的语境；（4）发现新语言现象，在语言输入的基础上，引导学生关注语言形式；（5）记忆、巩固、提升，是"结构集中型"活动或"语言分析性活动"，通过练习培养语言的精准性；（6）用汉语完成任务，设计了调查、小组讨论、角色扮演等任务活动；（7）用汉语做事，是课外的扩展性任务活动；（8）词语库；（9）生活剪影（文化知识），用社会生活的真实场景来体现。该教材的体例打破了传统教材"生词+语法+课文+练习"的体例，以任务为中心来编排语言形式和语言内容，较好地体现了任务型教学的理念。各板块的安排基本按照教学过程展开，在操作上也易于教师掌握和运用。

任务型教学较多应用在汉语口语教学的课堂教学和教材编写中，不过任务型阅读和写作也略有涉及，这说明任务型教学的理念已深入人心。

六、汉语技能教学的课程改革和教材编写

80年代前后的汉语技能教学实验与教材编写，预示着汉语技能教学从此以独立的研究对象出现在对外汉语教学领域。如果以80年代作为分水

---

① 《发现：汉语交际入门》（上、下）由翟艳主编，2014年至2015年在北京大学出版社出版。

岭，可以明显看出前后两个时期的不同，前者为典型的综合教学模式，后者为分技能教学模式。自分技能教学建立至今，课程的发展虽出现一些变化，但教学模式没有实质性的改变。

1.80年代以前的汉语技能教学

此阶段可以看成汉语技能教学的启蒙时代，虽然汉语技能教学的思想开始萌芽，但在教学上表现不明显，也缺少实质性的研究。

从20世纪50年代开始到70年代末，对外汉语的基础教学以精读课为主，采用的教学法主要是综合法，即一本教材、一种课型，教授语音、汉字、词汇、语法等语言要素，全面培养听、说、读、写的语言技能。崔希亮（2008）描述了在50～60年代的汉语课程情况："当时，每周安排24学时的课程，每天上午4个学时，第一节是语法讲授课，其余3节是练习和复习课，讲和练的比例为1：3；每天下午安排1个学时的听力训练课，听力课也算是正式的课程。"按照崔希亮（2008）的描述，我们可以把课表表示如表1-2：

表1-2　50～60年代汉语课程的课时安排

上午第 1 节	语法讲授课	1 个学时
上午第 2 节到第 4 节	练习课＋复习课	3 个学时
下午	听力课	1 个学时（每周 6 个学时）

可见，那时的汉语教学是以"讲授课+练习课"的方式出现的，复习课也是一种练习。讲授为大课，由资深教师承担，其余为小课，由讲师或助教承担。在第二学期，发展为"讲练+复练+听说读写小四门"的教学模式。听力或"小四门"的课程名称虽然出现，却没有实质的课程意义，其内涵也与我们后来所说的技能教学有较大差距。从内容上看，它们并不是独立的课程，包括所有小四门的课程，均依托讲授课来展开。听力课名为正式课程，其实只是与辅导等非正式课程相区别。从教法上来说，方法简单，如听力常为被动的听和强迫记忆，鲁健骥先生（2017）把它称为"消极听力"。在就相关教学大纲对"小四门"的教学规定和要求进行分析后，鲁健骥认为，"小四门"从总体来说是不成熟的，因为缺乏教学的

总体设计，"小四门"本身也缺乏设计，当时的对外汉语教学对于如何训练语言技能，还停留在经验阶段。

从课时分配上看，那时的课程设置非常不均衡，技能教学的课时明显不足，占比小，教学内容也少，特别是学生迫切需要的日常生活词汇和口语技能不能得到满足，只有到了教学的第三阶段，文科班的技能课时才有了保障。70年代基础汉语的课程设置情况如表1-3：

表1-3　70年代基础汉语的课程设置情况[①]

第一阶段		第二阶段		第三阶段		
课程名称	周课时	课程名称	周课时	课程名称		周课时
精读	24	精读	20	精读	文科班	8
					理工医学	16
/	/	听力	2	听力	文科班	4
					理工医学	4
/	/	口语	2	口语	文科班	8
					理工医学	4

在教材方面，80年代以前，对外汉语教学没有出版过独立的技能教学的教材，1958年出版的汉语教材《汉语教科书》、60年代的《基础汉语》和《汉语读本》、70年代的《基础汉语课本》[②]，均为综合课本或精读课本，配合"讲授+练习"的教学模式来使用，并未配专门化的技能训练教材。

这里要说明的是，没有严格意义上的技能课程、没有专门化的技能教材，并不是说没有语言技能教学的概念。从教学法方面来看，先后有许多关于技能教学的表述。在五六十年代，技能教学的表述主要体现在教学原则和教学要求上。如崔希亮（2008）："根据大纲要求，对'听、说、读、写、译'这五个方面的语言技能，都有全面而明确的要求，总的来说是：全面要求，突出'听''说'，不强调'译'。"不过这些表述更多

① 出自吕必松《对外汉语教学发展史·上编》第50页，2017年在北京语言大学出版社出版。
② 《基础汉语课本》由李培元、任远、赵淑华、刘社会、刘山、邵佩珍、王砚农、来思平编写，初稿试用了一年后做了较大的修改，1980年由外文出版社出版。

表达的是一种认可或观念、态度，并不指具体的、明确的教学行为。

其次，这些表述反映的是人们对技能教学的一种认识。1962年和1963年的两次入系调研均发现学生听、读的困难最大、需求最强。因此在教学计划和安排上，我们看到的更多是"侧重什么""突出什么"的表述，至于如何落实，从课程设置和教材编写中，并未得到有力的证实。

吕必松（2017）认为，这一时期，探讨的还是怎样处理听说和读写的关系。"全面要求、突出听说""突出听说，读写跟上""听说领先""听说先行"等不同表述，实际上说的是获得技能的先后顺序，这个顺序参照了母语儿童语言能力发展的轨迹。目前看来成人的语言习得并不一定遵循这个规律，结论自然有待商榷。这个阶段也没有看到任何关于技能教学的专门研究，可以说关于汉语技能教学的认识是存在的，但对外汉语教学事业刚刚起步，有关的教学实践还在探索中。

2. 80年代初至今的汉语技能教学

80年代初，真正意义上的分技能设课的教学模式出现了，表明分技能教学不仅有了明确的教学思想，还付诸教材编写，设置了课程体系，初步形成了教学模式，也有了关于专项技能教学法的研究。

分技能教学模式的确立以鲁健骥等的教学为标志。课程设置为"精读+精读+听力+汉字（阅读理解）"，精读课使用《汉语精读》，听力课使用《初级汉语课本：听力练习》，汉字和阅读理解课使用《初级汉语课本：汉字读写练习》和《初级汉语课本：阅读理解》。每天上午四个课时。每天的教学安排大致如表1-4：

表1-4　鲁健骥分技能教学模式的课时安排

第1节	精读	2个课时
第2节	精读	
第3节	听力	1个课时
第4节	汉字（阅读理解）	1个课时

鲁健骥的教学模式实际是"综合课+分项技能课"的模式。综合课的任务由精读课来承担，是主干课、核心课程；分项技能课为"听力和汉

字"（第二学期为阅读），为辅助课程。在宗世海（2016）的研究中发现，这种教学模式一直延续了下来，并成为对外汉语教学应用最广、最主要的一种教学模式，影响深远。

关于这个模式，鲁健骥先生（2003）有过详细的解释：课程的设立首要考虑的是如何在有限的一年时间里，加强学生的语言能力培养，而四种语言能力不能平均使用力量。因此"说"应该控制在一定的限度。"听"和"读"就不同。从学生的实际情况考虑，他们学习专业的时候，课上要听讲，课下要阅读大量的讲义、参考文献。外国学生如果缺乏听和读的训练，不掌握听和读的技能，没有养成听和读的习惯，是很难适应专业学习的。因此把"突出听、说"改为"突出听、读"。事实证明，这个模式适应了教学对象，保证了听、读的训练，取得较好的教学效果，这就是改革后的教学模式。之后鲁健骥先生评价说口笔语综合实践课任务庞杂，没有满足口语技能的训练，意见也比较中肯。

80年代北京语言学院还进行了一系列综合性的教学改革。改革的内容涉及总体设计、教材编写、课堂教学和测试这几个教学环节，其核心内容就是把以精读课为主的综合教学改为按语言技能来分课型。当时的主要教学类型为汉语预备教育，按学生就读专业分为文科汉语班、中/西医汉语班和理工汉语班。改革在这三个专业类型班中同时铺开，课程设计如表1-5：

表1-5　80年代专业类型班的课程设计[①]

专业类型班	课程名称	周课时（节）	周总课时（节）
文科汉语班	读写课	8	20
	听力课	4	
	说话课	8	
中/西医汉语班	读写课	8	20
	说话课/听说课	8	
	听力课	4	

---

① 出自吕必松《对外汉语教学发展史·上编》第66页，2017年在北京语言大学出版社出版，有改写。

专业类型班	课程名称	周课时（节）	周总课时（节）
理工汉语班	听说课	8	20
	阅读课	8	
	听力课	4	

综上所述，我们可以看出以下特点：

（1）不再设包罗万象的精读课，代之以专项语言技能课。

按技能设课的做法延续了70年代的教学实验，说明汉语教学界已经普遍接受了技能教学的主张，认识到可以采取不同的教学方法训练不同的技能，这样有利于发展学生的汉语技能水平，并能根据学生的专业需求突出或强化某一种或某几种技能的操练，提高教学的效率。

（2）技能的分合各有不同的理解和操作。

比如文科汉语班和中/西医汉语班把阅读和写作合二为一，另单开说话课和听力课；而理工汉语班是把听力和说话合二为一，单开阅读和听力课。技能的分合一方面反映出教学设计者认为某两项技能结合得紧密将有利于教学的实施，另一方面也反映出教学设计者更加注重某一专项技能。

（3）三种课型的教学内容有明确切分，但共享"内核"。

三种课型之间是相互独立又相互联系的关系，独立是说它们有各自的教学任务、有针对性的教学方法、有新的语言材料；联系是说它们有重叠的语音、词汇、语法内容，形成共享的"内核"。这样做的好处是三种课型可以相互借力，从听、说、读、写不同的角度来巩固和提升语言学习的效果，减少了浪费和重复，同时又保持了一定的新鲜感，有利于吸引学生，逐步提高学习的难度。

（4）三种课型按顺序教学，并形成一个循环。

三种课型是按照既定的顺序进行教学的，如文科汉语班的顺序是读写→听力→说话，中/西医汉语班是读写→说话→听力，理工汉语班是听说→阅读→听力。这样的安排反映了两种语言习得的理念。以听说开始的教学，符合语言习得的一般规律，也符合多数教师的习惯。以读写开始的教学，能发挥成人的学习优势，利用认读和书写带来的熟悉感，促进学生的口头语言输出。所以，这两种教学顺序都有合理的教学理念。

（5）分项技能课的课时得到保证。

这种纯粹按技能来设课的方式，充分保证了技能教学的时间，避免了"综合+分技能"教学模式因技能训练课时不足而出现的问题。

与教学相配合，这三种教学改革都编写了相应的配套教材，如表1-6：

表1-6　专业类型班的配套教材①

专业类型班	课程名称	使用教材
文科汉语班	读写课	《现代汉语教程：读写课本》② 《现代汉语教程：汉字练习本》
	听力课	《现代汉语教程：听力课本》（第一册）（第二册） 《现代汉语教程：〈听力课本〉练习册》（第一册）（第二册）
	说话课	《现代汉语教程：说话课本》
中医汉语班	读写课	《中医汉语：读写课本》③
	说话课	《中医汉语：说话课本》
	听力课	《中医汉语：听力课本》 《听力练习本》

---

① 表1-6根据吕必松《对外汉语教学发展史·上编》70—74页整理。

② 由李德津、李更新主编的《现代汉语教程：读写课本》《现代汉语教程：汉字练习本》《现代汉语教程：听力课本》（第一册）、《现代汉语教程：说话课本》（第一册）于1988年在北京语言学院出版社出版。《现代汉语教程：听力课本》（第二册）和《现代汉语教程：说话课本》（第二册）于1989年在北京语言学院出版社出版。听力课的配套练习册即《现代汉语教程：〈听力课本〉练习册》的第一册和第二册也于1988年、1989年在北京语言学院出版社出版。

③ 《中医汉语》由王砚农主编，包括《读写课本》《说话课本》《听力课本》，并配有《汉字练习本》和《听力练习本》，1999年在北京语言文化大学出版社出版。

续表

专业类型班	课程名称	使用教材
西医汉语班	读写课	《医学汉语教程：读写课本》① 《汉字练习本》
	听说课	《医学汉语教程：听说课本》
	听力课	《医学汉语教程：听说课本》 《听力练习本》
理工汉语班	听说课	《科技汉语教程：听说课本》②
	阅读课	《科技汉语教程：阅读课本》 《汉字练习本》
	听力课	《科技汉语教程：听力课本》 《听力练习本》

从教材编写可以看出以下特点：

（1）由基础汉语向专用汉语发展。

基础汉语为通用型汉语，侧重学习生活场景的语言表达；专用汉语结合学生的入系专业，侧重专业学习场景的语言表达。基础汉语的目的在于打基础，专用汉语的目的在于展现专业语言面貌，两者由易到难，过渡平稳，较好地体现了学生的学习需求和培养目标。

（2）由单一的综合教材向系列的专项技能教材发展。

综合教材的内容庞杂，安排起来容易顾此失彼、重点不突出，针对性不强；专项技能教材的每一种教材只训练一种或两种技能，教学内容、教学方法和练习方式可以根据特定的语言技能训练的要求来选择，因而突出了重点，保证了教学效果。系列教材的内部也实现了配套，围绕语言"共核"来进行扩展和深化。

（3）从结构向"结构、情景、功能"的编写路子发展。

以往的教材，往往以语法为纲，体现了结构主义的教学观念，在交际法的影响下，《现代汉语教程》《中医汉语》《医学汉语教程》《科技汉

---

① 《医学汉语教程》由杨靖轩主编，包括《读写课本》《听说课本》，还配有《汉字练习本》和《听力练习本》。

② 《科技汉语教程》由杜厚文主编，包括《听说课本》《阅读课本》《听力课本》，还配有《汉字练习本》《听力练习本》，1990年由华语教学出版社出版。

语教程》这四部教材都采用了结构、情景、功能相结合的编写路子，较好地突出了语言教学的整体观，是对《实用汉语课本》所创立的编写原则的继承与发扬。

（4）重视汉字与听力的练习。

这四部教材不约而同地设计了汉字练习和听力练习的专用课本，练习的量得到了保证，也表明了编者对汉字教学和听力教学的重视。

80年代的课程改革和教材编写代表了学界对汉语教学的新认识，推动了汉语专项技能教学的发展，所建立的"综合+分技能"及分技能教学模式逐渐为全国其他教学机构所学习、借鉴，并应用到短期汉语教学、进修汉语教学，以及汉语言专业的基础阶段。宗世海（2016）梳理了20世纪70年代以来的汉语教学模式，调查整理了我国34所高校的51个教学类型，认为汉语教学界主要存在三种汉语教学模式，其中以鲁健骥为代表的"综合+分技能"教学模式及其变体占绝对比例，达80.4%；以李更新为代表的分技能教学模式及其变体占17.6%，次之。在分析了"综合+分技能"模式的问题后，文章提出"听说+读写"的分技能教学模式是应提倡的教学模式，因为它减少了五种课型、五本教材之间的重复和浪费，经济实用，能最大化地提高技能教学的效率。该文是对当时分技能教学的全面研究，有较大的借鉴意义。

第三节　汉语技能教学的教学方法

汉语技能教学是汉语教学的一个重要组成部分，其教学法的发展过程也从英语教学及外语教学研究中汲取了宝贵的营养。过去的一百多年是外语教学法相继出现的时期，先后产生了翻译法、听说法、交际法、任务型教学法等卓有成效的教学理论与方法。每一个教学法的诞生，都从不同方面反映了人们对语言本质和语言教学本质的认识，其方法的兴衰更替推动了语言教学的历史进程，这个时期也被称为"方法时代"。

以下几种教学法对汉语技能教学有较大的影响，并奠定了汉语技能教学的理论基础。

一、语法翻译法

19世纪，外语教学史上第一个系统的教学法——语法翻译法诞生了。语法翻译法深受古典教学法中拉丁语教学的影响，其教学目的是培养学生的阅读和模仿写作能力。语法翻译法重古典语言，用教古典语法的方法教现代语言，教师系统传授语言知识和规则，依靠母语翻译。课堂上以教师为主导，师生间很少交流。

草创阶段的汉语教学具有一定的翻译法倾向。语法阶段都是上大课，通常配一个翻译，把教师讲授的语言知识翻译给学生，然后才在练习课上由讲师或助教来进行操练。教学内容以词汇和语法为中心，教材则以语音和语法为纲，采用演绎法教学等。进入60年代，这种做法受到各种条件的限制而做了改进。但是有条件使用外语翻译的班级，仍不排斥使用外语讲解。

语法翻译法也包括60年代的"相对直接法"，虽然有这样的提法，但是很多学者并不认为这是一种教学法。"50年代直到60年代初，对外汉语教学语音语法阶段的开头几周（共约7周），确曾用过汉语教师带'教学翻译'上主课的方式，但这段时间只占全学年的五分之一左右……从全局看也不是以通过翻译进行讲解作为教学的主要手段"（任远，1985）。《1952年教学总结》[①]在提到带翻译上课的缺点时说：（1）时间上不经济，一节课只等于半节；（2）学员俄文水平不齐，有的对教学内容不能全部领会；（3）学员依赖俄文翻译，可能不听中文讲解。因此，60年代以后，教学情况日益复杂，生源日益不同，翻译法的做法逐渐被取消。60年代也开始使用直接法的一些教学方法，如直接用汉语上课，使用图片或实物等形象化手段，帮助学生理解意义和熟悉声音等，因为不排斥语法翻译，所以将其概括为"相对直接法"。

语法翻译给当时毫无经验、仓促上阵的对外汉语教学提供了很多便利，直接解决了学生的理解问题。之后的汉语教学鼓励用学生能理解的浅

---

① 校内油印稿，引自任远《北京语言学院六十年代对外汉语教学法回顾》一文。

显的汉语来讲解和操练，不再过多地使用外语，只在理解发生较大困难且用汉语解释不足时，才借助外语来说明。外语作为教学媒介语存在，但使用受到极大的限制。

二、听说法

20世纪四五十年代，在结构主义语言学和行为主义心理学理论的基础上，外语教学的听说法迅速崛起。听说法以刺激—反应、形成语言习惯为理论基础，在课堂上进行大量的模仿、替换等语言结构操练，强化学生的反应，巩固所学的语言规则。听说法的教学内容紧贴现实生活，强调培养学生的听、说、读、写实践能力，在当时确实起到了快速培养语言人才的作用，极大地提高了教学法在外语教学中的地位。但是听说法教学以教师为中心、重语言形式、轻语言意义，强调语言操练、忽视语言运用的做法，也成为弊端。

在对外汉语教学领域，听说法也得到了极大的推广和运用，它的"语言是一种习惯"的观念为广大对外汉语教师所接受。在课堂上，通过各种形式的语法操练，帮助学生达到语言的"熟巧"，成为传授语言规则、加强听说练习、提高学生口语表达能力的重要途径。70年代，句型操练的方法引入课堂，其理念也吸收进教材编写中。受亚历山大（Alexander）《英语900句》的影响，从1973年起，北京语言学院着手试编结合句型教学的教材，1980年出版的《基础汉语课本》[①]，1981年出版的《实用汉语课本》[②]，都吸收了句型操练的方法。

在现在的课堂教学中，结构操练的方法至今仍占据着一席之地，发挥着积极的作用。结构操练的方法简便易行，特别适合新手教师。但由于结构操练仅适用于新知识引入后的简单操练，不扩展到整个教学过程，所以不会对整个教学过程产生影响。最重要的是，结构操练也不是不讲应用，60年代对外汉语教学就提出了"精讲多练"原则和"实践性"原则，80年

---

①　李培元，等.基础汉语课本[M].北京：华语教学出版社，1980.

②　北京语言学院.实用汉语课本[M].北京：商务印书馆，1981.

代采用结构、情景、功能相结合的方法，在例句的选择、语言点的解释和操练上都努力体现了真实性和交际性，有经验的老师会利用汉字卡片、图片及小组问答、游戏等方式来增加训练的节奏感和趣味性，避免过多的机械性操练给教学带来的不利影响。

三、交际法

20世纪70年代后，行为主义和结构主义逐渐式微，听说法遭到前所未有的批判。此时出现了以心理语言学为理论基础的认知法和以社会语言学理论为基础的功能法，外语教学研究的中心逐渐转向教学对象、习得过程、学习策略等方面。

交际法的理论基础之一是英语的功能主义学派，另一个是美国的社会语言学。海姆斯（Hymes）基于社会语言学所提出的"交际能力"的概念，对交际法的确立与发展影响深远。交际能力指的是一个人运用各种可能的语言和非语言手段来达到交际目的的能力，它至少包括两方面的内容：语法性和可接受性。语法性即某种说法合乎语法规则，可接受性指在文化上是可行的，在一定的情景中是得体的，并实现了交际的目的。

交际能力由以下四方面能力构成：

（1）语言学能力，即掌握语法的能力，包括词汇、词法、句法、词义与语音等方面的知识。熟练掌握语音、词汇和语法结构知识，是语言交际能力的一部分，而且是交际能力的基础，离开了这一基础，交际就无法进行。

（2）社会语言学能力，即掌握语言社会功能的能力，指使用语言的社会文化规则。语言要想在意义和形式上都具有得体性，必须考虑到人们的社会环境、身份地位、亲疏程度、利害关系、性别年龄、文化习俗的不同。

（3）语言策略能力，即为使交际顺利进行而采取的语言与非语言交际策略，如会话中的重复、停顿、转换话题，以及使用手势、表情等肢体语言等。

（4）语篇能力，即在语篇层次上掌握使用语言的规则，如修辞、组句成篇的规则等。

交际法的出现，成为外语教学界影响深远的一件大事，它迅速被外语教学人士所接受，并逐渐成为第二语言教学的主流教学方法。

交际法的主要特点是：

1. 把言语交际作为全部教学的出发点和落脚点

交际法认为语言是人与人之间的交际工具，交际功能是语言最本质的功能。语言教学要从学生的实际目的出发安排内容和选择方法，课堂中所学的内容都能在实际中运用，教学的目的就是教会学生创造性地、有目的地运用外语进行交际，从而在不同的场合、不同的人际关系中恰当、得体地表达自己的思想与感情。

2. 以功能为纲

采用功能—意念大纲，选择最通用的功能项目作为教学内容的核心。它把语言功能分为六个主要范畴：（1）表达和了解；（2）表达与获悉理智的态度；（3）表达与获悉感情的态度；（4）表达与获悉道义的态度；（5）请求；（6）社交。在教学和教材编写上，注意语言形式与功能项目的结合。

3. 教学过程交际化

课堂教学要为实现交际目的提供一切可能的真实场景和语言材料。首先教学内容要选择真实的、自然的言语，而不是东拼西凑的生硬语言；其次要结合具体语境，选择恰当、得体的语言表达形式；再次要创造真实的交际环境或接近真实的交际场合进行自由表述和发挥。强调在话语中使用语言，反对机械性的句型操练。综合性地运用语言交际活动的各种要素，如语境、语体、社会、性别、心理和手势、姿势等。

4. 以学生为中心

强调从学生的实际出发，确定教学目的，根据教学目的选择教学内容和制定教学方法。在教与学中，认为"学"更重要，在教师和学生方面，认为学生更为重要，教师的任务只是为学生提供和创造学习和使用语言的条件。在学习过程中，强调调动学生学习外语的主动性和积极性，促使内因发挥作用。利用学生用外语表达的愿望，发展交际能力。

5. 听、说、读、写综合训练与单项技能训练

作为交际工具的语言，既是口语形式的，又是书面形式的，学生学习口语和书面语同等重要。在言语活动的各技能中听、说、读、写并不是孤立的，它们是一种综合的言语活动，因此综合训练与单项技能训练需协调起来进行。四种活动的先后顺序、快慢则无关紧要。

6. 因需施教，分组教学

首先调查学生的学习需要，具有相同需要的学生编为一组，进行分组教学。上课经常采取两人一对、4到6人为一组的小组活动形式，各小组的教学目标和学习侧重虽有所不同，但却是相互联系的整体。

7. 发展专门用途英语

专门用途英语指掌握与某种特定职业或目的相联系的英语。它有两个明显的特点：一是由职业决定的，如工程师、医生、售货员等，在职业中能使用英语；二是专门化的内容，即与专业相关的特殊用词、用语和语言结构等。

交际法吸取了直接法、听说法、视听法等长处，重视学生的交际需求，强调培养学生的交际能力，主张教学过程交际化，克服了以往教学中偏重语言形式、忽视交际功能的倾向，是较科学、有效、实用的教学方法。在全世界得到广泛的使用，成为影响最大的外语教学法流派之一，也在对外汉语教学中得到普遍应用。之后的二三十年，培养交际能力成为汉语教学不变的宗旨，并落实在教学实践中。

随着语言习得研究的发展和社会文化理论的传播，交际法也出现了很多分支，如任务型教学。

四、任务型教学

20世纪90年代，任务型教学法在交际法的基础上发展起来。它吸收了

互动理论、社会文化理论、认知理论和建构主义理论等思想，强调交际的真实性、活动的任务性、交际活动的结果性等，鼓励学生在学习过程中发现、理解和学习语言，典型的做法是"做中学""体验中学"。

第二语言习得研究的成果如互动理论使人们充分认识到，仅有输入是不够的，语言习得的关键在于输入与输出过程中的意义协商。

社会文化理论则把学习过程置于社会语境中。根据这种观点，学习者是在社会环境中与他人交流来学习知识和获得技能的。学习者首先需要经历"他人调控"的阶段，也就是"更好的他人"的帮助，"他人"如一个互动的支架，通过教师或同伴的指导来发现语言的特征，并在交际中逐步内化语言特征，拆除支架，从而实现从他人调控到自我调控的自主学习。

认知理论强调为了全面发展语言能力，学习者的注意力不能仅集中在语言形式上。在基于任务的活动中，学习者必须把注意力合理地分配到语言理解和语言表达的各个方面，如准确性、流利性、得体性及话语结构、语法结构的选择和使用上。

21世纪出现了一个对哲学、教育学、心理学等领域都有深远影响的主流学派——"建构主义"，它是一个关于知识与学习的理论。建构主义理论重新阐释了知识和学习的关系，认为学习者的知识体系并不是从外界照搬而来的，而是建立在自身经验的基础上，通过与外界的相互作用自我建构的。学习是学习者主动建构内在的心理表征的过程。由于每个人对事物的理解都有偏颇之处，因此需要通过与他人的交流来不断丰富和完善自己的理解。真实自然的教学任务为学习者提供了体验、发现和创造的学习过程。

"建构主义"的教学观不仅超越了行为主义与结构主义的范畴，而且比认知法和交际法更深入了一步，带来了教学观念上的转变，直接促成了任务型教学的产生。

根据斯凯恩（Skehan）等人的观点，程晓堂（2004）将任务型教学的原则概括为以下六个：

1. 真实性原则

任务要尽可能接近或模拟现实生活中的各种活动。教学中的很多活动在真实的世界中是不存在的，如听后回答问题。听后回答问题主要是探查学生的理解，在真实的交际中，不可能重复别人的话而不回答。

2. 目的性原则

任务要有明确的目标。教师和学生都要知道为什么做这个任务，有什么现实需要，在任务完成之后能做什么，有什么结果。如汉语语音教学，一遍遍地跟读句子让学生感到无意义和枯燥，而语音留言、转告、传口令等活动虽是练习语音单句，但因为有明确的目标，所以教学效果显著。再如让学生听列车时刻表，然后填表或记录数据并且向小组汇报，学生就会自觉、自愿地进入对信息的搜寻和记录。

3. 做事情的原则

任务要有做事的过程。像理解性的听和读，是学生的大脑、耳朵和眼睛在活动，但是我们看不见信息加工的过程，所以课堂教学安排听后、读后的活动，比如听后画图、填表，读后发表意见，等等，通过操练来检查。这样的过程就是具体的、可观察的。

4. 信息交流原则

在完成任务的过程中，学生必须使用语言获取信息、处理信息和传达信息。交际互动的发生就是因为有信息差，课堂交际活动可以通过提供有信息差的语言材料，促进学生的交流和互动协商。

5. 表达意义的原则

任务必须以表达意义为中心，而不能以操练语言形式为中心。真实性是任务活动的一个典型特征。在真实的或模拟真实的任务活动中，语言的输入和输出才可能有真正的需求，有意义的交流才会产生。

6. 结果原则

完成任务后必须有一个明确的结果，常常是具体可感的东西。比如画的图画、记录的文字、填写的表格、排列的顺序、做出的选择和决定等。这是检验任务完成与否和完成质量的重要依据，也是任务链的重要组成部分。

任务型语言教学是一种教学思想，而不是一种具体的教学方法。因此，任务型语言教学没有固定的操作过程和教学步骤，但任务型语言教学的研究者们所阐述的观点大同小异，阶段的划分基本一致，只是命名有所不同。埃利斯（Ellis）和斯凯恩（Skehan）将任务型教学过程划分为任务前、任务中和任务后三个阶段，以下我们主要采用这个比较通用的说法，简要说明任务型教学过程中各阶段的活动方式与目的（程晓堂，2004）。

1. 任务前

在这个阶段，教师主要介绍本单元的主题，进行相关背景知识介绍，为学生提供与话题范围有关的词汇或表达方式，也可以就词汇、结构、功能进行一些有控制的练习，如听、模仿、分类、排序等。任务前活动的一个目的是帮助学生学习或复现语言形式，激活语言，做各种语言准备；另一个目的是为下面的任务提出思考框架，如听或看一个示范性的任务，思考一下怎么说，怎么开展小组活动。

2. 任务中

学生一对一或分小组来完成任务，活动时教师提供各种输入材料，包括拓展性的听、读材料和图片性材料，以及写有问题的小纸条、某些图片的片段甚至实物等。活动可以针对口语训练的任何方面：语音、词汇、结构或话题，往往是几个相互联系、由小任务串联起来的任务链，最后形成一个有过程、有内容、有结果的任务。每个大任务还可细分为做任务、准备报告、汇报结果三个环节。任务汇报指学生用口头或笔头报告他们的活动结果，如他们是如何完成任务的、结论是什么等，这是检查任务完成效果的重要环节，教师会根据学生完成情况，确定进行什么样的补充。任务中的活动多为交际性的任务活动。在活动过程中，教师不断巡视，视需要及时提供帮助。

3. 任务后

此阶段聚焦于语言形式。教师进行班级总结，对"任务中"阶段的学习情况进行反馈，特别是对必要的语言问题进行一定的解释和操练。"解释"不是孤立地讲解用法和区别，而是依靠一定的语境，借助前面听、读、说、写的实际情况进行。语言形式的操练也强调语境，关注语言形式的活动不一定是孤立和无语境地讲解语法的用法，也可以不把语法用法直接告诉学生，让学生开动脑筋思考，尝试去理解所学的语言特点。此时教师应该给学习者提供各种有助于讲解语言特色的材料，或通过大量实例启发学生思考，让学生自己去发现语言规律并归纳总结，而不是替代学生的思维活动。

很多专家都强调任务后"再做一遍任务"的观点。任务型活动可能存在的一个问题就是语言的准确度不够，在任务后阶段，当要求学生重复一个任务时，不仅能提高学生语言的准确度，还可以提高语言的流利程度和复杂度。

任务型教学在思路上和做法上都避免了交际法的不足，它强调在大量的输入与输出过程中学生语言能力的自然发展，不排斥在此过程中基本的、必要的语言形式的操练，因此学生语言表达的准确性、流利性和复杂性都能得到充分的重视和发展，体现出"语言习得所需要的理想状态"（龚亚夫、罗少茜，2006），因而在汉语技能教学中，特别是口语教学中得到充分的应用。

第四节　汉语技能教学的教学原则

吕必松（1991）认为，教学原则是指从宏观上指导整个教学过程和全部教学活动的总原则，它"贯穿总体设计、教材编写、课堂教学、测试和评估等整个教学过程和全部教学活动中"。在对外汉语教学 70 多年的发展历程中，人们在不同的理论框架下，从不同的角度来思考和阐述这个问题，先后提出了多种对外汉语教学的教学原则。

20 世纪 60 年代是汉语教学研究的一个探索期，人们在对以往教学实践进行全面总结的基础上，概括和提出了"学以致用""实践性"和"精讲多练"等原则。1979 年，钟梫在《十五年汉语教学总结》中，对五六十年代的汉语教学情况进行了全面论述，着重介绍了实践性原则、学以致用原则、综合教学的原则、听说读写译阶段侧重的原则、精讲多练的原则。之后，任远（1985）、李培元（1988）在相关论述中都做了进一步的肯定和阐释。

吕必松先生并没有专门阐述过对外汉语教学的教学原则，不过他的观点散见于各种论述中。在1991年发表的《再论对外汉语教学的性质和特点》一文中较为集中地谈到此问题。他认为，明确教学原则必须理清六大关系，即教师与学生的关系、语言教学和文化教学的关系、教学内容与教学方法的关系、知识传授与技能训练的关系、理论讲解与言语操练的关系、目的语与媒介语的关系，并对这六大关系表明了自己的态度。

20世纪末，国外的语言教学已经进入"后方法时代"，外语教学界认为，语言教学"其成效取决于多种因素，特别是取决于课堂教学最主要的因素——教师与学生，他们的理念与能动作用，以及教学中使用的策略、方法及手段，而教学方法仅为其中的一个组成部分"（左焕琪，2007）。靳洪刚（2011）认为，现代语言教育在近20年受到三大领域科研成果的极大影响。这三大领域分别是：语言习得研究、认知心理学和教育学。教学原则遵循人类认知、学习和教育的科学规律，在此基础上，她提出了现代语言教学的十大原则。即：

（1）以任务为语言教学基本单位；

（2）强调语言应用，采用"体验学习"；

（3）提供丰富的语言输入；

（4）提供详尽的扩展性输入；

（5）利用人类信息记忆及处理规律，进行组块教学；

（6）注重语言结构的练习；

（7）进行在大量丰富输入基础上的有效输出；

（8）纠错反馈；

（9）尊重学习者的语言发展规律；

（10）提倡合作学习及个性化教学。

与以往提出的教学原则不同，靳洪刚的十大原则有大量认知心理学、教育学、二语习得研究的结论做支撑，有实证研究基础，理论性强，所以适合用来描述更高认识层面的理论问题，至于如何具体落实到教学设计和操练上，还需要教师深入领会后外化为教学行为。如果我们把国内汉语教学界提出的教学原则看作是从教学出发的教学原则，那么靳洪刚所提出的教学原则就可看作是从理论出发的教学原则，后者更多依据哲学、习得和教育实证研究。它们各有不同的侧重，把两者结合起来，应是一个理想的做法。

汉语技能教学是从听、说、读、写技能方面开展的教学，它既遵循一般的汉语教学规则，也有从技能训练角度出发的理解与认识。因此我们把立足于技能教学的特点和目标来阐释的技能教学原则称为操作原则，把更具有思辨性、全局性的语言教学原则称之为理念原则。

一、汉语技能教学的操作原则

1. 了解汉语技能教学的课程要求，突出技能训练的特点

早期人们在谈到语言技能时，往往把它和语言知识相对应，认为知识是静态的、陈述性的，而技能是交际性的、程序性的，静态的、陈述性的知识应转化为程序性的交际技能。正如吕必松先生（1997）所说："语言教学研究要面临大量复杂的问题，其中最核心的问题就是研究怎样更有效地帮助学生完成从知识向技能的转化。"虽已认识到语言技能的重要性，但对如何转化依然语焉不详。

汉语教学采用的是分技能设课的模式，汉语技能教学多依托分技能的课程来实现，因此必须明确分技能课程的教学任务，突出课型特点。拿听说技能来说，听力课是以培养汉语听力理解能力为目的的课型，整个课堂主要围绕着听来进行，强调大量的可懂输入，针对听力的微技能，开展多样化的课堂操练。口语课是以培养汉语口头表达能力为主的课型，整个课堂主要围绕说来进行，侧重课堂活动的交际性和互动性，即创设各种交际情景来引导学生产出话语，进行成段表达。

突出技能课的课型特点，是进行技能训练、保证技能训练效果的关键。由于听与说的技能构成口头交际的两面，结合紧密，所以教学中有时无法截然分开。教师应注意明确课程的主要任务，如果听力课上学生说得更多、口语课上学生说得不够，那就会冲淡听力课和口语课的教学特点，难以达到专门培养听力技能和口语技能的目的。

2. 明确汉语技能教学的目标，有的放矢

任何课程都要明确本课程的教学目标，即通过本课程的教学，要达到什么教学目的、完成什么教学任务。不同技能课的教学目标一定不同。拿同为产出性技能的口语课和写作课来说，口语课的教学目标是培养学生在多种交际模式下的汉语口语表达能力，要求学生能适应多种交际场合下的语言表达，会话或独白均要求表达准确流畅、得体有效。写作课的教学目标则是培养学生写作多种题材和体裁文章的汉语书面表达能力，因此要关注不同文体的输出表达方式，综合运用汉语能力，输出一定篇幅的、结构完整的、表达规范的篇章。同为输出性表达，口语借助语音、写作借助文字；前者是即时性的，需要反应迅速；后者是延时性的，可以反复修改。因此口语技能更注重流利性、得体性，写作技能更注重语言表达的准确性和规范性。

3. 抓住汉语技能教学的重点，提高教学效率

教什么需要准确抓住不同课型技能教学的重点，解决主要矛盾，这样才能起到事半功倍的效果。重点也往往是学生学习的难点。比如阅读活动中学生的困难一是读得慢，二是读不懂，那么在进行阅读技能训练时，可以帮助学生充分利用图式的理论进行先期预测，降低理解的难度；通过关键词来把握文章主旨大意或者利用语境和上下文等信息进行合理猜测，这样可以避免不必要信息的干扰，达到快速理解的目的。听力课的教学重点要放在帮助学生识别语音、快速理解话语的字面意义甚至言外之意上。学生的理解困难不仅存在语言内，如近似的音、疑难词语、复杂句、长句，也可能存在语言外，如背景知识、文化知识等。为达到准确理解和快速理解的目的，需要调动学生的知识储备及认知策略加以训练。听和读的信息加工方式有一定的共同性，理解的困难也有很多相似点，需要注意的是，听与读的信息传递方式完全不同，因此在教学重点的确定上应同中有异。

4. 掌握汉语技能教学的方法与技巧，有效组织教学

从教学理论上讲，教学理念、教学原则必须落实到一定的教学方法和课堂组织上，才能得到有效的贯彻。教学方法应有明确的使用目的，有较

强的针对性，并且便于操作，学生乐于配合。

例如听力教学，我们可以设计听后问答、听后填空、听写、画图、填表、复述、表演、讨论等，来训练学生的口头理解能力。

例如口语教学，我们可以设计跟读、替换、模仿、描述、看图说话、角色扮演、小组调查、演讲、辩论等，来训练学生的口头表达能力。

例如阅读教学，我们可以设计读后选择答案、判断正误、完成句子、填空或完成表格、排序、猜词、表演等，来培养学生的书面理解能力。

例如写作教学，我们可以设计抄写、组句、修改病句、给文本加标点符号、看图写话、看例句仿写、缩写、扩写、模仿写作、任务式写作等，来培养学生的书面表达能力。

每个单项技能训练都有其适宜的、行之有效的教学方法，或侧重机械性，或侧重交际性，教师可以根据技能教学的内容，紧扣技能训练的特点，选择有效的教学方法与技巧。

二、汉语技能教学的理念原则

1. 综合教学的原则

综合教学的原则指的是即便我们强调汉语技能教学的意义，但仍把培养汉语综合能力作为教学的首要目的，即汉语技能教学的目标是为培养学生的汉语综合能力而服务的。技能教学的各项技能之间是相互配合、相互促进的关系，并形成一个完整的教学整体。整体教学观或综合性的语言教学也是对外汉语教学长期以来所秉持的教学理念。汉语技能教学从课程设置、课时安排、教学内容的选择、教学方法的运用等方面来看，都是在不同程度、不同角度上对语言教学的诠释，是在综合教学基础上的深化与提高。关于综合教学和技能教学的关系，在后面的章节中我们还会进行详细阐释。

2. 输入、输出与互动原则

输入指语言材料的学习，听与读是典型的输入型语言技能，听力教学和阅读教学都是以输入为起点和目标的。

　　贯彻语言输入的原则，首先要以听读的方式让学生接触大量的、丰富的语言材料，"大量"既指数量，也指质量。克拉申（Krashen）以"可懂输入"的概念来说明输入的质量，即有利于促进学习的语言材料，低于或超出学习者的接受能力都不合适。输入材料的丰富性指多种形式的教学材料、教师用语和课堂活动等，以便帮助学习者尽可能多地接触第二语言。

　　输出指语言表达，说与写是典型的输出型语言技能，口语教学和写作教学都是以输出为终点和目标的。

　　课堂教学除了为学习者提供语言输入、语言理解的活动外，还应该为学习者提供大量的语言使用和表达机会，通过各种互动活动来促进学习者在交流中使用语言，输出符合交际场合的各种语言结构，从而建立自己的第二语言系统。

　　从语言的输入到语言的输出，交际性互动方式在培养交际能力方面起到重要作用。互动指多方面因素的交互行为，最典型的是指师生互动和生生互动。互动的核心是意义协商，因为在交际过程中，"交流双方并不是一次性地、毫无障碍地成功表达意义或传递信息，而是要经过提问、证实、复述等一系列协商过程"（程晓堂，2004）。

　　在语言技能教学中我们重视互动的发生，正如任务型教学所提倡的"做中学"的理念，在互动的环境中，由于学生的交际意图被激发，学生的语言技能才得到充分的施展，并扩展了输入和输出的机会。要保证互动的效果，技能教学需要注意以下几点：

　　（1）教学内容要真实、利于交际。

　　比如口语操练，要紧密结合学生的生活实际选取话题、练习和活动形式，从学生身边熟悉的内容，逐渐扩展到不熟悉的或抽象的内容。

　　（2）设置的活动和任务要富于挑战性。

　　互动的内容和方式要能够启发学生的心智，引起他们的兴趣。不论是问答还是会话，都应该包含足够的信息，有意义、有结果，并有利于完成我们的教学任务。

（3）教学结构留有空间。

环节设计不必严丝合缝，教师对课堂的控制不能太严，采取开放式的教学结构，以便学生充分地参与。提出的问题要能启发学生的思维，不必强求答案的一致性。允许少量的机械练习或封闭性回答。

（4）教学内容、方法的设计要符合学生的年龄和心理。

注意学生的个体差别、情感和动机，避免过于常识性的或低幼化的内容。根据学生的特点划分组别，因材施教。

3. 以学生为中心的课堂教学原则

"以学生为中心"是将学生视为课堂教学平等的参与者、合作者，在学习过程中，充分尊重学生的自我意识与需求，创设多种机会与情境，让学生去体验和应用，在此过程中，充分发挥学生的主动性和探索精神，形成对客观事物的认识，提高解决问题的能力。何克抗（1997）认为"首创精神、将知识外化和实现自我反馈是体现以学生为中心的三个要素"。

"以学生为中心"体现在汉语技能教学安排上，就是在充分调研的基础上，根据学生的特点和需要制订教学计划、确定教学内容和方法。教学内容应符合学生的需求，具有真实性、交际性，体现有意义的学习；学习方法以任务型活动为主，减少控制性的活动；教学过程中应加入目标管理、自我反馈等环节，鼓励学生发挥学习的积极性和主动性。

4. 以合作学习、自主学习为特征的学习原则

现代语言教学特别提倡培养和发挥学生的合作学习能力和自主学习能力。合作学习指生生互动、协作学习的方式，如合作写作、小组调查等任务活动等。在教师的组织和引导下，学生们组成一个个学习群体，通过小组内和小组间的讨论、交流，对不同观点进行补充，从而达到理解意义、掌握知识的目的。合作学习的研究证实，以学生为中心的合作学习对知识的长时记忆具有正面效果，能促进学生语言输出水平的提升。

自主学习不是自学，而是指在课堂教学中学生发挥主人翁责任感、进行有效的目标管理和发现式学习。比如课下的翻转式学习、查找资料都能提高学生发现问题、解决问题的能力。汉语技能教学可以给学生布置各种延伸式的任务，让学生课后完成，帮助学生更好地发挥自主学习的作用。

5. "精讲多练"和"实践性"的原则

"精讲多练"和"实践性"等教学原则是对外汉语教学的重要思想，也是对外汉语教学法中的核心内容："精讲"指进行必要的、适当的理论讲解，如句型基本用法的解释与归纳等。讲的时候力求简明扼要、少而精，"多练"指把时间给学生，精心设计教学活动，利用各种方式，提高学生的开口率，还包括教师直接使用汉语教授的做法。"精讲多练"没有明确的"讲""练"比例，四六、三七的说法都曾有过。

"实践性"反映了理论与实践相结合的思想。学生语言技能的获得要依赖反复实践，特别是真实的社会实践，课堂实践要以社会实践为基础，为社会实践服务，因此鼓励学生走出校门、走向社会，充分利用汉语的大环境学习语言。"实践性"在一定程度上反映了对教学环境作用的认识。在课堂教学中，"实践性"体现为"精讲多练"和归纳法的应用。在课外，体现为语言实践活动，在技能教学中，语言实践活动应成为课程的一部分，让学生不仅看、听，更要动手参与和制作。

贯彻实践性原则的另一个方式就是"体验学习"。体验学习的要点是学习内容与实践的深度融合，让学习者身临其境，完成真实任务的全过程。这样的教学远比读他人经历或听他人叙述的课文更为真实，更易记忆。任务教学就是"体验学习"的一种表现形式。

6. 平衡好流利性、准确性和丰富性的原则

流利性一般可理解为言语行为的流畅、从容和快速。语言表达的准确性指选择正确的语言形式来表达意思。复杂度也称作"重构"，即将学习过的语言材料重新按某种语言结构的模式表达出来。

与儿童自然习得不同，成人学习语言仅靠大量接触正确的语言输入是不够的，仍然需要去注意语言的形式，如词汇、习惯用法、语法结构、语用形式等。这是对语言准确性的要求。而"重构是使中介语言系统更加复杂、更精细、体系更完整的过程"（龚亚夫、罗少茜，2006）。句法结构的多样性和复杂性一定程度上可以反映学习者驾驭语言形式的能力。在对待这三性的态度上，汉语技能教学应根据教学阶段有所侧重，并在一定的学

习阶段内维持相对的平衡。当学习者的语言水平还处在初中级时，我们提倡在准确的基础上，达到流利的目标。但如果仅仅追求语言的准确性和流利性，而不够多样化、丰富性，学习者的语言能力可能长期在低水平徘徊。

在进行汉语技能教学时，任何课程都肩负着语言形式学习的任务，这是语言表达准确性的重要保证。不过，要注意的是应根据技能教学课程的不同来进行语言形式的操练，接收性课程重在对新的语言现象的感知和理解，产出性课程重在对语言形式的纠错和反馈。

7. 充分运用多媒体和网络技术进行教学

21世纪是信息化的时代，多媒体、网络技术的发展为教育提供了更方便、快捷的方式。传统教学的课堂多依靠黑板、粉笔，耳提面命来进行，手段单一。随着计算机的普及和网络技术的应用，采用多媒体和网络技术进行汉语教学是时代的需要，更是提高对外汉语教学整体实力的重要举措。它的优势体现在：

（1）手段的更新

大量运用电视、录像、投影、图片、网络视频等来输入，能根本改变传统教学方式费时耗力、手段单一的缺陷。其中很重要的一点是能增加输入的信息量，加快理解速度，激发学生的学习兴趣。比如动词"到"做结果补语，用语言来阐释意义有时不容易讲清楚，可是用图片、视频来呈现就容易让人一目了然、过目不忘。

（2）输入材料的更新

能提供大量真实的语言材料，减少"教材语言"的人工痕迹。网络中有各种题材的社会生活素材，内容丰富、形式多样，如新闻访谈节目、对话节目、短视频等，都是活生生的语料，可以拿来在课堂上使用，也可以布置成课外学习资料。

（3）技能训练方法的多样化

多媒体的教学手段既可交替使用，又可同时使用，输入的信息量远远大于单一的输入方式，而且便于技能训练。如看一个小故事后猜测下面的情节发展、边听边填图、给画面配音等，都可以锻炼学生听、说、读、写的能力。

（4）学习方法的改变

大量的学习资料可以放在网络上，提供给学生课外使用。目前有很多在线学习平台和专门化的学习软件，这些软件可以实现在线学习、互动和考试等功能。比如"问卷星"在线答题，学生可以马上得到反馈，也省去教师批改的时间。而网络虚拟课堂也能让远隔万里的师生跨越时空的阻碍进行沟通。

如果把传统的教授方式叫作"人工教育"模式，未来的教育可能是"科技教育"模式。2020年的新冠肺炎疫情催生了线上教学。许多高校运用多种在线教学平台，采用慕课、录播课、直播教学、线上答疑辅导等方式开展汉语教学，体现出平台工具、技术资源、模式方法等要素的叠加优势。未来"线上+线下"的混合式汉语教学模式将与所有其他教育一样，成为教学新常态，融合了"互联网+""智能+"技术的在线教学将成为未来教育的重要发展方向。

第五节　80年代以来的汉语技能教学研究

由于历史的原因，20世纪80年代以前，汉语技能教学方面的研究较少。分技能教学的实验及课程的建立，为汉语技能教学研究提供了条件。下面我们对80年代以来的汉语技能教学研究进行梳理，主要划分为两个大的时期。

一、80年代至90年代的汉语技能教学研究

80年代至90年代，汉语技能教学研究开始出现，就总体而言，初期的研究成果较少，很多研究的主观性较强，缺少实证研究的成果，后期的研究成果较丰富。

1. 从宏观角度论述汉语技能教学

从宏观角度阐述汉语技能教学认识问题的文章有李杨（1992）、吕必

松（1995，1997）等。

李杨（1992）讨论了中高级阶段汉语技能教学的系统性问题。文章指出，听、说、读、写语言技能操练应该建立在标准化的语言要素训练基础上，并从课型特点出发来建立标杆。在进行技能训练时，要加强对技能本身的认识，如"听"是通过听觉领会语言，经过接收、识别、判断、理解声音符号这样一个"解码"过程，最终破译声音符号的意义，并接收话语内容。只有明白了听、说、读、写的不同机制，将技能训练系统严格地建立在这一认识的基础上，才能与其他训练本质地区别开。

吕必松先生（1995）在《关于语言教学的若干问题》中提出，语言教学中必须把语言要素的教学与言语技能的训练有机地结合起来，并且要以技能训练为中心。1997年发表的《汉语教学中技能训练的系统性问题》延续了这个论题，论述了语言教学的内涵，认为语言教学实际上就是通过适当的方式、方法和技巧，把语言知识、语用知识和有关的文化知识转化为学习者的言语技能和言语交际技能。

语言教学研究最核心的问题就是研究怎样更有效地帮助学生完成从知识向技能的转化。他还提出了"以知识传授为中心"和"以技能训练为中心"的两种教学路子，并对两种教学路子的教学实践进行了区分，指出了技能训练路子面临的问题。吕必松先生认为以技能训练为中心的教学路子还处于探索阶段，系统性技能训练应回答如何处理各项技能训练之间的关系，比如是全面训练各项技能，还是重点训练某一项或某几项技能；是对各项技能进行综合训练，还是对不同的技能进行专项训练。这些问题的提出，实际上也是对技能教学实验及分技能教学模式建立后的相关理论问题的思考。

2. 汉语技能教学的具体研究

更多的文章是从技能教学的角度进行的具体分析或阐述。据吕必松（2017）的统计，80年代从语言技能训练的角度进行具体研究的文章共有18篇，从课程教学的角度进行研究的文章共30篇，我们可以看出当时人们的研究重心主要在课程上，这也与分技能设课模式刚刚建立有关。吕必松先生的统计如表1-7：

表1-7　80年代汉语技能教学研究的统计①

从语言技能训练的角度		从课程教学的角度	
听力训练	5篇	听力课教学	1篇
口语训练	6篇	口语课和听说课教学	2篇
阅读训练	5篇	视听说课教学	3篇
写作训练	2篇	文选课教学	5篇
		阅读课教学	2篇
		报刊课、新闻听读课教学	9篇
		写作课教学	4篇
		翻译课教学	4篇

我们仅择其要者概述如下：

（1）口语技能教学研究

关于口语教学的较早研究有石佩雯（1983）的《谈如何增强口语教学的真实感》，文中提出要到真实的语言环境中进行语言实践，以及通过形象化的演示、戏剧化的表演，结合学生实际组织交际对话，加强学生的想象力来使非真实的交际环境具有真实性。

另外，张国辉（1992）在《说话课的地位及其训练方法》一文中首先肯定了读写打头的教学顺序，强调了文科班的技能教学安排中说话课的作用，并结合教学中的例子重点阐述了说话课的教学方法，即如何组织学生会话、情景设计、表演、讨论、演讲比赛、语言实践、单句训练与成段表达等，使我们对那时的口语课的教学面貌有了初步认识。

章纪孝（1994）提出的高级口语教学"话题交际法"，为进一步提高高级水平学生的汉语口语表达提供了一个有效的途径。文章还介绍了教材编写经验，如从话题入手编排教学内容，话题的素材主要来自广播电视和实况录音，少部分来自报刊，这样能体现高层次的自然口语特色，而且内

① 根据吕必松《对外汉语教学发展史·上编》121页整理。

容对学生有吸引力。他所编写的《高级汉语口语——话题交际》①也是一部影响较大、应用较广的教材。

（2）听力技能教学研究

听力教学的研究当以杨惠元的文章最有代表性。他先后发表了《听力教学初探》（1982）、《谈谈听力教学的四种能力训练》（1989）和《听力课的教学环节设计——关于备课与上课》（1993）等文章。第一篇文章主要介绍了听力理解的本质、听力教学的重点、不同教学阶段听力训练的特点、听力教材的编写原则、听力教学的地位等问题，从理论上做了比较全面、系统的分析和阐述。第二篇文章认为听力教学要突出技能训练的特点，重点是提高学生的四种能力，即辨别分析能力、记忆储存能力、联想猜测能力和概括总结能力。在第三篇文章中提出了"备教材"、吃透教材的问题，并阐释了听前、听时、听后练习的重点，如听前练习通过辨析难音难调、听辨词语、听辨句子和解题、简介内容等方法，降低学生理解课文和做练习的难度；听时练习主要是引导学生有目的地听，提高学生对所听内容接收解码的能力，训练学生加快接收解码的速度；听后练习教师要通过快速问答、讨论、小结等方式，使学生对听过的内容形成更系统、更完整的记忆。1988年，他出版了《听力训练81法》，这本研究听力单项技能训练的著作主要介绍了81种听力课堂教学的方法，并附了两课教学案例。这些研究直接针对听力教学展开，不但对听力教学有直接帮助，而且对其他语言技能训练的研究也有启发作用。

李清华（1987）的《谈科技汉语的听力理解》一文，较早提出了听力微技能的问题。文章认为听力理解训练"就是把听力理解过程中所需要的各项技能分离出来，然后分别在听力练习中加以发展"。这些分项技能有：对听力材料的筛选能力、预测和更正预测的能力、跳越障碍的能力、识别重述和变换措辞的能力、利用连接词和语法关系提供信息的能力、"一心二用"的能力等。

卢福波（1992）针对听力教学问题提出了基础汉语听力课教学的三项

---

①　章纪孝.高级汉语口语——话题交际[M].北京：北京语言学院出版社，1993.

基本原则：1）实用性，信息材料要具有实用价值，并能成为学生知识结构的一部分；2）多样性，教学方法要丰富；3）立体性，教学活动的交流与反馈，可以将听和说结合起来，为口语教学实践提供机会。这三个原则的提出虽较为空泛，但所给的具体说明还是比较实用的，比如对比法、正误法、归类法、仿效法、扩充法、替换法、图表法、改述法、猜测法、问答法、复述法、游戏法、应用法等，观点比较新颖，如果多配真实的案例，会更加易于理解。

（3）阅读技能教学研究

关于阅读教学的文章主要集中在对课程和教学方法的阐释上，总的来说，研究成果很少，谈论的内容也较散。值得一提的是郭金鼓和王志胜这两篇文章。郭金鼓（1992）从教材及教学阶段的角度，论述了零起点科技阅读教学第一阶段的问题。由于此阶段学生的汉语水平较低，阅读教学主要由认字开始，由字到词，由词到词组，然后到更大的语言单位，形成一个循序渐进的感知和辨认过程。在这个过程中逐渐教学生加宽阅读视幅并缩短视时。在教学的后期，尤其是在第三阶段，注意处理好这几个问题：1）朗读与默读；2）准确与速度；3）分析性阅读与综合性阅读；4）语法与科技知识；5）课内与课外。这篇文章还提出了一些汉语阅读教学的课堂操作方法。

王志胜（1995）认为阅读的速度和理解的程度与学习者的语言能力和阅读技巧相关，将"语言能力"与"阅读技巧"统称为人的阅读技能。在教学中，如果要提高学生的阅读技能，就必须加强对这两方面的训练。由于理解是读者将自己记忆中已贮存的信息与通过文字材料提供的新信息联系起来的过程，读者的背景知识与作者的语言材料之间是相互作用的关系，因此文章建议教师教学中应结合课文适当补充一些必要的背景知识，并教授根据汉字构形、构词特点猜测字义，以及根据上下文猜测词义或句子的技巧。

（4）写作技能教学研究

关于写作教学研究的文章较少，以祝秉耀1984发表的《浅谈写作课教学》为代表。文章针对写作教学的薄弱环节，提出加强写作课教学、提高学生写作能力的问题。文章认为不能采用教母语学生写作的方式来教外国学生，因为教学对象正处于学习汉语的过程中，很多有关的知识还没接触，有些知识虽然学过，但还没有消化和巩固。因此写作课教学的重点不能放在技巧方面，而只能放在基础方面，应着重进行基本词汇和基础语法的训练。在写作文体上要有侧重，记叙文是主要的写作文体，高年级如三年级的学生可以进行议论文的写作实践。教学过程中需同时加强教师的指导，以及批改和讲评。文章还提供了较多的学生偏误，并认为应努力排除学生母语的干扰，增强学生用汉语进行书面表达的能力。这是较早且较为全面论述写作技能教学的文章。

通过以上文献梳理，我们可以大致了解汉语技能教学的研究情况。总的来说，研究的学术性不强，内容较为浅显，对技能是什么还不够清晰透彻，多与课程研究、教材研究等混杂在一起，研究方法偏于经验型、主观化，不过汉语技能教学作为新事物，研究相对滞后也在所难免。

二、21世纪以来的汉语技能教学研究

21世纪前后，汉语技能教学研究进入一个成熟与稳定的发展时期。建构主义、社会文化理论、二语习得研究、任务型教学等国内外的新理论、新研究方法不断涌现，给汉语技能教学研究带来了活力，教学研究的队伍不断壮大，汉语技能教学研究成果的数量和质量得以大幅提升。在内容上更加广泛，涉及教学理论、模式、大纲、课程、教法、教材、测试、技术手段等多个方面。在研究方法上也突破了主观性、经验化的误区，更注重实证研究，同时出现大样本、跨学科的历时和对比的研究方法，这些都表明汉语技能教学已逐步摆脱经验型的研究。

以口语教学为例，我们在中国知网以"汉语教学"＋"口语教学"为主题，时间不限，共搜到期刊文章318篇。用书目共现分析系统对这些文章进行可视化分析，可以看出，2008年以前，关于口语的研究成果每年都不超过个位数，2016年却达到峰值。

汉语口语教学研究所涉及的内容广泛，关键词主要集中在"对外汉语

教学""口语教学""对外汉语""口语""汉语口语教学"等，这些关键词的共现频次如表1-8：

表1-8 1984年—2022年汉语口语教学研究的关键词频次

关键词	出现频次	关键词	频次
对外汉语教学	82	方法	8
口语教学	70	词汇教学	8
对外汉语	62	策略	7
口语	47	交际能力	7
汉语口语教学	45	成段表达	7
教学	17	词汇	6
口语课	17	口语教材	6
留学生	12	现状	6
教学模式	11	汉语口语课	6
对策	9	汉语	6
任务型教学法	9	口语课程	5
初级	10	交际法	5

下面我们从汉语技能教学的理论、教学、测试、学习等方面进行说明。由于有关课程与教材的内容在前文中已有较多阐述，在此不再赘述。

1. 汉语技能教学的理论研究

理论研究是关于学科属性、学科内涵和学科发展的核心内容，对教学具有重要的指导意义。其中建构模式是汉语技能教学理论研究的一个主要内容。邹鹏（2016）基于口语能力测试（OPI）评价体系，探究了汉语口语教学模式的建构问题。OPI的测试标准由"美国外语教学协会"（ACTFL）和"美国教育测试中心"（ETC）联合研制，是全球公认信度和效度最高的口语交际能力评价体系。文章提出了将OPI的测试过程对应于口语课堂教学的基本过程的观点。以标准化测试的方式来反观教学，是一个贯彻交际原则、提高口语教学效率的有益尝试。

在听力教学模式方面，洪炜（2010）以实证研究的方法提出了"输入2次+输出1次+输入1次"的"输入—输出"训练模式，认为采用这种输入与输出相结合的训练模式，适当增加一定量的输出任务，符合学生认知心理，能达到较好的教学效果。

微技能的内涵是技能教学理论的重要方面，相关研究主要集中在听力技能方面。金琰如、王佶旻（2012）在前人研究的基础上，概括了16种听力能力，分别体现在识别维度、注意维度、记忆维度、理解维度和推断维度上。文章运用定量研究的方法，对初级阶段汉语学习者听力能力结构进行了构拟与验证，分析了听力能力的构成因素及其相互关系。这是一篇实证性很强的研究，为我们确立听力教学的目标，并开展有效教学提供了依据。

阅读的研究主要包括对阅读教学的性质、任务的阐释。陈贤纯（1999）认为阅读训练的目的和任务包括：（1）培养阅读理解能力；（2）培养阅读技巧；（3）通过培养阅读能力来全面提高学生的语言水平。乔印伟（2001）认为，汉语阅读的教学任务应包括汉语学习功能，如扩大词汇量、提高语言技能；还有专门用途阅读、阅读能力培养，如适应文章体裁、把握文章结构、处理语言要素、运用阅读策略和提高阅读速度，以及形成阅读习惯、实现教育本质功能等，为阅读教学提出了一个阅读任务的量化清单。

随着语言学、心理学、教育学和认知科学的发展，二语写作教学理论也出现了一些变化，其关注点由语言形式转向文章内容，由写作者的内在认知转向写作者与社会文化情景的关联，由单一要素转向多种要素的交互作用，整合了过程和结果（周红，2007）。周红（2009）探索了建构主义理论指导下的汉语写作教学。她认为写作教学要通过理解话题和分析材料获得知识、通过确定观点和选择论据提取知识、通过建构新意义展开语言编码这三个过程。这篇文章较为宏观地阐释了写作教学理论中写作者的知识积累和知识应用问题。

2. 汉语技能教学的测试研究

测试是教学的重要一环，不仅能检验教与学的结果，还对改进教学具有一定的反拨作用。依据一定的标准，客观科学地评价学习者的口语能力，是开展口语教学的重要依据。翟艳（2011）在《口语流利性主观标准的客观化研究》一文中，针对汉语学习者三个口语流利性的典型样本，从教师主观评价和客观量化统计两方面进行了对比分析，结果表明教师的主观总体评价在较大程度上具有客观标准真实、准确、可信的特点。翟艳（2012）在《汉语口语成绩测试评估标准》一文中，针对汉语口语成绩测试的标准问题，考察了教师的评分过程及评分依据，在此基础上确定了适合考查汉语口语水平的五项11点评估标准。翟艳（2012）在《任务型汉语口语成绩测试》一文中则依据任务型教学理念和任务型语言测试特征，全面探讨了口语成绩测试的形式、评分方法、评分标准、题型和测试步骤，提出了任务型汉语口语成绩测试的方案。

种一凡（2018）将动态评估理论引入汉语口语测试。在10组双人的口语测试实验中，教师对实验组学生的口语表达进行了动态干预，对照组则按常规方式作答，结果显示，10组中只有一组常规考试组成绩高于实验组。互动式动态评估可看作是双方有益的合作沟通活动，如评估者提供积极、有效的引导，学习者能够完成平时不能独立完成的任务。对学习者来说，干预不是被动地学习，而是在指导下的主动学习，因此这一方法可以运用在口语课教学中，培养学习者评估即学习的意识。

除此以外，研究者们也很关心听力测试的问题。以往对外汉语教师出听力测试题时主要凭借经验，缺乏科学依据，杨万兵、文雁（2012）用实证研究的方法探讨了半听力测试与全听力测试对初级水平汉语学习者的影响。全听力测试是指所有项目，包括试题内容、问题和选项均用听的方式呈现，半听力测试是指试题内容、问题用听的方式，选项以文字的方式呈现。结果显示，全听力测试是更适合外国学生的听力测试形式。这篇文章还从文字的影响、知识图式的激活、信息加工和注意力分配等方面解释了原因。

在写作测试方面，刘颂浩、曹巧丽（2015）借鉴雅思考试写作评分标准，考察了学生的写作输出情况，结果发现，写作题型的设置会影响学生写作时的表现。李杰、赵静（2012）则研究了两种看图写作测试方式的效果，一种是给出故事的开头、结尾和一幅图，要求学生根据图上的内容把故事补充完整；另一种是给出6小幅内容连贯的图片，根据图片，写出这个故事。研究显示，提供多幅图比单幅图更能有效地反映中级水平学习者的写作水平，因为它不需要立意构思，而且较少受到题目取样误差和评分员误差的影响。

以上研究多是实证研究，从中可以看出在对教学效果进行评价时，数据分析具有一定的说服力。

3. 汉语技能教学的学习研究

学习研究是指对学习者及其学习过程的研究，包括学习者动机、情感、策略、信息加工方式等多个领域。教学的效果不完全取决于教师的"教"，学生的"学"可能是影响学习效果最重要甚至是最关键的因素。

吕欣航（2007）的实验发现，汉语作为第二语言的学习者在汉语阅读中主要利用了字形的信息，较少利用字音的信息，由字形直接激活字义。但是初中级水平的学生大多对汉字的学习记忆还处于视觉分析的阶段，因此与熟练被试由字形直接激活字义的加工方式相比，还存在本质的差别。

通过阅读来学习词语也是扩大词汇量的有效方法，"猜词"就是学习者经常运用的一个学习策略。从认知的角度看，汉语学习者的猜词过程是怎样的？它反映出学习者怎样的阅读模式呢？干红梅（2012）通过读后访谈的方式，对20名中级汉语学习者阅读时猜测78个词语的过程进行了分析。研究发现，汉语二语学习者遵循了"猜测—验证—确定"这一基本过程，主要采用识别熟悉语素、利用上下文语境、分析词性或偏旁、反复阅读含有目标词的句子等方法，不过不同母语背景的学生在使用的次数和优先处理方面会有个人喜好和倾向。

4. 汉语技能教学的其他相关研究

汉语技能教学研究的成果较多，研究者们从多个角度探讨了汉语技能教学的课堂组织、教学方法与技巧、教学过程、教学效果和影响因素研究等。

影响技能养成的因素一般包括话题的熟悉程度、语言的难度、语体、说话人的语音条件等。张金桥（2006）考察了介绍性说明和选项呈现方式对外国学生听汉语"长段对话或讲话"的影响。实验结果显示，教师在听前对所教的汉语听力材料进行介绍性说明比直接听听力语料教学效果要好。尤其在运用不熟悉的听力材料进行教学时，这种介绍性说明尤为重要；听前呈现选项和听后呈现选项这两种不同的选项呈现方式对听力理解的影响也是不同的。

什么样的语速有利于训练和提高学生的听力理解能力？对这个问题多年来人们只有一个感性的认识。孟国（2006）考察了不同职业母语者的平均语速，并对一些汉语听力教材的录音和老HSK听力部分的录音进行了统计，提出200—300字/分钟是正常语速的范围，并建议汉语听力教学应让学习者尽快接触245字/分钟左右的正常语速的听力材料。该研究让教师进一步明确了汉语听力教学的目标，并在教学时有了明确的抓手。

从教学中发现问题并解决问题，是改善教学的有效手段。陈珺（2003）以中级阅读为研究对象，在总结7种理解性偏误类型的基础上，指出了学生阅读理解中理解性偏误的易发类型和原因，并提出对策。吴门吉（2005）则发现，语料难度、题干与选项、猜词线索及语篇理解是影响外国学生阅读理解的主要因素。对于汉语阅读难点的研究实际上是教学的纵深研究，对于我们准确把握汉语技能教学的要点提供了有价值的判断。

二语汉语写作质量也与很多因素有关，既有内部因素，如词汇知识、二语水平、写作能力等，又有外部因素，如文章的体裁、对话题的熟悉程度等。吴继峰（2016）从词汇的角度研究了英语为母语的中高级汉语学习者词汇丰富性的发展情况及其与写作质量的关系。文章从词汇的变化性、复杂性、密度和错误四个维度进行了考察，结果显示，中高级被试写作中的词汇变化性、复杂性和词汇错误三者之间存在显著差异。

莫丹（2015）的文章区分了非汉语环境中华裔与非华裔两类学生的产出性词汇差异及其对写作质量的影响。她把产出性词汇知识分为广度知识和深度知识，前者如多样性、复杂性等，后者如搭配错误、句法功能错误等。研究显示词汇的广度知识与学习者的写作质量关系密切。该文也提出了扩大产出性词汇量、加强低频词和书面语词汇教学等建议。

教学行动研究是近些年兴起的一种反思性教学的研究方法，它指教师对自己的课堂教学现象进行考察和研究，从而改进教学质量的一种探索性活动。洪炜、徐霄鹰（2016）用教学行动研究的方法对阅读课的词汇教学进行了研究。他们首先通过观察访谈，发现阅读课词汇教学的问题，然后制订行动方案进行教学实践，最后根据观察的结果调整学习任务难度，取得了良好的教学效果。这篇文章将教学行动研究的方法运用到阅读课的词汇教学中，是一次积极的尝试。

　　"支架"的概念来源于维果斯基（Vygotsky）的最近发展区理论，支架式教学法可以通过"搭脚手架""拆脚手架"的方式来帮助学生理解知识、分析事物，进而进行语言产出活动。吴双（2011）的文章利用支架法的教学理论，讨论了写作课写前构思活动对写作效果的影响。结果显示，实验组与对照组的成绩存在显著差异，实验组的成绩较高，问卷调查也反映了学生对这一做法的肯定态度。宗世海、祝晓宏、刘文辉（2012）基于"以写促学"理念开展"写长法"教学实践，鼓励学生多写快写，取得明显的教学效果，也是一种值得借鉴的教学方法。

　　除了课堂教学，课外的自主学习方式也受到研究者的关注。其中提供和选择什么样的课外学习材料成为教学研究的一个课题。周小兵、钱彬（2013）对国内的汉语分级读物的现状进行了考察。文章分析了国内出版的四套汉语分级读物，并对比了英文分级读物后认为，汉语分级读物存在适用对象不明确、内容陈旧、题材单一、语言难度偏高、读物级别设置不当等问题，并对汉语泛读读物的编写提出了建议。王鸿滨（2016）借鉴美国"蓝思分级系统"将学生的阅读能力与文本的难度进行了比对，依据《商务汉语考试大纲》[①]和《经贸汉语本科教学词汇大纲》[②]，结合学生的阅读能力和汉语水平构建了以经贸汉语核心词汇为分级标准的阅读体系。不过，尚未出现关于如何开展泛读教学的相关研究。

---

① 中国国家汉语国际推广领导小组办公室，北京大学商务汉语考试研发办公室. 商务汉语考试大纲[S]. 北京：北京大学出版社，2006.

② 沈庶英. 经贸汉语本科教学词汇大纲[S]. 北京：北京语言大学出版社，2012.

综上所述，我们可以看出汉语技能教学的研究实际涉及教与学的方方面面。在研究内容上，理论建构是最重要的，它起到指导实践、规范教学的作用，同时丰富的教学实践也会促进和丰富我们的理论认识。汉语技能教学研究不仅从认知心理学、二语习得等角度科学探讨了技能产生的过程、技能表现的特征和影响技能理解与产出的内外因素等，也从教育学、教学法角度探讨了教学模式、教学方法，以及检验教学效果的测试方法。在研究方法上，多元化的视角、多样化的研究手段构建了现代科学研究的方法体系。理性分析和实证研究越来越多，课堂观察、问卷调查、个案分析等质化研究也做得越来越扎实。

思考题

1. 汉语技能教学的认识误区是什么？

2. 汉语技能教学是如何诞生的？试举两个例子说明20世纪80年代的汉语技能教学课程或教材。

3. 听说法、交际法对对外汉语教学法有什么积极的影响？

4. 对外汉语的教学原则主要包括哪几个方面？

5. 任务型教学在汉语教学中的应用情况如何？

6. 如何理解"精讲多练"的教学原则？

7. 怎样理解"结构、功能、文化"相结合的教学原则？

8. 怎样理解"以学生为中心"的教学原则？

9. 在汉语技能教学中，如何做好输入、输出与互动？

10. 在对外汉语教学中，提倡自主学习有什么好处？

11. 本文介绍了很多汉语技能教学的研究文章，你对哪篇文章最感兴趣？

12. 下面是关于阅读技能等级的描述，请画线连接相对应的部分：

一级	能听懂基本的数字
二级	能听懂课堂上的指示用语
三级	能听懂一般常识性的、简单且直接的问题
四级	能理解陈述性或论述性话语的大意

13.按照以学生为中心的教学原则，如何处理以下情况？

　　老师：安东，请你把手机放在包里。

　　安东：老师，我没看手机，我在查生词。

参考文献

陈　珺.阅读训练中理解性偏误的类型、原因及对策分析[J].云南师范大学学报（对外汉语教学与研究版），2003（3）.

陈贤纯.对外汉语中级阶段教学改革构想——词语的集中强化教学[J].世界汉语教学，1999（4）.

程晓堂.任务型语言教学[M].北京：高等教育出版社，2004.

种一凡.互动式动态评估应用于汉语口语教学口试初探[J].语言教学与研究，2018（6）.

崔希亮.北京语言大学对外汉语教学名师访谈录：李景蕙卷[M].北京：北京语言大学出版社，2008.

干红梅.中级汉语学习者猜词过程和阅读模式分析[J].华文教学与研究，2012（2）.

龚亚夫，罗少茜.任务型语言教学（修订版）[M].北京：人民教育出版社，2006.

郭金鼓.试论科技生基础汉语阅读课教学[J].世界汉语教学，1992（2）.

国家汉语水平考试委员会办公室考试中心.《汉语水平词汇与汉字等级大纲》（修订本）[S].北京：经济科学出版社，2001.

何克抗.建构主义的教学模式、教学方法与教学设计[J].北京师范大学学报（社会科学版），1997（5）.

洪　炜.输入—输出训练模式对听力理解影响的实证研究[J].华文教学与研究，2010（2）.

洪　炜，徐霄鹰.中级汉语阅读课词汇教学行动研究[J].汉语学习，2016（1）.

金琰如，王佶旻.初级阶段留学生汉语听力能力结构探究[J].语言教学与研究，2012（3）.

靳洪刚.现代语言教学的十大原则[J].世界汉语教学，2011（1）.

李　杰，赵　静.汉语作为第二语言的两种看图写作测试方式的实验研究[J].华文教学与研究，2012（3）.

李培元.五六十年代对外汉语教学的主要特点[C]//第二届国际汉语教学讨论会组织委员会.第二届国际汉语教学讨论会论文选.北京：北京语言学院出版社，1988.

李清华.谈科技汉语的听力理解[J].语言教学与研究，1987（2）.

李　杨.建立科学的训练体系——中高级阶段汉语教学技能训练问题[J].汉语学习，1992（6）.

刘颂浩，曹巧丽.题型设置对写作练习使用效果的影响[J].华文教学与研究，2015（4）.

刘　珣.对外汉语教育学科初探[M].北京：外语教学与研究出版社，2005.

卢福波.基础汉语听力课教学的三项基本原则[J].辽宁师范大学学报（社会科学版），1992
　　（6）.

鲁健骥.中介语理论与外国人学习汉语的语音偏误分析[J].语言教学与研究，1984（3）.

鲁健骥.口笔语分科 精泛读并举——对外汉语教学改进模式构想[J].世界汉语教学，2003（3）.

鲁健骥.对外汉语教学历史上的"小四门"——初步的考察与思考[J].华文教学与研究，2017
　　（1）.

陆俭明.增强学科意识，发展对外汉语教学[J].世界汉语教学，2004（1）.

吕必松.汉语作为外语教学的实践性原则[J].语言教学与研究（试刊），1977.

吕必松.谈谈对外汉语教学的性质和特点[J].语言教学与研究，1983（2）.

吕必松.中国对外汉语教学法的发展[J].世界汉语教学，1989（4）.

吕必松.再论对外汉语教学的性质和特点[J].语言教学与研究，1991（2）.

吕必松.关于语言教学的若干问题[J].语言教学与研究，1995（4）.

吕必松.汉语教学中技能训练的系统性问题[J].语言文字应用，1997（3）.

吕必松.对外汉语教学发展史·上编[M].北京：北京语言大学出版社，2017.

吕欣航.留学生在汉语阅读中利用字形和语音信息的研究[J].云南师范大学学报（对外汉语教
　　学与研究版），2007（1）.

马箭飞.任务式大纲与汉语交际任务[J].语言教学与研究，2002（4）.

孟　国.汉语语速与对外汉语听力教学[J].世界汉语教学，2006（2）.

莫　丹.华裔与非华裔汉语学习者产出性词汇知识差异及其对写作质量的影响[J].云南师范大
　　学学报（对外汉语教学与研究版），2015（5）.

欧洲理事会文化合作教育委员会.欧洲语言共同参考框架：学习、教学、评估[M].北京：外语
　　教学与研究出版社，2008.

乔印伟.汉语阅读教学任务及其量化分析[J].世界汉语教学，2001（2）.

任　远.北京语言学院六十年代对外汉语教学法回顾[C]//《语言教学与研究》编辑部.对外汉语
　　教学论集（1979—1984）.北京：北京语言学院出版社，1985.

石佩雯.谈如何增强口语教学的真实感[J].语言教学与研究，1983（3）.

王鸿滨. 留学生课外汉语分级阅读框架体系建设构想——以经贸类材料为例[J]. 语言教学与研究，2016（4）.

王志胜. 谈对外汉语教学中的阅读技能训练[J]. 青海民族学院学报（社会科学版），1995（4）.

吴继峰. 英语母语者汉语写作中的词汇丰富性发展研究[J]. 世界汉语教学，2016（1）.

吴门吉. 影响留学生阅读因素的考察[C]//周小兵，宋永波. 对外汉语阅读研究. 北京：北京大学出版社，2005.

吴　双. 留学生汉语写前构思活动对其作文质量的影响[J]. 世界汉语教学，2011（1）.

吴中伟，郭　鹏. 对外汉语任务型教学[M]. 北京：北京大学出版社，2009.

杨惠元. 听力教学初探[J]. 语言教学与研究，1982（4）.

杨惠元. 听力训练81法[M]. 北京：现代出版社，1988.

杨惠元. 谈谈听力教学的四种能力训练[J]. 世界汉语教学，1989（1）.

杨惠元. 听力课的教学环节设计——关于备课与上课[J]. 语言教学与研究，1993（2）.

杨万兵，文　雁. 初级汉语半听力与全听力测试对比实验研究[J]. 语言文字应用，2012（3）.

翟　艳. 口语流利性主观标准的客观化研究[J]. 语言教学与研究，2011（5）.

翟　艳. 汉语口语成绩测试评估标准[J]. 华文教学与研究，2012（1）.

翟　艳. 任务型汉语口语成绩测试研究[J] . 语言文字应用，2012（4）.

张国辉. 说话课的地位及其训练方法[J]. 语言教学与研究，1992（1）.

张金桥. 影响留学生听"长段对话或讲话"的两个因素[J]. 语言文字应用，2006（1）.

章纪孝. 关于高年级口语教学的思考和构想[J]. 世界汉语教学，1994（1）.

赵金铭. 商务馆对外汉语教学专题研究书系[M]. 北京：商务印书馆，2006.

赵金铭. 汉语作为第二语言教学：理念与模式[J]. 世界汉语教学，2008（1）.

中华人民共和国教育部，国家语言文字工作委员会. 国际中文教育中文水平等级标准[S]. 北京：北京语言大学出版社，2021.

钟　棁. 十五年汉语教学总结[J]. 语言教学与研究（试刊），1979（4）.

周　红. 第二语言写作教学理论研究动态[J]. 云南师范大学学报（对外汉语教学与研究版），2007（6）.

周　红. 知识框架与建构主义写作教学[J]. 汉语学习，2009（1）.

周小兵，钱　彬. 汉语作为二语的分级读物考察——兼谈与其他语种分级读物的对比[J]. 语言文字应用，2013（2）.

周祖谟.教非汉族学生学习汉语的一些问题[J].中国语文，1953（7）.

祝秉耀.浅谈写作课教学[J].语言教学与研究，1984（1）.

宗世海.我国汉语教学模式的历史、现状和改革方向[J].华文教学与研究，2016（1）.

宗世海，祝晓宏，刘文辉."写长法"及其在汉语二语写作教学中的应用[J].世界汉语教学，
　　2012（2）.

邹　鹏.基于口语能力测试（OPI）评价体系的汉语口语教学模式探究[J].四川师范大学学报
　　（社会科学版），2016（2）.

左焕琪.英语课堂教学的新发展[M].上海：华东师范大学出版社，2007.

TIMOTHY L（黎天睦）.现代外语教学法：理论与实践[M].北京：北京语言学院出版社，
　　1987.

第二章 汉语综合技能教学

第一节 汉语综合技能教学的特点

汉语综合技能主要指汉语听、说、读、写单项技能的融会贯通，汉语综合技能训练也就是集听、说、读、写各单项技能训练为一体的汉语综合能力训练。

按照2008版《国际汉语教学通用课程大纲》对语言综合能力的说明，语言综合能力训练主要围绕语言知识、语言技能、策略、文化意识四个方面展开。在传授语言知识、训练语言技能的同时，鼓励学生采取有效的学习策略自主学习和合作学习，形成具有国际视野和多元文化意识、能够得体运用语言的汉语综合运用能力。

汉语综合能力训练主要依托综合课来完成，综合课应视为汉语综合技能训练课的主要课型。也有人称之为精读课，为避免与泛读课形成对照，我们还是采用综合课的说法。

一、汉语综合教学法

语言技能可以依据听、说、读、写等单项技能来安排课型，突出教法，编写教材，但是实际上，纯粹的按技能设课的教学模式占比很小，仅为17%（宗世海，2016）。近些年来，人们越来越认识到，语言能力是一个系统，它由语言交际能力、文化适应能力等多项能力组成。强调语言的综合能力训练，是第二语言教学的根本要求。它的重要性可以这样来理解：

1. 汉语综合能力教学的重要性

（1）社会生活对语言学习的要求

在社会生活中，语言的本质体现为"做事"，而做事依靠的不是单项技能，而是综合能力。拿口头交际来说，听与说的结合更为紧密；拿书面交际来说，读与写又不能截然分开。如酒店大堂登记入住的服务员，可能边询问边听、边查看证件边登记，这就是一个听、说、读、写同时进行的活动。交际活动是语言综合能力高度集中、概括的体现，单项的技能活动也反映出一定的语言综合能力。

（2）"全人"教育发展的需要

社会的高速发展给人们提出了"终身学习"的要求。语言学习也关系着人的发展，是"全人"教育的一部分，语言技能发展的不均衡势必会带来能力的欠缺。语言综合能力教学就是培养适应新时代语言人才的教学，尤其是当下高水平的汉语学习者越来越多，他们不满足于一般的语言交际，语言学习将是他们获取知识、获取职业技能或者学历学位的一种需要，对他们而言，语言综合能力就显得更加重要。

（3）技能均衡发展的要求

语言活动是复杂的心理活动的表现，涉及语言感知、理解、记忆、运用等多个层面，人的口、眼、耳、手、脑、躯体都会积极参与其中，是协同性的运用。语言综合能力训练既符合语言学习和运用的规律，有助于学生整体水平的提高，又能避免出现知识输入不系统、技能发展不均衡的现象。

（4）按技能设课出现了一些问题

按技能设课的初衷是单项技能教学围绕语言综合能力培养这个大目标来进行。不同课型在目标的设立、内容的安排、词汇和语言点的选择、文化因素的设计等方面都应该有一致性，并且有良好的协调关系，但按技能设课还是出现了一些问题：

综合课与单项技能课之间并未形成良好的互补，技能课往往单走一套，口语课本、听力课本等并不衔接配套。特别是口语课也教授生词、语法、课文、练习，与综合课的训练过程和训练方法相似，两者难以区分。

高年级的阅读课也出现类似的情况。

按照配套教材思路编写的教材，课文人物、内容和话题过于统一，缺乏变化，学生没有新鲜感；课型之间捆绑太紧，牵一发而动全身，一个小的变动和调整都会带来连锁反应；综合课在前，如果时间安排出现问题，其他的课型都需做出调整，不能超前或推迟。

如何设计和安排综合课与单项技能课之间的语言核心知识，我们研究得并不透彻，"各课型包含的内容差异越来越大，已远离了模式设计者的初衷"（崔永华，2005），因此也出现了反对按技能设课的观点。

对外汉语教学长期以来采用的都是综合教学法，即使80年代以后"综合+分技能"的教学模式确立，综合教学依然占据汉语教学的核心位置，海外的汉语教学也更多地采用综合教学的模式。那么"综合性"体现在哪些方面呢？

2."综合性"的表现特征
（1）语言知识的综合性

汉语教学中的语言知识是培养学生汉语综合能力的前提和基础，也是构成学生语言能力的重要组成部分。语音、词汇、语法统称语言三要素，是知识传授中最重要的内容，汉字由于难写难认，成为制约学生汉语能力发展的关键性因素，更成为知识性传授不可或缺的组成部分。近些年来，由于文化传播、跨文化交际的需要，如何在语言教学中融入文化因素也成为汉语教学日益关注的问题。因此，汉语的语音、词汇、语法、汉字、文化五个方面，其基础理论及运用规则构成汉语知识传授的主体。

语言知识的综合教学是指依据不同教学阶段的要求，合理安排教学内容，在全面发展的基础上有所侧重。例如：入门阶段重点突破语音、汉字的屏障，保证学生能正确地发音、准确地感知和判断；了解汉字的基本概念，会认、读、写基本的汉字。初级阶段的教学重点是基础词汇和语法，教师应帮助学生较早建立汉语的规则意识，进而正确理解并使用基础词汇和语法进行交流。中级阶段的学生应能够区分语法形式的精细表达，积累词汇量，提高语言表达的得体性。如能体会同义词、近义词在表达上的细微差别，能选择难度更高的、更为恰当的语言形式去交流等。高级阶段应突出语体的特点，学生能使用更加正式、典雅的书面语言形式，在较为正式的工作或专业场合进行交流。如做演讲、书写文件和报告等。

语言形式的学习要求体现为准确性、复杂性和得体性，即正误之分、高下之别、得体之用。基础阶段更多体现准确性的要求，中级阶段则兼顾准确和复杂，高级阶段更侧重复杂性，得体性则贯穿初级到高级。文化内容也如此，文化因素教学应从具体可感的物质文化逐渐向抽象思维的精神文化过渡，做好文化因素教学。

（2）语言技能的综合性

语言技能的综合性指对学生的听、说、读、写各单项技能进行系统的、全面的教学。与只针对某一单项技能集中训练的方式不同，综合技能教学以全面提高、均衡发展为宗旨，并不特别侧重于某一单项技能的发展。

在综合课上，教师可以使用听、说、读、写等多种形式的训练。如课文导入可以用听的方式，也可以用读的方式。任务活动往往是口语活动，学习汉字则必须去书写。一个操练活动也可能同时采用两种或两种以上的技能训练形式，如"听写生词"是学习新词语时常用的一种操练方法，学生必须边听、边写；朗读课文时必须边看、边说。综合性的听、说、读、写活动，有利于调动学生的多个感觉器官，多通道地投入学习。

从初级到高级，由于学生的需求不同、语言学习的规律不同，各技能之间既要保持一定的均衡发展，又要有一个优先或侧重问题。即在语言学习的初期，教师适宜将听和说的训练放在首位，兼顾书面表达，满足学生基本的生存需求；到了中高级阶段，教师则要根据学生的兴趣或专业有所侧重，逐渐增加读和写的比重，还可能增加"译"的技能训练，如口译或笔译。

（3）教学方法的综合性

汉语综合教学在对待不同教学法的态度上，从来都是兼收并蓄、博采众长的。为完成多元化的教学任务，教学方法也应是丰富多样的。拿汉语教学的主要环节来说，可利用的教学方法有：

导入环节适用图片或视频的情景法。生词操练环节适用回答问题、跟读、替换、填空等听说法和交际法。语法操练环节适用回答问题、替换、造句、看图说话、任务活动等听说法、交际法和任务型教学法。课文讲练环节适用回答问题、跟读、朗读、配音、句子操练等听说法，也适用填表、画图、复述、表演、讲故事等交际法和任务型教学法。交际活动环节适用表演、看图说话、分类描述、演讲辩论等交际法和任务型教学法。

纵观语言教学法的历史，每一种教学法都有其合理的存在理由，随着时代的变化，会显出一些偏颇或不合理性，因此才会有新的教学理念、新的教学方法的出现。在汉语教学界，人们早已认识到，"没有一种教学法是全能的，也没有一种教学法是毫不足取的"（赵金铭，1996），语言教学的复杂性告诉我们，应该采用综合的、客观的、为我所用的态度，以历史的观点冷静分析汉语教学的实际，根据不同的教学目的、不同的教学对象，采取不同的教学方法，取长补短，这才是解决语言教学问题、提高语言教学效果的有力举措。正如张清常先生（1990）所说，汉语教学研究，"一不能忘记汉语本身的特点，二不能忽略中国传统语文教学千百年经验的合理成分，三不能忽视国外某些教学法，它们一方面显示其优越性，另一方面却也暴露出一些严重问题的这种缺陷。"固守某一种教学法或苛求某一种教学法都是不现实的。

（4）教学目标的综合性

教学目标分为三个层次：教育的、课程的和课堂的，分别对应宏观、中观和微观三个层面。课程大纲谈论的通常是课程目标，即通过本门课的学习，学生可以从课程中学到什么，在学生身上取得怎样的教学效果。

我们把综合技能教学看作是依托综合课的教学，那么它的课程教学目标也就应该是综合性的，一般包括四个部分：1）认知领域：学习一定量的汉字、词汇等语言知识，理解和掌握语用规则，了解汉语文化知识，增加社会文化知识等；2）技能领域：进行听、说、读、写语言技能训练、培养语言综合运用能力；3）情感领域：在师生之间、生生之间进行情感交流，理解、体会并欣赏不同文化；4）学习者策略领域：教授并引导学生进行策略学习，进行目标管理，对学习进行自我监控、反馈、评价等。

综合教学与单项技能教学相比，它的课程教学目标更加全面、多元，是以一门课程来完成认知、情感、技能和策略各领域语言教学任务的课程。

二、汉语综合技能教学与分技能教学

目前"综合+分技能"的训练模式比较切合汉语环境下的教学要求。我们要在汉语综合能力培养的大目标下，妥善处理综合课与技能课在知识传授和技能培养方面的关系，安排好课程体系，既突出综合训练，又不忽略技能训练。它们的关系可理解为：

1. 综合课是核心

综合课是汉语教学任务最重的课型，一般课时较多，在整个课程体系中处于核心的地位，有主干课、核心课的说法。它的作用体现在：

（1）综合课是先行课

综合课一般排在其他课程前，负责讲练本课出现的新词、新语法点，着重对生词的意义、搭配、使用语境做出明确的说明；对句式或语法点的语义、结构和语用规则进行必要的解释，然后通过一定的操练，理解运用。生词教学和语法教学能为后面的技能训练扫清障碍，为运用创造条件。围绕着综合课设置的其他技能课，原则上不再出现新的语法点（生词例外），即使出现，在讲练的深度和力度上都不能与综合课相比，常常点到为止，理解了即可。此外，综合课还承担了汉字教学的重任。

（2）综合课是基础课

综合课的教学有明确的打基础的作用，特别是在零起点的入门阶段，单项技能教学不容易展开，综合课先行一步，并奠定了汉语技能操练的基础。不过综合课上的技能训练，操练的内容少，强度不够，在微技能训练上不够系统、全面，所以需要在单项技能课中进行集中的强化、巩固和提升。

（3）综合课是引领课

综合课以课为单位或以单元为单位，围绕着某一个主题或话题来安排词汇和课文内容，为技能课提供了可利用的话题和其他语言材料。围绕着综合课设置的其他技能课，多以该话题为背景材料，突出课型的特点，在内容和形式上进一步拓展训练，或听、或读、或写。如综合课介绍了交通概况，听力课上可能听到不同人物、不同场合下对交通的评介或描述，语言表达形式或语体都可不同。可以说综合课提供了基本的词汇、表达方式和话题范围等"内核"，单项技能课在此基础上去不断深化、拓展，使内容更丰富。

2. 单项技能课是支撑

开设单项技能课的前提是每周的课时较多，足以进行多种课型、课时的分配。国内每周的教学时数一般都在20节以上，这为开设各类技能课提供了必要的条件。开设技能课能对综合课教学形成有力的支撑，其作用表现为：

（1）着重发展学生的某一专项技能

听、说、读、写在生理、心理方面有诸多不同的表现，听和读同属输入方式，要接收信息和解码；说和写同属输出方式，要表达信息和编码，这是双向的两种通达形式；听和说借助无形的声音媒介来交流，读和写借助有形的文字媒介来交流；因此从技能特征上看，必须要有针对性的训练手段，才能达到最佳的训练效果。

随着语言水平的不断提高，学生学习的倾向性也逐渐明显，对技能训练的要求也越来越高，特别是一些有职业需求，如希望从事翻译、导游、文秘、经贸等工作的学生，不仅希望加强口头表达能力，而且希望提高文字表达能力。综合课的教学虽说面面俱到，但对需要着重加强某一专项技能训练的学生来说，无法做到专、精。而专项技能课在拓展学生的某一单项技能方面则有独到的作用。

（2）弥补技能发展不平衡的缺陷

不论是初级还是中高级水平的学生，都存在技能发展不均衡的现象，典型的如一些华裔学生，听说能力可能远胜于读写；日韩学生，读写能力又多强于听说。综合课的教学，实质上就是通用性的教学，无法兼顾不同学生的个性化学习需求，这时单项技能课的优势就显现出来了。

"综合+分技能"教学的设课模式，既保证了语言教学的整体效果，又可以充分发挥单项技能教学的优势，因而受到广泛欢迎。

第二节　汉语综合技能教学的内容

一般认为，汉语综合能力训练的任务包括两部分，一是知识的传授，二是技能的培养。吕必松先生（1992）曾说："综合课的教学任务是全面进行言语要素的教学，全面进行言语技能和言语交际技能的训练，并结合言语要素教学和言语技能、言语交际技能的训练介绍有关的语言知识和文化知识"。两个"全面"说的就是综合课的主要教学任务，而"语言知识和文化知识"是融合在全面培养的教学过程中的。2004版《对外汉语教学概论》进一步规定了二者的关系，认为：（1）综合课的首要任务或基本任务是传授语言知识和规则；（2）综合课的核心任务是以听说技能为重点，包括听、说、读、写各项技能的综合训练。"首要任务或基本任务"是围绕着"核心任务"来展开的，并且知识教学和技能训练应有机融合。2008版《国际汉语教学通用课程大纲》则从语言理解和运用两方面进一步明确和规定了综合运用能力的构成，将文化意识和学习者策略单独提了出来，居于与知识和技能相并列的地位，使语言能力的构成更加系统、完善。因此，我们的汉语综合能力训练也主要围绕语言知识教学、语言技能教学、文化因素教学和学习者策略四个部分展开。

一、语言知识教学

（一）语言知识教学的特点

对外汉语教学中的语言知识系统主要包括汉语的语音、词汇、语法、汉字知识及使用规则等。在认知心理学中，知识属于静态的"陈述性知识"，需要经过教师传授来获得，学生反复体会、理解和操练后达到自如得体的运用。

　　成人学习语言，往往先从概念、理性入手，现代课堂教学发挥出成人学习的优势，将语言知识和文化知识通过简洁、概括的方式，传授给学生，从而为知识转化为技能提供可能。

　　与专项技能训练不同，汉语综合技能训练中的知识教学具有全面与系统的特点，包含了形成汉语综合能力所需的各个语言要素。综合课的教学强调科学、合理地安排知识体系和教授顺序，以符合学生语言能力发展的需要。

　　在教学方式上，教师围绕所教授的语言知识进行听、说、读、写多方面的综合训练，教学突出情景化、功能化和交际化，知识教学与技能训练有机融合。

（二）语言知识教学的内容

1. 语音教学

（1）语音教学的内容

　　汉语语音教学指以汉语声、韵、调为主的，包含轻声、儿化、变调、轻重音、语调、语气、节奏、韵律等内容在内的语音知识介绍与训练。语音教学的目的是培养学生发音、辨音及运用声音技巧的能力。

　　初级阶段的语音教学主要介绍汉语语音基础知识，学习和操练声、韵、调的单音及组合，学生可以听辨和发音，并做到基本准确，在声音和意义之间建立初步的联系。中级阶段能根据语音、语调、重音等了解话语意义，并做到语音、语调基本正确、自然。高级阶段要求语音、语调自然流畅，并能较好地运用语音、语调、重音、停顿等手段表达特殊的语义；了解汉语的节奏和韵律，并善于运用声音技巧表达丰富的语义。

（2）语音教学的意义

　　语音是语言的声音外壳，是语言水平最显著的标志。老一辈的语言学家向来对语音教学相当重视，林焘先生（2001）曾说："语音就是语言的物质基础，只要发音准确流利，即使词汇量有限，掌握的语法点也不多，本地人听起来也会觉得相当地道。"赵元任先生（1980）在强调语音的重要性后表示："起头儿这个目标人人得要以百分之百为目标。"其态度非常坚决。近年来语音教学出现"滑坡"或徘徊不前的局面，原因是多方面的。加强语音教学，减少"洋腔洋调"的现象，不仅要在观念上重视它，在方法上多实践、勇于创新，还要使用一定的手段，特别是充分利用计算机技术带给我们的便利条件，提高教学的效率。

（3）语音教学的一般方法

长期以来，对外汉语教学主要采取两种语音教学形式：音素教学和语流教学。音素教学指在教学初期安排一个相对集中的"语音阶段"，用一至两周的时间，专门教授汉语的声、韵、调及各种语音知识，集中力量打好语音基础。语流教学指用很短的时间（通常一周以内）快速地将汉语的语音知识系统介绍给学生，并做简单的练习。在以后的词汇、语法和课文学习过程中，不断纠正语音，让学生在语流中掌握语音的节奏、重音和变调。

单纯采取音素教学或者语流教学都会带来教学上的问题。早期的汉语教学按照教学重点来划分教学阶段，如语音阶段、语法阶段和短文阶段，语音阶段基本不涉及句子和语法，主要是单音或词组的模仿练习，带来的问题是学生单音练习时声、韵、调基本准确，一旦说起话来就不够自然；单纯使用语流教学的方法也带来一些问题，主要是没有专门的时间来介绍发音方法、发音部位、语音对比等知识，学生语音基础知识不牢固，也没有专门的难音训练，学生的语音偏误一旦固化，改起来非常困难，因此目前一般采用"音素+语流"训练的方法。

实际上，语音教学一直是汉语教学的一个突出难点，尤其是声调，有的汉语水平极高的学生，洋腔洋调仍然很明显，所以汉语教学界的一致观念是"语音教学在语言教学的全过程中应该是贯彻始终的，口耳训练并不应该只是初级阶段的要求"（林焘，2001）。

2. 词汇教学

（1）词汇教学的内容

词汇教学指与词语运用相关的词义、色彩、搭配、语境等知识及使用规则的教学。词汇意义包括概念义和引申义，并体现出不同的感情色彩，在搭配上往往有具体的要求，不同的语境和说话场合也会影响可搭配词语的选择。

词汇教学的目的是培养学生识词、辨词、选词、用词的能力。识词的能力包括能够熟练地识记汉语词语的音、形、义并具有区分词与语素、词与短语的能力。辨词的能力包括准确区分汉语同音词、同形词、同义词及多义词的不同义项，把握其在概念意义、附加色彩及句法功能等方面的差异。此外，学习者还要能把握汉语和母语的对应词之间的联系与差别。选词、用词要求学习者能够根据具体的交际环境，从语义表现、句法要求、语用得体性等方面综合权衡已经掌握的词语并加以选择，组词造句。简而言之，词汇教学主要关注的是词的音、形、义、用。

（2）词汇教学的意义

词汇是构成句子和表达意义的基本要素。不具备一定数量的词汇，很难进行语言的口头交际和书面交际。学习词汇、运用词汇和积累词汇，是提高语言综合能力的重要方面。实际上，"在学习汉语的外国人的中介语系统中，词语偏误是大量的，而且几乎是随着学习的开始就发生了。随着词汇量的增加，发生的词语偏误也越来越多"（鲁健骥，1987）；吴丽君等（2002）对学过半年多汉语的日本学生的口语作业所做的调查也证实"词汇偏误占80%左右"。教学研究和实践都说明汉语词汇教学是培养学习者准确、得体使用汉语的一项重要内容。

（3）词汇教学的一般方法

词汇教学主要在词的音、形、义、用四个方面着力，所以可以设计发音和听辨练习、认读书写练习、词义理解性练习、交际应用练习等。

音，要求发音准确。发音练习是学生接触一个新词时保证语音、语调正确的关键，教师常常做大量的纠音工作。

形，要求学生能辨识认读，能记忆书写。教师还可结合听写等做汉字偏误的分析。

义，要求理解词语的基本意义，主要是当课的词义，不做过多的扩展。教师考查学生是否掌握了词义的练习，包括设计选词填空、完成句子、用包含生词的句子进行问答等。

用，要求知道词的词性和常用搭配，在理解的基础上能进行初步应用。常用的方法如扩展性跟读、问答、模仿造句、用所给词语看图说话等。

汉语教学中的词汇教学一般随着教学的进展而占越来越大的比重。初级阶段学生需要掌握一般生活、学习所需的基本词汇，掌握词汇的常用义、基本义和简单交际。由于这一阶段是学习语法的重要阶段，词汇教学也可以与语法教学结合起来进行，通过句式教学帮助学生理解词语的组合和聚合关系。有的时候，词汇教学也是语法教学，这种情况主要指的是介词、连词等虚词教学。中高级阶段，学生汉语语法的基本框架已建立起来，而语言使用的环境却丰富复杂，需要更加注重语言表达的精细与准确，以及语境对词语选择与运用的限制，因此同义、近义等词义辨析的教学分量越来越重。中高级阶段也是利用构词法知识扩充词汇量的重要阶段。

（4）词汇教学的目标

就学习的词汇量而言，2008版《国际汉语教学通用课程大纲》由于照顾到不同地域、年龄层次和学习方式的学习者，将词汇标准设定为初级阶段600个左右基本词汇、中级阶段1200个左右常用词语、高级阶段1500个左右的常用词汇，实际上是很低的。在目的语环境下的汉语教学，以每周20个课时、4课、每课25个生词计算，一个学期即可让学生接触到约2000个词汇。2001版《汉语水平词汇与汉字等级大纲》（修订本）以词频统计和专家干预的方式，确定了入门1000、初级3000、中级5000、高级水平8000的词汇量标准，比较符合国内汉语教学的实际。2021年颁布的《国际中文教育中文水平等级标准》则将词汇量调整到了初等2245、中等5456、高等11092的水平。

3.语法教学

（1）语法教学的内容

语法教学即语言规则教学，语言规则是对语言现象的抽象性归纳和描述，它包括语素、词、词组、句子和语篇这五级语法单位。语法教学的目的是将抽象化的语法规则具体化，通过各种形式的操练，帮助学生正确运用这些规则组词造句、连句成篇，达到理解与运用的目的。

　　（2）语法教学的意义

　　语法教学是语言知识教学的一个重要内容，如果说语音教学是先导，词汇教学是基础，那么语法教学则是核心，因为它可以将语音、词汇综合到句式运用中，实现音、形、义、用的整合。以实现交际目的的观念来看，无论是书面表达还是口头表达，我们都需要教授学生如何准确、完整、得体地组织句子，支离破碎、错误或含混不清的句子都不是我们希望看到的教学结果，所以在学习者的语言综合能力中，语法能力占据着极为重要的位置。

　　在交际法原则的影响下，语法教学一度受到冲击，教师往往关注学生语言输出的流利性，而忽视了正确性与准确性，所幸这种观念得到了及时的调整。Spada[①]调查了两组成年人学习英文的情况，实验组被试接受大量的语法操练及适当的讲解，对照组接受极有限的语法操练，结果证明实验组的学生在语法的掌握方面明显优于控制组的学生，在交际能力方面则看不出控制组的差别（温晓虹，2007），这说明语法操练在保证学习者语言输出准确性上有着不可或缺的作用，能促进交际能力的形成。任务型教学的提倡者也认为，以形式为中心的教学是二语习得必不可少的组成部分，"对语言形式的关注有助于提高二语习得的速度和最终的水平"（PETER R & Nick C E，2016）。在语言学习的早期，注重语法与语言表达的正确性，能避免语言习得中的石化现象。

　　（3）语法教学的一般方法

　　语法教学的初级阶段以教授基本语法为主，包括词类、语法成分、汉语句子的语序及常用的、基本的句型。因为句型有较强的类推作用，所以有助于学生生成合乎规则的句子。语法教学主要体现在讲解和操练中。老师在讲解时，不但要说明句子中各成分之间的语义关系，还要讲清楚其使用条件、使用限制等。教师还会展示常见的错误形式，以提醒学生。操练一般遵循由易到难的过程，先做机械性操练，然后进行半机械性操练，最后为交际性操练。操练的过程中一般强调语法结构的完整性，要求学生说

---

① SPADA N. Relationships between instructional differences and learning outcomes: A process-product study of communicative language teaching[J]. Applied linguistics, 1987(8): 137-161.

完整句。

中高级语法教学是初级阶段语法教学的拓展和深化，以语篇使用为目的。教学内容着眼于虚词、固定词组、复杂句式、复句（含多重复句）、语段、篇章、实用修辞。教学中注意从句法、语义、语用三个层面来展开，并注意由显性意义向隐性意义、由语法意义向文化深层意义的解释。

关于语法教学的主旨，赵金铭先生（1996）有很精辟的阐述，他认为初、中、高三个阶段的语法教学主旨应各有侧重，初级阶段主要解决正误问题，即侧重最基本的语法形式的教学，使学习者具备区分正误的能力；中级阶段主要应解决语言现象的异同问题，即侧重语义语法教学，使学习者具备区分语言形式异同的能力；高级阶段主要应解决高下问题，即侧重语用功能语法教学，使学习者具备区别语言形式之高下的能力。各阶段语法教学的不同要求也是各阶段语法教学的重点。

（4）语法教学的目标

对外汉语教学对需教授的语法项目数量有一个明确的规定。1996版《汉语水平等级标准与语法等级大纲》共确定了1168项语言点，其中甲级语法点129项、乙级123项、丙级400项、丁级516项。2021年颁布的《国际中文教育中文水平等级标准》的语法项目则规定为初等210项、中等214项、高等148项。

这些项目的选用综合考虑了汉语使用的频率、汉语语法本体研究的结果、偏误分析及专家的教学经验，可以说较具有科学性。这些复杂的语法项目按照由易到难、由浅入深的顺序来排列，并体现出螺旋式的上升。甲级语法点选取了汉语最基本、最常用、概括性最强、能产性最高的句式，对应初级阶段的语法教学，有助于学习者在最短的时间内掌握汉语语法的大致框架，并形成初步的汉语语法语感。而一些复杂句式，也按其基本义、扩展义、引申义的顺序来排列，分别对应不同等级的语法教学。

4.汉字教学

（1）汉字教学的内容

汉字教学指汉字基础知识介绍及认读、书写训练，也包括教授一些查词典的方法，目的是培养学生用汉字书写、表达和交际的能力。认读指根据字形提示的形声信息辨认字形、区别字词义，并准确朗读；书写指能按照正确的笔顺写汉字，查指能根据字音、笔画或偏旁部首查阅词典等各类工具书。

（2）汉字教学的意义

汉字是形、音、义的结合。与线性拼音化文字比较，方块汉字是最直观凸显汉语特点的文字符号，很多学习汉语的外国学生，最初就是被这图画式的优美文字所吸引。进行汉语综合能力训练，第一步就是语音训练、开口说话、汉字认读训练、阅读和书写。学生的汉字能力是其汉语综合能力的一个重要组成部分，也是促进或阻碍其汉语综合能力发展的重要方面。从一入门，汉字就不是学习中可有可无的东西，它会伴随学习者的整个学习过程。

汉字的作用体现在它既是学生开始学习汉语的钥匙，又是促进学生汉语水平发展的拐杖。通过汉字分析与认读，学生可以更好地把握词义、更深入地理解语言的含义、更牢固地记忆。进入中高级阶段，训练的重点已由口头表达转为书面交际，学生需要大量阅读，通过阅读来获取各种信息；学生还需要大量写作，通过写作来进行表达和工作，学生的汉字书写认读能力直接关系到书面表达能力的展现，即使在科技发达的今天，我们依然离不开汉字的书写。有人说，目前留学生的"写"还应该包括"打字"，诚然，用电脑打字可以减轻或化解一部分汉字书写的焦虑，但汉字并不仅仅是书写和记录这一项功能，还具有帮助理解和记忆的功能。汉语综合能力训练就是要杜绝"文盲型"人才和技能"跛脚"现象，因此，对外汉语教学从一开始，就十分注重学生汉字认读和书写能力的培养。

由于汉字是运用不同形状和不同数量的笔画、按照一定的结构搭建起来的平面文字，与用字母组合构成的拼音化线性文字迥然不同，因此学习汉字必然面临一个转变观念、改变习惯的问题。另外，由于汉字系统字符集庞大，存在字音困扰、字形困扰等麻烦，学生的记忆与分辨受到很大的制约，学习时耗时多、见效慢，因此在汉语教学中，如何突破汉字字形的桎梏，提高汉字教学的水平，发展汉语综合能力成为摆在汉语教学者和研究者面前的一大难题。

（3）汉字教学的一般方法

汉字教学引起国内外学者的广泛重视，研究者们从汉字本体研究、汉字认知研究、学习策略研究、偏误研究等方面不断探讨汉字教学的途径与方法。

1）加强汉字认读训练

认读汉字就是学生在见到汉字书写符号时，能快速地识别并念出来。教师常常利用各种可能的机会来训练学生的识字能力。如学习生词时注意让学生认读生词，板书完全采用汉字，课文操练时采用朗读的方法，复习生词时使用汉字卡片等，这些方法和措施都是为了提高学生见字识义的能力。认读还体现在阅读课上，一是认读的准确性，二是认读的速度。只要阅读速度快、理解正确，解码的能力就强，对文章的把握才有可能准确。因此阅读技能训练中会有辨析汉字的练习、按照意群切分语言片段来快速理解的练习等。

2）强调汉字的书写训练

综合课和写作课对学生正确书写汉字的要求最高。零起点的综合课课本一般都配有汉字笔顺表和汉字练习本，方便学生练习。学习新课时都有生词听写环节，结束新课时，也都安排听写句子或抄写段落的练习。各种形式的写作性练习，都要求用汉字完成。

为了帮助学生学习汉字，课本中会介绍一定的汉字基础知识，讲述汉字的笔画、结构、偏旁等，有的学校还开设汉字选修课程，对学生进行专门化的讲解训练，到高年级甚至开设文字课，从汉字的源流、演变等角度分析汉字构字理据、古今字义等，进行系统的文字和文化教育。

3）探索汉字教学的途径

很多研究者从汉字本体、汉字认知等方面积极探索降低汉字学习难度、提高汉字学习效率的教学途径。最常用的是采取分解形旁和声旁的方法，利用形声字的音义理据，来帮助学生理解和记忆汉字。从形旁入手教写汉字的方法已被很多教师采用，而声旁的作用也不容忽视。张熙昌（2007）的研究显示，2500个常用字中，形声字有1644个，占常用字的65.76%，其中声韵调都相同的有490个，占形声字的29.81%，占常用字的

19.60%。而李燕、康加深（1993）的统计是37.51%（7000通用字），万业馨（2005）的统计是31.03%，都远远高于这个数字。声旁研究的意义在于可以完全借助这些字中表音效果好、构字能力强的声旁，来集中识记那些包含这些声旁的汉字。

施正宇（2008）则将目前对外汉语教学的症结归为汉字教学与词汇教学的严重割裂，提出了一个以词、语素、汉字为基本框架的教学理念。她建议以词的使用频率和字的结构规律为基本线索来构建教学词库，梳理与之相关的教学字库，做到字词兼顾，并利用语素的作用拓展学生的汉字能力和汉语能力，具有较高的理论意义和实践意义。崔永华（2008）通过考察中国儿童的识字过程和教学方法，提出了"语文分开、先语后文""先认读、后书写""分层次教学、识多写少"的汉字教学方案。

4）策略引导

教师可以通过实验来发现学生汉字认读和书写的习惯，从学习策略方面进行引导操练。如石定果、万业馨（1998）发现，学生更倾向于从整字到偏旁的教法。江新、赵果（2001）的研究还显示，留学生最常用的是整体字形策略、音义策略、笔画策略和复习策略，其次是应用策略，最不常用的是归纳策略，所以针对学生的学习习惯进行学习策略上的引导，应更有利于学生识别与记忆汉字。

目前汉字教学的任务一般由综合课来承担。初级阶段一般通过随文识字的方法，教授汉字的基本笔画、笔顺，学生临摹、抄写；经过一段时间的积累，归纳偏旁部首、字体结构，讲解一些结构理据，做一些组词和阅读练习，也做一些笔头作业。中高级阶段会开设写作课，但此时的教学重点已转移到写作能力训练上，汉字书写仅是书面表达的媒介。有的学校也可能为非汉字圈的学生开设汉字选修课，进行专门、集中的汉字训练，这样效果会更显著。

搞好汉字教学，学生的"学"和教师的"教"同等重要。帮助学生克服对汉字的畏难情绪，建立起正确的汉字观是非常必要的。

（4）汉字教学的目标

针对识字量，2001版《汉语水平词汇与汉字等级大纲》（修订本）规定，与甲级词对应的甲级汉字800字，与乙级词对应的乙级汉字800字，与丙级词对应的丙级汉字600字，与丁级词对应的丁级汉字700字。基础及基础后阶段掌握常用字2000—2200个，高级阶段掌握常用字和次常用字700—900个。2021年颁布的《国际中文教育中文水平等级标准》共三等九级，初中等1—6级，每级汉字300个；高等7—9级，共1200个，总计3000字，两者比较接近。新标准还规定了手写汉字数量，为初等300个、中等400个、高等500个。区分一般性汉字学习与手写汉字的数量，这是一个很好的创意。

二、语言技能教学

1. 技能教学的内容

语言技能教学表现为一系列包含听、说、读、写等技能运用活动的课堂操练。

听：通过接收声音符号信息来理解语言，包括听懂各种输入材料，以及听懂教师和学生的话语。

说：通过口头输出语言来表达意思，包括简单的模仿性、变换性练习中的说，以及自我表达、互动交流中的说。

读：通过接收文字符号信息来理解语言，包括认读、朗读和阅读。

写：通过笔头输出语言来表达意思，包括抄写或书写一般性作业，以及文章写作。

语言技能教学一部分依托语言知识的教学而进行，即从听、说、读、写不同的角度来学习语言要素。如学习词语，当看到一个词语时，学生不仅要能明白它的意思，还要会念、会写、会说、会用，教师就必须从听的角度、说的角度、读的角度、写的角度等设计出各种各样的操练方式，并在课堂上通过实际的互动来实现这些目的。还有一部分融入课文操练中，如朗读或听课文，复述课文内容或阐述对课文所表达的观点的认识。更重要的是交际性活动，如角色扮演、辩论或采访写作等。技能教学贯穿于教学过程的各个环节中，并大量地交叉使用。

2.技能教学的目的

听、说、读、写等训练既是综合课进行教学的必要手段，又是教学的目的。语言技能训练的目的就是通过技能化训练手段，促成语言知识向语言技能和语言交际技能的转化，最终形成学生的汉语综合运用能力。转化的过程大体可以描述为"语言知识→语言技能→语言交际能力"。因此技能训练构成语言综合运用能力训练中最核心的也是最重要的一环，起到融会贯通的作用。

第二语言学习者首先学习的是语言知识，通过操练使这些知识转化为听、说、读、写等语言技能。知识性成分作为语言综合训练系统的底层结构，它是一切技能训练的基础。早在1997年，吕必松先生就明确指出，语言知识不等于语言技能，学习语言并不是掌握一套第二语言的词汇、语法规则系统，而是要通过学习语言知识，获得使用语言所必需的组织材料，完成表情达意的目的。

语言知识和文化知识是以稳定、静态的方式存在的，学习知识只是为了理解事物的概念和理论，获得理性感受，获得"一大批部分装配好的结构（半成品）、公式性套语和一套规则"[①]，其最终目的是要进入交际活动。如果只学不用，不能张口、无法表达，一个人即使掌握了再多的语言知识，满腹经纶，也不能说掌握了这种语言。因此在知识与技能的关系上，知识仅是使用的前提、运用的基础，知识必须转化为技能，语言技能是语言知识的转化形式与成果。

知识向技能的转化还要结合语用规则的教学、通过课上的交际训练与课下的交际实践才能实现。语用规则包括话语和策略等方面的知识和规约，学习语用规则能促使学习者地道、得体地使用语言。语用规则体现在能根据说话人和听话人的具体条件和说话时的具体语境，选择最恰当的交际手段和语言表达方式，在交际时符合本族语人的社会文化和心理习惯。学习者的母语语用规则与外语语用规则存在较大程度的一致性，因此可以正迁移到目的语交际中，但影响交际实现更重要的因素来自目的语中与母

---

① 束定芳，庄智象.现代外语教学——理论、实践与方法[M].上海：上海外语教育出版社，1996.

语不同的交际文化模式和交际方式。技能教学可以保证学生理解和初步使用大量合乎语法的句型和可以填充这些句型的词汇，但若要保证使用不仅是合法的、可接受的，还是得体的，就必须融入语用规则的教学。语用规则的教学是技能教学的提升，也是提高学生语言能力的关键。母语的语用能力是在社会交往中逐渐形成的，第二语言教学应创设大量的真实语境，来培养学生的语用能力。

3. 技能训练的方法

第二语言教学的最终目标是培养学生运用目的语进行交际的能力。交际性操练和实践性运用是实现这一目标的根本途径。

（1）交际性操练

将交际引入课堂，通过有针对性的交际训练，可以使教学活动交际化，提高教学的实际效果。

交际性可以体现为教学材料具有真实性，如在每一个操练的环节，教师都可以选择学生熟悉的或与学生生活密切相关的材料，在真实的、富有交际意义的场景进行操练。交际性还体现为互动性。如句型教学的一般模式是：句型导入→句型操练→活用练习。在进行"比"字句的教学时，教师利用学习物品的价钱、教室的大小、天气的好坏等引出要教授的句型后，借助互动性的任务活动，让学生描述、对比不同事物、人物、环境、地方的差异，进行情景对话或就某一话题进行讨论、表达观点。交际性操练体现在教学的每一个细节，小到一个词语使用的情景设计、一个包含生词的提问句、一个替换练习的说明，大到一个情景对话的内容、一个活动任务的布置等，都可以体现出交际训练为中心的教学理念和教学思考。

进行交际性练习还必须明白，活动的主角是学生，教师的作用在于引导、解释、纠正，以及精讲多练、提高学生的开口率。课堂上的教师语言要准确精练，解释简洁清晰、指令明确，甚至只使用眼神、手势等指挥和调动课堂。操练过程中鼓励学生独立完成。教师还要善于激发学生的思维与想象，鼓励学生大胆设疑、寻找答案，创造性地使用语言。

（2）实践性活动

课堂是教学活动的主要场所，但并不是培养语言能力的最佳场所。课堂教学的交际性练习无论多么充分，都无法与现实生活的多样性和复杂性相比。课上课下相结合、相促进是提高语言实际运用能力的必然要求。

语言实践活动是接触社会、体验社会文化生活的一种有效方法。实践性活动鼓励学生多利用目的语的学习环境进行自我实践。教师布置的课后作业是进行实践性活动的一种方式。学完与天气有关的词语和表达方式，教师会让学生收听电视台或广播中的天气预报；学完中文书信格式后，教师会让学生写一封中文信，并要求实地去邮局寄出；教师还可以布置社会语言调查或生活调查的作业，然后让学生进行口头汇报或书面报告。课后作业可以看作是课堂交际练习的延伸，是"用语言做事"的一个范例。

更重要、更有显著效果的实践性活动是直接参与到目的语的社会文化生活中去。频繁、广泛、主动地与当地人交往，是提高语言交际能力的有效途径。很多欧美学生口语表现突出，大多得益于"语伴儿"式的学习，他们与中国朋友一起游玩儿、聊天儿，大量输入汉语信息的同时，也大量输出汉语信息。

4.技能训练的目标

语言能力是有层次的，根据完成任务的难度和所完成的水平，训练的目标也可以用具体的语言描述出来。

技能训练包括两个部分：口头交际能力和书面交际能力，口头交际能力以听说为表现形式，书面交际能力以读写为表现形式。2007版《国际汉语能力标准》（英汉对照）（下面简称为《标准》）把学习者的汉语能力分为口头交际能力和书面交际能力两方面，从不同的交际方式和交际过程入手，将语言的理解与表达作为衡量汉语能力的基点，着眼于语言"能做某事"，并以此作为语言能力描述的出发点，对汉语能力进行了逐级说明。

表2-1为《标准》对一到五级的汉语能力的一般描述。

表2-1　《国际汉语能力标准》（英汉对照）对汉语能力的一般描述

等级划分	能力描述
一级	能大体理解与个人或日常生活密切相关的简单、基础而又十分有限的语言材料。借助肢体语言或其他手段的帮助，能用非常有限的简单语汇介绍自己或与他人沟通。
二级	能基本理解与个人或日常生活密切相关的熟悉而简单的语言材料。能就常见话题以较简单的方式与他人沟通，介绍自己或他人的基本情况，有时需借助肢体语言或其他手段的帮助。
三级	能理解与日常生活和工作相关的及在一般交际场合中遇到的基本的语言材料。能就熟悉的话题与他人进行沟通和交流，能对与这些话题相关的基本情况做简单描述。
四级	能理解在一般社交场合或在工作、学习等场合遇到的表达清晰、内容熟悉的语言材料，抓住重点，把握细节。能就熟悉的话题与他人进行交流，表述清楚且有一定连贯性，会使用基本的交际策略。能描述自己的经历，表达自己的看法，给出简单的理由或解释。
五级	能理解多种场合、多个领域（包括个人专业领域）的普通语言材料，能够把握重点，进行概括和分析。能使用多种交际策略较自如地参与多种话题，包括专业领域内一般性话题的交流和讨论，表明自己的观点和态度，并能对各种意见进行阐释，表达连贯，基本得体。

三、文化因素教学

1. 文化因素教学的内容

80年代后，"文化热"兴起。在语言教学界，人们开始探讨语言和文化的关系，以及语言教学和文化教学的关系。

（1）文化的定义

所谓文化，张英（1994）认为："文化是人类在社会历史发展进程中所创造的物质财富和精神财富的总和。"由于研究的角度和关注的方面不同，不同的学科会有不同的研究成果。语言教学关心的是文化因素及跨文化交际因素如何影响学习者的理解与表达，以及语言教学如何导入文化因素教学以利语言能力生成的两个方面，因此主要关注语言中的文化——从语言中发掘、解释文化现象及文化中的语言，即文化内容如何影响语言的词汇及形式等。

（2）文化的分类

根据文化在交际中的功能及第二语言教学的需要，汉语教学中的文化被划分为"知识文化"和"交际文化"两类。"所谓知识文化，指的是那种两个文化背景不同的人进行交际时，不直接影响准确传递信息的语言和非语言的文化因素。所谓交际文化，指的是那种两个文化背景不同的人进行交际时，直接影响信息准确传递（即引起偏差或误解）的语言和非语言的文化因素"（张占一，2006）。知识文化如中国的饮食、建筑、瓷器、服装、习俗等，往往有鲜明的形象，易感知；而交际文化则是特有的民族心理、价值观念、生活方式、道德标准、风俗习惯、审美情趣等在语言中的折射，比如中国人常常打招呼的话"吃了吗？""出去啊？"，它们隐含在语言系统中，只有通过语言对比才能显现出来。此外，手势、姿势、表情等体态语也有一定的文化意义，比如"点头""摇头"，以及"点头""摇头"的幅度、方向，都表达不同的意义，这就是"非语言交际文化"。

（3）文化在语言中的表现

文化作为一种现象，主要体现在语言的词汇系统、语法系统和语用系统中。在语言的三个子系统中，最能反映出社会文化特征、也最易受社会文化影响的是词汇。词汇意义的形成与演变很多是有历史文化积淀的。如因纽特人关于"雪"的词汇异常丰富，英语中关于"牛"的分类也非常清晰，而汉语中则保留了大量关于器皿、铭物、建筑、佛教的词汇，还有不少反映中国特有文化观念的成语、惯用语和俗语，如"胸有成竹""碰钉子"等。这些文化词语具有固定的文化附加意义，不能直接从字面上了解其含义，也难以在别的语言中找到对应的词语。胡明扬先生（1993）按照自然地理环境、物质生活条件、社会和经济制度、精神文化生活四个方面论述了受到制约的文化语汇。张高翔（2003）则从物态文化、制度文化、行为文化、心态文化方面对文化词汇进行了分类。

文化也影响组词造句。中国人推崇"天人合一""道法自然"，讲究人类与自然的和谐共生，在语言上则显现出音韵和谐、节奏感强的特点。在组词造句方面，汉语的思维结构也得以体现，如按照时间顺序原则来安排句子的语序，存在大量主题句即话题性的语言等。汉语思维方式也决定了语段的基本结构，如句子的顺序是从大到小、由近及远、由具体到抽象、先整体后局部等。汉语在话轮、连贯、衔接、叙事结构等方面，也有自己特有的文化模式。

交际文化在语用上的作用明显。语用文化指使用语言的文化规约，即在语言运用时，依据社会情境和人际关系等条件所采用的得体礼貌的语言规则。语用文化是保证交际成功的必要条件，除了因语言形式偏误造成的交际障碍外，因语言运用不得体带来的交际障碍更多。汉语中有大量的表示问候、邀请、致谢、告别等功能的套话。

在跨文化交际中，文化差异会限制交际双方对话题的选择，如年龄、收入等话题，在汉语文化中是开放的，在西方文化中是封闭的。文化因素教学要增进学生对目的语文化的了解，语用文化可以说是保证学习者掌握地道的语言表达的重要方面。

2. 文化因素教学的意义

文化因素教学是语言教学的有机组成部分。文化因素教学之所以重要，是由语言和文化的关系所决定的。随着对文化研究的日益深入，文化教学的重要性愈来愈显现出来。人们认识到，离开了文化，语言教学和学习都是不完整的，而重视语言教学中的文化理论和实践问题，这是"对外汉语教学这门学科趋于成熟的重要标志之一"（周思源，1991）。林国立先生（1996）提出了"四要素说"，呼吁将文化因素视为与语音、语法、词汇地位相同的语言要素，是很有道理的。

文化教学的目的是力求从跨文化交际的视角探究文化差异，解释语言中隐含的那些影响交际的文化因素，跨越跨文化交际中的文化障碍。

文化教学时要注意以下几点：

（1）文化教学指的是文化因素教学，而不是文化知识教学。

文化因素隐含在词汇、句子、篇章中，是隐性的，不容易理解；文化知识则是显性的，容易理解。所以文化因素教学其实就是把隐藏的东西挖掘出来，这个挖掘更多靠教师的启发，引导学生体会和思考，而不能靠讲授和硬性灌输。

（2）文化教学要关注学生对文化内涵的理解。

理解语言背后影响交际的那些文化内涵，如为什么说、为什么这样说、对谁说等。以往我们多看到语言水平对文化理解的制约作用，实际上文化的理解对语言的理解也有相当的关联，文化的理解越好，对语言的理解也就越准确、越生动、越透彻。

（3）文化教学更要注重文化知识向文化交际能力的转化。

理解是基础，但不是目的，得体运用才是目的。中介语中的语用偏误反映出学生的得体运用是一个大问题。一种表现为回避使用，中国人打招呼的一般方式学生大多已了解，但很少看见学生使用"老师，您出去啊？""您也来这儿吃饭啊？"这样地道的语言，通常都以"你好！"代替。还表现为语用规则的滥用，说话者不分场合、身份，使用一些不恰当的表达方式，最有名的例子是一个汉语造诣很深的国际友人，为表示亲密对一个领导说："老小子……"举座愕然。有的时候，学生运用了正确、完整的汉语结构形式，使用的却是母语文化的规则系统。可见，语言文化知识必须经过交际环境的反复操练、大量使用，才有可能转化为真实的文化交际能力。理想的第二语言教学应是使学生既习得了目的语，也掌握了目的语文化。

3. 文化因素教学的方法

在对待文化的问题上，对外汉语教学界的基本共识是：语言教学为主，文化教学为次；文化教学必须为语言教学服务，在语言教学的同时适当地、有目的地加入文化教学的内容，但不能用文化教学取代语言教学。

周思源先生（2006）认为，进行文化教学至少有以下三种途径：语言课中的文化教学、汉语言专业中的文化教学、人文学科各专业中的文化教学。汉语言专业中的文化教学指针对留学生开设的中国国情概况、中国旅游地理、中国古代史、中国文化概述等各类文化知识课，人文学科各专业中的文化教学属于政治、经济、哲学、历史等通识教育，入系学习的留学生与中国学生一起，都要接受这样的教育。所以周思源先生所说的文化教学实际上覆盖了各类学生各级水平的文化教学，我们这里要阐述的只是第一类——语言课中的文化因素教学。

陈光磊先生（2006）认为"汉语课中的文化教学是以学习或习得运用汉语进行交际的文化能力为指归的，它带有某种技能性与实践性的特点"。其实我们的态度还可以更坚定一些：汉语课中的文化因素教学与其他语言要素教学一样，必须更多地采用技能化训练的方法，并强调在实践中加深理解和运用。

文化教学的要点：

（1）文化教学要结合言语要素的教学和言语技能、语言交际技能的训练来进行。

文化要素隐含在语言子系统中，分散、不系统，它需要教师挖掘、发现教材中跟文化有关的内容，采用适当的方式进行解释。在教学方法上，要与语言要素的教学及语言交际技能的训练一致起来，不能停留在解释上，还应该进行一定的实际操练。如文化词汇多作为生词出现，念、写、造句等词语操练的方式都是必要的；词语的使用还与语境有关，词语辨析、选择填空、替换也是考查词义理解与运用的必要方法和手段。

（2）要充分利用课内外语言环境加强交际训练，通过设置一些跨文化交际的情景或话题进行有组织、有目的的针对练习。

文化教学应贯穿在语言实践中，并将交际文化作为训练的侧重点。课堂教学是体验和模拟真实交际的重要场所，教师要利用好课堂教学环境，用多种形式的语言材料加强文化训练。如使用各种交换信息的小组活动、角色扮演、讨论、报告等，将符合中国文化习惯的表达方式的训练融入其中，鼓励学生关注语言表达的实际效果和心理感受，并经常提示学生，哪种表达是最得体、最易接受的。通过布置任务型课外作业，鼓励学生走出校园，直接接触中国社会，让他们在与中国人的实际交际中感受成功交际的过程，体会文化规约的作用，掌握交际技能。赵金铭先生（2006）曾说，文化多是"习得"的，而不是"学"出来的。文化能力靠的是耳濡目染、潜移默化。教师应创设各种条件进行文化教学以促成学生综合语言能力的形成。

（3）文化教学要决定教学的内容、层级和范围，以期取得更好的效果。

　　文化教学必须遵循阶段性和适度性原则。教师应决定哪些文化内容是回避不掉要及时教的，哪些是难以解释适合以后教的。跨文化交际中那些容易引起交际困难和障碍的文化内容，是进行文化教学最重要的方面。如招待客人时，主人说"家里没什么好东西，来，吃点儿水果吧"，为什么主人摆出新鲜的水果却说"没什么好东西"，这让学生觉得不可思议。即使是初级阶段的水平，教师也应及时做出解释。初级阶段的文化教学不是分门别类地进行，而是与语言教学融合在一起的，学习语言，学习文化，往往是同步的。到了中高级阶段，文化教学逐渐深化，可以开设专门的文化课程，学生会接触到大量更深层的理性文化和具有浓重文化色彩的词语，如成语典故、警句格言、俗语、隐喻、缩略语等，开始理解文化的多元性、动态性和相互渗透性，加深对汉语文化习俗和思维习惯的客观认识，到了这个阶段，文化教学逐步从表层文化进入深层文化的范畴。

　　4.注意两种现象

　　"文化热"兴起时，出现过两种片面性的教学：一是只教语言，忽视与语言理解和使用有密切关系的文化教学；二是把语言教学仅仅当作传播文化知识的途径，挤压语言教学的空间，造成本末倒置。针对此类现象，周思源先生（2006）明确表示："如果将对外汉语教学中的文化问题仅仅只看作是语言的内部成分，即语言课文的字、词、句、段中的某些文化因素，那么就必将使大量语言课程外的文化性内容，受到挤压甚至排斥。但若过于强调对外汉语教学体系还有泛语言的那面，将其文化作用膨胀到不适当的程度，不仅会干扰语言教学，文化本身也难以承受重负，同样也是不妥当的。"对此对外汉语教学界给予了积极回应。在对待文化的态度上，我们的教学不能矫枉过正，应建立一种比较宽泛的文化教学观念，适应不同学习阶段、不同语言水平和不同文化背景的学生对文化的多方面需求。

四、学习者策略

　　1.策略的分类

　　学习者策略指学习者为有效地获取、储存、检索和使用信息所采用的各种计划、行为等，即为学习和调节学习所采取的各种措施。

按照学习进程的相关因素，学习者策略可分为学习策略、交际策略、情感策略、资源策略和跨学科策略。

（1）学习策略

学习策略是直接影响学习效果的一般性策略，它包括认知策略和元认知策略。认知策略指的是为了保证沟通顺利，需要对接收的新信息进行加工，学习者在选择、习得和整合新的语言知识的过程中，所运用的求解和证实、猜测和概括、演绎和推理、记忆和监控等策略。元认知策略用于监控、调节和自我调整语言学习行为，如自我调节、预先准备、预先组织、选择注意目标、减缓输出等。元认知策略主要表现为学习者个人对学习的管理。

（2）交际策略

交际策略指说话者因语言知识不足而引起表达困难时，所采用的一些语言的或非语言的交际技巧，包括转述、借用、手势语、回避、直接求助等。学习者一般在他们的语言知识不够用或被误解时才采用交际策略，并且是有意识地使用。使用交际策略的目的在于保障交际渠道畅通。

（3）情感策略

情感策略指学习者对目的语文化的认同感和对待学习的情感态度等，包括乐于参加各种社交活动，主动培养自己对目的语及文化的兴趣，保持良好的精神状态等。这些策略是以间接的方式参与到学习进程中并产生影响的。

（4）资源策略

资源策略可理解为充分利用现代社会的各种资源和信息化手段，查找和获取所需资料和信息的方式。建构主义提倡自主学习和发现式学习，要求学生熟练地利用教科书、字典、报纸、杂志、图书馆和互联网等来学习，查找资料，解决问题。发展学生探索能力和自学能力是资源策略教学的一个具体要求。

（5）跨学科策略

跨学科策略指学习者要有跨越不同学科、融会贯通各种知识的方法与意识，语言教学要求学习者具有比较全面的比较、分析和综合的能力，并与其他学科相联系以获得相关信息和知识。美国政府制订的《21世纪外语学习标准》（Standards for Foreign Language Learning in the 21st Century）[①]将其表述为"连通能力（Connections）"。

在以上策略中，学习策略和交际策略最能引起教学者的关注，也有较多的研究性成果。情感策略、资源策略和跨学科策略在语言学习中的作用日益显现，也越来越引起教学研究者的关注。

学习策略与学习效果之间的关系最为紧密。关于学习策略的结构以下两种分类框架最为有名：一是O'Malley & Chamot（1990）根据信息加工模式提出的学习策略三分法，分别是认知策略、元认知策略和社会情感策略。认知策略是直接运用到语言学习中的，它更局限于特定的学习任务，涉及语言学习的各种活动和对学习材料的直接操作。元认知策略指学习者对正在进行的学习过程的思考，用于学习者计划、管理和调节认知策略的使用及对知识生产或理解的监控、学习之后的自我评价。社会情感策略是综合运用社会环境和学习者的个人情感，在语言学习中调节和控制情绪、动机和学习态度，通过与他人的接触与互动来帮助和提高学习者的语言学习。具体策略见表2-2：

表2-2 O'Malley & Chamot的学习策略分类框架

策略分类		具体策略
认知策略	/	重复、概括、推测、翻译、标记、关键词、上下文、语境、重组、略读、跳读、联想猜测、利用图像等
元认知策略	规划	预先组织者（advance organisers）、定向注意、选择性注意、自我管理、目标规划
	监控	自我监控
	评价	自我评价
社会情感策略	请求说明	向老师、同学或母语者寻求帮助、获得反馈等
	互动	参与讨论、寻求合作等
	心理暗示	自我鼓励、自我激励、自我安慰

① American Council on the Teaching of Foreign Languages (ACTFL). Standards for Foreign Language Learning in the 21st Century[M]. Kansas: Allen Press Inc., 1999.

另一个是Oxford（1990）的二分法，即把学习策略划分成直接策略和间接策略两种。考虑到学习策略中语言和交际方面及信息处理中心心理 机制的作用，这种分类方法将语言技能"听、说、读、写"与策略分类联系起来，并再细分成6组策略，并在此基础上编制了语言学习策略量表，见表2-3。

表2-3　Oxford的学习策略分类框架

		记忆策略
学习策略	直接策略 （直接影响学习活动）	认知策略
		补偿策略
	间接策略 （对学习活动有间接影响）	元认知策略
		情感策略
		社会策略

2. 策略教学的内容

在第二语言教学中人们发现，使用同样的教师、同样的教学条件、同样的教学方法，有的人学得又快又好，有的人却学得又慢又差。学习者的学习效果差异说明，学习者因素包括学习风格、动机、策略等都可能影响学习的效果。针对这种情况，研究者开始从学习者特征出发，通过观察、问卷、访谈等多种方式，进行学习者策略的个案研究和群体研究，探讨成功的学习者所具有的特点，概括他们所采用的一般方法和策略，并且在教学实践中有意识地引导学生寻找最适合自己的学习策略，提高学习效率。

成功的学习者策略表现出极大的一致性，如下列外语学习者常采用的五大策略：

（1）有明确的学习目标，有极强的学习动力，有浓厚的学习兴趣，有克服困难的毅力。

成人学习语言，大多具有明确的目标，具有良好的自我监控和自我评价能力，并且能够积极、客观评价自己在学习中的进步，这是提高和保证他们学习效果的关键因素。学习作为一项主观性很强的活动，学习者持久的学习动力和热情能帮助他们克服各种困难，并从中找到学习的乐趣。

（2）建立语言作为一种交际和交往手段的意识，通过寻找和利用有利的学习环境，积极参与语言学习过程。

优秀的学习者善于因地制宜、因时制宜，利用各种机会进行学习，把"学习"和"习得"结合起来，并勤于实践。吴勇毅（2008）考察了4名意大利的优秀学习者发现，在汉语作为外语/目的语的环境下，频繁地、广泛地、主动地跟中国人接触，积极参与各种社交和社会活动，并加强跟其他国家留学生的汉语交流，这些都能有效提高学习者的汉语水平。江新（2000）运用Oxford的语言学习策略量表，考察了107名留学生的汉语学习策略发现，在学习汉语的过程中，留学生最经常使用的策略是社交策略、元认知策略、补偿策略，其次是认知策略，社交策略是排在首位的，这与留学生所处的汉语学习环境及其本身特点有关。多看电视、看电影、读报纸等也可提高学习者的语言理解。

（3）建立语言作为一个形式系统的意识，善意对待不同语言的结构系统并自觉地沉浸式学习。

优秀的学习者，特别是有其他外语学习经验的学习者，都能自觉地把所学语言与母语做对比，遵循外语学习的一般规律，不苛求语言的一致性。不仅关注语言的意义，也关注语言的表达形式，特别重要的是，能将交际实践和形式操练很好地结合起来。在学习语言要素时，较多使用有声训练手段来规范自己的发音，另外，大量朗读、背诵、写生词卡片、抄写、默写等，都能获得良好的语言学习效果。

（4）接受并妥善处理外语学习过程中的情感需求。

学习是一种复杂的社会和心理活动，无论是语言的输入还是输出，从保证质量的角度说，都需要学习者有好心态和积极主动与他人保持良好的社会关系。积极的情感和态度可以及时消减因交往不顺利、学习困难而导致的过度焦虑、失去信心等心理问题，使学习更加愉快、有效。在目的语文化环境中，成功的学习者能够在两种文化之间保持理想的距离，以宽容、客观的态度看待目的语文化，并排除母语所带来的偏颇性。敢于面对错误，知难而上。对语言错误有足够的容忍度、不怕出错、勇于创新实践的学习者，大多有良好的学习表现，尤其在口语表达上。

（5）通过推理和监控扩充和修正自己的外语系统。

监控主要表现在学习者能发现自己在语言和交际方面的错误如语音、词汇、汉字、语法使用不当等，并及时纠正；初级水平的学习者在输出语言时能预先进行编排，有意地关注与意义相匹配的输出形式，在话语交际时，能使用推理和请求本族语者提供反馈等方式，不断修正自己的外语知识系统。

对语言进行积极监控和修正的一个反例是采取回避策略。回避策略是学生在社会交往和学习过程中使用较多的一种交际策略，表现为对语言表达的内容和形式倾向于采用本人熟悉的或掌握较好的，而回避使用生疏的、复杂的、难度较大的。回避的内在心理为惧怕出错、不敢冒险，在语言层面上表现为降低要求，在交际层面上表现为使用非语言手段。罗青松（1999）列出了回避的几种形式：1）回避某些不熟悉、有难度的话题；2）用非语言手段如手势、不连贯的话语代替连贯完整的表达；3）选择较为浅显的词语，回避使用意义、用法比较复杂的词语。4）用简单句式代替复杂的、易出错的句式；5）用书面表达方式代替直接的口头表述；6）用词典、书本上提供的现成的语言形式代替活用和创造。使用回避策略，容易使学生形成一些简化用语的定式，使语言运用水平在低层次停滞不前；也容易导致一些错误的语言形式在语言运用中"固化"。因此在对外汉语教学中，尤其是在中高级阶段，教师要加强引导，采取多种形式限制学生使用回避策略。

在众多有关学习者策略的理论研究中，我们可以明显地感受到，语言学习的成败，关键因素在学习者个人，他们是语言学习的主体。每一个外语学习者在试图完成某一个学习或认知任务时，都会自觉或不自觉地调动自己的原有知识和认知策略，并且在很多方面呈现出策略的一致性。完美、成功的学习者，多以一个积极主动参与者的形象出现，并始终处于一个异常活跃的状态。在语言输入时，对其进行分析处理并从中"悟"出规则，加以吸收；在语言输出时，对自己的语言行为进行自我监控、及时修正。教师在进行语言教学的策略教学时，应该将优秀学习者的成功经验引入课堂，启发、指导学生进行有效学习，让不断进步的成绩和良好的评价来满足他们的学习成就感。

3. 策略教学的方法

策略教学很大程度上也就是学习方法教学（当然两者存在差别）。把"学习策略培训"纳入汉语教学的课堂，使其成为教学法的一个组成部分，是第二语言教学的新趋势。

策略教学旨在将经过研究概括出的具有普遍意义、有实践效果的学习者策略介绍给学生，并设计多种形式的练习方法，鼓励学生根据自身的条件和所学语言的特点，选择适当的学习策略提高学习效率，完成学习任务。

在以往的课堂教学中，教师们都十分注意对学生进行学习策略的引导，很多教学方法的使用也都不同程度带有策略培训的意义。比如禁止说母语、鼓励学生课外交流、利用声旁记忆汉字、同语素词语联系起来记忆生词、有计划地复习、边听边说、边写边念等。教师还非常关注学生的精神状况，注意疏导学生的压力，教导学生学会通过情感策略调节和控制自己的情感。教师还通过过程评价等手段，对学生的学习状况给予及时的反馈，鼓励学生个人反思等。刘治、朱月珍（2000）把策略培训的任务归纳为7个方面：（1）帮助学习者自我诊断语言学习中的不足；（2）让学生者了解提高学习效率的不同途径；（3）使学习者掌握多种不同的解题技巧；（4）促使学习者熟练自己常用的学习策略并尝试新的策略；（5）帮助学习者确定完成一项语言任务最佳的策略途径；（6）指导学习者加强对自己学习行为的监控和评价；（7）指导学习者将成功的学习策略迁移到新的学习环境。这一观点比较注重策略培训的科学化和系统化。

学习策略培训可以通过多种方式来实现，例如可以通过讲座、专门的训练课程来介绍策略方法；可以通过学习方法讨论让学生相互交流，分享好的经验；还可以把学习策略培训引入语言教学，把策略训练和语言训练结合起来。最典型的就是阅读和听力练习中的一些技巧训练，如利用上下文、语境、同现词等猜测词义等。无论采用何种方式，教师的指导要注意：

（1）策略使用的针对性

教师要根据不同的对象、不同的学习任务、不同的学习环境选择适当的方法和策略。我们应该明确，策略虽有较大的一致性，但仍要具体情况具体分析。对英语、法语有效的学习方法、策略，不一定适合学习汉语；对这个人有效的学习方法、策略不一定适合另一个人。教师要强调学生的自我实践和总结，既要学习他人的经验，更要符合自身需要，并能不断优化自己的学习方法和策略，实现"学习策略的正迁移"。

（2）策略训练的多样性

教师应注意区分不同性质、不同类别的策略，采取多样的训练方法。如认知策略侧重新信息的输入和组织，在构建新信息框架时可以运用记忆策略；而交际过程则更多地依赖语言信息的理解与表达，因此交际策略的使用更加频繁。策略训练还要与学习任务结合起来，教师要鼓励学生去选择和尝试所获得的学习策略并总结成功经验。此外，教师还需对学生进行适当的个别指导。

（3）策略训练的长期性

策略训练要随时、随地，还要坚持。有的方法可能马上见效，有的方法可能需要运用一段时间，才能显出效果。教师应注意引导学生克服急躁情绪，反复磨合，不断验证。

（4）策略训练的广泛性

除了学习策略、交际策略和情感策略外，我们要鼓励学生尽量利用课外教学资源，进行自我提高，善于从相关学科汲取营养，提高创新能力。正如束定芳、庄智象（1996）所说："教师的职责，一是教给学生知识，二是教给学生如何获取知识的知识。一是'鱼'，二是'渔'，外语教学过程中，'渔'就是培养学习者的学习策略。"

第三节　汉语综合技能教学的过程

一、什么是课堂教学？

1. 课堂教学的意义

语言教学的教学过程涉及教与学的各个方面。吕必松先生（1992）把第二语言教学的全过程和全部教学活动概括为四大环节，即：总体设计、教材编写、课堂教学和成绩测试，其中课堂教学处于核心地位。

课堂教学指的是在语言教学原则的指导下，根据教学大纲的要求和教材的具体内容，通过有组织的教学活动，完成各项教学任务。

在课堂教学中，师生双方为了达到同一个教学目的而进行互动。教师是教学的主导，不仅是教学的设计者、组织者，还是学生自主探索和创新实践的指导者；学生则是课堂教学的主体，是课堂教学的参与者，主动性的发挥者，师生互动是课堂教学的重要组成部分。

2.课堂教学过程的结构

课堂教学有相对完整的结构。崔永华先生（1992）认为每一个完整的教学过程都可以从大到小划分为以下四级单位，即（1）教学单位；（2）教学环节；（3）教学步骤；（4）教学行为。

（1）教学单位

一个教学过程可以划分为若干个不同层级的教学单位，教学单位是依据教材的容量划分的，在内容上有相对的完整性。如果把一课或一个单元看作一个教学单位，那么一本20课的教材需要20个教学单位可以完成。如果把一个相对完整的课堂教学过程看作一个教学单位，那么完成一课需要6课时的话，6课时就是一个教学单位。一般大学的课程是一次2课时，所以教师心理上把2课时看作一个教学单位。

（2）教学环节

一个教学单位可以划分为若干个教学环节，即一个完整的教学过程包含若干个教学环节，每个教学环节完成一个明确的教学任务。从大的教学环节来划分，可以划分为生词教学环节、语法教学环节、课文教学环节、交际应用环节。还有一些辅助性的小环节，如组织教学环节、复习环节、总结环节、布置作业环节等。各环节之间环环相扣，形成一个联系紧密、逐步推进的教学过程。

（3）教学步骤

每一个教学环节都由不同的教学步骤构成。教学步骤是将环节分解为一个个小的、按顺序进行的操作方式。比如我们可以将"语法教学"环节分为引入语法点、展示语法点、解释语法点、操练语法点、归纳语法点五个步骤。每一个教学步骤都有一个具体明确的教学意图，引入语法点是为理解做铺垫，展示语法点是为了给出语法的使用例子，解释语法点是为了说明语法点的适用环境，操练语法点是为了巩固和应用，归纳语法点是为了概括语法点的结构或语义规律。

（4）教学行为

每一个教学步骤是由不同的教学行为构成的。教学行为指一个个有意义的教学活动。比如在"操练语法点"这一教学步骤里，我们可以做朗读、替换、重复、问答、看图说话、两人对练、小组活动、交际性练习、教师纠错等各种教学行为，也可以进行纠音、讲解知识、用手势和动作做指令或演示，还可以管理课堂纪律。教学行为是课堂教学过程中最基本的单位，是课堂教学中最活跃、最能表现教师教学艺术、经验和水平的地方。有经验的教师善于根据学生对象、教学内容、教学目的的不同，选择最合适的教学行为。有效的课堂教学归根到底是由一连串积极、有效的教学行为构成的。崔永华先生（1992）提出了几点选择教学行为的标准：1）选择学生最容易理解的行为；2）选择使学生有最多的练习、实践机会的行为；3）选择最接近实际交际的行为；4）在教学行为的安排上，做到各行为之间互相铺垫、平稳过渡。

二、综合课的教学环节设计

为了更详细地说明各个教学环节的设计思路，我们把一个完整的教学过程展示如下：

热身：包括组织教学环节、复习和预习环节。

↓

学习新知：包括生词教学环节、语法教学环节、课文教学环节。

↓

交际应用

↓

总结

↓

布置作业

我们先简要介绍热身环节、总结环节和布置作业环节，然后专门介绍学习新知环节和交际应用环节。

1. 热身练习环节

本环节控制在10分钟之内。

热身练习环节也就是常说的"开头""复习"环节。它处于教学过程的第一阶段，是学习新课的预备环节。

热身练习包括组织教学、检查复习情况等步骤。这一环节主要有四个目的：

（1）沟通师生情感、吸引学生的注意力，进入教学状态；

（2）检查学生对前一课或前几课内容的复习和掌握情况，弥补前一次教学中的不足，对学生理解得不够准确、掌握得不够扎实的部分再进行适当的讲练；

（3）导入新话题；

（4）以旧带新，为新课学习做铺垫。

热身练习可以采用以下方式：

（1）与学生寒暄问候。了解学生最近几天的学习、生活情况，了解学生的出勤情况，简要说明最近发生的重要事件，通知或提醒学生某些事项。

（2）复习

1）听写上一课学过的生词、句子或段落；

2）用所学词语、句型等进行问答练习；

3）根据语境用所学词语或句式说一句话；

4）用指定词语或结构说一段话；

5）听一段话后回答问题并复述；

6）情景对话；

7）简述上一课课文大意；

8）汇报完成课外调查、小组活动情况等。

复习检查的内容一般选择上一节课的教学重点或难点，考查学生的理解和掌握程度；也可以挑选学生作业中的问题做进一步的解释与操练。复习的内容既包括知识，又包括技能。复习时选择的材料最好跟新课的内容有一定的关联，这样有利于通过熟悉的内容引出新的学习内容。

在热身练习里也可以检查预习情况。对预习要求比较高，如采用了翻转式教学的话，预习环节会成为生词教学环节的重要铺垫。

2. 学习新知的导入环节

学习新知指的是教授学生没接触过的生词、语法、课文等新材料。这一环节的教学目的是让学生初步了解新知识的形式、意义、使用环境、常见错误，学习话题表达的参照范例和语段框架；运用各种技能化的训练手段，使用新知识进行简单交际应用，为下一步的交际任务做准备。这一环节是整个教学过程的中心环节之一，是交际应用环节的基础和前提，其教学效果直接影响了交际任务完成的质量。

这一环节要把握的重点是讲练结合、精讲多练；突出重点、难点，以旧带新、循序渐进。比如新课导入环节，新课导入一般根据学生水平，使用语言、图片、视频、文字等材料及已有知识、创设的情景或动作等引出与课文内容相关的话题。导入的目的是把学生带入学习的环境，激活大脑的认知和想象功能；有效化解学生对新知识的陌生感，快速指向目标。

"导入"技巧可以用在各个操练环节的开始部分。此处的导入与生词讲练环节结合紧密，教师在设计时可多考虑与生词学习有关的因素。

3. 总结环节

这一环节的主要目的是总结当课的教学重点和教学难点，强化学生的理解和认识。通过师生之间的交流，梳理教学中的问题，弥补不足。方法是：

（1）教师简要归纳本课的教学要点；

（2）评价学生们的反应、接受情况；

（3）对问题突出的学生提出学习上的建议；

（4）询问学生的感受，请学生自我评价；

（5）进行必要的解释或说明；

（6）做一些笔头的检测、巩固练习。

4.布置作业环节

课上的最后几分钟要布置作业。这个环节的目的是提出课下学习的要求，包括复习和预习任务，兼顾知识和技能，巩固所学知识，为新课学习做好准备。复习巩固类作业主要有以下几种形式：

（1）听课文录音或做有关的听力练习；

（2）朗读课文；

（3）阅读教师指定的阅读材料（中高级阶段）；

（4）写汉字（初级阶段）；

（5）重点词语造句（初中级阶段）；

（6）用指定词语写一段话；

（7）根据要求改写课文（中高级阶段）；

（8）就课文中涉及的话题写一篇文章（中高级阶段）等。

预习的重点是新课生词、课文、与课文相关的文化背景知识（中高级阶段）。对生词的要求是了解词义并会读、会写，对课文的要求是阅读后了解大意并标出问题。

语言的交际性作业可以是课堂交际活动的延续，侧重交际技能；也可以是相关文化知识的拓展，侧重了解。练习的方式包括调查、访谈、社会实践、上网查找资料等。目前技术手段越来越丰富，翻转教学的应用也较为普遍，教师可以创造出更多好的作业布置形式。

三、生词教学环节

1.生词教学环节的目的

生词教学的目的一是帮助学生扩大词汇量，二是为学习语法和课文扫清障碍，三是为以后的交际训练提供必要的词汇。

2.生词教学的要点

生词教学的要点如下：

（1）突出重点，切忌逐词讲练、平均使用力量。

教师根据词语的词性、意义、使用难度等区分一般词语与重点词语，把教学的主要力量放到重点词语上。一般词语意义单纯，理解起来没有困难，使用时也不太复杂，学生借助释义和例句等不容易出现偏误。一般实词类的词语大多不是教学的重点和难点，如"苹果""商店""高兴"等。重点词语既是教学的重点，也是教学的难点，主要有量词、部分代词、介词、副词、连词等，原因在于它们的词义复杂、意义虚化，使用条件也有限制。比如量词"条"，我们可以说"一条鱼""一条围巾""一条马路"，但是"铅笔""头发"等虽具有细长的特征，却不能使用"条"来修饰限制，因此，教师就需要把量词"条"作为重点生词来进行教学。

再比如"肯定"是一个兼类词，词性不同时，搭配也不同；在句中的位置不同时，充当的句子成分也不同。

做副词时用在动词前面，表示确定的语气。如：

　　这件事肯定是小王干的。

做动词时可以带宾语。如：

　　领导及时肯定了小王的做法。

做形容词时用在名词或代词前，充当定语。如：

　　小王从领导那儿得到了肯定的说法。

学习了"肯定"的一种用法往往还不够，学生需要继续学习其他用法。这个生词就是教学的重点和难点。

（2）生词教学还要根据不同阶段的教学任务及学生的语言水平，把握好讲练的"度"。

初级阶段，词义不能过多扩展，教师只讲解当课生词的意义即可。讲解时可从最基础的意义开始，讲本义、常见义，然后再扩展到非常见义、虚化的意义。如副词"就"，2016年出版的《现代汉语词典》（第7版）中的义项有8种，那么先学习哪个词义呢？理想的情况是教材按照词义的虚实程度和使用频率，从易到难列出"就"的义项。

（3）注意词的色彩。

教学时除了要注意词语的词义、搭配、词性等，还要注意词的感情色彩、语体色彩、时体、主观、客观等因素。词的感情色彩和语体色彩与词语使用的环境或场合、人物身份等交际因素有关，如"父亲""爸爸""爹"分别带有正式庄重、中性、亲密的意味，"从来"从时体上分析，多用来说明发生在说话时间节点以前的事件，"一直"则可以用于说明过去、现在与未来发生的事件。

3. 生词教学的方法

生词教学主要从朗读、书写、理解意义、交际应用几个方面进行。练习时还要遵循由易到难、由浅入深的原则，从词到词组再到句子，进行逐级扩展。扩展的句子要与课文中的句子相结合，以分散难点，并为后面的语言点教学与课文教学打好基础。

常用的初级阶段生词讲练的步骤和方法有：

（1）听写生词

听写多个生词时，可以按照词性、语义场、句子中的位置、在课文出现的顺序排列等。教师可请学生到黑板上听写，事先安排好位置，编排序号。

（2）纠正错字

检查并纠正学生书写的错字、错误的笔顺，指导学生归类并联想已学过的汉字；

（3）朗读生词

教师可以先领读，然后再让学生个别读。为保证发音质量，不提倡让学生领读。步骤可以是：

1）教师领读；

2）学生个别读（每人读4—5个，教师注意纠音）；

3）教师再次领读发音较难的词；

4）学生集体朗读。

（4）生词扩展练习

运用扩展的方法，将语素组成词、词组成短语或句子。扩展的可行性在于汉语构词、组句的语法规则是一致的，这样能帮助学生更好地生成合乎语法规则的句子。

（5）词语运用练习

在生词量比较大的情况下，教师可要求学生课前预习生词的词义，以便课堂操练时运用。

4. 生词教学环节举例

（1）教学内容：《速成汉语基础教程 综合课本5》（第2版）[①]的第八课《我的自行车被人偷走了》

第八课共45个生词。由于生词较多，根据课文分段，可以把生词切分为两部分：第一次课讲授课文（一）（二），生词1—27；第二次课讲授课文（三），生词28—45。

我们选择第一部分的生词来举例说明。

保卫处	趟	开会	肯定	心思
样子	越……越……	高大	被	让
古	草原	野	强壮	驯
匹	群	坏	背	摔
断	日子	可	安慰	发生
战争	战场			

（2）确定教学的重点、难点

按照词性，我们分析一下这些生词：

名词：保卫处、心思、样子、草原、背、日子、战争、战场

动词：开会（离合词）、驯、摔、断、安慰、发生

形容词：古、高大、强壮、野、坏

量词：趟、匹、群

---

① 郭志良、杨惠元主编的《速成汉语基础教程 综合课本》（第2版）共8册，2007年、2008年在北京大学出版社出版。该系列教材第3版的8册书由杨惠元主编，2021年、2022年在北京语言大学出版社出版。

副词：肯定、可

介词：被、让

固定格式：越……越……

可以看出，本课的生词不仅数量多，而且类型多，共有6类词、一个固定格式。

我们先确定以下生词为教学的重点和难点：

名词："心思"的词义较为抽象；"日子"容易跟"时间""天"混淆。

动词："开会"为离合词，用法复杂。

形容词："古"为单音节词，同时存在双音节的"古老"，用法需要明确。

量词："趟、匹、群"有固定搭配的名词，需要分别讲练。

副词："肯定、可"的意义和用法复杂，需要分别讲练。

介词："被、让"分别构成汉语里的"被"字句和兼语句，都是较为重要的语法点，一般都放到语法教学环节中进行教授，所以生词教学就不再涉及。

固定格式："越……越……"也可以构成句式，但不是特别难，所以放到生词教学中或语法教学中教授都可以。这里，我们也把它放到语法教学中。

综上所述，本课词汇教学的重点、难点可确定为：心思、日子、开会、古、趟、匹、群、肯定、可，共9个，占生词量的36%。

（3）教学时长：25分钟

（4）教学过程与方法

第一步，听写。教师可以听写单个的生词，也可以把生词放到句子里，朗读句子，让学生挑出句子中的生词并书写。语速要正常。一般念三遍。第一遍让学生只听不写，快速识别语音和意义。第二遍开始写，第三遍核对。教师也可以让一两个学生去黑板上写，这样便于纠正。

第二步，反馈纠正。批改并就汉字书写问题进行操练。如：小白板显示易混淆的汉字，学生做组词练习：

外_____　赶_____　背_____　保_____　被_____

处＿＿＿＿　趟＿＿＿＿　肯＿＿＿＿　呆＿＿＿＿　福＿＿＿＿

第三步，领读。教师可以用多种方式来领读，如教师领读，学生跟读；教师不按顺序点生词，学生来齐读、认读；学生个别读，教师纠音等。

第四步，操练。就生词的意义和用法进行讲解和操练。操练的常用方法有以下几种：

扩展法：即用这个生词来搭配其他词语，如"保卫处"可组成"学校保卫处""学校保卫处的人"。

问答法：用包含这个生词的句子进行师生交流。如：

师：如果在学校里你发现手机不见了，应该告诉谁？
生：应该告诉学校保卫处。

图片法：用图片来提供信息进行交流。如：

师：（PPT图片）他的自行车丢了，所以他——
生：他一脸不高兴的样子。

完句法：教师说出上句，提供了语境，让学生说出下句。如：

师：女朋友回国了，——
生：女朋友回国了，我很想她。我哪儿有心思学习啊？

辨析法：通过提供多种选择，请学生选择。选择的过程也是辨析的过程。如：

肯定　一定
放心吧！明天我＿＿＿＿来。
我真的不放心。明天你＿＿＿＿要给我打个电话。

下面我们模拟教学过程，就几个典型的词语进行教学。

例1.心思

师："思"是什么意思？"思"就是"想"。"心思"呢？猜一猜。

这里可以利用语素知识引导学生猜测和记忆词义，然后转入进一步说明。

师："心思"是名词，常常说"有心思"或"没有心思"做什么事情，表示因为什么原因想或不想做什么事。比如"我头疼得厉害，没有心思看书。"用课文里的反问句"哪儿……啊？"说一说。

生：我头疼得厉害，哪儿有心思看书啊？

师：很好。下面老师说前半句，你说后半句。

朋友请我出去玩儿，可是我明天要交论文——

就快毕业了，——

假期快到了，——

孩子病了，——

例2. 样子

师：跟我说：裙子的～/书架的～/女孩儿的～/高高兴兴的～

师：（出示PPT图片）老师没有表扬他，所以他——

生：他一脸不高兴的样子。

师：（出示PPT图片）这个小姑娘呢？（一脸高兴的～）

生：……

例3. 日子

开门见山，直接给出意思并操练：

师："日子"是名词，有两个意思，一个意思跟"生活"差不多。比如"生活怎么样？"，也可以说"日子怎么样？"，下面跟我说：

～很难过/～很幸福/过～

～过得很开心

你在北京～过得怎么样？

师：玛丽，你在北京日子过得怎么样？

师：还有一个意思可以是英语的"days"。比如：快乐的日子、难忘的日子、重要的日子。下面我说形容词"快乐"，你们说"快乐的日子"。好，开始。

快乐——

难忘——

重要——

幸福——

美好——

师：大卫，对你来说，最重要的日子是哪一天？

安娜，对你来说，最难忘的日子是哪一天？

下面我们可以继续做小组练习：

师：好，现在两人一组，谈论一下生活中"最……的日子"是什么时候？原因是什么。等一会儿，我们请几组同学介绍一下。

例4. 肯定

师："肯定"有好几种词性，可以做动词、形容词，最主要的是副词（adv）的用法，表示"完全相信""100%认为"。副词在句子里常常放在哪儿？对，放在动词的前边。比如弟弟常常拿妈妈的手机玩儿，现在妈妈的手机不见了，可以怎么说？（等一下学生的反应）对，可以说"妈妈的手机不见了，肯定是弟弟拿去玩儿了"。"肯定是"表示"我100%认为……"。

师：坐地铁的时候，小红发现她的钱包不见了，她觉得，是谁拿走了她的钱包？肯定——

师：会不会是小偷？

明天有考试，老师担心大卫迟到，你们可以怎么回答？

你们猜，今天有没有作业？

预测学生表现，引出词语辨析：

师：刚才有同学说，"今天肯定没有作业"，也有同学说"今天一定没有作业"。这两个句子都对吗？（等学生回答）。对，都对，都是"完全相信""100%认为"的意思。再看看下面的句子，是用"肯定"还是"一定"？请大家选择填空：

肯定　一定

（1）放心吧！明天我_____来。

（2）我真的不放心。明天你_____要给我打个电话。

（3）儿子说晚一些回来，_____又加班了。

（4）作业明天_____得交给老师。

辨析"肯定"和"一定"：

肯定 vs. 一定

肯定：不能表示"坚决"的语气，不能用于祈使句。如：

老师告诉我们，一定要注意安全。

*老师告诉我们，肯定要注意安全。

师：（1）和（3）我们用"一定"或者"肯定"都可以，（2）和（4）只能用"一定"。"一定"可以用来表示对别人的要求，如"你一定要……""你一定得……"，"肯定"没有这样的用法。

下面老师转换话题，引出动词和形容词的用法：

师：每天吃完晚饭，爸爸都要喝一点儿啤酒。今天，家里的啤酒没了，爸爸去做什么了？

生：爸爸去买啤酒了。

师：你能肯定吗？

生：我能肯定。

　　我不能肯定。

师：说"能"的同学，用的是"肯定句"，说"不能"的同学，用的是"否定句"。

四、语法点讲练

1. 讲练语法点的目的

讲练语法点的目的是了解语法句式的形式特征，理解语法句式的意义功能，明白语法句式的使用条件，正确运用，并实现交际。初级阶段的语法点以汉语的基本句型为主，中高级阶段侧重复杂句式和长句、难句，要注意句式的变化和相似表达之间的语义差异，注意语气和言外之意。

语法点讲练强调从机械性操练、半机械性操练到交际性操练，由教师指导逐渐过渡到学生独立运用。

2. 语法操练的一般程序

（1）引入语法点

（2）展示语法点

　　1）板书例句；

　　2）朗读例句，学生可跟读、个别读（教师注意纠音）；

　　3）不看黑板，重复。

（3）解释语法点

　　教师简要说明使用规则。

（4）操练语法点

　　操练的方式多种多样，如：

　　1）替换某一成分；

　　2）问答；

　　3）根据情景说出合适的句子；

　　4）完成句子的某一部分；

　　5）看图说话；

　　6）两人对练。

（5）归纳语法点

　　1）总结句式的结构、意义；

　　2）说明常出现的错误类型。

初级阶段的语言点讲练可以在课文讲练之前，由生词讲练环节自然过渡，也可以与课文讲练结合起来进行。

3.语法讲练环节举例

（1）教学内容：《速成汉语基础教程 综合课本5》（第2版）的第八课《我的自行车被人偷走了》里有标记的"被"字句

（2）教学时长：20分钟

（3）教学步骤

1）导入语法点

　　师：刚才我们学习了今天的生词，还有一个生词我们没有练习，是什么？对了，是介词"被"。

　　在生活里，我们常常会发现这样的现象：（视频播放）台风来袭、房顶被吹跑、大树被刮倒。这些不好的事情，都是谁做的？对，是风。风怎么做的？风吹、风刮，结果怎么样呢？房顶跑了、大树倒了。好，这样的意思我们在汉语里这样表达：

2）展示语法点

　　板书：房顶被风吹跑了。
　　　　　大树被风刮倒了。
　　师：请大家跟我读。不看黑板再跟我读。
　　教师可以继续提问：
　　师：台风来了，房顶怎么样了？大树怎么样了？

3）解释语法点

　　师："被"的后面是什么词？句子的动词是什么？"吹"和"刮"的后面呢？

据此，教师提炼出"被"字句的句型为"sb./sth.+被＋sb./sth.+v.+……"，并板书在例句的上方。可以用红色的笔来写"被"，突出显示"被"字，并引起学生的注意。之后，教师继续进行解释：

师：这样的句子，说的是好事还是不好的事情？"被"字句常常用来表示说话人觉得不愉快、不好的、不希望发生的事情。在这样的句子里，动词后面一定要有其他东西，如结果、变化等，不能只是一个动词。动词后面的"跑了""倒了"就表示动作的结果。

4）操练语法点

教师可以带着学生进行各种操练。先从肯定形式开始，然后逐渐过渡到否定形式。从机械性的练习逐渐过渡到交际性练习。

师：下面我说一个句子，请你们改成"被"字句：

练习1：改说句子（有施动者→无施动者）

　　妹妹把我的手机拿走了。
　　小猫打破了家里的花瓶。
　　儿子弄坏了爸爸的眼镜。
　　风吹走了他的帽子。

教师可以用以上句子继续做问答练习：

练习2：

　　你的手机被谁拿走了？
　　家里的花瓶被谁打破了？
　　爸爸的眼镜被儿子弄坏了吗？
　　他的帽子怎么了？

由此引出否定式：

师：爸爸的眼镜没被儿子弄坏。"没"要放在"被"的前面。

下面教师可以安排两人一组，一个同学说句子，一个同学用肯定式或否定式回答。

练习3：两人一组，用所给的词语做问答练习

自行车	刮倒
钱包	偷走
照片	撕坏
冰淇淋	吃完

练习4：看图说话，两人一组，讲述家里发生的事情。

妈妈下班回家，看到家里是这样的景象：弟弟的衣服很脏，房间里很乱，沙发上有很多漫画书，地上有打破的茶杯，盘子里有吃完的鸡骨头。小猫躲在桌子底下，很害怕的样子。

上面的练习也可以改成更富有交际性的练习，如角色扮演。

练习5：角色扮演：这是怎么回事儿？

角色A：妈妈，角色B和C：哥哥和弟弟。

情景：妈妈下班回家，看到这种景象，正在询问两个孩子家里发生了什么。

总结语法点：在操练的过程中，教师要留意学生的表现，及时记录学生的语言表达，在适当的时机，进行反馈纠正。

师：刚才大家的表演很有意思，句子说得很好，马克说的"冰淇淋我没吃，肯定被弟弟吃了"，"肯定"放在哪儿？对了，"肯定"是副词，要放在"被"的前面。

五、课文教学环节

1. 课文讲练的作用

课文是教材编写最重要的部分，它包含了必要的生词和规范呈现的语法句式，以及情景化的对话体或叙述体的篇章结构。课文反映了社会、文化生活的各个方面，是了解中国人、中国社会的一面镜子。课文教学环节集中了语言知识、语言表达、文化思想等多种要素，充分利用课文的特性进行汉语教学，能起到提升技能训练水平的作用。

2.课文教学的目的

课文教学的目的有：巩固词汇、语法教学的效果，拓展语言表达形式，提供真实、得体的语言表达环境，以及成段表达的结构和框架。

3.课文教学的方式

初级阶段的课文教学主要采用操练的方式，基本遵循"听→读→说"的顺序。"听"是为了了解课文、理解课文，"读"是为了熟悉课文、纠正发音、流利朗读；"说"是为了检查记忆、重复重要语句、进行交际表达。由于生词、语法等疑难问题基本在课文教学之前都已经解决了，这时的课文教学更多侧重内容的理解和产出。

中高级阶段的课文教学主要采用讲练的方式，基本遵循"听→读→讲→说"的顺序。由于中高级课文中隐含了大量的词语、语法、文化等疑难问题，有的语言点在初级阶段已经接触，但是在中高级阶段有更复杂的用法，往往需要在熟悉课文的过程中加以讲练，以扫除理解和运用障碍。

课文操练的内容层次如下：

（1）练单句

1）包含重大语言信息的句子；

2）包含重要生词和语法点的句子；

3）包含疑难句式或关联词语的句子；

4）包含特殊语义、语用功能的句子。

练习单句的目的在于进一步理解语言知识及用法，准确理解说话人的感情、意图，理解课文中人物的褒贬态度，重复课文语句，正确回答教师问题等。在练习过程中重点训练学生的听辨能力、记忆能力、模仿能力和分析判断等能力。

（2）练小段对话

在小段对话中常包含有说话双方的问答技巧和交际策略。如怎么提问、怎么引起话题、怎么结束、怎么根据功能意念选择句式等。在这个训练过程中，教师要重点训练学生的交际策略能力。

（3）练成段表达

成段表达是在熟读课文之后进行的高度集中的听说训练，它是学生在理解记忆基础之上对课文内容的完整概括和综合表达，不仅包含对字、词、句的准确得体运用，还包括语言的重新组织。在此过程中，教师训练的是学生的概括总结能力、描写叙述能力和语篇组织能力。

4.课文讲练的步骤与方法

课文讲练的方法是多种多样的，各种方法之间也没有什么高下优劣之分，关键在于根据语言材料的特点选择最恰当、最有效的训练方法。一般从熟读课文入手，扫清理解障碍，然后进行表达练习。

（1）熟读课文

1）从认读入手，培养学生对汉字的认知能力和理解能力。对于欧美学生来说，这种方法很有必要。

给学生几分钟时间，让他们先自行朗读，然后请学生分别朗读。由于每个学生的认知水平不同，给学生一点儿时间，让他们根据个人需要浏览、通读，并发现自己的问题。

请学生朗读课文，其他学生可一边听一边看。这种方法有助于检查学生的发音、语调、停顿等，接力式的朗读可节约时间。

2）从听入手，让学生听课文录音或听教师朗读，直接在声音和意义之间建立联系，这种方法对日韩学生或听说能力弱的同学很有效。对欧美学生来说，可以发挥他们听说好的优势，加速理解；对于那些不学汉字的学生也可省掉认读的麻烦。

3）听认结合，学生一边听录音或听教师朗读，一边认读课文，这样做的好处是能帮助学生在认读的同时，树立正确的读音习惯。

在朗读之后，教师可以采取跟读的方式来进一步加深学生对课文的记忆。跟读的过程中尽量不看书，锻炼学生用耳听、用脑记、用心想、用嘴说，各感觉器官协调行动。跟读的句子应逐渐加长，加强难度，语速也要不断加快。

（2）回答问题

朗读之后，教师可以根据课文内容进行提问。提问应由易到难，由浅至深，由简到繁，由具体到抽象。先提细节性问题，再提概念性问题；先提单个问题，再提完整性问题；先提三言两语就能回答的问题，再提需组织多个句子甚至复句才能回答的问题；可先按课文内容顺序提问，再打乱顺序提问；也可以先教师提问，再学生互问。提问的作用很多，主要是检查学生的理解，帮助学生整理思路，为成段表达做准备。

比如教师要求学生看《成功之路：顺利篇2》[①]第十六课课文（二）《手里拿着红色的手机》的插图，然后回答问题。这些问题可从静态图片中获得：

1）他们是谁？

2）他们在哪儿？

3）大卫去机场做什么？

然后教师提出疑问，要求学生预先猜测，然后听录音，进行回答。这些问题在课文听的过程中比较容易找到答案：

1）大卫接到瑞贝卡了吗？

2）瑞贝卡的行李重不重？

3）你猜瑞贝卡的箱子超重了吗？

最后，教师带着学生朗读课文，学生边看边思考，在此过程中理解课文意义，概括回答出以下问题：

1）大卫帮她推车，瑞贝卡为什么不好意思？

2）瑞贝卡的箱子里装着什么东西？

（3）扫清语言障碍

可以用以下方式消除可能造成理解和表达障碍的语言问题：

1）串讲式：在串讲课文大意的过程中将疑难问题解决掉，适时讲解；

2）提拎式：教师直接将疑难问题提拎出来，加以解决；

3）解答式：让学生提出问题，由教师或学生解答。

扫清语言障碍，最好用启发和引导的方式。由于疑难问题与课文内容

---

① 张莉.成功之路：顺利篇2[M].北京：北京语言大学出版社，2008.

有密切关系，与先前的旧知识可能也有内在的联系，上下文的语境会有一定的线索，因此可鼓励学生积极思考，寻找答案。

在讲解课文时，教师可以用到的方法有：

1）解释语法点

直接就复杂句子或词语进行解答。

2）猜想词义

引导学生根据构词法或语境猜测词语。如：

> 结婚以后，这小两口就没要孩子，一直过着简单、快乐的丁克生活。

根据"结婚以后"共同生活的两个人，可以猜测这里的"小两口"指的就是小夫妻两人。而"丁克生活"从前句的"没要孩子"，可以猜测出是指"没有孩子、只有夫妻二人的生活"。

3）就疑难词语提问

在较复杂的语篇中，存在复现、指称、省略、替代等多种连接方式，很多时候，对意义的理解需要联系上下文，借助一定的分析来进行。如下面这个例子，教师引导学生分析出时间词"当年"所指代的具体时间[①]：

> 师：跟在江南差不多。谁看到了这个景象？
>
> 生：张骞。
>
> 师：张骞。他是什么时候来到这里的？找时间词。
>
> ……
>
> 师：课文说什么？看第七段第三行，前面有个时间词。
>
> 生：当年。
>
> 师："当年"是什么时候？
>
> 生：公元前206年。

---

① 选自2008年于昆老师《罗布泊——消失的仙湖》的观摩录像。

师：好，在哪儿找到的？

生：……。（答案不集中）

师：对。看下页，我们需要借助注释。

4）跳读查找线索

语篇的组织线索可能是按照事件发生、发展的时间顺序，也可能是空间位置的变化或人物线索等。教师可以指导学生进行分析，理清文章的叙述方式。

5）阅读后填空

根据课文的内容，提炼关键词语填空。用这样的方法，能言简意赅地概括文章内容。如一段关于罗布泊的文章，可以这样设计：

罗布泊消失的时间、原因及影响

a. 1925年—1927年：＿＿＿＿＿＿＿＿＿＿＿＿

b. 1950年：＿＿＿＿＿＿＿＿＿＿＿＿＿＿＿

c. 近30年：＿＿＿＿＿＿＿＿＿＿＿＿＿＿

6）阐释文化寓意

就课文中的语句或通篇所蕴含的文化意义进行阐释。

7）概括课文大意

对课文主题思想的提炼。

8）分析篇章结构

分析课文的层次和内部逻辑关系，比如如何提出论点，如何用证据来阐释论点，段与段之间如何衔接过渡等，把握课文整体结构。如《捷径——中级汉语速成课本》第十课《丝绸古城——苏州》对课文第三段的梳理①：

---

① 游锋华老师《丝绸古城——苏州》的教案，选自《对外汉语综合课优秀教案集》。《对外汉语综合课优秀教案集》由崔希亮主编，2010年在北京语言大学出版社出版。

```
                                              春秋  吴  都城
        地理位置：                        地处
        自然条件：                        气候  土地  适合
        历史发展：        ……已有……历史。
                          在宋代……成为……中心。
                          到明清时代，……闻名……，宫廷……的……
                          丝织品……出自……之手
        总结：            ……来，……长盛不衰。
```

根据问题的难度，教师可以在学生获得答案后再做一些辅助练习，如提供若干例句，让学生做替换词语、选词填空、变换句式、完成句子、问答等练习。

（4）小段对话练习

对话过程就是问答双方的交际过程，小段对话意义完整，篇幅短小，一般1—3个话轮，方便师生之间和生生之间进行快速操练。方法为：

1）呈现小对话，如：

> 丁兰：你在看什么呢？
>
> 贝拉：我在看通知呢。
>
> 丁兰：你想参加哪个班哪？
>
> 贝拉：我想听听文化讲座。

2）领读、学生分组说

3）教师示范，做模仿练习。可以替换的内容有"在……呢""你想……""我想……"。比如可以这样替换：

> 丁兰：你在看什么呢？
>
> 贝拉：我在看电影海报呢。
>
> 丁兰：你想看哪个电影哪？
>
> 贝拉：我想看看《白蛇传》。

4）两人一组，分组练习。教师可以提供一些材料，学生也可以自编材料自由完成。

（5）成段表达

成段表达的第一个任务是就课文内容进行完整叙述。进行成段表达最恰当的时机是在就课文内容提问之后，这时教师的提问实际上已经给学生提供了一个明确的成段表达的框架，学生只需将回答内容有机地串联起来就行了。如果学生程度好，就可以让学生自行表达；如果学生程度差，就可用以下步骤进行：

1）教师一边提问，一边说出正确内容；

2）教师完整地重复一遍；

3）板书重点词语，省略部分打省略号；

4）带领学生一边看黑板一边说；

5）请学生分别叙述，共同完成。

比如：回答问题：

1. 这个故事发生在什么时候？发生在什么地方？

2. 故事中有哪些人？

3. 有一天，老人丢了什么东西？

4. 邻居们做什么了？老人是怎么说的？

学生把这些问题的答案连起来，就能组成这样一个段落：

古时候，草原上住着一个老人和他的儿子。有一天，老人的一匹马丢了。邻居们都来安慰他，老人说："丢了就丢了吧，马丢了不一定是坏事。"

复述时的提示词可以是这样的：

古时候，草原上住着……。有一天，老人的……。邻居们都来……，老人说："……就……吧，……不一定是……。"

第二个任务是就成段表达的框架进行模仿和替换练习，人物、事件、过程和结果均可略做修改。有些记叙文和议论文实际上存在一定的"八股"格式，学习一个个课文可以建立一个个表达思想的叙述模式，对初级水平的学生或能力弱的学生比较有益。如《速成汉语初级教程》①第28课课文1，整个文章线索是：艾米向王欢老师请教——请教的内容——原因——王老师讲了一个真实的故事。

听完这个故事，艾米拿定了主意。按照这个模式来叙述，可以改换成多种不同的内容，如请教"去哪儿买东西好""去哪儿旅行好"等。

5. 课文教学环节举例

教学内容：《成功之路：顺利篇2》②第十六课（二）《手里拿着红色的手机》。课文内容如下：

> 大　卫：喂，请问是瑞贝卡吗？
>
> 瑞贝卡：是，您是哪位？
>
> 大　卫：我是安妮的同学大卫，安妮让我来接你。你出来了吗？
>
> 瑞贝卡：出来了，我推着行李车，正往出口走呢。
>
> 大　卫：你穿着什么颜色的衣服？
>
> 瑞贝卡：我穿着白色T恤和蓝色牛仔裤。
>
> 大　卫：我看见了，上身穿着白色T恤，头上戴着白色的帽子，书里拿着红色的手机，是不是？
>
> 瑞贝卡：我也看见你了，手里举着一张纸，纸上写着我的名字。
>
> 大　卫：你好！我来帮你推行李车吧。
>
> 瑞贝卡：谢谢你，大卫！
>
> 大　卫：不客气。哇，你的行李真重啊！
>
> 瑞贝卡：不好意思，两个箱子里都装着我在西安买的工艺品，差点儿就超重了。

---

① 北京语言大学汉语速成学院.速成汉语初级教程[M].北京：北京语言大学出版社，2007.

② 张莉.成功之路：顺利篇2[M].北京：北京语言大学出版社，2008.

课文教学的步骤可以这样安排：

（1）听第一遍课文录音，要求学生带着问题，寻找以下问题的答案。

　　　大卫认识瑞贝卡吗？

　　　大卫接到瑞贝卡了吗？

　　　瑞贝卡带了几个箱子？

（2）针对课文内容，请学生回答以上问题。

（3）听第二遍，要求学生边听边记，记的时候可以用汉字、拼音、图画、符号等。

　　　瑞贝卡：

　　　上身穿着_____

　　　下身穿着_____

　　　头上戴着_____

　　　手里拿着_____

　　　大卫：

　　　手里举着_____

　　　纸上写着_____

（4）教师检查学生的记录，然后要求学生完整说出这些句子。

（5）学生回答问题（按照内在的逻辑顺序）

　　　大卫是谁？安娜让大卫做什么？

　　　瑞贝卡现在在哪儿？

　　　瑞贝卡穿着什么颜色的衣服？

　　　头上戴着什么？手里拿着什么？

　　　大卫怎么让瑞贝卡看见自己？

　　　瑞贝卡的行李重不重？超重了吗？

　　　箱子里装着什么？

（6）朗读课文：教师领读，学生分角色朗读。

（7）跟说课文：学生不看书跟老师说课文。教师注意断句，一般跟说两遍，第一遍跟说的句子长度可以短一些，第二遍可以连说几个句子。

（8）复述课文内容：先学生一个一个复述，然后两人一组复述，最后全班集体复述。复述时提供提示词。

第一种，课文对话体的复述：

A：喂，请问是……吗？

B：是，您是……？

A：我是……，××让我来……。你出来了吗？

B：……。

A：你穿着……衣服？

B：……。

A：我看见了，……，是不是？

B：我也看见你了，……。

A：你好！我来……吧。

B：谢谢你！

A：哇，你的……真……啊！

B：不好意思，两个箱子里……，差点儿……。

第二种，课文叙述体的复述：

瑞贝卡是安娜的朋友，她坐飞机来看安娜。不过安娜今天有事，她让她的朋友大卫来接瑞贝卡。

瑞贝卡推着行李车出来了。她今天身上穿着白色的T恤和蓝色的牛仔裤，头上戴着白色的帽子，书里拿着红色的手机。因为大卫不认识瑞贝卡，所以大卫手里举着一张纸，纸上写着瑞贝卡的名字，所以瑞贝卡一出来就看见大卫了。瑞贝卡的两个箱子里都装着她在西安买的工艺品，箱子很重，差点儿就超重了。接到瑞贝卡，他们就一起回学校了。

（9）用本课内容框架进行模仿练习

用课文"打电话""辨识两个不认识的人"这两个信息点，我们可以设计进一步的操练。教师让学生两人一组，进行表演。

1）接人：要求明确人物的穿着和手持的物品。

2）网友约定见面：打电话，商议见面的地点和辨识的方式。

3）找人：来朋友工作的地方找他，向门卫描述朋友的外貌特征。

六、交际任务活动环节

交际任务活动是实现语言教学目标最重要的一环。在前面的几个环节里，经过逐层扎实的训练，为完成交际任务奠定了坚实的基础。这一环节是教学过程的高潮环节，也可看成课堂教学的"压轴戏"。

1. 交际任务活动的要求

这个环节有几个要求：

（1）为语言训练提供真实的交际场景。

（2）为语言训练提供丰富的辅助材料。

（3）激发和促进学生积极参与，让学生有话可说、有能力表达。

（4）提出完成任务的语言要求，要求使用本课重点教授的字、词、句，并能灵活运用。

（5）谈论和表述的话题要紧密结合所学的课文，主题集中。

（6）要有展示汇报。

（7）对话类的表达要注意跨文化交际的特点和交际策略的使用。叙述类的表达应以成段表达为目标。表述的内容有内在的逻辑性，衔接得当，语义连贯。

（8）课堂交际任务可为学生课外实践提供范例和样板。延伸性的交际任务可以课外作业的形式布置给学生，让学生进行进一步的拓展练习。

交际任务有很多种，这里我们以"角色扮演"来说明交际任务活动的过程。

2."角色扮演"交际任务活动的步骤

（1）角色扮演的特点

分角色表演是在"角色环境下谈论"的方式，是对话类的口语表达。学生根据所扮演的不同角色的职业、地位、个性、态度和情绪，根据想象中的语言环境，在语言上做出相应的表现。小组成员根据给定的主题，自编脚本，分配角色，排练并表演。

（2）活动名称：求职与面试

活动目的：通过扮演不同人物角色，让学生明白不同职业或身份的人所说的话，掌握提问方式和技巧。

活动重点：提问技巧、策略回答。

学生程度：中级或高级

所需时间：15—20分钟

课前准备：公司招聘的岗位要求及公司情况简介，每位学生准备自己的简历。

活动步骤：

1）3—4人一组：两名同学做面试官，其余学生为应聘者；

2）发放材料；

3）开始面试。

面试官需要一人做记录。全部人员面试结束。面试官宣布录用结果。

（3）教师行为

解释招聘任务的一般要求。如招聘的一方需了解岗位要求，并按照岗位要求尽量挖掘每个人的长处，选择出匹配度最高的那个人。应聘的一方要能从多个角度阐释自己的优势，尽量表现和打动对方。提出语言表达的质量要求，如准确、流利和得体。对话和叙述都要有条理，最后要有录用结果。

学生抽签分组或自由组合，并开始练习。教师开始巡视，依次旁听小组的对话，视需要给予帮助。如提供一个更好的说法、在学生卡壳时帮助进行思路的转换、记录明显的问题等。根据多数学生的需要，提示或板书新的语言形式。如"年终奖""打卡"等生词，可以板书在黑板上。

小组汇报时，教师可以抽取1—2个小组进行角色扮演，再抽取1—2组做录用结果说明。前者是对话的形式，后者是成段叙述的形式。教师指出表达中的突出问题。如句子偏误"*我毕业北京大学"、表达得体性问题"你长得难看"等。如果时间允许，教师可以指导学生重做一遍。这样能修正表达问题，提高准确性和流利度。

第四节　汉语综合技能教学的方法示例

教学是一门艺术。"所谓课堂教学过程，实际上是教师依照外语教学的规律，为实现特定的教学目的而选择，并按一定序列排列起来的技巧的组合"（杨寄洲、崔永华，1991）。这说明，好的教学方法和技巧，就是艺术地完成教学的过程。不过艺术性也要靠科学性来保驾护航，照本宣科或者教学方法不得体，就很难让人有艺术的感觉。

因此，在设计教学方法时，要注意以下几点：

（1）深刻把握教学内容：对所要教授的东西烂熟于心，这样才能做出最佳设计和选择；

（2）全面了解教学对象：只有明白学生的特点和学习难点，才能有的放矢、因材施教；

（3）精心设计教学过程：要统筹安排整个教学过程，才能保证详略得当、重点突出；

（4）应用好教学方法：要针对教授的内容选择合适的教学方法，这样才能事半功倍，提高教学效果。

在前文中，我们对综合课的教学过程进行了较为详细的介绍，下面我们再从导入、提问、操练三个方面重点介绍一些常用的教学方法和技巧。

一、导入技巧

导入指学习新知识、处理新材料之前教师所采用的促进理解的语言或行为。目的在于：

（1）创造易于学生接受和理解的环境，消除接触新知识、新材料而带来的陌生感，加快理解的速度；

（2）制造宽松、融洽的课堂气氛，消除学生的紧张感；

（3）采用多样的输入手段，激活学生已有的知识储备；

（4）增强教学的有效性和趣味性，吸引学生的注意。

导入主要包括：（1）课程导入；（2）语言知识点导入；（3）课文导入；（4）交际任务导入。导入设置在每一个教学环节的开始部分，是进入新环节的"引子"。

1. 导入的要求

课堂上可以采用语言描述、动作、实物、图像、视频等方式来导入。导入应注意以下几点：

（1）针对性

导入应有明确的目的。比如课文的导入主要是在内容上，吸引学生预测故事的发展。语法导入则是给出具体语境，展示新语法使用的环境。

（2）启发性

导入应能启发学生的思维，能调动学生的认知因素和情感因素，激发学生分析、综合、归纳、推演等认知能力。比如课文导入常先提出问题，要求学生带着问题去听或读，并从文中去寻找例证。语法导入则是引出新的语言形式，吸引学生的"注意"。"注意"是学习新的语言现象的前提，能吸引学生的注意力，并初步展开语言形式的分析。

（3）简洁性

导入要精心设计，力争用最少的话语、最直接的形式、最少的时间，迅速缩短学生与内容的距离。导入是铺垫，是引子，所以不能喧宾夺主。在设计导入时，一句话能说清楚的，不要用三句话；能用画面表现的，不要使用成段的语言描述。简洁性跟时效性有很大关联，简洁性的目的是用最小的投入得到最大的产出。

（4）趣味性

教学方法要讲究趣味，吸引人，导入更是如此。如果一上来教师不能抓住学生，拖泥带水、含混不清、没有趣味，学生很难对下面的内容感兴趣，也很难有饱满的热情投入学习。

另外，导入还要巧用、善用身边的人和事，利用真实的环境和语料，让学生身临其境，感受到新知识的出现。

2. 导入的方法与技巧

（1）语言导入

通过语言解说，设置情景，沟通新知与旧知，解释文化背景。

1）内容衔接

前后课内容、话题、事件发展上相通或衔接。如这个前后相连的两个课文，导入得很快。如：

> 上一节课我们学到方老师身体不太好，没来上课，同学们想去看望他。今天这节课要介绍同学们去方老师家的情况。

2）设置问题

提出问题，引起关注和思考。如这节课是去中国朋友家里做客的课文，可以提出一系列的问题，还可以问一下学生，在他们的国家一般有什么做客的礼仪。如：

> 每个国家都有招待客人的礼节。那么去中国朋友的家里做客，主人会怎样招待客人？客人要注意什么？需要不需要带礼物？主人收到礼物会怎样表示感谢？在你的国家呢？

3）介绍文化背景

解释跟新知识有关的文化背景，如社会习俗、人文地理、时代特征、历史人物、政治经济制度等。如：

> 老舍是中国著名的戏剧家，代表作有《茶馆》《龙须沟》等。他的作品主要通过现实中小人物的命运，反映历史的巨变、时代的变迁。我们今天要学习的这段课文，选自《龙须沟》第二场。前面的情节是……

4）讲故事、时事或社会生活热点

举出与课文相关联的实例，通过实例讲解，提出问题，引发思考或讨论。如：

最近我的同事X儿子要小升初，她跑前跑后，到处打听学校的消息。同事G的孩子今年中考，每天作业做到很晚，虽然大人帮不上忙，但是心里比孩子还着急。同事Y的孩子今年高考，在一所重点中学，每天早出晚归，一直到晚上八点多才离开学校。这是中国大城市中普遍存在的现象。学习的目的只是为了上一个好的学校吗？除了学习成绩，还有没有其他的评价一个人的标准？中国的教育制度有什么弊病？在你的国家是否也存在同样的问题？先请大家思考，然后我们来看一下今天的课文——中国的学校教育。

5）设置情景

解说语言发生的环境，多利用师生之间的共享信息。如：

你朋友最喜欢的一张唱片不小心被你弄坏了，你怎么表达你的歉意？有没有更好的表达，既礼貌又能让朋友不生气？我们来看看今天学习的课文是怎么表达歉意的。

（2）动作导入

教师使用富有表现力的动作，展示具体的场景，引出表达这个动作意思的语言表达形式。

1）单个动作

用一个明确的动作来表达句子的意思。如教授趋向补语，教师可以利用教室的讲台（上或下）、门（出或进）、教室前后（过来或过去）、椅子、桌子等场地物品，表演动作，让学生观察，然后板书例句，开始讲解练习。

2）连续的动作

用一连串的动作来表达句子的意思。如教授"把"字句，教师让学生观察老师进教室后的一系列动作：放下包、脱下大衣、挂在墙上、拿出书本、发作业、板书错题……然后鼓励学生尝试表达，并引出要讲授的语法。

动作导入往往需要语言的辅助，比如"动词+着"的存现句：

> 教师手举一杯咖啡，慢慢地放在桌子上，一边做动作一边提问：
> 师：这是什么？
> 生：一杯咖啡。
> 师：老师现在做什么？动词。
> 生：放。
> 师：现在咖啡在哪儿？
> 生：咖啡在桌子上。
> 师：这是马丁的桌子。五分钟以后马丁回来了。他很吃惊，他说什么？
> 桌子上放着一杯咖啡。
> （教师一边重复，一边板书这个句子。）

这个语法点还可以通过下面的方法导入：

> 师：（拿一件衣服），看，老师在做什么？
> 生：老师正在穿衣服。
> 师：（衣服穿好了）现在呢？衣服穿好了吗？
> 生：穿好了。
> 师：现在衣服一直在老师的身上。如果玛丽想跟大卫介绍一下老师现在的样子，要用助词"着"。我们可以说："老师穿着红色的衣服。"

这样就引出了目标句。之后，教师可以继续用"挂着""拿着"等来引出更多的句子。

（3）实物导入

使用水果、文具、服装、模型等物品来引出要说明的事物，比较直观。物品可以提前预备，也可以利用课堂上唾手可得的物品。如进行

"比"字句教学，可以用两只大小不一的苹果，标上不同的价签，让学生进行区分，学生可能说"左边的苹果大，右边的苹果小""红苹果贵，黄苹果便宜"等，然后教师引出"比"字句。再如下例：

选择疑问句："A＋还是＋B"

　　师：（手里拿着两支笔）
　　　　这支笔是红的，那支笔是蓝的。
　　　　（拿起第三支笔）这支圆珠笔是红的吗？
　　　　是蓝的吗？
　　生：是蓝的。
　　师：（仍用第三支笔）这支笔是红的还是蓝的？
　　生：是蓝的。

教师板书目标句"这支笔是红的还是蓝的"，然后拿起一个学生的笔继续提问：

　　师：这支笔是玛丽的吗？那支笔是大卫的吗？这支笔是玛丽的还是大卫的？

然后继续板书：

　　这支圆珠笔是玛丽的还是大卫的？

（4）图像、视频导入

利用各种图片、图表、简笔画、投影等静态或动态的图像，引出要教授的内容，达到直观、形象、生动的效果。图像和视频具有较强的视觉冲击力，能再现语言描述不清的特征和场景，展现文化背景。比如结果补语"吃完"，常常使用两张图片，一张是满桌子的佳肴，一张是杯盘狼藉，就把"吃完"的语义很清晰地表达出来了。再如下例：

主谓谓语句（主题评论句）

PPT展示一张图片

图2-1

　　师：哥哥高不高？

　　生：哥哥很高。

　　师：是啊。哥哥的个子比妹妹高。我们可以说"哥哥个子很高"。一起说：

　　生：哥哥个子很高。

然后板书：哥哥个子很高。

　　导入环节主要在于引出要讲授的新知识，所以只要达到目的即可，不要占用太多时间。导入语法时，尽量引导学生去合理想象、大胆猜测。引导的路径要清楚，否则会出现多种答案。还有，在引导的过程中，当目标句还没有出现时，教师不能提前使用新的语法句式去提问，这样等于新语法点还未出现，教师就已经开始使用了。试看下面的导入有什么问题？

　　师：西瓜大吗？

　　生：西瓜很大。

　　师：苹果大吗？

　　生：苹果也很大。

　　师：西瓜比苹果大吗？

　　生……

二、提问技巧

听与说、问与答是人类最基本的交际方式，也是课堂上技能训练的有效途径。通过师生间和学生间的互问互答、多向交流，可以实现课堂的交际互动。互动指的是教师与学生为实现既定的教学目标，在共同构建知识与发展能力的过程中所进行的双向交流活动。在当代外语教学的课堂，师生、生生之间的互动行为进行得越充分，学生参与交流的频率越高，越能体现课堂教学的效果。"互动"不仅是训练的手段、检验教学效果的重要标志，还体现了一种新型的师生关系，具有发挥教师的创造性与学生的主动性，以及交流师生之间思想感情的作用。

互动往往在师生之间和生生之间产生，而"提问"则是展开互动的一种典型方式。提问包括两方面：教师提问、学生提问。课堂教学的方法研究，更多地关注教师提问，而将学生提问放到口语交际训练中去讨论。

有效的课堂提问能够激发学生的学习动机，强化学生的注意力和关注度，调动学生积极参与；也可以充分发挥学生的认知能力，激发学生思维，促进推理与想象；还能增进师生之间、学生与学生之间的思想和感情交流。

1.提问的特点

提问是课堂教学最常见的一种教学方式，适用于语言学习的任何方面，并贯穿在整个教学过程。提问不是简单地询问"懂了吗？""有问题吗？"，而是紧密结合训练材料、体现教师训练意图。提问可看成是"搭梯子"，教师在教学中的作用就是为学生"搭梯子"，引导学生沿着教师设定的路径，一步步到达理解和运用的高峰。

理想的提问应具备以下特点：

（1）表现出教师对教材的深入研究。

吃透教材是教师的一项基本功。教师在备课的时候就设计好提问的范围和内容，考虑好提问的方式和时机，甚至提问的对象。提问要有计划性、系统性，避免随意的、与训练目的无关的提问。精心设计的提问能有效杜绝课堂上的拖沓和零乱现象，保证课堂教学的效率。

（2）与学生的语言和知识水平相适应。

提问应切合学生的语言和知识水平，在选词用句上尽量照顾到学生的理解需求，保证学生明白、听懂；在内容上避免幼稚和简单，适应成人的思维；在难度上应该形成层次和梯度，照顾到同一班级里学生之间的差异。

（3）能诱发学习欲望。

提问的设计应能紧密结合所教授和训练的内容，吸引和带动学生积极思维、踊跃参与。提问的内容应能利于新知识的展示，带动下一环节或任务的实施。提问还可体现趣味性，用妙趣横生的语言来引出问题。

（4）有助于实现教学过程中的某个具体目标。

提问应有利于教学任务的实施与完成。如在学习生词"方便"时，教师可以提问"住在学校里，生活方便吗？""在北京生活方便不方便？哪方面不方便？"等，这样就把词语的记忆和应用结合了起来，用提问的方式完成了生词理解与运用的任务。

（5）富有启发性，并能使学生自省。

提问应能启迪心智，发人深省。语言训练中的提问应能将语言知识和语言规则的发现蕴含其中，启发和引导学生积极探索，自我发现，并能留下思考的空间，鼓励学生课外继续寻找答案。如在讲解句式的用法时，教师给出很多例句，层层深入，这样探究式的追问就起到了激发学生思考的作用。

理想的课堂提问还应适量、适度，掌握节奏。单句的问答可频率密集、节奏较快；综合性、概述性的问答，教师应放慢语速，而且要有一定的等待时间，保证学生进行思考。

2. 提问的方式

提问最重要的是有效性，提问的范围、方式、数量和频度是检查和衡量提问有效性的重要因素。提问的范围可限定为单词、单句和段落。一般涉及单词、单句的提问语句简短、意义直接。涉及段落的提问语句长、概述性强。

提问的方式有直接式、引入式、解释式等。如讲练"名胜古迹"，可以直接询问学生："什么是名胜古迹？"；也可以先铺垫："北京有名的地方故宫、长城等，有很悠久的历史，来北京的人都要去那儿玩玩儿、看看。那么，故宫、长城这样的地方可以叫什么？"；解释性的提问可以这样："'名'的意思是什么？'古'的意思是什么？那'名胜古迹'指什么样的地方？"。

提问的数量可以根据某个语言训练项目的大小、难易程度来决定。针对难度大的语法项目，提问操练的频率高。文章的篇幅大，提的问题就多；提问时问题的跨度不要太大，也不必对课文的每一句都提问，细节性问题和概述性问题应保持一个合适的比例。

周翠琳（1997）将提问的类型分为展示式和查询式两种。如果教师对所提问题已有答案，提问就只是一种语言训练和测试的手段，即为展示式提问；如果教师对提问没有统一的答案，提问的目的是从学生那儿得到答案，即为查询式提问。展示式提问多应用于简单机械性操练，涉及低水平的认知活动，如句式替换练习、简单的判断、关于课文内容的理解等非交际性活动，旨在让学生记忆和熟悉语言形式；查询式提问则带有强烈的真实交际性，提问的一方并不知晓问题的答案，双方存在信息差，这时的提问是以交际为目的的交流活动，学生需要自行选择和组织答句。在语言训练中，展示式提问只是进入真实交际的准备条件，并不是语言训练的真正目的；查询式提问即交际问答才是训练的核心。

提问的类型还可以设计为以下几种：

（1）直接式提问

开门见山，直接发问，可用于各种语言环境。如：

日期的表达法：

师：今天几月几号？（出示日历，手指某一日期）

生：今天四月五号。

师：今天星期几？

生：今天星期三。

学习课文后①，可以这样师生问答：

　　师：学习结束以后英男打算做什么？
　　生：他打算去旅行。
　　师：英男打算去哪儿旅行？
　　生：他打算去西安旅行。
　　师：为什么去那儿旅行？
　　生：那儿的名胜古迹多，去那儿的车多，很方便。

（2）查询式提问

如：

　　师：昨天晚上你做什么了？
　　生：我跟朋友去五道口买东西了。
　　师：买了什么？
　　生：买了一双鞋。
　　师：漂亮吗？哪天穿来我们看看。
　　生：您看，这就是。
　　师：哟，真漂亮。我喜欢它的颜色。

　　交际性的提问一般要进行两三个话轮，教师应注意学生的回答，并引导谈话继续下去，还要给予及时的反馈或评价。
　　（3）引入式提问
　　为后面要引出的语言形式或内容，进行语言铺垫，然后用提问的方式来进行教学。如前面"导入的方法"中的"语言导入"。
　　（4）解释式提问
　　通过语言形式分析、图解等，用解释性的语言来进行提问。如为了让学生理解课文中出现的"便宜没好货，好货不便宜"这个句子，教师讲述了一个买便宜货上当的故事，并讨论这个故事中所蕴含的道理，从而达到解释的目的。

---

① 马箭飞.汉语口语速成：入门篇（下）（第二版）[M].北京：北京语言大学出版社，2007.

（5）总括式提问

先提出一个总问题，然后再把一个大问题细化为几个小问题。如上例询问英男为什么去西安旅行？答案分设在好几个话轮中，教师可以这样提问：为什么去那儿旅行？那儿的名胜古迹多吗？那儿比北京热吗?去那儿的车多吗？方便吗？第一问是总问，后面的问题都是围绕着总问题来展开的，这样能帮助学生全面、完整地回答问题，避免遗漏。

（6）归纳式提问

每个问句之间是环环相扣、层层递进的关系。回答了前一个问题，有助于回答后一个问题，并将前后问题串联起来，这样就形成一个完整的叙述段落。在复述课文时最适宜使用这个方法。

三、课堂教学操练方法

语言教学离不开反复且持久的练习。课堂教学的操练不可或缺。

1.课堂操练方法的分类

应云天（1997）对课堂操练提出了三类练习形式：（1）理解性练习，代表题型有辨析、选词填空、翻译等。（2）复现性练习，代表题型有背诵、替换练习等。（3）运用性练习，代表题型有写句子、回答问题等，较偏重于语言形式的操练。杨寄洲（1996）则将其分为：（1）语言知识的理解、记忆练习。（2）语言技能的练习。例如"复述""回答问题"。（3）语用练习。例如"在规定情景下完成某种交际任务""用规定的词语或句子表达某种交际功能""说出某个句型或词语的使用语境"。这种分法是从知识、技能、应用三个层面来划分的，不过这种分法不是很精确，比如语言要素的教学也可以是技能化的。翟艳（2010）从任务型教学的角度，对九位优秀教师的教学录像进行了统计分析，其中运用的交际性任务活动共有四类：（1）模拟情景类，如角色扮演、小组调查、给视频配音、看视频解说等。（2）信息交换类，如排序与分类，找不同、看图说话、个人经历等。（3）问题讨论类，如话题讨论、选择决定、讨论辩论等。（4）游戏类。这些任务活动都是着眼于交际互动的学习型任务和真实任务。

下面我们采用机械性操练、半机械性操练和交际性操练方法的分法，介绍一下综合课的课堂操练方法。

2. 三类课堂操练方法的特点

（1）机械性操练

机械性操练可以理解为有控制的操练或模仿类的操练。在学生初次接触新的语言形式或语言材料时，提供较为周全的辅助，减少学生不会用或用错的概率。教师可以用来操练语言要素，也可以用来操练课文等。操练的方法包括能听懂语音、认读汉字、抄写句子、替换练习等。如：

例1. 辨识汉字。教师板书笔顺，让学生注意哪里出头儿，哪里分开。在学生理解之后，做填空练习。如：

几　儿　九

1）你买_____本书？

2）这个男孩是他的_____子。

3）教室里有_____个学生。

例2. 朗读后填空。请学生朗读或默读，或听教师朗读，然后做填空练习。

小林是法国人，是我在中国认识的第一个朋友。我不知道他的法文名字叫什么，只知道他今年二十二岁，他喜欢听音乐，也爱看法文小说。小林每天晚上都要喝一点儿酒。中国酒，外国酒，他都喜欢喝。他的朋友们都知道他爱喝酒。

读后填空：

1）我朋友林欢是_____人。

2）小林今年_____岁。

例3. 判断正误。仍以上例的文本为例，请学生朗读或默读，或听教师朗读，然后做判断正误的练习。

1）我认识的第一个中国朋友叫小林。

2）小林很爱喝酒。

3）小林的朋友常常跟他一起喝酒。

例4. 抄写练习。教师带领学生认读下列词语，在明白含义的基础上抄写一遍。

生日　节日　春节　中秋节

_____

例5. 每组读一个音节，让学生画出听到的声母，然后朗读。目的是辨别发音近似的声母、韵母。

1）ba　　　　　pa

2）bao　　　　　pao

3）bai　　　　　pai

例6. 学生看着音节，听老师读。如果认为看到的和听到的一致，就画"√"，不一致的话就画"×"。

1）听：lǎo　　　看：lǎo　　　（√）

2）听：xù　　　看：qù　　　（×）

3）听：líkāi　　看：líkāi　　（√）

4）听：hùshi　　看：hǔshì　　（×）

例7. 老师朗读，学生听后填出声母或韵母。

听：qù　　　jù　　　zài　　　cài

写：__ù　　　__ù　　　__ài　　　__ài

例8. 模仿跟读。语调具有很强的区别语义和语气的作用，老师先讲解，然后朗读，学生模仿。

1）你跟我一起去嘛！（降调，表示请求）

2）你跟我一起去吗？（升调，表示询问）

3）下这么大雨，我怎么去？（降调，表示否定）

4）下这么大雨，我怎么去？（升调，表示疑问）

例9.理解语段的意思。听老师朗读，学生做判断正误的练习。

桌子上这本画册是图书馆的，你那本我已经放回书架里了，你看看有没有。问：应该在哪儿找他的画册？

A. 桌子上（×）　　B. 书架里（√）　　　C. 图书馆（×）

例10.理解语段的意思。听老师朗读，然后回答老师的问题。

这件米黄色的衬衣真好看。

问：他喜欢什么颜色的衬衣？

例11. 用所给的词看图写话。根据所给的图片，学生用指定的词语写或说一个句子。

1）

图2-2

聊天儿

_____

2）

图2-3

看书

_____

例12. 搭配。学习词语，需要教会学生进行搭配和扩展。给下列动词搭配合适的宾语，老师可以说该词语，让学生说出搭配，也可以让学生边看边写。

进行_____ _____　　继续_____ _____

打算_____ _____　　敢于_____ _____

加以_____ _____　　认为_____ _____

例13. 选词填空。六选五的练习，有一个词语是用不上的。这样的练习，学生不仅要充分理解词语的意义，还要了解词的用法，在具体的语境中去挑选意义、用法都合适的词语。

　　A 安排　　B 安慰　　C 布置　　D 擦　　E 猜　　F 参观

　　1）张小姐，我们上午9点半有个活动，请你给_____一个会议室。

　　2）这家餐厅_____得非常漂亮，价钱一定不便宜。

　　3）小明，来_____一下饭桌，该吃饭了。

　　4）上午9点到下午4点半可以_____博物馆。

　　5）老师的年龄你们一定_____不到。

例14. 听词语判断正误。听到发音，快速反应词义。如果听到的发音和意义能匹配就画"√"，不匹配的话就画"×。"

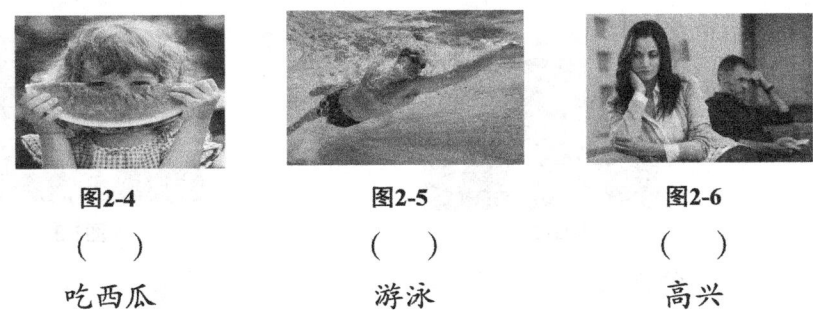

图2-4	图2-5	图2-6
（　）	（　）	（　）
吃西瓜	游泳	高兴

例15. 把括号里的词语放到句中合适的位置。括号中的语言可以是词，也可以是短语。一般语法词较多。要完成这个练习，需要学生有较好的语法规则知识。

　　1）他每天早晚A要各B洗C澡D。（一次）

　　2）他一生A一共B结过C婚D。（三次）

　　3）关于孩子的婚礼，两家父母A互相B交换过C意见D。（几回）

　　4）我和他只是A打过B招呼C，从来没多聊过D。（几次）

例16. 把短语或词连成句子。要求学生有较好的语法规则知识。切分出来的语言片段越大，组合起来越容易，反之则越难。

　　1）正在电话里　妈妈　跟朋友聊天儿。
　　2）下星期　我　还要　一天　加　班。
　　3）我　他　只　跟　一次　见　过　面，不太熟　。

　　例17. 判断并改错。根据学生经常出现的偏误，选出典型的句子，让学生改错并说明理由。这是强化学生语法知识的一种方法。

　　1）我送一本书你。
　　2）小红一件事告诉你。
　　3）妈妈买你一件礼物。
　　4）弟弟借一百块钱从我。
　　5）马克问问老师一个问题。

　　例18. 根据画线部分提问。让学生一边抄写，一边把句子改成问句，可以很好地熟悉句子形式。

　　1）我去图书馆借书。
　　2）我们来中国学习中医。
　　3）小刚去机场接他女朋友了。
　　4）大家坐地铁去博物馆。
　　5）你用我的手机打电话。

　　例19. 选择正确的答案。一般是跟词语或句式的运用有关。适合做听读后的理解训练。

　　1）爸爸觉得汉语很重要，所以_____。
　　　　A. 让我学习汉语　　　　　　　B. 汉语学习我让
　　　　C. 汉语学习让我　　　　　　　D. 我让学习汉语
　　2）考试的时候，老师提醒_____。
　　　　A. 注意时间我们　　　　　　　B. 我们时间注意
　　　　C. 我们注意时间　　　　　　　D. 时间注意我们

3）父母不会允许_____。

　　A. 孩子没有礼貌　　　　　　　B. 礼貌没有孩子

　　C. 没有孩子礼貌　　　　　　　D. 孩子礼貌没有

4）今天有考试，我_____。

　　A. 早点儿得去教室　　　　　　B. 得早点儿去教室

　　C. 教室得早点儿去　　　　　　D. 得去教室早点儿

例20. 变换句式。老师说肯定形式，学生说否定或疑问形式，可以练习学生的快速反应能力。

　　1）我的唱片被小红拿走了吗？

　　2）老师的画儿被弄坏了吗？

　　3）我的水被大卫喝完了吗？

　　4）玛丽的自行车被安娜骑走了吗？

例21. 听指令，做动作。老师说句子，学生做出正确的反应，同时做出语言回应。

　　1）马克，请把后边的窗户打开。

　　2）安娜，请把你的笔给我用用。

　　3）大卫，这个苹果给你，放你书包里吧。

　　4）玛丽，房间里好热啊！

（2）半机械性操练

半机械性操练既有一定的控制性，也有一定的自由度，通过提供一定的表达框架和丰富的语言材料，帮助学生进行基本的表达。在表达的思想和内容上，学生可以进行一定的创造，在语言形式上也可以变换说法。从交际性的角度，有的具有一定的交际性，比如"看图说话"中的有意义协商、小语段的对话练习都具有真实性。如：

例22. 两人一组，根据提供的材料一问一答，也可以做书写练习。

　　1）A：参观博物馆必须先预约吗？

　　　　B：是的，_____。（官网）

2）A：你们想吃点儿什么？

　　B：给我拿一个菜单。＿＿＿＿＿＿？（推荐）

3）A：不好意思，我把碗打破了。

　　B：你不该一边＿＿＿＿＿＿＿＿。（打电话）

例23.完成句子。教师先给出例句，然后说出前半句，学生根据实际情况说出完整的句子。如：

　　每当……都……

　　每当我过生日的时候，父母都会送我一个生日礼物。你家呢？

　　每当吃到好吃的东西的时候，我都觉得很幸福。你呢？

　　1）每当接到男朋友/女朋友的电话的时候……

　　2）每当我感到无聊的时候……

　　3）每当我想家的时候……

　　4）每当老师提问的时候……

　　5）每当老师让我们写作文的时候……

例24.情景说话。老师给出一个情景，然后学生说出恰当的句子。因为有语境的限制，学生的话语必须真实、贴切。

　　如：麻烦您

　　麻烦您帮我叫一下刘山。

　　1）在电梯里，人非常多，你要出去，怎么说？＿＿＿＿＿＿。

　　2）去餐馆吃饭很长时间菜也没来，你想催一下。＿＿＿＿＿＿。

　　3）现在天气太冷，你怕迟到，想让同屋早点儿叫你。＿＿＿＿？

　　4）你生病了，让同学帮你向老师请假。＿＿＿＿＿＿。

例25.两人一组，根据实际情况交际。

　　1）昨天晚上你睡得好吗？

　　2）你几点睡的？

　　3）今天早上起得早吗？

4）吃早饭了没有?

例26. 两人一组，根据给出的提示（文字、图片）等，完成小对话。如：

询问朋友一个人散步的原因

A：你怎么一个人在这儿……? （散步/喝咖啡）

B：我有点儿……（不舒服/累）。

A：你怎么了?

B：……，昨天晚上没睡好觉。（最近很忙/房间里很冷/昨天喝了很多咖啡）

例27. 复述课文。学习完课文，根据课文内容，学生按照提示，重新组织语言介绍课文的意思。复述活动能把听说或读说技能结合起来，趋近日常的汉语交际活动。练习时可以变换说话人的人称。如《成功之路：进步篇》第16课《喇叭盗窃案》设计了三个角色①：

1）假设张三是盗贼……

……早上，我对……进行了……，发现从 ……下手……。到了晚上，我打碎了……，爬了……。我先……，又从……，然后……。

2）假设李四是盗贼……

我先……挖……，这样……不会想到……。我不会……，因为 ……响声。我会去……，把它……，藏在……，这样就……引起……。

（3）交际性操练

交际性操练是以任务活动为依托的真实语言操练，是学生的语言达到自主性的标志。课堂活动将一个个与真实世界相似的任务活动搬到课堂上，学生通过真实的交际来实现"做中学"的学习目标。在这种活动中，学生已经没有可借助的支架，语言的产出是自动化的，所以可以充分展示他们的真实水平和交际策略。

---

① 崔希亮. 对外汉语综合课优秀教案集[M]. 北京：北京语言大学出版社，2010.

从有控制到完全放开，支架从搭建到逐步拆除，这种练习形式的组合能兼顾语言的准确性、流利性，也有利于学生自主输出语言，符合语言习得的规律。从教学安排的角度，由易到难，循序渐进，也有利于学生不断提高语言训练的水平。如例28：

例28. 双人或小组活动。根据提供的材料（文字和图片），学生先讨论，然后进行描述。

教师提问：你喜欢这种花吗？为什么？样子/颜色/花语

图2-7

例29. 双人活动：找不同。两张差不多的图片，有若干个差异点。每个学生手持一张，描述自己图片上人物的动作、姿势等。另一个学生发现了与自己图片不符的地方，然后做出说明。在这个活动中，有很多意义协商的机会。

图2-8　　　　　　　　图2-9

例30. 人物介绍。根据表格给出的信息，可以加上外貌等想象，也可以借鉴某个原型来介绍。教师可以用作成段表达练习。

表2-4　人物介绍

姓名	李强	性别	男
年龄	22	年级	大三
专业	英语		
爱好	运动、电脑		
性格	热情，喜欢社团活动		
上课时间	每天上午		
住址	学生宿舍 9 楼 316		
电话	82596688		

例31. 排序。听一段叙述，然后按照内容介绍的先后顺序，给下面的图片排序。之后教师可以让学生分成小组，每人介绍一张或几张图片的内容。

（把鸡蛋打在碗里，再把鸡蛋打散搅匀，然后把蛋液倒在茶碗里，盖上盖儿，放在蒸锅里，蒸好后取出，倒上一点儿酱油，撒一点儿葱花，就可以享用美味的鸡蛋羹了。）

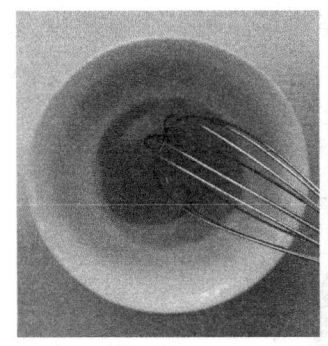

图2-10　　　　　　　　　图2-11　　　　　　　　　图2-12

图2-13　　　　　　　　　　图2-14　　　　　　　　　　图2-15

例32. 话题介绍。内容比较广泛，可以介绍季节、爱好、某个景点、某个物品，也可以表达观点。初级以介绍为主，中高级可涉及观点陈述、评价与讨论。如果教师要考查表达的效果、感染力、论述力和身体语言的作用等，可变为口头演讲。如：

初级：介绍一下你在中国的生活（life）

提示（cue）：

你是什么时候来北京的、什么时候上课、除了上课以外常常做什么、来北京以后去过哪些地方……

例33. 小组讨论/辩论。小组讨论是让学生3—4人一组，根据给定的话题进行口头交流，以观察学生的口语技能和使用汉语的应变能力。在测试过程中，教师注意观察学生如何引入话题、如何结束讲话、如何应对别人的提问、如何转换话题，以及表达的清晰程度、语言组织的逻辑性、说话的时间长短等。小组成员之间要有互动。如果讨论的话题争议性大，则可变成辩论。如：

"人工智能"会替代我们的工作吗？

例34. 小组调查：用口头询问的方式了解被调查者对某些问题的看法。要求学生调查若干人，记录他们的回答，整理成报告，口头汇报或书面提交。

思考题

1. 汉语综合能力包括哪几个部分？

2. 怎样看待语言综合能力训练的"综合性"？

3. 综合课与技能课的关系是什么？

4. 语音教学的内容及重要性是什么？

5. 词汇教学的内容是什么？

6. 语法教学的内容是什么？

7. 试论语言表达的准确性与流利性的关系。

8. 汉字教学的途径有哪些？

9. 为什么说汉字教学是汉语教学的一大瓶颈？

10. 文化教学的特点有哪些？

11. 试论跨文化交际策略的内容与方式。

12. 语言教学中如何"导入"文化？

13. 学习者策略的分类及其主要内容是什么？

14. 成功的学习者的学习策略有什么一致性？

15. 加强策略教学的途径有哪些？

16. 举例说明课堂教学的结构。

17. 课堂教学的环节设计包括哪几个部分？

18. 课堂教学中最重要的环节是什么？为什么？

19. 如何理解交际训练环节？

20. 导入的技巧有哪些？

21. 举例说明导入的作用。

22. 设计"提问"要注意什么问题？

23. "提问"只是教师对学生的行为吗？

24. 如何理解"课文"在语言能力训练中的作用？

25. 讲练课文有哪些方法和步骤？

参考文献

陈光磊. 语言课中的文化教学[C]//赵金铭，李晓琪. 对外汉语文化教学研究. 北京：商务印书馆，2006.

崔永华. 基础汉语阶段精读课课堂教学结构分析[J]. 世界汉语教学，1992（3）.

崔永华. 对外汉语教学的教学研究[M]. 北京：外语教学与研究出版社，2005.

崔永华. 从母语儿童识字看对外汉字教学[J]. 语言教学与研究，2008（2）.

冯丽萍. 汉字认知规律研究综述[J]. 世界汉语教学，1998（3）.

国家对外汉语教学领导小组办公室汉语水平考试部. 汉语水平等级标准与语法等级大纲[S]. 北京：高等教育出版社，1996.

国家汉语水平考试委员会办公室考试中心.《汉语水平词汇与汉字等级大纲》（修订本）[S]. 北京：经济科学出版社，2001.

国家汉语国际推广领导小组办公室. 国际汉语能力标准（英汉对照）[S]. 北京：外语教学与研究出版社，2007.

国家汉语国际推广领导小组办公室. 国际汉语教学通用课程大纲[S]. 北京：外语教学与研究出版社，2008.

胡明扬. 对外汉语教学中的文化因素[J]. 语言教学与研究，1993（4）.

江　新. 汉语作为第二语言学习策略初探[J]. 语言教学与研究，2000（1）.

江　新，赵　果. 初级阶段外国留学生汉字学习策略的调查研究[J]. 语言教学与研究，2001（4）.

李　燕，康加深. 汉代汉语形声字声符研究[C]//陈原. 现代汉语用字信息分析. 上海：上海教育出版社，1993.

林国立. 对外汉语教学中文化因素的定性、定位与定量问题刍议[J]. 语言教学与研究，1996（1）.

林　焘. 语音研究和对外汉语教学[C]//林焘. 林焘语言学论文集. 北京：商务印书馆，2001.

刘晓雨. 提问在对外汉语课堂教学中的运用[J]. 世界汉语教学，2000（1）.

刘　治，朱月珍. 国外第二语言学习策略的介入性研究[J]. 国外外语教学，2000（4）.

鲁健骥. 外国人学习汉语的词语偏误分析[J]. 语言教学与研究，1987（4）.

吕必松. 华语教学讲习[M]. 北京：北京语言学院出版社，1992.

吕必松. 汉语教学中技能训练的系统性问题[J]. 语言文字应用，1997（3）.

吕必松. 汉字教学与汉语教学[C]//吕必松. 语言教育与对外汉语教学. 北京：外语教学与研究出版社，2005.

罗青松. 外国人汉语学习过程中的回避策略分析[J]. 北京大学学报（哲学社会科学版），1999（6）.

施正宇. 词·语素·汉字教学初探[J]. 世界汉语教学，2008（2）.

石定果，万业馨. 关于对外汉字教学的调查报告[J]. 语言教学与研究，1998（1）.

束定芳，庄智象. 现代外语教学——理论、实践与方法[M]. 上海：上海外语教育出版社，1996.

万业馨. 应用汉字学概要[M]. 合肥：安徽大学出版社，2005.

王晓澎，倪明亮. 高级阶段汉语教学散论[C]//赵金铭，李晓琪. 对外汉语综合课教学研究. 北京：商务印书馆，2006.

王学作. 汉字图表教学法浅谈[J]. 语言教学与研究，1980（1）.

温晓虹. 对外汉语教学语言习得的理论基础[C]//崔希亮. 汉语教学：海内外的互动与互补. 北京：商务印书馆，2007.

吴丽君，等. 日本学生汉语习得偏误研究[M]. 北京：中国社会科学出版社，2002.

吴勇毅. 意大利学生汉语口语学习策略使用的个案研究[J]. 世界汉语教学，2008（4）.

徐子亮，吴仁甫. 实用对外汉语教学法[M]. 北京：北京大学出版社，2005.

杨惠元. 课堂教学评估的作用、原则和方法[J]. 汉语学习，2004（5）.

杨寄洲. 编写新一代基础汉语教材的构想[C]//中国对外汉语教学学会. 中国对外汉语教学学会第五次学术讨论会论文选. 北京：北京语言学院出版社，1996.

杨寄洲，崔永华. 课堂教学技巧略说[J]. 语言教学与研究，1991（2）.

易洪川. 关于培养留学生的汉字观[C]//国际汉语教学学术研讨会论文集，语言研究，2001增刊.

应云天. 外语教学法（新本）[M]. 北京：高等教育出版社，1997.

翟艳. 汉语综合课课文教学过程分析[C]//崔希亮. 对外汉语综合课：课堂教学研究. 北京：北京语言大学出版社，2010.

张高翔. 对外汉语教学中的文化词语[J]. 云南师范大学学报（对外汉语教学与研究版），2003（3）.

张清常.《对外汉语教法学》序[M]//张亚军. 对外汉语教法学. 北京：现代出版社，1990.

张熙昌. 论形声字声旁在汉字教学中的作用[J]. 语言教学与研究，2007（2）.

张　英. 论对外汉语文化教学[J]. 汉语学习，1994（5）.

张占一. 知识文化因素与交际文化因素[C]//赵金铭，李晓琪. 对外汉语文化教学研究. 北京：商务印书馆，2006.

赵金铭. 对外汉语语法教学的三个阶段及其教学主旨[J]. 世界汉语教学，1996（3）.

赵金铭. 对外汉语教学与研究的现状与前瞻[J]. 中国语文，1996（6）.

赵金铭. 对外汉语教学概论[M]. 北京：商务印书馆，2004.

赵金铭. 对外汉语教材中的文化取向[C]//赵金铭，李晓琪. 对外汉语文化教学研究. 北京：商务印书馆，2006.

赵元任. 语言问题[M]. 北京：商务印书馆，1980.

中国社会科学院语言研究所词典编辑室. 现代汉语词典（第7版）[Z]. 北京：商务印书馆，2016.

中华人民共和国教育部，国家语言文字工作委员会. 国际中文教育中文水平等级标准[S]. 北京：北京语言大学出版社，2021.

周翠琳. 课堂提问刍议[C]//北京语言文化大学汉语速成学院. 汉语速成教学研究（第一辑）. 北京：北京大学出版社，1997.

周　健，彭小川，张　军. 汉语教学法研修教程[M] . 北京：人民教育出版社，2004.

周思源. 论中高级阶段对外汉语教学中的文化问题[C]//国家对外汉语教学领导小组办公室教学业务部. 中高级对外汉语教学论文选. 北京：北京语言学院出版社，1991.

周思源. 对外汉语文化教学定性[C]//赵金铭，李晓琪. 对外汉语文化教学研究. 北京：商务印书馆，2006.

宗世海. 我国汉语教学模式的历史、现状和改革方向[J]. 华文教学与研究，2016（1）.

左焕琪. 英语课堂教学的新发展[M] . 上海：华东师范大学出版社，2007.

O'MALLEY J M, CHAMOT A U. Learning strategies in second language acquisition[M]. Cambridge: Cambridge University Press, 1990.

OXFORD R L. Language learning strategies: What every teacher should know[M]. New York: Newbury House Publishers, 1990.

PETER R，Nick C E. 认知语言学与第二语言习得[M]. 鹿士义译. 北京：世界图书出版公司，2016.

第三章　汉语说话技能教学

第一节　说话行为与说话技能

一、说话活动的本质

　　说话是人的言语行为，说话活动是由人脑的运动性语言中枢控制的。当人产生说话欲望后，大脑的运动性语言中枢首先活动，从储存在大脑记忆库中的言语信息中找出合适的词语，按一定的结构顺序排列组合，形成内部言语，然后通过人体各个发音器官的活动，将内部言语变成有声语言。整个说话活动就是对言语信息进行编码和传递的过程。

　　桂诗春（1991）、徐子亮（2002）指出口语表达是语言的外在表现，其内部机制是话语的产生，它必须经过话语计划、话语构建、话语执行三个阶段。

　　话语计划即说话人根据自己的意图或者交际双方的需求计划自己说话的内容。首先要确定话语的类型——会话还是独白。如果是会话，就有与谈话的对方进行各种协调的问题，包括如何开始对话、如何在交谈过程中做出应答和各种反应、如何结束对话等。如果要进行独白，叙述性的需要计划所叙述事件的内容、次序及事件间的关系等；讲演性的则需要计划话语的观点、论证的材料及结论等。

　　话语计划只是确定了话语的思想和内容，必须运用词语和句子将它们言语化，即建立话语结构，表达才有可能。从思想到话语，首先要从长时记忆库的心理词汇中选择合适的词语，按照语法规则进行排列，使其成为有意义的句子形式或词组形式。

　　话语结构的建立阶段是一个过渡阶段，通过语音形式将句子表述出来是由语言产生的第三阶段——执行阶段来完成的。执行阶段是把"语言信息的高度抽象的心理表征变为不断变化的肌肉活动型式，并调动发音器官，产生表达该信息的声音"。[①]

二、口语与书面语

"口语"是语体概念，与书面语相对，是语言为适应不同交际需要而形成的，这两种不同风格的表达形式即口头形式和书面形式。

概括起来，口语语体主要有以下特点：

（1）有语调、语气、语音轻重等发音上的变化；

（2）句子不一定完整，有停顿、重复、易位等现象；

（3）有不规范、不准确或赘余的成分；

（4）句子简短，语法结构简单，没有大量的修饰语，较少使用关联词语；

（5）省略句、变式句、倒装句、反问句等使用频率较高；

（6）用词简单通俗；

（7）惯用语、流行语使用频率较高；

（8）有大量比喻的用法。

书面语体主要有以下特点：

（1）句子完整，句法结构严谨规范，结构复杂的长句出现频率较高；

（2）重视句际、段落间的衔接，关联词语使用较多；

（3）某些文体有相对固定的用词和写法；

（4）多使用具有庄重色彩的词汇，如文言词汇，一般只在书面使用。

汉语说话技能教学的重点是汉语口头表达能力。

三、汉语说话技能等级划分

中华人民共和国教育部、国家语言文字工作委员会2021年发布的《国

---

① 桂诗春.实验心理语言学纲要——语言的感知、理解与产生[M].长沙：湖南教育出版社，1991.

际中文教育中文水平等级标准》①将学习者的中文水平从低到高分为初、中、高三等，在每一等级内部，又根据水平差异各分为三级。其中，关于"说"的等级描述，见表3-1：

表3-1   《国际中文教育中文水平等级标准》关于说话技能的描述

等级		技能描述
初等	一级	能够掌握一级语言量化指标的音节，发音基本正确。能够使用本级所涉及的词汇和语法，完成相关的话题表达和交际任务。具备初步的口头表达能力，能够用词语及常用单句进行简单问答。
	二级	能够掌握二级语言量化指标的音节，发音基本正确。能够使用本级所涉及的词汇和语法，完成相关的话题表达和交际任务。具备基本的口头表达能力，能够以简单句进行简短的问答、陈述及社交性谈话。
	三级	能够掌握三级语言量化指标的音节，发音基本正确。能够使用本级所涉及的词汇和语法，完成相关的话题表达和交际任务。具备一般的口头表达能力，能够使用少量较为复杂的句式进行简单交流或讨论。
中等	四级	能够掌握四级语言量化指标的音节，发音基本正确，语调比较自然。能够使用本级所涉及的词汇和语法，完成相关的话题表达和交际任务。具备初步的成段表达能力，能够使用一些比较复杂的句式叙述事件发展、描述较为复杂的情景、简要陈述观点和表达感情，进行一般性交谈，表达比较流利，用词比较准确。
	五级	能够掌握五级语言量化指标的音节，发音基本正确，语调比较自然。能够使用本级所涉及的词汇和语法，完成相关的话题表达和交际任务。具备基本的成段表达能力，能够使用比较复杂的句式进行交谈，较为详细地描述事件，完整地发表个人意见，连贯表达较为复杂的思想感情，用词恰当，具有一定的逻辑性。
	六级	能够掌握六级语言量化指标的音节，发音基本正确，语调比较自然。能够使用本级所涉及的词汇和语法，完成相关的话题表达和交际任务。具备一般的成段表达能力，能够准确使用复杂的句式详细描述事件和场景，进行较为流利的讨论和简单的协商，较充分地表达个人见解和思想感情，表达顺畅，用词丰富，基本得体，逻辑性较强。

---

①   中华人民共和国教育部，国家语言文字工作委员会. 国际中文教育中文水平等级标准[S]. 北京：北京语言大学出版社，2021.

续表

等级		技能描述
高等	七级	能够运用高等语言量化指标的音节、词汇和语法，完成本级所涉及的话题表达和交际任务。具备初步的语篇表达能力，能够灵活使用复杂的句式表达个人见解，进行讨论或辩论，内容较为充实，表达流畅，语句连贯，逻辑性强。发音准确，语调自然。能够根据交际场景调整表达方式，语言表达得体。能够使用修辞手段增强口头表达效果，体现一定的跨文化交际意识。
	八级	能够运用高等语言量化指标的音节、词汇和语法，完成本级所涉及的话题表达和交际任务。具备较好的语篇表达能力和灵活运用语言的能力。能够进行演讲、即兴发言或答辩，充分而得体地表达自己的见解和思想，发音准确，语调自然，表达流畅，逻辑性强。能够恰当运用修辞手段增强口头表达效果，体现一定的跨文化交际能力。
	九级	能够运用高等语言量化指标的音节、词汇和语法，完成本级所涉及的话题表达和交际任务。具备良好的语篇表达能力和灵活运用语言的能力。能够完整准确、流畅得体地表达思想和见解，内容充实，逻辑严密。发音准确，语调自然。能够灵活运用修辞手段增强口头表达效果，体现较强的跨文化交际能力。

第二节　外国人说汉语存在的问题

一、语音、语调不正确

汉语的音节由声母、韵母和声调组成。说话时语音、语调正确与否会直接影响到表情达意的明确性和准确性。比如，是要"汤"还是要"糖"？前边有条"沟"还是有条"狗"？买"报纸"还是买"包子"？发音不对就会闹误会。曾经有个留学生住在饭店，一天感冒了，想起来在国内感冒时常用的一个偏方，需要一些盐，于是给服务台打电话问有没有盐，服务员说有，还问他要什么牌子的。他觉得服务员服务真周到，买盐还要问牌子，于是说牌子没关系。过了一会儿服务员给他拿上来一条烟。学生这才知道他的发音不准，把"盐"说成了"烟"。还有学生坐出租汽车去"首都剧场"却被拉到"首都机场"，也是发音不准惹的祸。

不同母语背景的外国人说汉语时在发音上存在的问题不尽相同。母语为法语、意大利语、波斯语等的学生发不好送气音 p、t、k。母语为英语的学生常常b-p、d-t不分。日本学生容易把zh、ch、sh念成j、q、x，发不好元音e、u，送气音p、t、k，前鼻音an、en、in等。韩国学生不易掌握的音有元音ü、唇齿音f、舌尖前音z和c、舌尖中音l等。有汉语闽南方言或客家方言背景的印尼、泰国等华裔学生常将韵母ü或以ü做韵头的韵母念成韵母i或以i做韵头的韵母，如把"女的"念成"你的"，把"大学"念成"大鞋"。

　　汉语每个音节都有声调，声调是外国人汉语学习的一大难点，特别是初级阶段，朗读音节时"找不着调"是较为普遍的现象。外国人的声调问题概括起来说就是"上不去，下不来"——第一声调值不够高；第二声起点高，上不去；第三声起点低，低不下去；第四声又降不到底。

　　说话或朗读时，句子有停顿，声音有轻重快慢和高低长短的变化，这些总称为语调（黄伯荣、廖序东，2017）。除了每个音节的发音以外，语调也很重要。比如，"我反对他的意见"，重音分别落在"我""反对""他的意见"上时，表达重点就不同。再如一个句子说下来，在哪里停顿也是有讲究的。比如"他跑得跟兔子一样快"，要说成"他跑得|跟兔子一样快"，而不能说成"他跑|得跟兔子|一样快"。外国人说汉语时还会出现语调问题，主要表现是以母语的语调说汉语的句子，单独说一个词时还可以，到了句子里就跑调了。比如英语母语者倾向于将陈述句结尾的音节读成第四声，把"这是书"说成"这是树"。这就是人们通常说的洋腔洋调。

　　零起点阶段打好语音、语调基础至关重要，学生的语音、语调不准，与母语发音系统的干扰有很大关系。教学中首先要通过明确的说明、准确的示范和大量的练习，使学生掌握每个音的发音部位和发音方法，并通过有针对性的练习，培养学生运用正确的语调表情达意的能力。作为教师，一要有纠音意识，二要有恰当的纠音方法。发音练习和纠音过程对老师和学生来说都比较辛苦，但是不能放弃，因为语音问题如果在学习初期没有得到及时纠正，形成习惯后再改正难度极大。常见的现象是一些中高级阶段的学生汉语说得很流利，但语音面貌不好，既影响达意，又影响听感。因此，在教学中，教师要跟学生强调语音正确的重要性，鼓励学生下大力气，力争做到"字正腔圆"。此外，零起点语音教学阶段结束，并不意味着语音练习的结束，从初级阶段到高级阶段，语音练习应该贯穿始终。

二、用词不当

外国人说汉语时，用词不当的主要表现是词语混淆和用词不合语法规范。词语混淆的表现是当用甲词而误用乙词。第二语言学习者一般通过教材生词表或工具书中的母语或媒介语了解目的语词义。不同语言的词汇系统不存在一一对应关系，将母语对译词的意义和用法"移植"到目的语词上，容易导致误用并与当用词混淆。有时候，两个或多个词对应着同一个译词，加之目的语词汇系统中也存在相当数量的同义词、近义词，因此词语混淆是中介语的常见现象。如"不喜欢"和"嫌"对应着相同的英译词"dislike"，外国人常误认为这两个词在使用中可以互换，而忽视了或者不了解二者在用法上的差异。虽然"嫌"有"不喜欢、讨厌"的意思，但当"嫌"的对象为事物时，句子中不但要出现"嫌"的对象，还要出现"嫌"的原因，比如可以说"我不喜欢我的房间"，但是不能说"我嫌我的房间"，得说"我嫌我的房间小"。因词语混淆而导致的偏误在词语使用偏误中占相当大的比例，因此在教学中应该对汉语中的同义词或在汉语中虽非同义，但对应着相同译词的词予以足够的关注，加强词语对比研究，并及时将研究成果运用到教学中去。

有时候，词选对了，但使用时不合语法规范。比如汉语离合词是外国人学汉语的一个难点，离合词一般不能带宾语，语素之间可以插入其他成分。但是目前的大部分汉语教材中对离合词没有做特别标注，如果教师在课上没有特别说明，学生们往往搞不清哪些词是离合词，经常出现"见面朋友""毕业大学"这类偏误。因此，在教学中遇到离合词时，老师们一定要强调该词的使用要求，并通过相关练习予以强化和巩固。

另外，词语搭配不当也是外国人说汉语时的常见问题，如"贵重的时间""受到礼物""优美的姑娘"等，教师需要注重词语搭配教学，在生词扩展过程中给学生展示词的典型、常用的搭配并通过练习加强记忆。关于心理词典的研究显示，以语块形式输入和提取词汇比记忆孤零零的词更有效。

三、句子不规范

汉语学习初期，学生们由于对汉语基本的句法结构不够熟悉，说话时语法错误比较多，有些话说得颠三倒四，语序混乱。到了中级阶段，学生在会话和成段表达时，结构简单的句子基本上没有问题，不过还会有一些顽固的语法错误，如"我比他不高""饭店的菜一点儿贵""我起床得很早"等。到了高级阶段，表达较为复杂的内容时，仍然会出现语序混乱、虚词使用不当等现象。

教师可以通过句式替换练习、会话练习和成段表达练习等帮助学生熟悉汉语句法结构。教师对学生在口头表达中的语法错误要有一定的宽容度，不要逢错必纠。特别是在初级阶段，首先要鼓励学生开口，帮助学生在说的过程中逐渐树立信心。当然对语法错误也不能放任自流，要在学生说完后对一些明显的和普遍性的错误进行纠正。如果学生在表达中出现的错误过多，不必一次都指出来，可以在以后的教学中慢慢改正。

四、语体混淆

外国人说汉语时容易出现口语与书面语混淆的情况。日常会话中会混杂书面词汇或表达方式，而写作时又存在书面语体口语化倾向。关于语体学习，学者们做过一些讨论，盛炎（1994）认为，外国人学习中文，语体学习不妨从中性（neutral）语体开始。所谓中性语体，就是介于正式和非正式之间的语体。随着中文程度的提高，语体的学习也随之加强。刘珣（2000）指出，"在语体上，初级阶段既不宜过于口语化（不利于掌握基本结构），也不宜过于书面化（难于掌握，也缺少现实的交际价值），要注意学习口语和书面语都能用到的'中性'语体。从中级阶段后期开始，加强两种语体的区分和转换"。李泉（2004）认为，在实践中，教材的中性语体比重太大、使用的阶段太长（跨初、中、高三个阶段），而中级及以后的所谓书面语很大程度上又仅限于文学作品，这种状况是很值得思考的。汲传波、刘芳芳（2015）经过语料分析证明，外国留学生书面语中确实存在口语化倾向，他们认为对外汉语教学界对于语体重视程度远远不够。

有些口语教材，本来应该是口语却带有浓厚的书面语色彩。如：

> A：你这么忙，还来送我们，这使我非常感动。
>
> B：为朋友送行是件愉快的事情。
>
> A：在这短短的时间里，我们既提高了汉语水平，又游览了名胜古迹。就要离开这里了，我还真有点儿舍不得呢！
>
> B：学习虽然结束了，我们之间的友谊却是刚刚开始。①

在实际交际中，像"这使我非常感动""我们之间的友谊却是刚刚开始"这样的语言，如果是写在书信中比较自然，但在面对面的交谈中，就显得很不自然。萧海薇（2004）主张："在编选教材时，我们可以选取真实的口语语体语料编写会话内容，明确口语语体与书面语语体的区别；也可以提供多样化的语体，帮助学生提高感受语体差异的能力；还可以提供同一题材的多种不同语体，培养学生在不同领域、不同场合运用适当语体进行交际的能力。"

五、表达形式不丰富

前文已经提到，人们产生说话欲望后，首先要从大脑记忆库中提取言语信息。组织语言的基础是大脑记忆库中存在可供提取的言语信息。

人们使用外语进行表达时，大脑中储存的第二语言言语信息数量不足或者因为提取机会少，可使用性差，导致话语形式单调。初级阶段的学生用"妈妈的妈妈"代替"外婆"、用"鸡的孩子"代替"鸡蛋"的情况不少见。表示较高的程度义时，多用"非常"，较少使用"可……了""……得要命""……得慌"等表示程度高的口语常用格式。此外，虚词、成语、惯用语的使用频率也较低。句式方面，单句或结构简单、语义单纯的基本复句使用频率较高，语义和用法较为复杂的"把"字句、反问句、多重复句等使用频率较低。

---

① 申修言.应该重视作为口语体的口语教学[J].汉语学习，1996（3）.

要丰富语言表现形式，首先要充实学生大脑中言语信息库中的"库存量"。词汇、句型、句式教学可以帮助学生获得语言知识，使言语信息"入库"，还要通过大量的练习，使其不断得到激活，在需要时可以被迅速提取出来。

六、语句之间缺少关联

外国人说成段汉语时，有时说出来的都是些孤零零的句子，句子之间、段落之间缺乏连贯性。田然（1997）曾对外国人在中高级阶段[①]留学生上万字的语段表达的语料进行分析，发现即使在中高级阶段，还是普遍存在关联词语的贫乏与滥用现象。而且没有一个学生在介绍或评述时用"至于"转移话题或用"加上"补充话题。

语段的连贯性包括表层结构的连贯和意义上的连贯。表层结构的连贯可以通过词汇、语法和逻辑衔接成分来实现。意义上的连贯与逻辑思维能力有关，需要通过学习目的语连句成段的思维方式获得，这是外语学习的一大难点。为此，教学中应加强成段表达练习，不但要帮助学生掌握语段表层结构的连接手段，还要培养学生使用汉语进行思维的能力。第二语言教学的对象一般为青少年或成年人，在学习第二语言之前，他们的大脑中已经建立了一套完整的母语思维系统，学习和使用第二语言必然受到母语思维系统的影响，其中有积极的影响，也有消极的影响。比如，思维的逻辑性在不同语言中大体一致，但在表达思想时选用的词语及表述方式却往往存在差异。第二语言教学就是帮助学生建立第二语言的思维系统，即用汉语解码、用汉语编码的思维系统。要实现这一目标需要经过长期的、专门的练习。

七、表达不流畅

说话是边想边说、边编码边传递的过程。对第二语言学习者来说，他

---

① 这里的中高级阶段指的是接受了9个月至一年以上正规课堂教学，掌握了基本语法，词汇量3000以上或同等程度学生所达到的阶段。

们大脑中储存的第二语言经验成分的数量不足，且可提取性和可使用性差，所以编码的速度、组织语言的速度比使用母语慢得多，这是说话语速慢、流利程度差的原因所在。要使学生说话自然流畅，关键是提高编码和组织语言的速度。这就需要多听多说。只有多听多说，才能做到熟能生巧。

八、表达不地道或不得体

中国人听外国人说汉语，有时候即使没有语法错误，听起来也不太符合中国人的表达习惯，也就是不太地道。比如一位留学生介绍自己的爱好时这样说：

> 我每天早上骑半个小时的马，然后跟朋友一起洗一洗马的那个身体，然后打扫一下马的房间……

这段话中没有语法错误，但是中国人肯定不会说"洗一洗马的身体"，而是说"给马洗个澡"，当然也不会说"马的房间"，会说"马厩"。

还有一位同学介绍自己喜欢的余华的小说《活着》，说小说主人公富贵"辛辛苦苦地过日子"，"辛辛苦苦"做状语修饰动词，用法正确，如我们常说"辛辛苦苦地工作"，但是一般不说"辛辛苦苦地过日子"。"日子过得很辛苦"或"日子过得很艰难"更符合中国人的表达习惯。

还有一种情况是表达不得体。有位中国老师在国外工作时，请外国同事吃饭，那位同事回答说"好吧"。中国老师听着很别扭，又不好意思说。为什么会觉得别扭呢？因为用"好吧"来回应别人的请求或建议，给人勉强同意的感觉，应该用"好的"。再如，一个外国学生帮了老师一个忙，老师向他表示感谢，他回答："不用谢，咱俩是谁跟谁呀！"。这句话的确是中国人在别人向自己表示谢意时常说的，但适用于关系亲密的熟人之间，学生对老师这样说不合适。一个男生爱用略带娇嗔语气的"什么呀"表示反驳，如"好什么呀""多什么呀""贵什么呀"等等，经过询问才知道是跟女服务员学的。虽然说得没错，但表达方式太女性化了。

在学汉语的过程中，很多学生喜欢跟中国朋友学习一些比较"地道"

的汉语，但有时候只知其一，不知其二，不分场合乱用，轻则闹笑话，重则令人不快。

汉语口语交际能力的培养，除了重视语言表达的正确性外，还需要培养语言表达的得体性，即根据交际目的、交际场合、交际双方的年龄和身份等选取恰当的表达方式，语言表达还要适应中国的社会文化心理。

第三节　汉语说话技能教学：教什么与怎么教？

一、汉语说话技能教学的目标与原则

说话是编码（言语组织）和传递（言语输出）的过程。汉语说话技能教学的本质是通过汉语语言知识传授与多种形式的口头表达练习，帮助汉语学习者根据表达需要，从大脑记忆库中迅速提取言语信息，熟练运用语法规则，根据语用要求选择恰当的表达方式，使用正确的语音、语调进行言语输出。

汉语说话技能教学的目标是培养学生的汉语言语交际能力。范开泰（1992）提出汉语言语交际能力应包含三个方面的内容：（1）汉语语言系统能力，即在使用汉语时具有合语法性和可接受性；（2）汉语得体表达能力，即能根据说话人和听话人的具体条件和说话时的具体语境选择最恰当的表达方式；（3）汉语文化适应能力，即在使用汉语进行交际时能适应中国的社会文化心理习惯。

所有的技能都是"练"出来的。像做饭、开车等技能一样，说话技能的获得也需要大量的练习，但"练"不是盲目地练，一要目标明确，二要方法得当。

杨惠元（2007）指出，"说话训练应该贯彻交际性原则。所谓交际性原则是从交际目的出发，进行有指导的说话训练，达到提高交际能力的目的。交际性是说话训练的出发点，也是说话训练的落脚点。'从交际目的出发'是说课堂上的每一个活动都是为了提高学生的口头交际能力。'进行有指导的说话训练'是说能力的提高靠训练，而训练必须有章法，要在教师的指导下进行。'达到提高交际能力的目的'是说训练要讲实效，最后落实到提高学生的口头交际能力上。"

二、汉语说话技能教学的重点与方法

（一）教学重点

汉语说话技能教学的重点是汉语口头表达能力。包括：（1）运用正确的语音、语调表情达意的能力；（2）高速组织语言的能力，包括遣词造句、组句成段、组段成篇及会话组织能力；（3）语言得体运用能力，即根据交际需要、交际场合、交际对象选择恰当的语言表达方式。

技能教学要遵循循序渐进的原则，不同阶段各有侧重。语音方面，初级阶段的教学重点是声韵调和基本语调，中高级阶段的教学重点是运用语调的抑扬顿挫、语气的轻重缓急等表情达意的能力。篇章类型上，初级阶段的教学重点是句子、短小的语段或话轮；中级阶段的教学重点是逻辑性强、起承转合自然的语段或话轮；高级阶段的教学重点是语篇。

初级阶段要求语言表达符合语法规则，注重语言表达的正确性，即"说得对"。中级阶段要求语言表达形式丰富、自然流畅，即"说得好"。高级阶段的目标是"说得地道、得体"。

（二）教学方法

1. 语音、语调、语速练习

在很多学校，口语课一般在零起点阶段会有一周左右的时间进行集中语音教学，打好语音基础。语音教学阶段结束后，语音教学通常结合生词、句子和课文读、说练习进行。

（1）声韵调练习

1）声母和韵母

声韵练习的关键是帮助学生掌握每个音的发音部位与发音方法。可以采用以下方法：

a. 示范与模仿

示范与模仿是语音练习最基本的方法。一般采用四段跟读法：

老师示范 → 学生模仿 → 老师再示范 → 学生再模仿

例如：声母 m

示范	→	模仿	→	再示范	→	再模仿
老师：m		学生：m		老师：m		学生：m

例如：韵母 ao

示范	→	模仿	→	再示范	→	再模仿
老师：ao		学生：ao		老师：ao		学生：ao

b. 形象演示法

教师可以利用图片、动作、实物等，形象展示发音部位与发音方法。比如利用发音器官示意图（见图3-1）等展示发音部位，用手势展示发zh、ch、sh时舌尖的位置，用薄纸挡在口前分别发送气音和不送气音，让学生观察二者发音时气流的强弱等。

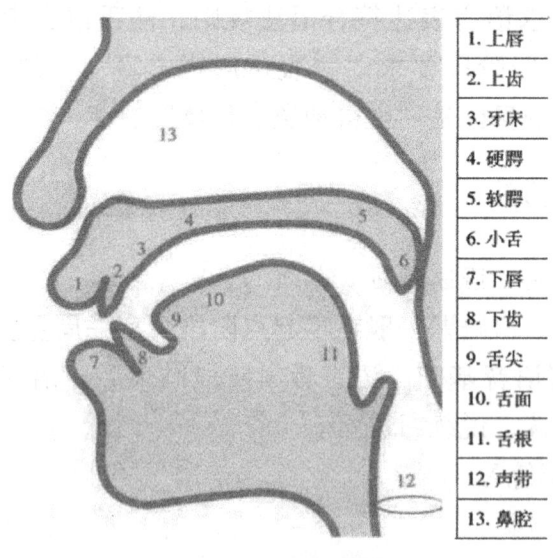

图3-1　发音器官示意图

c. 带音法

带音法是利用一个音带出另一个音。比如舌尖前音z、c、s，大部分学生能够正确发出s，但是直接发z、c时舌尖位置往往不对。教学时可以让学生先发s，给舌尖"定位"，然后发z、c。还可以进行音节连读，比如sīzì（私自）、sìcì（四次）。教韵母时，可以用i带出ü，再用ü带出u。

d. 交替练习法

交替发音练习是让学生多次交替发某几个音，体会发不同音时舌位或口型的变化。比如：

j-z-zh   x-s-sh   q-c-ch

教师先以较慢的速度读一遍，如"j、z、zh"，音与音之间要有一些停顿，让学生先听辨这三个声母之间的差异，然后带领学生以跟老师同样的速度交替发j-z-zh-j-z-zh-j-z-zh-j-z-zh，感受发这三个音时舌位由低到高，逐渐抬起的变化。

再如：

i-u-ü

老师先示范，然后带领学生多次交替发i-ü-u-i-ü-u-i-ü-u-i-ü-u，帮助学生感受唇型由扁到圆，舌头由前伸到后缩的变化。

2）声调

教声调时，老师们通常会先用普通话调值五度标记图（见图3-2）展示四种基本调值。

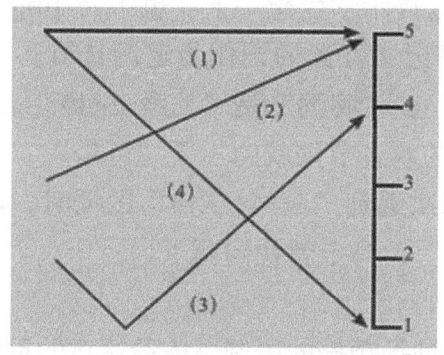

图3-2 普通话调值五度标记图

　　然后进行示范模仿。对大部分学生来说，第一声相对容易，第二声、第三声难度最大。第二声起点高，而且直上不拐弯儿，学生发第二声时，要么上不去，要么一不小心拐个弯儿就跟第三声搞混了。第三声起点低，还要拐弯儿，发第三声时，要么低不下去，要么不知从哪儿拐、拐到哪儿。第四声也不太容易，典型的表现是下不到底，"我去"听起来像"我区"。有些老师会利用学生母语中近似调值的词来帮学生"找调"。比如用英语的"what"帮学生带第二声。还可以选择一些常用词作为定调音节，让学生在大脑中将某个调与某个词联系起来，找不到调时就想一下这个词。比如让学生记住"酸、甜、苦、辣"这四个词的声调，发第三声找不到调时就想想"苦"怎么读。

　　杨惠元（1996）选了20个音节作为双音节词的定调音节：

dōu tīng	hái tīng	yě tīng	zài tīng	tīng de
dōu shuō	hái shuō	yě shuō	zài shuō	shuō de
dōu dú	hái dú	yě dú	zài dú	dú de
dōu xiě	hái xiě	yě xiě	zài xiě	xiě de
dōu kàn	hái kàn	yě kàn	zài kàn	kàn de

　　"听、说、读、写、都、还、也、再"都是常用词，对学生来说比较好记，在语音教学阶段可以每天读一遍，加强记忆。以后读双音节词时，如果学生找不到调，老师就用定调音节提示一下，比如"风景"是"一声+三声"，老师可以提示学生想一下"也听yě tīng"怎么读。当然，老师也可以选择其他好记又好读的词作为定调音节。比如让学生记住"可乐"是"三声+四声"，"啤酒"是"二声+三声"，以后遇到"三声+四声""二声+三声"的双音节词就想一下"可乐""啤酒"怎么说。有位学生告诉老师，他每次遇到"三声+二声"的词时，就会联想到老师上课时常常说的词"比如"，马上就找到调了。

　　（2）语调练习

　　说话或朗读时，抑扬顿挫的语调是表情达意的重要手段。比如下面这两句话：

海南岛的风光可美了！

他是个乐观开朗的小伙子，在困难面前，毫不退缩。

"海南岛的风光可美了！"是个感叹句，感叹海南岛风光之美。表示喜悦、赞扬语气的感叹句，句调高，句重音拉长，句尾慢慢下降。说这句话时，主语、谓语之间要有停顿，重音落在表强调的副词"可"上，如：

海南岛的风光|可美了！↘

"他是个乐观开朗的小伙子，在困难面前，毫不退缩"是个陈述句，一般是低句调或中句调，句尾下降。说话人首先要说明"他是个怎么样的小伙子"，宾语较长，动宾之间要有间歇，"乐观开朗"是小伙子的特质，是说话人强调的，要重读。然后说到小伙子在困难面前的表现——毫不退缩，"毫（不）"强调"不退缩"的程度，要重读，如：

他是个|乐观开朗的小伙子，|在困难面前，|毫不退缩。↘

需要提醒学生注意的是，停顿时应注意每个片段意义和结构的相对完整性。不能想在哪儿停就在哪儿停，以免在实际交际中影响听话人对意义的理解。上面这两句话，如果停顿不当，就会说成：

海南岛|的风光可|美了！

他是|个乐观|开朗的小伙子，在困难|面前，毫不|退缩。

听起来给人感觉断断续续的，影响理解。

同一句话，重音位置改变，会使语义重点转移。

比如：

海南岛的风光可美了！（重音在"可"，强调的是美的程度高）

海南岛的风光可美了！（重音在"海南岛"，强调的是海南岛，不是别的地方）

语调练习的方法主要有三种，一是朗读，二是跟说，三是配音。朗读是看着文本读，可以跟着老师读，也可以让学生自己朗读，包括集体读、个人读、分角色读等。跟说是不看文本跟着老师说，老师领说时要注意除了使用真实自然的语音、语调、语速以外，还要配合话语内容展示相应的体态、表情等，使学生在说的过程中进一步领会话语的内涵与情感色彩。配音练习是看一小段录像，先进行模仿练习，熟悉内容后，关掉声音，让学生看着字幕（高级阶段还可以去掉字幕）进行配音练习。要求尽量与录像中人物的口型、重音、停顿、语速及表情等一致。教学中可以设计针对语调的单项练习，也可以与课文的读说练习结合起来进行。

（3）语速练习

人们说外语时，语速的快慢与外语水平有关。初学者词汇量少，对外语的语法结构不熟悉，说话时语速较慢，经过一段时间的学习和练习，语速会逐渐提高。不过人们说母语时，语速也有快慢之分，这与人们的说话习惯有关。说母语时语速慢的人即使外语水平很高，语速也不会很快。语速在正常范围内稍快或稍慢都没问题。有些学生认为说外语时说得越快越好，其实不然。话说得太慢或太快都不自然。前文已经提到，在教学中应该引导学生以正常语速说话，老师与学生说话时也要尽量使用正常的语速，跟初级阶段的学生说话时，句子结构可以很简单，但语速要正常，从一开始就注意培养学生习惯听并使用正常语速。

（4）语音练习中应注意的问题

善用启发式。当学生发错音时，教师可先利用手势或语言提醒学生，比如，学生将第二声读成了第三声，教师最好先提醒学生这个调是第三声，让学生试着自行改正。如果还是发不对，教师再进行示范。要注意培养学生在学习中主动思考、自我修正的能力。

纠错时要有耐心，不能急躁，以免打击学生的学习积极性。另外对出错儿的学生不要揪住不放。如果某个音学生发得不对，经纠正后还是发不好，可以先让别的学生练习，这样既可以使全体同学都有充分的练习机会，又不至于使学生因为紧张越发读不对。

在进行语音教学时，教师应该做到既有正确的示范，又有理论上的指导。要做到这一点，教师应该对每个音的发音部位与发音方法有充分的认识，不但自己会发，还要清楚每个音是怎么发出来的。比如z、c、s与

j、q、x这两组音外国学生容易混淆，从发音部位来说，j、q、x的发音部位是舌面前部及上齿龈和硬腭前部，而z、c、s的发音部位是舌尖和上齿背。韵母o的发音要领是掌握好开口度和口型，发音时，上下唇的距离约一食指宽，唇型不必太圆，稍稍收拢就行了，从外部只能看到上齿的边缘，看不到下齿。有的学生嘴张得太大，有的发音过程中唇型有变化（单元音发音时舌位和唇型不变），读成了复合元音ou。此外，教师还应注意研究行之有效的教音、纠音方法。科学的指导和有效的练习会使语音教学取得事半功倍的效果。

前文已经提到，即使到了中高级阶段，学生说话时的洋腔洋调现象还是普遍存在的。如果不注意纠正，会使学生的错音、错调固定下来，严重的还会影响交际。因此正音问题不只是初级阶段的任务，在中高级教学阶段也应受到重视。

2. 生词练习

外语学习中的词汇一般分为两种：接受性词汇（又称被动词汇）和使用性词汇（又称主动词汇）。对于接受性词汇，学习者见到时能辨认出来，也知道意思，但是不一定会使用；对于使用性词汇，学习者不仅能辨认而且能使用。在教学中，阅读课上学习的词汇一般为接受性词汇，口语课上学习的词汇一般是使用性词汇。要使使用性词汇达到"会用"的要求需要做大量的应用练习，在练习中进行巩固。常用的生词练习方法有以下几种：

（1）展示法

1）指物说词或听词指物

教师将实物、图片等带入教室给学生展示，教师指物，学生说词，或者让一名学生根据实物或图片说词，另一名学生指出该物。该项练习很适合初级班。

2）根据动作说词或听词做动作

根据动作说词是一个人（老师或学生）做某个动作，让学生说出表示该动作的词。听词做动作是一个人（老师或学生）说词，学生做动作，或学生之间一个人说词，一个人做动作。

（2）扩展法

扩展法是把词扩展成词组，再由词组扩展成句子，扩展练习可以帮助学生掌握词的常见搭配和语法功能，同时为句子和会话练习做铺垫。教师在生词扩展时最好能将课文中的句子带出来。例如：

爱好
我的爱好　他的爱好
我的爱好是唱歌[①]　他的爱好是看电影
爱好唱歌　爱好看电影
有什么爱好　你有什么爱好？

尽管
尽管问　有什么问题尽管问
尽管说　有什么困难尽管说
有什么困难，尽管来找我。

需要注意的是，词语扩展时要注意展示最常用的、最典型的搭配组合，同时展示的内容不能超过学生的语言接受水平。如上例中的"爱好唱歌""爱好看电影"两个搭配，根据《国际中文教育中文水平等级标准》，"唱歌、看、电影"都是1级词，在学习"爱好"这个词时，很可能已经学过"唱歌"和"看电影"，或者"唱歌""看电影"本身也是当课生词，展示这两组搭配符合学生的语言水平，易于理解。 实际上"爱好广泛"也是非常典型的搭配，但"广泛"是5级词，一般情况下，学生在学习"爱好"时，不会学到这个词，所以在学习"爱好"时不适合展示"爱好广泛"这一短语，以免增加学生的学习负担。当学习"广泛"时，"爱好广泛"则可以作为典型搭配展示给学生。此外，词语扩展主要围绕词语在当课中的义项展开，对多义词的其他义项不必涉及。比如上例中的"尽管"既可以做副词，也可以做连词。做副词时，"表示不必考虑别的，放心去做"[②]，如"有问题尽管问老师"。做连词时，"表示姑且承

---

① 画线的是课文中的句子。

② 中国社会科学院语言研究所词典编辑室. 现代汉语词典（第7版）[Z]. 北京：商务印书馆，2016.

认某种事实"①。做连词和副词时，语义差异较大，所以教师进行生词扩展时，应只展示当课义项和用法。

（3）问答法

问答法是利用生词或短语进行问答练习，根据词语特点，问答练习可以选择在认读并展示例句后进行或在词语扩展后进行。

例1. 离

扩展：学校离家很远　学校离家不远
提问：你家离学校远吗？

例2. 对……来说

例句：对美国人来说，汉字比较难。
　　　对日本人来说，汉字不太难。
提问：对你来说，汉字难不难？

做问答练习时要注意，学生回答时要使用完整的句子，如例1的问题，应该要求学生用"我家离学校很远"或"我家离学校不远"来回答，不能只回答"远"或"不远"。同样，回答例2的问题，要用上"对我来说"，不能只回答"难"或"不难"。这样要求的目的是使学生经过反复练习熟悉句子结构。

（4）改句法

改句法是用指定词语改说句子。

如：要命

扩展：累得要命　忙得要命　饿得要命……　高兴得要命
练习：特别热，用"要命"怎么说？

（5）情景法

情景法是学生根据某种情景，用指定词语说一句话。

如："参谋"

① 中国社会科学院语言研究所词典编辑室. 现代汉语词典（第7版）[Z]. 北京：商务印书馆，2016.

例句：买哪件好，你给我参谋参谋好吗？

练习：大学毕业了，你不知道做什么工作好，想听听朋友的建议，用
　　　"参谋"怎么说？

（6）完句法

完句法是用指定词语完成句子。

如："看来"

练习：天阴了，_____。（看来）

设计完句练习时，语境要明确，需要学生完成的部分应该是学生语言
能力能够达到的。比如上例的答案可以是"看来要下雨了"，"要下雨
了"中的"下雨"和"要……了"这个格式应是学生已经学过的。

（7）释义法

释义法指的是口头解释词义的方法。生词教学中，学生可以借助译词
或借助图片、动作理解词义，教师一般无须再进行口头释义，可直接进入
练习步骤。如果通过译词，学生无法准确理解词义，如对一些意义比较抽
象的词或具有特殊文化含义的词，教师可采用通俗易懂的方式进行口头释
义。到了中高级阶段，还可以让学生练习用汉语释义，一是为了考查学生
是否理解词义，二是给学生提供口头表达的机会。比如，让学生用学过
的词解释"聚餐"的意思，或者举例说明某个词语的意思，如"一举两
得""三天打鱼两天晒网"等。解释不必精准，能说出大概意思就行。另
外，要求学生释义的词要有所选择，应是易于解释和学生的语言水平能解
释的。

（8）造句法

造句法是用指定词语造句。上边提到的词语扩展、改句、完句和根据
情景说话等练习，实际上也属于造句的一种，由于是在老师的提示和引导
下进行造句，句子的内容和结构在一定的框架内，所以比较容易说出来。
如果教师不做任何提示或引导，直接让学生用生词造句，对外语学习者来
说并非易事，特别是一些意思和用法较为复杂的词。容易出现造句的学生
苦思冥想、别的学生在一旁干等的"冷场"情况，也会令学生感到压力。

因此，在课堂教学中，一般不提倡让学生直接用生词造句的方法，除非是能够脱口而出的句子。

（9）词语游戏

1）词头接词尾游戏

如：今天——天气，同学——学习

因为外国学生掌握的词汇有限，做此项练习时可以放宽要求，上一个词的词尾与接续词的词头不必要求是同一个字，发音接近即可，如：同学—学习—喜欢……。

2）猜词游戏

猜词游戏可以是一个人做动作，其他人猜。也可以是一个人说词义，其他人猜词。

如：不用的、扔掉的东西，名词，两个字——垃圾。

3）抢读游戏

老师用图片或在PPT上展示生词，学生抢读，看谁读得快。

4）组词游戏

给出若干语素，让学生进行组词抢答。

生词的游戏方式很多，针对低龄学生，常用的还有翻卡片读生词游戏、BINGO游戏。具体方法是老师给学生发写有若干生词的卡片，然后说生词，学生看自己手中的卡片，如果上边有就圈出来，几个圈连成一行或一列，喊BINGO。还有"拍苍蝇"游戏，生词写在黑板上，找两组学生，老师说生词，学生用拍子拍，等等。老师们备课时可以根据学生特点设计有趣且实用的游戏。

3. 句子练习

前边提到的词语练习中的展示法、问答法、改句法、完句法和根据情景说话等练习也适用于句子练习。比如：

（1）展示法

如：存在句

　　　师：（展示图片：桌子上有一本书）看，桌子上有什么？

　　　生：桌子上有一本书。

如：趋向补语

　　　师：（拿起来一本书，放入书包。）

　　　生：拿起来、放进去

（2）问答法

如：用"还是"的选择疑问句

　　　A：你喜欢喝茶还是喝咖啡？

　　　B：我喜欢喝咖啡。

（3）改句法

如：复句"一……就……"

　　　师："我下课以后马上回家。"用"一……就"怎么说？

　　　生：我一下课就回家。

如："被"字句

　　　师："大风把树刮倒了"，用"被"怎么说？

　　　生：树被大风刮倒了。

（4）完句法

如：复句"既然……就……"

　　　既然你不喜欢这个工作，_____。

（5）情景法

如：反问句"形容词+什么"

　　　师：你想买一个包儿，妈妈觉得贵，你觉得不贵。可以怎么说？

（6）就画线部分提问

练习疑问句时常用的方法有问答法和就画线部分提问的方法。
如：

　　A：你家有几口人？
　　B：我家有<u>五口人</u>。

　　A：你去哪儿？
　　B：去<u>图书馆</u>。

（7）替换法

替换练习是句式练习的一种方法，可以是单项替换，也可以是多项替换。

如：替换画线部分

　　我家有<u>四口人</u>，<u>爸爸、妈妈、哥哥和我</u>。
　　<u>那家商店的衣服</u>别提多<u>贵</u>了！

（8）游戏

1）传话

老师以较快的语速对一位学生说一句话，句子要稍微长一点儿，内容要有点儿复杂，然后让这位学生转告下一位同学，以此类推。最后一位学生要说出他听到的是什么话，跟第一位同学听到的对比一下，看一样不一样。

2）答非所问

每位学生问别的同学一个问题，回答的人要"答非所问"，比如问的是"你叫什么名字"，可以回答"我是天津人""我属龙"。然后，这位同学再问下一位同学别的问题，问题不能重复。

3）排排站

做语序练习时，可以让几个学生到教室前边，每人抽取一张写着生词的卡片，然后按照正确的语序站成一排。下边的学生看后鼓掌（排对了）或摇头（排错了）。

4）找一找

"找一找"游戏可以是找人、找东西或者找地方。比如用"着"（她穿着一件白色的T恤）或主谓谓语句（她头发很短，眼睛很大）描述班里一个学生的样子，让大家找出来是谁；在图上或教室里找到某样东西，并用"……在……"说出东西所在的位置（熊猫在树上、书包在桌子下边）；一个人说出目标地点的位置（对面有一个超市，旁边是地铁站），让大家看图找出来；等等。

还可以"找不同"。找出几张图片上的不同之处，并用所学句型、句式进行描述。比如一位老师练习"着"时，用不同年代婚房的图片，让学生找一找有哪些不同，用"着"说出来。目标句包括：

第一间：桌子上放着一台黑白电视机，窗户旁边放着一个电风扇。（1978年的婚房）

第二间：桌子上放着一台彩色电视机，窗户旁边立着一台空调。（2000年的婚房）

第三间：墙上挂着一台液晶电视机，桌子上放着一台电脑。（2018年的婚房）

这个游戏既练习了当课语法，又自然融入了文化点——不同年代中国人生活的变化，非常巧妙。

5）我说你做

有些句子比较适合表演，如用"正在"表示动作进行的句子、动词带趋向补语的句子、常用格式"一边……一边"等等。

像生词游戏一样，适合进行句子练习的游戏也有很多，针对低龄学生，可尽量设计让学生动起来的游戏。

4.会话和成段表达练习

会话和成段表达能力是说话技能教学的重点，通常结合课文讲练进行。口语教材中的课文一般有对话体和叙述体两种形式。需要注意的是，不管课文以何种形式呈现，在口语教学中，都需要设计会话与成段表达两种能力的练习。如果课文是对话体，会话练习一般采用课文框架进行分角色对话练习的方式，成段表达练习一般通过复述的方式将对话体课文转变为叙述体。如果课文是叙述体，可以先围绕课文内容进行问答练习，然后再用课文框架进行成段表达练习。如果课文内容讲述的是一个故事，还可以让学生将叙述体课文转变为对话体进行表演。

（1）会话练习

1）分角色对话

初级班口语教材主要以对话体课文为主，常用的练习方法是在熟读、回答问题的基础上分角色进行对话练习。对话内容可以完全是课文内容，也可以利用课文提供的对话框架进行场景替换。例如：

> 课文：
>
> 马丁：你周末去哪儿了？
>
> 汉娜：我和中国朋友去了一趟天津。
>
> 马丁：天津远吗？
>
> 路人：不太远。我们坐火车，不到一个小时就到了。[①]
>
> 框架：
>
> A：你……去哪儿了？
>
> B：我和……去了一趟……。
>
> A：……远吗？
>
> B：不太远。我们……，不到……就到了。

2）将叙述体变成对话体

例如：

今天真倒霉

　　星期五按理说应该上课，可是有几个朋友邀我去郊游，我不好意思过多推辞，只好答应了他们，没去上课。我们是开车去的，一大早就出发了。天儿不错，我们一路吹着风，心里别提多美了。可是车走着走着，突然抛锚了。车子是一个朋友的，他的车以前从来没出过毛

---

① 王淑红，等.发展汉语：初级口语（Ⅰ）（第二版）[M].北京：北京语言大学出版社，2012.

病，偏偏今天坏了，你说倒霉不倒霉？别人告诉我们前面有个加油站可以修车。等我们费了九牛二虎之力把车推到了，加油站的师傅告诉我们车下午才能修好。要是我们在那儿等一个上午，我们的计划不就全泡汤了吗？

我们商量了一下，决定打辆车继续出发。可那是在郊区的公路上，车可真不好打。我们等啊等啊，最后总算有位好心的司机让我们搭车来到了目的地。一到那儿我们就分别租了几匹马骑，可是我那匹马不听话，我刚上去就把我摔了下来，把我手摔伤了不说，照相机也摔坏了。今天真是祸不单行。我想可能是因为我逃课，老天要惩罚我，以后我再也不逃课了。①

练习：将叙述体课文改编成小话剧

角色：我、两个朋友、加油站的师傅、好心的司机

高级班的口语课文有时是一部短剧或话剧的一个片段，学完以后，也可以让学生分组排练，然后进行表演。

3）讨论与辩论

讨论是中高级班常用的练习方法。可以全班就某个话题一起讨论，也可以分组讨论。分组讨论时教师指定或由各组自选一个主持人，主持人主持讨论并在讨论后对本组同学的意见进行总结和报告。

辩论有一定难度，一般在高级班组织。辩论时分为正方、反方两组，各组先自行讨论，整理出支持本方观点的若干理由，然后各组推选两位代表，到前边先陈述本方观点，双方成员可对本方不认同的观点进行反驳，展开辩论。

（2）成段表达练习

成段表达练习旨在培养学生组句成段及组段成篇的能力。教学重点是指导学生掌握构成语段和语篇的语法手段和词汇手段。正确安排语序及运用虚词，通过词汇重现等手段使句子之间、段落之间相互衔接，同时运用关联词语表明句子之间、段落之间的因果关系、并列关系、承接关系、转

---

① 马箭飞.汉语口语速成：提高篇（第二版）[M].北京：北京语言大学出版社，2006.

折关系等，并能通过替代、省略等实现语段、语篇的连贯。

1）组句成段、组段成篇

组句成段就是让学生把独立的单句依照意义和逻辑关系排列组合成语段，组段成篇就是将若干语段组成语篇。常用的教学方法是将一段叙述体的文章切分成若干个意义及形式完整的单句，或将一篇文章的几个段落顺序打乱，让学生进行组合。然后将组好的语段、语篇与原文比较，除了对比排列顺序是否一致以外，还要看看是否存在可省略的成分没省，可替代的成分没替代，需要用关联词语的地方没有使用或关联词语使用不当等问题。

组句成段练习

 A. 我去的是期刊阅览室。

 B. 图书馆期刊室的书不能借出去，只能在里面看。

 C. 为了准备毕业论文，我去图书馆查一些资料。

 D. 我借了几本杂志，看完后还回去了。

 E. 以为我要偷书，我非常尴尬。

 F. 可是不知怎么的，有一本杂志夹在了我的大本子里，没有还回去。

 H. 警报器一响，管理员马上跑了过来。

 I. 等我出门的时候，警报器响了起来。

 J. 我再三向管理员解释，他才相信我。

语段：

为了准备毕业论文，我去图书馆查一些资料。我去的是期刊阅览室，<u>那里</u>的书不能借出去，只能在里面看。我借了几本杂志，看完后还回去了。可是不知怎么的，有一本杂志夹在了我的大本子里，没有还回去，等我出门的时候，警报器响了起来。警报器一响，管理员马上跑了过来。<u>他</u>以为我要偷书，我非常尴尬，我再三向<u>他</u>解释，他才相信我。①

上面这段话中，画线的部分在原句中使用的是名词，组句成段后，用代词指代，句子之间衔接更加自然顺畅。

2）复述练习

复述是成段表达练习的常用手段。不管是对话体还是叙述体课文，都可以进行复述练习。

将对话体课文转变为叙述体：

小张：路上顺利吧？累不累？

小李：不累。你不知道，我今天差点儿来不了了。

小张：怎么回事儿？

小李：要上飞机了，可是我的机票不见了。我把所有的衣服口袋和行李都翻遍了也没找到。我心里别提多着急了！

小张：怎么搞的？你总是这么马虎。

小李：我也不知道，我明明把机票放在了外衣的口袋里，出门时我还再三检查过。

小张：那结果呢？你又补了一张票吗？

小李：后来开车送我来机场的小王提醒我，在车上我脱过一次外衣，会不会掉在车上了？我们赶紧去看，果然在车的座位下面，原来是我脱外衣时不小心让机票滑了出来。

小张：你呀，以后可别这么马虎了！②

针对这篇对话体课文，教师可以在领读、学生分角色朗读、不看书跟老师说课文等步骤之后进行问答练习。问答练习是成段表达练习的铺垫，教师在设计问题时需要注意问题的内容之间的衔接，在学生回答问题时尽量引导学生使用一些关联词语。待问题回答完之后，将答案连接起来即可成为一个语段。如上面这篇课文可以设计如下问题，并在学生回答问题时

---

① 马箭飞.汉语口语速成：提高篇（第二版）[M].北京：北京语言大学出版社，2006.

② 同上。

给出结构，或在单个学生回答后展示结构，让大家齐说一遍。

问题1：小李今天为什么差点儿来不了了？

答：要上飞机了，可是他的机票不见了。他把所有的衣服口袋和行李都翻遍了也没找到。心里别提多着急了！

结构：（板书或在PPT上显示）

要……了，可是……了。……把……都……也没……。……别提多……了。

问题2：他记得把机票放在哪儿了？出门之前检查过吗？

答：他明明记得把机票放在了外衣的口袋里，出门时还再三检查过。

结构：（板书或在PPT上显示）

……明明……把……放在了……，……时还再三……过。

问题3：后来怎么样了？

答：后来开车送他来机场的小王提醒他，在车上他脱过一次外衣，会不会掉在车上了？他们赶紧去看，果然在车的座位下面，原来是他脱外衣时不小心让机票滑了出来。

结构：（板书或在PPT上显示）

后来……的小王……他，在……他……，会不会……了？……赶紧……，果然在……，原来是……时不小心……。……明明……把……放在了……，……时还再三……过。

以上3个问题的答案连接起来就构成了下面的语段，学生可以根据结构提示进行复述。

要……了，可是……了。……把……都……也没……。……别提多……了。……明明……把……放在了……，……时还再三……过。后来……的小王……他，在……他……，会不会……了？……赶紧……，果然在……，原来是……时不小心……。

复述的方式主要有：一般复述、变换角度复述和扩充性复述。

　　一般复述又可分为详细复述和简要复述，前者要求尽量完整地复述原文的内容，后者要求说出主要内容即可。完整复述课文时，为降低难度，教师可板书一些提示语，如上例。

　　变换角度复述指的是从不同的角度复述一篇文章。比如，上例的复述练习可以从小李的角度说，也可以从他的朋友小张的角度说，还可以从司机的角度说。

　　扩充性复述是发挥想象力，在复述过程中增加原文中没有的内容。如果课文的内容是一个故事，学生可以在原文的基础上自由添加背景或延续故事的内容。

　　需要注意的是，复述不同于背诵。在不改变课文主要内容的基础上，除了要求必须使用的词语及句式以外，在表达上要给学生一定的自由度，允许变换一些词语或表达方式。

　　在将对话体课文变为叙述体时，应要求学生避免频繁使用"他说，……""我说，……"这样照搬对话原句的情况。比如有的学生复述上面的故事时会采用这样的方式：

　　　　小张去接小李，小张问小李："路上顺利吗？累不累。"小李回答："不累。你不知道，我今天差点儿来不了了。"小张问："怎么回事儿？"小李说，……

　　像这样"……问""……回答""……说"式的复述实际上只是把两个人的对话变成了一个人说的"对话"，没有体现出对话体与叙述体在表达方式上的差异，是不符合要求的。再看下例：

你真有眼光！[①]

　　（小刘和小胡是同事）

　　小刘：来看看我新买的这套沙发！

　　小胡：嘿！真不错！哪儿买的？

　　小刘：别提了！为了买沙发，我跑遍了所有的家具店，不是看不

---

① 马箭飞.汉语口语速成：提高篇（第三版）[M].北京：北京大学出版社，2015.

上，就是买不起，好不容易才选中这套沙发。

　　小胡：你真有眼光！这套沙发无论样式、质地，还是做工，都挺不错的。

　　小刘：说得过去吧。

　　上面这段对话，第一句是个祈使句。转换成叙述体时，应引导学生使用"某人请/让/叫/某人做某事"这样的句型，即"小刘请小胡看看他新买的沙发。"接下来的句子是个感叹句"嘿，真不错！"，复述时，应改为"……觉得……"——"小胡觉得很不错"，而不是照搬课文原句"小胡说，嘿，真不错！"

　　3）替换与模仿

　　替换与模仿练习可以是直接替换某语段中的部分内容，也可以是模仿原语段或语篇的格式就某个话题进行成段表述。

　　例1.

八月是新疆的黄金季节①

　　你去过新疆吗？新疆可是个好地方。好玩儿的地方很多，吐鲁番啊、哈密啊、喀什啊、天山啊，这些地方你一定要去。我保证你一辈子都忘不了这次旅行。你最好八月份去，那可是新疆的黄金季节。一来呢，天气不冷不热，比较舒服。二来呢，正是收获季节，可以大饱口福。你知道吗，新疆可是盛产瓜果的地方，什么葡萄、西瓜、哈密瓜、苹果，样样都好吃得不得了。三来呢，这个时候风景最好。

　　课文讲练完毕后，可以让学生仿照课文提供的框架介绍一个地方：

　　你去过……吗？……可是个好地方。好玩儿的地方很多，……啊、……啊、……啊、……啊，这些地方你一定要去。我保证你一辈子都忘不了这次旅行。你最好……月份去，那可是……的黄金季节。一来呢，……。二来呢，……。三来呢，……。

---

① 马箭飞.汉语口语速成：提高篇（第二版）[M].北京：北京语言大学出版社，2006.

例2. 用比喻的方式说明问题、阐述见解

格式：	例文：
指出比喻物同时提出一种观点	夫妻关系好像两块磁铁
⇩	
简要说明比喻物的一些特点	距离太近，看不出磁力来； 距离过大，其中的一块可能被 第三块磁铁吸走。
⇩	
指出比喻物与被比喻物对象的相似程度 按上述说明的比喻物的特点表达自己 的见解	夫妻关系也基本如此。 夫妻间要留有一定的空间，但 不要过多地强调个人自由。

——《汉语口语速成：中级篇》（第二版）第6课①

4）口头报告

口头报告是要求学生就某个话题说一段话。话题可以是指定的，也可以是自由选择的；可以是课前准备好的，也可以是课上的即兴发言。比如，初级班学完有关家庭、爱好的课文，让学生介绍一下自己的家庭、爱好。中级班某一课的话题是"谈工作"，可以让学生谈谈自己理想的工作。高级班在学完有关恋爱婚姻的话题后，可以谈谈自己对该问题的看法。另外，每次课前，教师可指定一个学生准备在下一次上课时做口头报告，报告的内容可以限定，也可以由学生决定，准备时可以写下来，但报告时要求脱稿，不能拿着写好的文章念。报告时间可以根据学生的水平逐渐加长，初级班一般是两分钟左右，高级班可以设定五六分钟。

5）演讲

演讲练习比较适合高级阶段的口语技能教学，可以分以下几步进行：

步骤1. 准备讲稿：学生可在课前准备讲稿。演讲稿应该观点明确、论证充分、有说服力，而且条理清楚，语言表达生动准确。

---

① 马箭飞. 汉语口语速成：中级篇（第二版）[M]. 北京：北京语言大学出版社，2007.

步骤2.持稿演讲练习：学生在熟练朗读讲稿的基础上，在教师的指导下练习把握语气的轻重缓急、语调的抑扬顿挫、节奏的张弛疾徐，以及眼神、表情、手势、姿态、动作等副语言手段。

步骤3.脱稿演讲：学生不看讲稿在班里或小组中进行演讲。

6）故事接力

这是一种游戏式练习，老师跟学生一起讲故事。如：

> 第一句（老师）：今天小李要坐地铁出门，到了地铁站，发现忘带地铁卡了。
>
> 第二句（学生甲）：想用手机买票，又发现忘带手机了。
>
> 第三句（学生乙）：……
>
> 第四句（学生丙）：……

故事接力练习要求学生既要听懂别人的话，又要能马上接出下句，并且语句衔接自然。学生还要发挥想象力，使故事情节生动、一波三折，是一项充满趣味和挑战性的练习，这项练习适合在中高级阶段做。

第四节　口语课教学

一、教学环节

口语课教学一般包括复习、新课教学、小结、布置作业四个环节。

（一）复习环节

复习的目的主要有两个：（1）检查学生对前一课或前几课所学内容是否掌握，对复习过程中所暴露出来的问题进行有针对性的指导。（2）通过复习巩固所学知识，使其在不断地重现和使用中成为经验成分，储存在学生的大脑记忆库中，以供调动和提取。

（二）新课教学的环节

新课教学的环节一般由生词讲练、话题导入、语言点讲练、课文讲练4个部分组成。

生词讲练一般包括生词认读、生词讲练和生词小结3个步骤。

话题导入一般是通过提问或进行相关内容介绍引出本课话题，目的在于引起学生对本课话题的关注和学习兴趣。比如，某一课的话题是买礼物，在进入课文学习之前可以问学生以下问题：回国时准备不准备给家里人和朋友买礼物？打算买什么样的礼物？年轻人喜欢什么礼物？年纪大的人喜欢什么礼物？如果有朋友结婚，一般会送什么礼物？这些都是课文中涉及的问题，学生发表意见后再看课文，可以对比自己的意见与课文中人物的意见，还可以看看文中人物在表达意见时用的词语和句式。通过对比，教师可以帮助学生更好地理解课文内容，对新的词语和句式的意义及用法印象深刻。

语言点讲练一般包括语言点导入和讲练两个步骤。在分课型设课的院校，语言要素教学主要由综合课承担，口语课上的语言点讲练在深度和广度上要有所控制，不要像综合课那样用大量的时间做语法练习。比如，课文中有"妈妈把孩子送到幼儿园"句，在综合课上，需要对"把"字句的语法、语义、语用特征进行全面的描述和练习，但在口语课上，可以只重点讲练"把……V到……"这一句式。

课文讲练的基本步骤包括：

（1）听一遍课文

学习课文之前先听一遍，一来可以锻炼学生对刚刚学过的词语的听后反应能力，二来可以使学生对课文内容及说话人的语音、语调等有个整体的印象，为下一步学习做好准备。

（2）朗读课文

朗读课文的目的一是熟悉课文内容，二是练习语音、语调、语速等。朗读可以采用教师领读、学生个人读、分角色读等多种方式，要求语音语调准确、语速自然、语句流畅。

（3）跟说课文

老师带着学生不看书说一遍课文，要求学生模仿教师的语音、语调、语速等，要像真正说话一样自然流畅。

（4）根据课文内容回答问题

这一步骤一是帮助学生进一步熟悉课文内容，二是在听说过程中进一步熟悉所学词语与句式，为下一步复述课文和会话练习等做好铺垫。

（5）复述课文内容

复述课文内容主要培养的是成段表达能力。复述时可以给学生一些提示词或结构。可以是个人复述，也可以是集体复述或接龙复述。复述的方式包括从不同角度复述、简要复述和扩展复述等。

（6）拓展练习

拓展练习是结合当课话题，选用当课所学词语和句式等做深化练习。一般包括会话练习、讨论、辩论等。教师需要根据教学阶段、课文内容和形式确定练习形式。

初级阶段的拓展练习通常是利用课文框架进行模拟会话练习或成段表达练习。中高级阶段多采用就与课文内容相关的某个话题说明自己观点或进行讨论、辩论的形式。一般先分组进行，然后每组推荐一名同学到前边发言，或事先给每组指定一位组长主持讨论或辩论，然后由组长到前边介绍本组的意见等。进行话题讨论时，可以自由发言，也可以采用分组讨论的方式。

口语课的课文是口头表达练习的重要材料。课堂观察发现，有些教师较为重视生词和语言点讲练，但课文处理比较简略，有的只是领读并分角色读一下，让学生回答几个问题就结束了。有的老师会给课文挖几个空儿让学生填充一下，还有的老师领读完课文就让学生背诵，总体来说，课文练习存在方法单调、机械的问题。说话技能培养不以背课文为目的，而是利用课文提供的话题、场景及结构框架，进行听、读、问答、会话和成段表达练习，从听到读，从朗读到跟说，从问答到复述再到仿照课文内容进行"表演"，环环相扣，一步一个台阶，在此过程中培养学生的汉语口头表达技能及交际能力。

（三）小结的环节

小结是对当课教学内容和要点的简单总结。在小结的过程中还可以对一些重点词语和句式简单复习一下，加深学生的印象。

（四）布置作业的环节

作业主要包括复习和预习两方面，复习的内容为当课所学词语、句型、功能表达方式和课文等。预习主要要求预习生词和课文。另外，中高级阶段可以每次课前指定一两位学生准备一个三到五分钟的口头报告，话题可以是指定的，也可以由学生自定。口语课一般不留书面作业。

二、教学示例

（一）教学示例1

教材：《汉语口语速成：入门篇（下）》（第二版）①

英男：学习结束后，我打算去旅行。您说去西安好，还是去大同好？

老师：西安的名胜 古迹比大同多，我建议你去西安看看。

英男：我听说西安比北京还热，大同是不是比北京凉快一点儿？

老师：看天气预报，今年大同也不比北京凉快。

英男：西安比大同远得多吧？

老师：是啊，不过，去西安的车比较多，比去大同更方便。

英男：好，就听您的。

教学对象：掌握400个左右汉语生词、30个左右一、二级语法项目的初级班学生

教学内容：本课生词、语言点、课文

---

① 马箭飞.汉语口语速成：入门篇（下）（第二版）[M].北京：北京语言大学出版社，2007.

教学重点：（1）重点词：建议、方便

　　　　　　（2）语言点："比"字句

　　　　　　（3）功能表达：对事物进行比较，并提出建议

　　　　　　（4）会话和成段表达练习

教学时长：2课时（100分钟）

教学环节与步骤：

1. 复习（约5分钟）

提问（上一课内容）：

　　　　直美邀请田中和英男去郊游，英男去得了吗？他们约好几点出发？

　　　　英男想不想六点半出发？为什么？……

复述：请一位同学从田中或英男的角度复述一下课文（1）

对话：请两组同学根据上述内容进行对话

2. 新课学习（约80分钟）

（1）生词讲练

1）认读生词

　　教师领读→学生每人读三四个→教师正音→学生集体朗读。

2）生词扩展

a. 结束

（PPT展示常用搭配并领说）

　　比赛结束了　学习结束了

　　结束以后

　　（师生问答）你们在北京的学习结束了吗？

　　（生生问答）学习结束以后，你打算做什么？

b. 名胜

　　（展示中国名胜照片并提问）你们去过哪些地方？

c. 古迹

（展示一些风景照片，其中有现代建筑，也有古迹，提问）哪些是古迹？

d. 名胜古迹
（将名胜古迹照片显示在一张PPT上）

（领说）名胜古迹 → 中国有很多名胜古迹 → 我喜欢参观名胜古迹

e. 建议
（PPT展示常用搭配并领说）

V. 我建议　他建议
N. 一个建议　这个建议　好建议

（情景描述）

老师常常对同学们说，你们要常常跟中国人说话。

（提问）

老师建议同学们做什么？
你们觉得这是一个好建议吗？

（情景描述）

周末你想出去玩儿，可是不知道去哪儿玩儿好？想问问别人的建议，怎么问呢？

（引出询问建议的功能句：你有什么建议？）
（PPT展示对话框架，让学生完成）

A：我不知道……好，你有什么建议？
B：我建议……。

f. 凉快

（展示学生所在地的四季温度，"春天"给出生词"暖和"，引导学生说出另外三个季节的形容词）

热、凉快、冷

（问答：先师生问答，再生生问答）

A：……的……怎么样？（例如：北京的春天怎么样？）

B：……的……很……。

g. 预报

（展示当天所在地的天气预报并领说）

天气预报　看天气预报

（提问）

今天天气怎么样？

h. 方便

（PPT展示常用搭配并领说）

很方便　不方便

（提问）

你们觉得住在学校方便还是住在外边方便？为什么？

（PPT展示常用搭配并领说）

从……到……很方便

（问住在校外的学生）

从你住的地方到学校方便吗？

（展示中国高铁线路图，从北京到西安的线路标红并展示车次和时间）

（提问）

3）生词抢读比赛

快速展示写有本课所学生词、词组或句子的卡片（或在PPT上闪现），看谁读得快。如：

　　　学习结束了　名胜古迹　我建议　真凉快　天气预报

最后出现的词是"比"，进入语言点讲练。

（2）语言点讲练

1）句式1"A比B……"导入与练习

导入：

（利用学生所在地前一天和当天的天气预报，根据季节不同选择"冷、热、暖和或凉快"提问）

　　　昨天凉快还是今天凉快？

例句：

　　　昨天　比今天　凉快。

结构：

　　　A比B……

练习：（展示"大同""北京"和"西安""三亚"四个城市的面积、人口、夏天的平均气温、与北京的距离、从北京到两地的火车车次及时刻表，学生看图用"A比B……"说话）

2）句式2"A不比B……"导入与练习

导入：

　　　（根据上图提问）有人说，大同比北京凉快，对不对？

例句：

　　　大同不比北京凉快。

说明：

　　别人说、觉得"A比B……"的时候，你觉得说得不是这样，可以说：

结构：

　　A不比B……

练习：

　　（描述情景）要是妈妈对你说：小丽的成绩比你好吧？你觉得不是这样，可以怎么说？

　　"A不比B……"有反驳义，建议以上述方式做出说明。但该句式不属于常用句式，练习可简略。

3）句式3"A比B+还+形容词+一点儿/得多"导入与练习

提问：

　　（根据上图提问）西安比北京热一点儿还是热得多？

例句：

　　西安比北京热一点儿。

提问：

　　三亚比北京热一点儿还是热得多？

例句：

　　三亚比北京热一点儿/热得多。

结构：

　　A比B+还+形容词+一点儿/得多

练习：根据上图，用"A比B+还+形容词+一点儿/得多"说话。

4）句式4 "A比B+更/还+形容词"导入与练习

提问：

（根据上图提问）北京、西安和三亚都很热，西安和北京哪儿更热？

例句：

西安比北京更热。
西安比北京还热。（本课课文中的句子）

对比：

"A比B+还+形容词"与"A比B+更+形容词"

说明：

三亚38度，太热了，对不对？要是你想强调一个地方特别热，是说"比西安还热"还是说"比三亚还热"？（引导说出）：比三亚还热。

大家都知道三亚特别热，你说一个地方比三亚还热，是想强调这个地方热，这时候一般用"A比B+还……"，不说"A比B+更……"。

练习：

要是想强调一个人跑得快，可以说比谁跑得还快？（博尔特……）

（引导说出）他跑得比博尔特还快！

还可以说比什么动物跑得还快？（兔子……）

（引导说出）他跑得比兔子还快！

5）综合练习

学生分组，用以上学习的三个句式对比自己国家几个城市的情况（或与自己去过的某几个国家或城市进行对比）。然后各组推荐一位同学到教室前面介绍。

（3）课文讲练

1）导入

　　师：刚才同学们说了北京、大同、西安这三个地方怎么样，英男现在在北京学习，学习结束后想去大同或西安旅行，你建议他去哪儿？为什么？

　　生：（自由回答）

　　师：我们听听英男的老师建议他去哪儿，为什么？

2）听一遍课文

3）领读课文

4）学生分组练习朗读课文

5）跟老师说课文

6）师生问答

　　学习结束后，英男打算做什么？

　　老师建议他去哪儿？为什么？

　　英男听说西安天气怎么样？

　　西安离北京近还是大同离北京近？

　　从北京去西安更方便还是去大同更方便？为什么？

7）复述课文

　　学习结束后，……打算……，他问老师……，老师建议……。……听说……，但是看……，……不比……。……比……远得多，不过，……比较……，比……更……。

8）模仿课文进行会话练习

（教师可提供一些名胜古迹的相关材料供学生选择）

　　题目：去……好，还是去……好？

　　框架：

　　A：……，我想……。你说去……好，还是去……好？

B：……比……，我建议……。

A：我听说……比……还……，……是不是比……一点儿？

B：……不比……。

B：……比……得多吧？

A：是啊，不过，……

B：好，就听你的。

3.小结（约4分钟）

（1）生词小结

可以采用朗读或提问、用本课生词描述图片等方式进行。

（2）语言点小结

展示本课所学句式，并采用朗读句子或提问、根据图片或图表说话等方式进行。

（3）课文小结

　　为什么老师建议英男去西安？每人说一句话，看谁说得快。

功能表达方式小结：

　　要是你不知道去哪里好，想问问别人的建议，怎么问？

　　建议别人做什么的时候，怎么说？

　　听了别人的建议，你觉得好，想这么做的时候怎么说？

4.布置作业（约1分钟）

（1）复习类作业

（2）预习类作业

（二）教学示例2

教材：《汉语口语速成：提高篇》（第二版）[①]

　　要是早坏两天就好了

---

① 马箭飞.汉语口语速成：提高篇（第二版）[M].北京：北京语言大学出版社，2007.

（金京顺是韩国学生，她房间里的电视坏了）

金京顺：师傅，您都我看看，我的电视出毛病了。

师　傅：什么毛病？

金京顺：按下开关没反应。

师　傅：是不是没插好插销？

金京顺：我检查过了，不是。它不是老这样，说不定什么时候又好了，时好时坏。

师　傅：可能是开关接触不良。

金京顺：好像不是开关的事儿，是不是里面什么零件失灵了？

师　傅：看了多少年了？该报废了吧？

金京顺：哪儿啊，才买一年多。

师　傅：过保修期了吗？没过可以免费维修。

金京顺：过了，刚过一个月，要是早坏两天就好了。

教学对象：具有汉语基本听说能力，掌握汉语一般句式和主要复句、特殊句式及1500个左右常用词汇的汉语学习者。

教学内容：本课生词、语言点及课文

教学重点：（1）语言点："时……时……""哪儿啊" 的意义和用法；（2）功能项目：与修理电器有关的常用词句；（3）会话和成段表达练习。

教学时长：2课时（100分钟）

教学环节与步骤：

1. 复习（约5分钟）

复习上一课学过的与购物有关的词句 。

（1）词语复习：老师说词义，学生猜词抢答

开业、打折、实惠、用得上、厨房用具、床上用品、家具、有眼光……

如：

师：又便宜又实用

生：实惠。

（2）句子复习：说出上一课课文中与购物有关的句子

这家商店刚开业，商品一律打九折。
我想买些礼物，好带回去送人。
逛了半天也没拿定主意买什么。
我把所有的大家具店都跑遍了，也没买到我要买的家具。
这种桌子是日本特有的，中国根本没有卖的。
……

说明：如果学生回忆不起来，教师可进行提示，如"这家商店刚开业，商品一律打九折"句，教师可以用提问的方式帮助学生回忆："小王为什么来这家商店？"

2.新课学习（约80分钟）

（1）生词讲练

1）认读生词

（学生每人读三四个→教师正音→教师领读→学生集体朗读）

按、开关、反应、插、插销、接触、不良、零件、失灵、报废、保修期、维修

2）生词讲练

方法1.老师做动作，让学生选用本课生词描述：

按开关、按门铃、按电话号码、插插销、维修

方法2.生词扩展：

a.反应

（PPT展示常用搭配、例句并领说）

有反应　没有反应
我叫他，他没有反应

我的电视出毛病了，按下开关没反应。①

反应很快 反应有点儿慢

（情景描述）看到孩子要摔倒了，他马上抓住了孩子。可以说——

（引导说出）他的反应很快。

b. 接触

不良

（PPT展示常用搭配、例句并领说）

接触不良 开关接触不良

按下开关没反应，<u>可能是开关接触不良</u>

A：<u>我的电视出毛病了，按下开关没反应。</u>

B：<u>可能是开关接触不良。</u>

消化不良

我最近胃不舒服，可能是＿＿＿＿。（后一半让学生接上）

c. 零件

失灵

（PPT展示常用搭配、例句并领说）

零件失灵了

按下开关没反应，<u>是不是里面什么零件失灵了？</u>

d. 报废

（PPT展示常用搭配、例句并领说）

汽车报废了 机器报废了

该报废了

这辆车已经开了十多年了，该报废了。

这台电视已经看了好多年了，该＿＿＿＿。 （让学生接）

---

① 画线的为课文中出现的句子。

e. 保修期

（PPT展示常用搭配、例句并领说）

　　保修期一年　电器的保修期一般是一年

　　（提问）你的手机保修期是多长时间？现在过保修期了吗？

　　　　在保修期内，如果东西坏了可以怎么样？

　　免费维修

　　　　没过保修期的话，可以免费维修。

3）生词小结

学生选用本课生词讲一段话。如：

　　我的手机按下开关没反应，可能是零件失灵了。这个手机的保修期是3年，还没过保修期，可以免费维修。

（2）课文讲练（约50分钟）

1）导入

　　师：你们看一下，今天的生词大部分跟什么有关？

　　生：电器。

　　师：小金的电视出毛病了，你们猜可能是什么毛病？

　　　　一般电器出毛病了，可能有哪些原因？

　　生：（自由回答）

　　师：好，下面我们听一下课文，然后告诉老师——小金的电视出什么毛病了？看了多长时间了？过保修期了没有？

说明：以上两个问题既是课文的主要内容，又可引出本课语言点。

2）听课文

本课两个语言点分布在课文前后两部分中，听课文时可以先听第一部分，然后讲练语言点1"时……时……"。听完第二部分后，讲练语言点2"哪儿啊"。

3）语言点讲练

初级阶段的语言点主要是基础语法项目，比如比较句、把字句、

"了"及各种补语等等，语义、用法比较复杂，一般在生词讲练之后设单独的语法讲练环节。到了中级阶段，语言点多为重点词语或常用格式，可以在课文教学环节，结合上下文进行简单讲练。

语言点1. 说不定什么时候又好了，时好时坏

导入：

师：这个学生的电视出什么毛病了？

生：按下开关没反应。

师：是老这样吗？她是怎么告诉师傅的？

生：不是老这样。说不定什么时候又好了，时好时坏。

师："时好时坏"是什么意思呢？

生：……。

说明：

表示两种情况交替发生。"时"字后面一定是两个意义相反的词，一般是单音节词。

领读：

例1. 他对我的态度时冷时热，我不知道为什么。

例2. 他的病时轻时重。

例3. 游客们边看风景边照相，时走时停。

练习：用"时……时……"完成句子

电视的声音＿＿＿＿＿＿＿＿＿＿＿＿＿＿＿。

汽车开得＿＿＿＿＿＿＿＿＿＿＿＿＿＿＿。

最近的天气＿＿＿＿＿＿＿＿＿＿＿＿＿＿，人们很容易感冒。

语言点2. 哪儿啊，才买一年多。

导入：

师：师傅问小金，她的电视看了多少年了，是不是该报废了？

小金是怎么回答的？

生：哪儿啊，才买一年多。

说明：用在口语中，否定别人的话，意思相当于"不是、不对"。
领读：
例1.

A：那人是小王的丈夫吧？
B：哪儿啊，那是小王的哥哥。

例2.

A：好久不见，你是不是回国了？
B：哪儿啊，我去旅行了。

例3.

A：你汉语说得真好！
B：哪儿啊，还差得远呢。

练习：用"哪儿啊"完成对话
练习1.A：这菜是你做的吧？
　　　　B：＿＿＿＿＿＿＿＿＿＿＿。
练习2.A：汉语很难吧？
　　　　B：＿＿＿＿＿＿＿＿＿＿＿。
练习3.A：我觉得你对买东西很在行。
　　　　B：＿＿＿＿＿＿＿＿＿＿＿。

4）朗读课文
教师领读→学生两人一组，分角色练习朗读课文→教师巡视，进行发音指导→请两组学生朗读课文，其他学生不看书听。

5）跟说课文
学生不看书，跟教师一起说课文。

6）就课文内容提问

　　小金的电视出什么毛病了？

　　师傅觉得可能是什么原因？

　　是不是没插好插销？

　　是不是开关接触不良？

　　小金觉得可能是什么原因？

　　电视看了多少年了？该报废了吧？

　　过保修期了吗？

　　为什么金京顺说"要是早坏两天就好了"？

7）成段表达练习：复述课文

从不同角度复述：分别从小金和师傅的角度讲述这件事；

扩展复述：从小金的角度复述时可增加买电视和电视出毛病之前的情况、修理后的情况，从师傅的角度可以增加修理中发现的情况等。

8）功能表达练习

（请人帮忙修理电器）

　　A：师傅，您帮我看看，……出毛病了。

　　B：什么毛病？

　　A：……。

（探讨原因）

　　B：是不是……？

　　A：我检查过了，不是。它不是老这样，说不定什么时候又好了，时好时坏。

　　B：可能是……。

　　A：好像不是……的事儿。

（谈保修期）

　　A：看了多少年了？该报废了吧？

B：哪儿啊，才买……。

A：过保修期了吗？没过可以免费维修。

B：过了，刚过……，要是……就好了。

9）分组进行对话练习，然后请两组同学到前边表演。

情景：A请人帮助修理电器

角色：A和师傅

题目：师傅，您帮我看看，……出毛病了。

要求：会话内容必须包括"请求帮忙修理并说明情况""探讨原因""谈保修期"三方面，除此之外可做适当扩展。

补充词语：

电器名称：冰箱、空调、洗衣机、电脑、手机……

故障：不制冷、噪声大、不排水/甩干、死机、速度太慢、中病毒、自动关机、待机时间太短……

10）拓展练习：看图说话

根据下面的图片（见图3-3），请大家一起讲故事。

图3-3

3. 小结（约4分钟）

总结修理电器时的常用词语和句式。

电器常见的毛病：按下开关没反应、电视机有画面没声音、冰箱……

出毛病的原因：没插好插销、开关接触不良、零件失灵

谈原因时常用的句子："是不是……？""可能是……。""好像不是……的事儿。"

谈使用时间时常用的句子："用了多少年了？""该报废了吧？""过保修期了吗？""没过可以免费维修。"

4. 布置作业（约1分钟）

复习本课所学内容，预习课文2（生词、语言点及课文）。

（三）教学示例3

教材：《汉语口语速成：高级篇》①

教学对象：具有较好的听说能力、掌握3500个以上汉语词汇的学习者。

教学内容：第7课课文（3）生词（25个）、重点词语（5个）、常用句式（7个）

教学重点：（1）重点词语和句式
　　　　　　（2）语段和语篇表达

教学时长：2课时（100分钟）

教学环节与步骤：

1. 口头报告（约8分钟）

一位学生做4分钟左右的口头报告，然后回答同学们提出的问题。

报告内容与报告人是提前布置的。可以是个人报告，也可以是小组合作做报告。口头报告在中级班也可以做。

---

① 马箭飞. 汉语口语速成：高级篇[M]. 北京：北京语言文化大学出版社，1999.

2. 复习与导入新课（约10分钟）

（1）上一课学过的成语和重点词语

（2）第7课课文1《感性消费》的主要内容、课文2《都市的广告》的主要观点

（3）听后复述前一课所学的描述广告泛滥情况的重点语段

　　都市广告泛滥，无孔不入。你可以逃脱得掉学习、约会、应酬、考试，甚至惩罚，你逃脱不掉广告。除非你不上街、不看电视、不翻报纸杂志……那么，你同囚犯没什么两样。没有办法，你只得欢迎广告，实在无可奈何。

提示语：

　　泛滥　无孔不入　逃脱得掉　逃脱不掉　除非　那么　只得无可奈何

（4）新课话题导入

　　上边这段话是在批评广告泛滥的现象。下面我们再看一篇文章，看看这位作者对广告是什么态度。

说明：本课话题是继续前一课关于广告的话题，所以复习与导入可结合起来。

3. 新课学习（约75分钟）

（1）生词讲练（约15分钟）

进入中高级阶段，每课生词量较大。一般不采用像初级阶段那样逐个讲练生词的方式。常用的方式是要求学生课前预习生词，课上检查生词预习情况。只对重点词语进行讲练。重点词语讲练可以在生词学习环节进行，也可以结合课文学习进行。

检查生词预习情况的常用方式有：用当课生词进行问答练习、用当课生词填空、选用当课生词讲一段话等。

（2）课文讲练与话题讨论（约60分钟）

一般分以下几个步骤进行：

1）分段或分部分听；

2）朗读课文；

3）重点词语和句式讲练；

4）逐段跟说课文并使用本段重点词语、句式回答问题，进一步熟悉课文内容和语言表达，为下一步成段表达练习做准备；

5）复述段落内容，还可以在此基础上利用段落框架进行内容替换练习；

6）全篇课文完成后，进行段落主题、内部层次及语言表达要点总结；

7）拓展练习：围绕课文主题进行讨论或辩论。

以上是课文讲练的基本步骤，教学中可以根据课文话题、语言和篇章结构特点进行有针对性的讲练设计。

4. 小结（约5分钟）

结合板书总结本课教学内容

5. 布置作业（约2分钟）

下面以课文第一段为例，介绍一下高级班口语课课文讲练的步骤与方式：

1）听

提起广告，说烦的人恐怕不是少数。说来也怪，也许是从广告在中国公开亮相的那天起，人们对它的非议也与生俱来。早在十多年前，中央电视台首次在黄金时间插播广告，曾引起轩然大波，抗议信件雪片似的飞来。到如今，广告已无孔不入，报纸、杂志、广播、电视，以及人们生活的各个角落随处可见它的身影，我们稍不留神，就会跟它撞个满怀。真是的！

2）朗读课文

教师领读、学生朗读

3）重点词语和句式讲练

　　a. ……不是少数/不在少数

　　改说句子：大学毕业后想出国深造的学生不少。

　　　　　　　　→大学毕业后想出国深造的学生不是少数/不在
　　　　　　　　少数。

　　b. 说来也怪

　　问："说来也怪"之后常常说的是什么样的情况？

　　答：奇怪的、不正常的

　　练习：用"说来也怪"说一件让自己觉得奇怪的事。

　　c. 公开亮相

　　问：公开亮相是什么意思？

　　答：……。

　　说明：换一种说法可以说"出现在人们面前"。

　　改说句子：车展上展示了几款新车

　　　　　　　　→车展上，几款新车公开亮相。

　　d. 非议

　　问："非议"的意思是什么？

　　答：……。

　　扩展：引起非议　引起大家的非议　他的做法引起大家的非议
　　　　　对……有非议　人们对广告有非议

　　e. 与生俱来

　　问：有人觉得人的性格是天生的。用"与生俱来"怎么说？

　　答：人的性格是与生俱来的。

　　问：除了性格以外，还有什么是与生俱来的？

　　答：……。

　　f. ……雪片似的飞来

　　说明：表示在一段时间内来了很多信件

改说句子：他结婚的时候，朋友们给他发来了很多贺卡。

　　　　　　→他结婚的时候，朋友们的贺卡雪片似的飞来。

g. 稍不留神，就会……

说明：表示很容易发生什么情况

练习：开车的时候，稍不留神，就会怎么样?

　　　　→开车的时候，稍不留神，就会发生交通事故。

h. 真是（的）

说明：常用来表达不满的心情

例如：你明明知道，怎么不告诉我呀? 真是的!

　　　　这人老迟到，真是的!

练习：用"真是（的）"说一件让自己不高兴的事

4）跟说课文并回答问题

学生不看书跟老师说一小段话，然后使用课文中的重点词语和句式回答问题。

跟说1：提起广告，说烦的人恐怕不是少数。

提问：提起广告，说什么的人恐怕不是少数?

提示语：提起　恐怕　不是少数

跟说2：说来也怪，也许是从广告在中国公开亮相的那天起，人们对它的非议也与生俱来。

提问：从广告在中国公开亮相的那天起，人们对它的态度怎么样?

提示语：说来也怪　公开亮相　非议　与生俱来

跟说3：早在十多年前，中央电视台首次在黄金时间插播广告，曾引起轩然大波，抗议信件雪片似的飞来。

提问：中央电视台哪一年在什么时间首次插播广告? 在社会上产生了什么样的影响?

提示语：早在……之前　黄金时间　曾　轩然大波　雪片似的飞来

跟说4：到如今，广告已无孔不入，报纸、杂志、广播、电视以及人们生活的各个角落随处可见它的身影，我们稍不留神，就会跟它撞个满怀。真是的!

提问：到如今，广告已经怎么样了？

提示语：到如今　无孔不入　随处可见　稍不留神　撞个满怀　真是的

　　中高级阶段，学生的口语能力已经可以满足日常交际需要。这一阶段，学生在口头表达时存在的问题是习惯使用自己熟悉的表达方式，虽然表达流畅度较高，但是丰富性、得体性不足。有些学生会跟老师抱怨自己到了高级班以后，口语进步不大。因此，在高级阶段教学中，教师要有意识地引导和督促学生使用更多样的表达形式。比如上面的练习，在回答问题时，老师给出提示语（重点词语和句式），要求学生尽量使用提示语答问，熟悉新词和新的表达方式。要做到不仅会说、能说，还要说得地道。

　　5）复述段落内容

　　　　提起……，……的人恐怕不是少数。说来也怪，也许是从……的那天起，人们对它的非议也与生俱来。早在十多年前……首次……，曾引起轩然大波，……雪片似的飞来。到如今，……已……，……随处可见……，……稍不留神，就会跟它撞个满怀。真是的！

　　6）替换话题，利用本段框架和重点词语进行论述

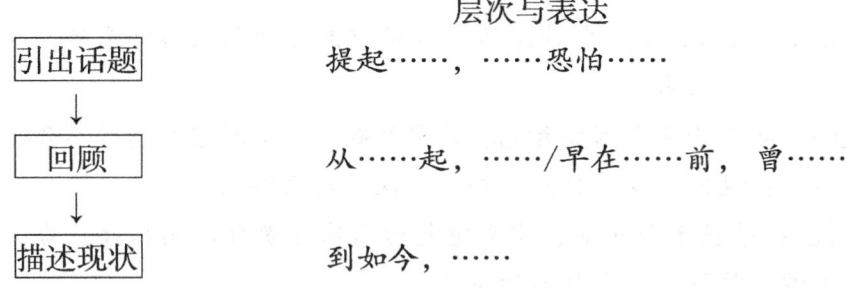

层次	与表达
引出话题	提起……，……恐怕……
回顾	从……起，……/早在……前，曾……
描述现状	到如今，……

　　话题："网络流行语""网红"等。

　　本篇课文共7段，每段的处理方式可以根据内容和语言表达特点而有所不同，比如第一段中需要重点讲练的词语较多，结构框架也较完整，可以做话题替换练习。其他段无须每段都按照相同的步骤和方式练习，可以有繁有简，练习方式也可以多样化。比如有的段落可以做听后回答、利用关键词语和句式复述大意的练习。有的段落可以先做句子排序练习，这也

是语篇练习的方式，然后再进行口头表达练习。有的段落可以先抽出一些关键词语，做词语填空练习，然后再做听说练习。

整篇课文讲练完毕后，再进行语篇结构分析：

论点：饶了广告，给它一点儿宽容

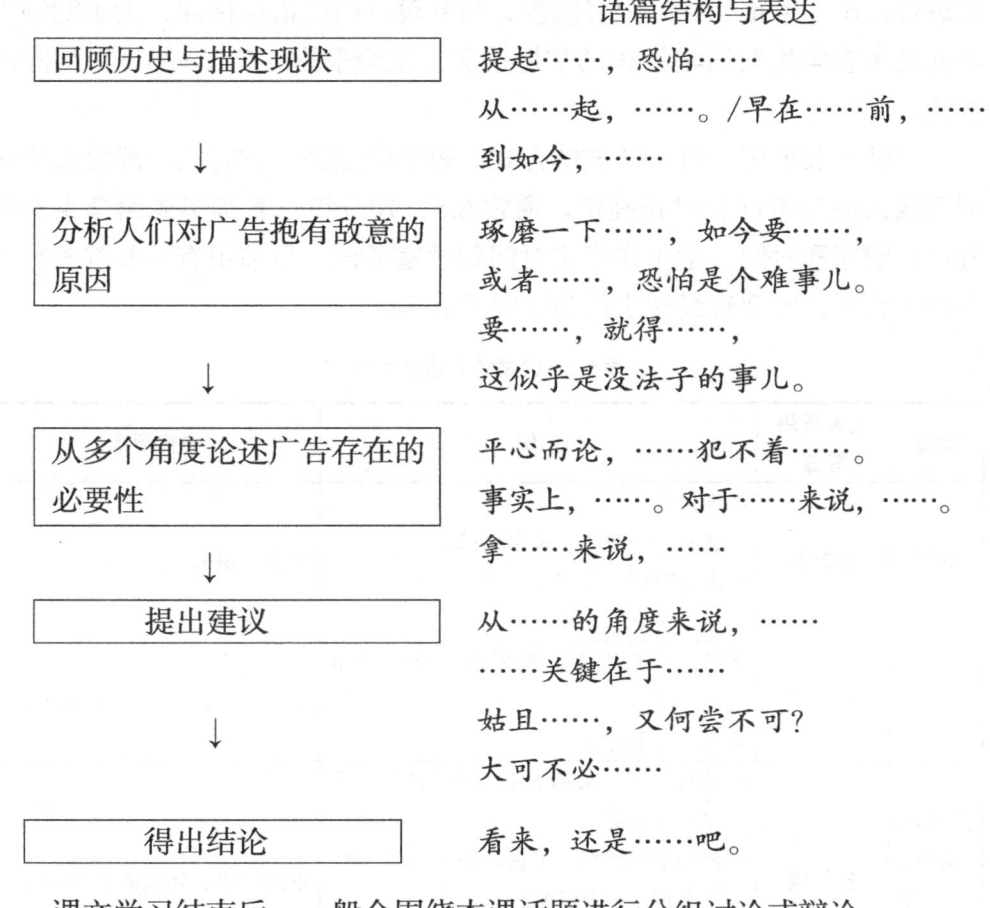

语篇结构与表达

回顾历史与描述现状　提起……，恐怕……
从……起，……。／早在……前，……
到如今，……

分析人们对广告抱有敌意的原因　琢磨一下……，如今要……，
或者……，恐怕是个难事儿。
要……，就得……，
这似乎是没法子的事儿。

从多个角度论述广告存在的必要性　平心而论，……犯不着……。
事实上，……。对于……来说，……。
拿……来说，……

提出建议　从……的角度来说，……
……关键在于……
姑且……，又何尝不可？
大可不必……

得出结论　看来，还是……吧。

课文学习结束后，一般会围绕本课话题进行分组讨论或辩论。

第五节　口语课的测试

一、口语课的考试方式与常用题型

口语课考试作为课程考试，主要考查学生运用所学语言知识就相关话题进行口头表达的能力。教师可以根据学生的表现进行教学总结和反思，针对学生在考试中出现的问题制订有针对性的解决方案，改进教学，提升教学效果。

在分课型设课的院校，综合课考试通常采用笔试的方式，口语课考试只进行口试。但是在国外很多院校，只开设一门汉语会话课，为了能够更全面地考查学生对所学知识的掌握情况，也会采取"口试+笔试"的测试方式。

口试一般采用一对一考试的方式，每个学生的考试时长一般由教师根据班级人数与考试总时长确定，通常在5—10分钟。教师事先给学生安排好口试顺序和时间，学生在指定时间到教室考试。目前也有一些院校利用多媒体教室，实现班级学生同步限时录音考试。

表3-2　口试常用题型示例

题型	主要适用等级	示例	考查要点
朗读	各等级	▶ 朗读句子： 我有一个哥哥、两个弟弟。 ▶ 朗读对话：（略） ▶ 朗读短文：（略）	发音、语调
复述	初中级	老师：我昨天下午跟朋友一起去看电影了。 学生：（复述）	发音、语调、复述话语能力
用指定词语或句式改说句子	各等级	▶ 哥哥8岁，弟弟6岁。用"比"怎么说？（初级） ▶ 我回家时妈妈已经做好饭了。用"弄"怎么说？（中级） ▶ 没必要勉强自己做不喜欢的工作。用"何苦……呢？"怎么说？	重点词语、句式的掌握情况
回答问题	各等级	▶ 你的爱好是什么？（初级） ▶ 你认为找工作时待遇与工作内容哪个更重要？为什么？（中级） ▶ 你认为政府应该采取哪些措施保护环境？（高级）	考查听答能力、说明事实或阐述观点的能力

续表

题型	主要适用等级	示例	考查要点
根据指定情景或要求说话	各等级	▶ 你想去图书馆，怎么问路？（初级） ▶ 赞成别人意见时，可以怎么说？（至少使用三种常用的表达方式）（中级） ▶ 先肯定别人的意见，然后从另一个角度阐述观点，可以怎么说？（高级）	功能表达方式
看图说话	初中级	▶ 看图，用指定词语说一句话。（初级） ▶ 看图，讲一个小故事。（不少于……个句子）（中级）	词句使用情况、场景描述能力、成段表达能力
用所给词语复述课文	初中级	学生抽取写有提示词的纸条。如： 用下列词语介绍一下第 13 课课文 4 的主要内容： 差点儿　明明　再三 后来　原来 （这项考试通常给学生准备时间。学生考前 5 分钟到教室抽取考题后在外边准备。准备期间可以看书。）	成段表达能力
话题陈述	各等级	▶ 介绍自己的家（初级） ▶ 介绍一次难忘的经历（中级） ▶ 谈谈对广告的看法（高级）	成段表达能力及说明情况、表达意见和阐述观点的能力

二、口语成绩评价维度

不同阶段口语成绩评价维度不尽相同。初级阶段主要从正确性和流利性两个方面考量。中级阶段还要考虑话语连贯性及表达丰富性。高级阶段则会增加语言表达得体性这一评价维度。

口语考试成绩的判断主观性较强，教师容易受到对学生平时印象的影响，为使评分更加客观，降低主观性，翟艳（2012）提出口语成绩测试的"五项十一点"评价标准，五项即口语成绩评价的五个维度：听感、词汇、语音、句法和意义表达，其中，"听感"包括三个"考查点"：停顿少、语流自然、重复少。"词汇"包括两个"考查点"：使用正确、词汇丰富。"语音"包括一个"考查点"：发音和语调正确。"句法"包括两个"考查点"：使用正确、句式复杂多样。"意义表达"包括三个"考查点"：表达正确完整、衔接连贯、逻辑清晰。

思考题

1. 口语语体主要有哪些特点？

2. 书面语体主要有哪些特点？

3. 根据《国际中文教育中文水平等级标准》关于说话技能的描述，"成段表达能力"是哪个阶段的口语技能训练重点？

4. 外国人说汉语时存在的主要问题有哪些？

5. 针对外国人说汉语时存在的问题，可以采取哪些教学对策？

6. 汉语说话技能教学的目标是什么？

7. 汉语说话技能教学的原则是什么？

8. 汉语说话技能教学的重点是什么？

9. 如何通过有效的练习帮助学生打好语音基础？

10. 语音教学过程中需要注意哪些问题？

11. 口语课生词讲练的常用方法有哪些？

12. 口语课语法讲练的常用方法有哪些？

13. 口语课课文讲练的基本步骤和方法是什么？

14. 如何培养学生的会话和成段表达能力？

15. 口语课考试的常用题型有哪些？

参考文献

范开泰. 论汉语交际能力的培养[J]. 世界汉语教学，1992（1）.

桂诗春. 实验心理语言学纲要——语言的感知、理解与产生[M]. 长沙：湖南教育出版社，1991.

黄伯荣，廖序东. 现代汉语·上册（增订六版）[M]. 北京：高等教育出版社，2017.

汲传波，刘芳芳. 留学生汉语书面语中的口语化倾向研究[J]. 语言教学与研究，2015（1）.

李　泉. 面向对外汉语教学的语体研究的范围和内容[C]//赵金铭. 汉语口语与书面语教学——2002年国际汉语教学学术研讨会论文集. 北京：北京大学出版社，2004.

刘　珣.对外汉语教育学引论[M].北京：北京语言文化大学出版社，2000.

申修言.应该重视作为口语体的口语教学[J].汉语学习，1996（3）.

盛　炎.跨文化交际中的语体学问题[J].语言教学与研究，1994（2）.

田　然.外国学生在中高级阶段口语语段表达现象分析[J].汉语学习，1997（6）.

萧海薇.浅谈对外汉语语体知识教学[C]//赵金铭.汉语口语与书面语教学——2002年国际汉语教学学术研讨会论文集.北京：北京大学出版社，2004.

徐子亮.汉语作为外语的口语教学新议[J].世界汉语教学，2002（4）.

杨惠元.汉语听力说话教学法[M].北京：北京语言文化大学出版社，1996.

杨惠元.课堂教学理论与实践[M].北京：北京语言大学出版社，2007.

翟　艳.汉语口语成绩测试评估标准[J].华文教学与研究，2012（1）.

第四章　汉语听力技能教学

第一节　为什么听?

一、听力技能的意义

在听、说、读、写各项技能中，听懂话语被认为是言语交际得以实现最重要的原因。

语言是人与人交流的工具。在口头交际中，人们需要借助声音的传播来接收语音符号和理解其中的意义。人类的发声器官可以发出各种各样的声音，但只有包含了一定意义的声音才被视为语音。语音的发出与接收，代表了交际双方的不同角色，从而构成说话和听话这两种互为反向的语言通达形式。说话人发出信息，听话人接收信息并做出反馈，谈话才得以进行。

在交际过程中，很难说准确表达和准确接收哪个更重要。一般而言，听懂话语和表达话语都是实现交际必不可少的方面，但是，从保持谈话的连续性角度来说，听懂话语的作用可能更大。在交际中，如果听话者听不懂话语，就会直接导致交流障碍或交流中断。据胡春洞（1990），听在人类交际中所占的比例为45%，可以说听懂话语、准确理解说话人的意图和心理是进行恰当表达的先决条件。

对儿童语言能力发展的一些研究也证实了听在语言学习中的作用。婴儿在出生几周之后就有了听觉，他们可以感知到不同的声音，辨别不同的音色，区分说话人的特征，并能做出相应的回应。在长达一两年的语言静默期里，伴随着语音信息的大量输入，儿童的大脑中逐渐建立和储存起语言的声音和意义体系，一岁多开始说话，到四五岁基本学会语言，儿童学习母语的成功率进一步印证语言输入是先于输出的。自然语言教学法就提倡在语言教学的过程中，要尽量创造条件加大输入，以促进学习者第二语言机制的建立，从而为语言的输出做好准备。

二、听力理解的心理过程

心理学上听的过程体现为在言语信号接收中大脑高级神经活动的分析与综合功能。听力理解的过程是从语音的感知、识别、储存到意义。理解话语是一个复杂的心理过程，胡春洞（1990）将其概括为以下七个步骤：

（1）音的感知和识别；

（2）对具体、简短的材料进行初步的理解；

（3）对材料进行短时记忆储存；

（4）将刚刚储存的材料，与前面已经储存在短时记忆中的材料加以连接；

（5）将刚刚储存的材料，与正在进行短时记忆的材料加以连接；

（6）领会材料的意思并进行长时记忆储存；

（7）对大意、概括的回顾。

徐子亮（2000）从认知的角度将听力理解概括为三个连贯的加工过程：语音代码转换为言语信息代码，再转换为语义信息理解，即听觉加工、译码加工和思维加工。这三个过程也可细分为一连串的步骤：

听觉加工：自然音

→筛选（从自然音筛选出语音）

→甄别（从语音确定汉语语音）

→辨析（受汉语语音系统控制，析出音节的声韵调）

译码加工：→激活（调动已贮存的、语音代码相同的词语模式）

→匹配（选出记忆中与外界语音刺激完全一致的词语）

→提取（把匹配的词语提取到工作记忆，等待组合）

思维加工：→组合（按语法规则把词语组合成言语形式，修正提取有

误的词语）

→理解（把言语形式转换为命题，显示语义：直接用目的语或转译成母语）

从心理学和认知的角度概括，理解的过程经历了语音感知、话语理解和信息储存三个阶段，而听力理解的本质就是利用听觉器官对言语信号接收、解码的过程。听话的人通过大脑的神经功能，将捕捉到的声音符号进行辨析分类，激活大脑中已经贮存的经验成分，进行意义的匹配，从而完成意义的建构。

三、何谓听力？

何谓听力？从生理学上说，听力是耳朵辨别声音的能力。这个"声音"不是无意义的自然之音，而是包含意义的、人类所发出的语音。在语言教学上，关于听力的定义很多，比如：

听力是弄懂所听内容的一种主动的、有目的的信息加工过程（Helgesen，2003）。

这个定义里有两个关键词"主动的""有目的的"。

"主动的"是指听话人要预测、要猜测、要推断、要批驳，还要解读。听话人不是被动地、简单地接收所听的信息，而是将它们与自己已有的知识和经验相联系，利用已有的语言知识和背景知识，主动参与话语意义的建构。听力同时发生在话语建构的多个层次，从识别单个的音节到识别话语中的语气、语调、言外之意，它是一个主动接收的技能，不是被动消极的技能。

"有目的的"是指在理解输入的过程中，听话人只使用部分输入的信息，即有选择地去接收和理解自己想听的那些东西。不同的听者漏掉的信息可能不同，筛选出来的信息也可能不同，尽量做到全神贯注，也不能保证每个人接收到完全相同的信息。在二语习得领域有一个概念叫"注意"，说的是只有注意到的东西才有可能被习得，这就好像"听"与"听见"的不同一样。

语言教学中的听力理解应该包含两方面的内容：（1）辨别语音；（2）理解意义，那么听力理解技能应该就是通过辨别语音来理解话语的能力。

四、听力微技能

就第二语言听力来说，究竟需要哪些相关的听力技能，研究者并无定论。如"记忆"是听力本身固有的因素，还是外加的因素，研究者的意见并不一致。"辨音"是属于真正的聆听，还是真正聆听的基础和前提，学者亦有不同看法。研究者从各自的研究角度切分了构成话语理解能力的要素，提出了听力训练的"微技能"概念。

1. 李清华的观点

1987年，李清华较早提出要重视听力分项技能训练的思想。她将听力的分项技能划分为六个方面：

（1）对听力材料的筛选能力。即对所听的内容进行选择，不平均使用力量，对重要的部分仔细地听、认真地记，对次要的部分不必留心。

（2）预测和更正预测的能力。即听了上文大概能猜出下文，以及当与自己预测不同时还要能够更正预测。

（3）跳越障碍的能力。指对听力材料不逐字、逐句理解，即遇到生词时先不去管它，接着往下听，等听完后边的，前边不懂的地方也许就明白了。

（4）识别重述或变换措辞的能力。为了强调重点，引起听者注意，文章中常常出现重述，就是把所讲的内容的某一部分再重复一下。这本来是对听者有利的，但因外国留学生的汉语水平不高，还不能识别重述，所以反而是变易为难了。

（5）利用连接词和语法关系提供信息的能力。即搞懂复句中的连接词和表示重要语法关系的关键词语，能帮助提供信息，使听力变得比较从容轻松。

（6）"一心二用"的能力，就是听的同时要能做笔记、画图、做试验。

这是我们看到的最早的关于听力技能细节的阐释。其中有三个方面"选择性地听""预测""跳越障碍"是真正的听力技能，"识别重述或变换措辞""利用连接词和语法关系"与听力的关系并不那么紧密，"一心二用"也不仅适用于听力技能，更多指的是多感官、多技能的协同。不过文章对听力技能做了较为细致的分析，提出的提高听力理解能力的做法对听力教学很有启发。

2. 李杨的观点

李杨（1992）在谈及中高级听力训练时，认为应该要有以下几个侧重点：

（1）侧重识别语音、语调。

因为人们在说话时，会靠语音、语调的变化把内容、感情、态度表达出来，这些声音的轻重缓急、高低变化及句子的停顿都能区别意义。例如"他住了两天就走了"，重音在"两天"，就是确数；如果轻读的话，则表示概数，是几天的意思。

（2）侧重训练连贯话语的能力。

学生听录音时，往往对连贯话语进行人为切割，习惯逐字、逐句地听，一旦听不懂某词，立即卡住。因此听力教学要训练学生抓话语的整体意义。

（3）培养学生抓主要信息及猜测和联想的能力。

比如要让学生听大段的、成篇的录音材料，先抓中心意思，对听不懂的词句部分进行猜测，对下文进行联想预见。在听新闻时，关注事件的时间、地点、对象和主要内容，听故事时要抓主要人物及情节，等等。还要加强短时记忆、长时记忆等的训练。听力教学要围绕这些点建立一个科学的训练方案。

3. 杨惠元的观点

1996年，杨惠元在他的《汉语听力说话教学法》中，将听力技能分解为八项微技能，分别是：

（1）辨别分析能力；

（2）记忆储存能力；

（3）联想猜测能力；

（4）快速反应能力；

（5）边听边记能力；

（6）听后模仿能力；

（7）检索监听能力；

（8）概括总结能力。

杨惠元所提出的系统理论与操作方法，第一次明确提出了听力教学的任务就是听力微技能训练，将以往笼统、零散的微技能概念明确化了，听力技能训练也逐渐变得具体而有针对性。

不过，关于这个划分，也有人提出一些疑问，李红印（2000）认为这些微技能有不少并非听力所独有，比如"辨别分析能力""联想猜测能力""概括总结能力"，在口语技能、阅读技能中也都存在。诚然，微技能是人天生就有的，并非后天训练而成，学习者在使用母语听说和阅读时，所采用的技能无非也是这些。语言学习是一个复杂的心理认知活动，对微技能只能做出一个大致而模糊的区分，不能将微技能的训练视为提高听力水平的唯一途径。作为一门独立的课程，听力课与技能训练并不是一回事。张本楠（2008）认为听力微技能教学的重点是训练学生的这些微技能，而不是沟通性的整体语言能力，其对聆听过程的基本认识也主要是"自下而上"的过程，对听者"自上而下"的聆听过程有所忽视。以上论述，为我们客观看待微技能提供了更深入、更全面的视角。

4. 听力微技能的训练

关于听力微技能已有了各种不同的说法，我们认为，从听力理解的过程看，以下微技能的训练是必要的：

（1）对语音的识别、分辨

听力理解的第一步是分辨语音。汉语语音包括声母、韵母、声调，分辨语音就是要求学生根据所听音节声、韵、调的不同，快速识别其意义。在连续语流中，孤立的音节是很少的，所以，除了单音节、双音节的听辨训练外，语句和语段中的音节意义识别更为重要，还包括识别重音、连续变调、弱化、轻声等音变现象。语音的听辨是听力理解的基础，也是训练的重要内容。

（2）对信息的检索、整理

语言交流的过程就是信息交换的过程，听懂话语需要有一定的对信息的检索能力。信息的来源一是直接从文中获得，如大量的细节信息，时间、地点、人物、工具等，它们包含在一定长度的语句内，听者要能从中快速搜寻到，并记录下来；还有一个来源就是对语句的综合处理后得到的，也可叫作"概括之意"。要想获得概括之意，听者需要对文章各部分内容进行理解，对各种分散的信息进行整合，从而判断得出其核心意义，有时也需对字面意义加以剖析推断，得到"言外之意"。

听力理解过程中的解码就是获取信息的手段。而在解码的过程中，需要调动人的认知能力。认知能力指人的思维能力、判断推理能力、联想猜测能力等，它们是随着人的成长而逐渐养成的，并不是在汉语听力训练的过程中养成的，但是在听力训练的过程中需要借助它们的力量来完成听力理解的任务。面对完全陌生的语言形式，学生的认知能力一开始会受到抑制，听力训练的任务就是通过有效的刺激手段或练习形式，激发和调动学习者的大脑，使其发挥出更大的潜力。

解码还需要语言能力，学生的语言能力是制约听力理解的重要因素。语言能力包括语法能力、语用能力、交际策略能力等，听力理解既是一个学习语言的过程，也是一个运用语言的过程，不同水平的学生解码的速度和准确度都会有差异。

（3）对信息的记忆、储存

搜寻到的信息需要快速储存记录下来，以备进一步的提取和使用。"边听边写"是克服短时记忆不易储存的一个方法，使用单词、符号、图标、箭头等快速记下关键信息，这些方式都有助于信息的记忆和储存，因此也是听力训练的重要内容。另外，"强记"或称"心记"也是加强记忆储存能力的一个方法。

第二节 影响听力理解的因素

影响听力理解的因素有很多方面，可能存在于语言内，也可能存在于语言外。学习者的语言水平、背景知识是属于语言内部的要素，也是影响理解最重要的因素。试想一个只学了一个月汉语的外国学生，就去看电视、看电影，困难之大，可想而知。

语言外部的要素很多，比如：

（1）材料的类型：故事还是报告、对话还是独白；（2）录音效果的好坏：有无噪声、音质如何；（3）学生的注意力：状态好不好、是否感冒；（4）听力习惯：逐字、逐句地听；（5）说话人的口音：是否有方言的口音；（6）说话人的表达习惯：是否喜欢重复，并大量使用"嗯""啊"等来填充；（7）学生的紧张程度。

这些都可能对理解的程度造成影响。

材料的篇幅也不能简单化理解。如单句、对话和短文三类，从篇幅上讲，短文应该是最长的，似乎也应该是最难的，其实从HSK听力测试的样题看，反而是单句的难度最大，因为单句和对话所提供的字节信息最少，还包含大量靠语气、习惯用语和随意的口语句式表达的意思，一两句话里就包含一个考点，难度相应较大。听力输入的形式，即纯听还是听、看结合，也有一定的影响。一般认为，视听的方式可为信息解码提供多个相互作用的通道，解码速度相应就快；纯听只靠声音的单通道输入，丢失信息的可能性就会增加。不过相较而言，我们更关心语言内部的因素。影响听力理解的因素有以下几点：

一、语言知识

语言要素包括语音、词汇、语法等方面。语法和词汇的难度越高，听力理解的难度就越高。

1. 语音识别

语音是语言存在的物质基础，学习语言，首先是建立起目的语的语音系统，打好语音基础。语音的听辨跟读音很有关系，只有读准的语音，在听时才有可能快速理解。语音的听辨和识别能力的强弱，会影响语义的理解。在听力训练中，培养学生对汉语语音的音感和提高听觉器官对汉语语音的灵敏度是听力训练首先要解决的问题。

（1）语音识别问题

汉语的语音系统包括声、韵、调三个方面，其中任何一个方面的差异都可能形成不同的词汇，表达不同的意义。汉语中只有 400 多个音节，加上声调也只有 1200 多个，可它们表达的意义却远远超出这个数字。对外国学生来说，汉语中大量的同音词、近音词为听辨语音造成很大的麻烦。比如在听写时，学生会出这样的问题，把"我常常骑车去学校"听成"我尝尝汽车去学校"，把"您回信"听成"您贵姓"，从而影响了对整个句子的理解。

王又民（1998）对学生误听和双音词标注的情况进行了分析，他发现学生中存在大量的听音、辨音问题。杨惠元（2000）把"近似的音和调"视为学生听力的第一难点，据他的调查，90 名学生中，有 26% 的学生混淆了"兑换"和"退换"，错误率在 15 组词语中位居第二，认为问题的原因主要在于送气与不送气的区别。马燕华（1999）认为声母引起的障碍主要集中在那些发音方法相同而发音部位不同的声母上，不是送气不送气的问题。尽管研究的结论还不统一，但是，语音识别影响句子理解是不容置疑的。

（2）语音识别训练要点

语音辨析能帮助学生正确理解词义，而识别的速度、理解的正确率与学生对词语的熟悉度、发音的正确率有很大关系。在平时的训练中，大量的聆听模仿训练，有助于学生储存有关的语音信息，当他们再次聆听时，就可加快反应的速度，提高正确率。语音的训练必须跟意义结合起来，单纯的辨音辨调练习意义不大，教师应提供一定的语境，在语流中、句子中来进行练习。

语音训练侧重两方面。首先，要培养学生具有听音、辨音和模仿的能力。如先听音，听清、听准、听够，然后模仿发音或读音，并进行必要的纠音正调练习。其次，要培养学生具有把生词和句子的音、形、义联系起来快速反应的能力。通过大量输入和反复刺激，帮助学生加强记忆。再次，提倡语块或更大单位的语句输入，整体记忆理解，以便更快速地提取。

2. 词义匹配

听到的语音要马上转化为意义，其转化的过程就是音义的匹配过程。很多时候，学生听不懂某个词，或者反应慢，就是因为不熟悉该词语，尤其是语音方面的加工不够。要快速识别词的意义，不仅要积累生词量，还要多听，提高对词的熟悉度。

（1）生词理解问题

在听力理解过程中，词义是理解的基础，也是理解的首要障碍。"根据调查，生词多是影响留学生提高听力水平的主要困难"（高彦德、李国强、郭旭，1993）。一般来说，生词的密度在2%到5%之间为宜，生词过多的话，理解就会发生困难。

生词障碍通常是显性的、可以量化的，不过熟悉的词语也可能成为理解的障碍。刘超英（1993）分析了8位学生听不懂的135个词以后指出，词汇问题是绝对的，又是相对的。说它是绝对的，是因为听不懂的词中，43%是未知的，即使写出来也看不懂；说它是相对的，是因为57%听不懂的词是已知的。我们知道，一个词的音义进入学生大脑知识系统的方式是不同的。如果已知的词汇进入词义系统的方式是文字输入，那么激活的最佳方式也是文字，而不是语音。另一个可能是词汇加工时的刺激不够，尤其是语音的刺激不强烈，造成提取时反应不灵敏。一般来说，二语学习者的语言能力通常不是通过自然习得获得的，加之听力过程中，聆听者无法控制说话人的语速、声音大小、音质、口音等，从语音辨识词义，其难度要大于从文字上来辨识，这也就是靠听力培养出的词汇量少于阅读词汇量的原因。

（2）生词理解训练要点

生词量的大小会影响听力理解的水平，一般而言，生词量越大，越有助于正确理解和快速理解。不过，任何语段里都不可能不包含未知的词语，要求学生听懂每一个词语是不现实的，也是没有必要的。因为意义的获得不是一个一个词义的简单相加，有时句式义甚至语气、重音等都对意义的理解产生影响。并且，文本中特别是自然口语语料会存在大量的冗余成分，如果不妨碍我们整体理解，相应的生词就可以忽略并跳过去。跳越生词障碍、有效猜测词义是聆听时最常采用的策略，也是提高第二语言听力水平的有效方式。在听力技能训练中，猜测词义不仅是必需的，而且是切实可行的。有研究证明，在嘈杂的环境下，孤立词的辨析只能达到40%或47%，随着不断增加语言片段，片段越长，认对率就越高。利用语境和上下文等材料的提示作用，来合理猜测词义、理解词义，是解决生词理解障碍的最佳途径（桂诗春，1991）。

3.句子结构的综合加工

听力理解既包含对单句的理解，也包含对篇章的理解。具有相应的语法知识是理解的必要条件。汉语被称为"意合的语言"，总的来说缺乏明显的形态标记，句子成分与词类之间不是一一对应的关系。正确理解句义，需要明白汉语句子基本的组装规则及其所表达的基本含义。

汉语里最具特点的那些句式常常是学生学习的难点，而困难之处就在于对其复杂语义的把握，如"把"字句、"被"字句、趋向补语、可能补语等。例如：

（1）吃饭了。
（2）把饭吃了。
（3）饭被我吃了。

以上三句，句（1）是无主句，有提醒、催促之意；句（2）是"把"字句，强调对事物的处置，强调结果，根据语气的不同，可以表示命令、劝告等；句（3）是"被"字句，汉语里的"被"字句常常用来表达不如意、受损之义，它的适用范围大大小于英语的被动式，针对此句的问句也带有追究责任的意味。语法句式不同，带来的文本意义也可能不同。

在听力过程中，句式的意义还可能随语言环境变化。根据说话者的意图，普通的句子稍加变化就可带上言外之意。比如一个陈述句，改变句末的语气词，如表疑问的"吗"、表猜测的"吧"、表当然的"呗"、表感叹的"啊"，使用的语气词不同，表达的语气也就不同。语调也可使句子具有陈述、疑问、祈使等意义。汉语中还存在一些特殊的表达句式，从字面理解容易出错，比如反问句，明为问句，实则答案已包含在句中，而且真实的意义常常与字面意义相反。如：

　　（4）女：昨天晚上的电影怎么样？挺好看吧？
　　　　　男：好看什么呀！
　　（5）他哪儿会买东西呀？
　　（6）谁说我不知道？

　　再拿重音来说，重音是传递信息的主要途径，由于说话人传达的信息焦点不同，可以对不同的句子成分实施重读。如：

　　（7）昨天小王没来。
　　（8）昨天小王没来。
　　（9）昨天小王没来。

　　根据下划线所表达的重音不同，句（7）回答的是"什么时间"，句（8）回答的是"什么人"，句（9）回答的是"做什么""怎么了"。同样一个句子，由于重读，而使句子具有了不同的表达倾向。毛悦（1996）对78名学生的听力测试结果进行了分析，认为通过重音、停顿等表现语义内容是学生理解的一个难点。

二、文化背景知识

　　语言作为文化的一部分，其中包含了大量的文化因素。不同文化背景的人们进行语言交流，需要克服文化理解的障碍，否则就会产生文化冲突，所以有人把跨文化交际能力作为与听、说、读、写、译能力相并列的"第六种能力"，是有一定道理的。在听力过程中，学习者如果熟知目的语的文化背景知识，就会比较容易理解说话人的意图，也容易把握句子的真实含义。

　　文化背景知识中的一类是文化词语。常敬宇先生（1995）认为文化词语有两种形式：一是文化词汇本身载有明确的民族文化信息，且隐含着深层的民族文化的含义；二是普通词汇直接或间接地反映了民族文化（包括物质文化、制度文化、心理文化），如"龙、华表""红、白、黄""松、竹、梅"等，以及一些宗教词语等。文化词语也与特定的地域、人物、事件相联系，如"红娘"表示媒人，"大团结"表示10元的钱币。词义也具有一定的时代性，如"小姐""同志"这类称呼语的含义在这些年就发生了很大变化。

文化背景知识中的另一类是社会文化内容，包括公认的社会习俗、规章典范、礼貌礼仪、评价心理等。在汉语中，可以用"鄙人""贵姓"等谦辞以示对别人的尊重；面对别人的夸奖，可以用"哪里哪里，还差得远呢"来表示自谦；表示拒绝时，很少直接说"不"，而是用委婉的托词等。最典型的例子是中国人打招呼的方式，中国人常根据别人目前的行为来进行寒暄，如在路上遇见，就说"你出去啊？""买东西呢？""回来了？"；在就餐时遇见就问"吃了吗？"，初来乍到的留学生常感到不解，容易产生误会。

文化的另一个保存形式就是图式。比如说到过春节，中国人脑中出现的意象就是家家户户门上贴"福"字、贴对联、挂年画、挂灯笼、放鞭炮等。学生的知识系统中如果建立起这样一个春节风俗图式，那么相关的文本理解起来就会快得多了。

总之，文化背景知识应该作为学习者的一种文化素养，它们一部分来源于先前的有意识学习，如通过阅读母语材料获得；一部分可以在目的语学习过程中，通过学习该语言的文化掌握。不论使用哪种方式，知识积累得越多，可供解码的依据就会越多，交际也就会越顺利。

三、图式储备

上文说到"过春节"的意象构成了一个图式，简单说图式就是基于一个典型情景的大脑记忆模式。从心理学的角度讲，图式就是知识，它以经验或概念的形式储存在大脑中。假如说我们要网购，就会先打开某一个购物网站或电商平台，搜索关键词，挑选商品、看评价、加入购物车，下订单、付款等。有过网购经验的人，在听一段关于网购的文本时，脑子里会自动跳出这样的场景，并把这个经验带入文本的理解，从而加速理解的过程，这就叫作激活图式。任何人当听到一段与自己生活经验、文化水平和知识领域相似的文本时，都会感觉亲切熟悉，理解起来也快；而当听到与自己生活经验、文化水平和知识领域相差很远的语篇时，就会感觉困难，这就是图式的作用。

图式起作用的过程，首先是激活背景知识，对接收的信息进行总体预测，然后逐渐从语篇中提取细节信息，来逐一对预测进行验证和修正，并不断提出新的预测，以及做进一步的验证和修正，然后完成理解的全过程。

语篇中的信息是否被解读，取决于这部分信息是否与图式中的某一变量相吻合。学习者大脑中储存的知识图式越多，与输入内容相吻合的概率越大，被选择激活的可能性就越大。当学习者大脑中根本没有储存与所听内容相关的知识时，就会觉得理解困难。

图式现象体现了人类已有的认知结构在理解信息时的主动作用。图式理论主要作用于阅读理解和听力理解过程。

在听力教学中，为了充分发挥图式的作用，教师首先要鼓励学生重视知识图式的构建，特别是多积累在中国生活、学习的经验，还要鼓励学生积极开动脑筋，充分利用图式的预测作用来进行合理猜测。

四、自上而下和自下而上的听力过程

听力理解的过程可以用两种模式来概括，即自上而下的概念驱动方式和自下而上的资料驱动方式。自上而下说的是理解时，人们利用已有的语言知识和有关经验，通过对语篇的整体把握，带动了对字、词、句的理解，从而完成从整体到细节的演绎过程。自下而上的方式则正好相反，是从对字、词、句信息的理解，逐渐上升到对语篇整体意义的把握。自上而下可看成分解的过程，听者凭借以往的知识经验对输入的符号信息进行逐步的分析，形成预测和判断。自下而上可看成综合的过程，听者通过对一连串感知到的语言形式归纳整理，形成概括性的理解。

在听力理解的过程中，如果只有自上而下的加工，容易出现"只见森林、不见树木"的问题；反之只有自下而上的加工，则容易出现"只见树木、不见森林"的问题。理想的方式是交互式的加工模式，即综合加工。

从理解的结果——获取的信息来看，我们可以把信息分为两大类：一类是概括性信息，另一类是细节性信息。概括性信息是归纳、总结的结果，细节性信息是精细分析的结果。概括性信息指对文章主旨大意的理解和把握。当我们听到一段话时，需要对所听内容有一个大致的理解，了解说话人的观点和态度、说话的目的、言外之意等。如本文主要讲了什么问题？这个故事主要告诉我们什么？作者的态度是什么？它要求学生不仅有从纷繁复杂的细节中抽取主旨的归纳能力，还要有跳越障碍、保持理解的连贯性的能力。如：

> 对于现今30岁以上的人，小人书曾是他们最初吸取知识的一个很重要的源头。很多人肚子里的历史典故、民间传说、古典小说的情节人物，往往是从小人书中得到的。在没有电视的年代，捧一本巴掌大小的图文并茂的小人书，津津有味地看着，是常见的大众文化景象。

> 问：本文的主要内容是什么？
> 在这一段里，作者主要告诉我们什么？
> 下面哪种观点是正确的？
> 这篇文章主要谈：
> 作者的主要观点是：
> 作者认为
> ……

在进行概括性的理解活动时，教师应该帮助学生排除生僻词语和复杂句子的干扰，将注意力集中在概括文章大意上，告诫学生切忌纠缠于个别信息而影响对文章的整体把握。我们可以通过教学生分析文章的题目、寻找主题句、关键词语等方法来获取文章大意。

除了把握文章的中心思想、段落大意以外，听话人还需要了解各种具体的信息，比如事件发生的时间、地点、人物、方式、结果等，还得明确把握论述的论据、事实等。细节性信息一般都包含在词汇和单句这些较小的语言片段里。如下面的对话中包含4个跟时间、数量有关的词语：

> 女：听说你父亲<u>一个星期</u>前已经出院了，现在身体怎么样？
> 男：还很虚弱。人一过<u>七十</u>，就容易生病，今年他已经住了<u>两次</u>医院了，一住就是<u>一个月</u>。

> 问1：他父亲今年多大年纪？
> A. 七十多了
> B. 不到七十
> C. 不太清楚
> 问2：他父亲今年住了多长时间医院？
> A. 一个星期
> B. 一个月
> C. 两个月

有的时候，仅仅掌握细节信息就够了，如问1；有的时候，需要对细节信息进行处理，如问2。对问2这个问题，需要将有用的数字综合起来进行判断："住了两次医院"，一次"一个月"，那么今年父亲一共住了两个月的院。在聆听过程中，学习者抓住细节性信息，有助于听者了解文章全貌，形成全面、准确的理解。在这个过程中，学习者需要有抓重点和关键词的能力，以及对数字等信息的敏感度。

第三节 汉语听力技能教学的要点

一、汉语听力技能教学中存在的问题

从20世纪80年代初按单项技能设课的做法普及以后，很多院校陆续开设了专项听力课，听力课逐渐发展为一门独立的课程，从而带动听力课程研究、教学方法研究、教材编写研究等。但在相当长的一段时间内，一直存在"听力难教"的说法。主要由于以下原因：

1. 教学设备单调，限制了教师的教学行为。

众所周知，听力课是借助录放音设备来进行课堂教学活动的，以前使用录音机，按键、放音、倒带动作机械，现在更多的是操作电脑，播放音频，也需要精确控制播放的动作，这限制了教师与学生的交流。如果使用带隔断的多媒体教室，师生之间、生生之间开展互动就更困难了。

2. 课堂教学活动单一，教学方法不活泼，影响了课堂气氛。

课堂教学的过程一般为听录音、做练习、对答案。为了突出听力课型以听为主的特点，教师不强调语言的输出表达，所以不能像上口语课那样去创造大量互动性的活动，导致气氛沉闷。听力课也不强调语言要素的操练，因而缺少了很多综合课的操练环节，教学活动少。还有一些教师，教学方法不够有效、有趣，也影响了学生的学习感受。

3. 学生对提高听力水平的期望值较高，而教师无法在课堂有限的教学时间内让学生有较强的成就感。

听力课上几乎每堂课都有大量的新内容，每篇文章都有不少听不懂的词语，声音稍纵即逝，语速也较快，学生不能百分之百地听懂内容，就会存有遗憾，少数学生还会产生挫折感，这样就会对教师的心理产生影响。

尽管存在这样或那样的问题，对于听力课，大多数学生还是持积极肯定的态度的。根据李红印、陈莉（1998）的调查，在被调查的30名学生中，认为"听力课很有帮助"和"有一点儿帮助"的学生分别有13名和14名。虽然样本数较小，但还是能说明一些问题。那么，"听力难教"的问题如何解决呢？我们认为：

（1）听力教师的教学观念应该改变。

教师中存在一种简单和偏颇的看法，那就是听力课是以听为主的课堂教学，如果进行其他方面的活动，有抹杀听力课型特点之嫌。这种顾虑大可不必，因为以听为主的技能操练并不排斥说、看、写等其他技能的训练活动，甚至还存在听说融合的趋势。在听力教学中，教师会运用边听边说、边听边看、边听边写、边听边做等多种手段进行操练。只要我们抓住

"听"的输入方式，围绕听力理解来设计安排教学活动，说、写、读等活动都可以为"听"服务，所使用的手段自然是越丰富越好。

另外，听力教学的目的在于通过语音输入媒介来训练、提高学生听懂话语的能力，但是是否听懂、听懂多少并不是靠教师主观就可以判断的，需要借助其他表现手段来检验。比如听后回答问题、听后判断正误、边听边填空等听力课上常用的练习方式，就能有效检测学生理解的程度。确切地说，听力训练需要设计多种练习方法，由此来掌握学生的理解情况，做练习是必不可少的。

（2）电化教学设备要为我所用。

与运用其他教育科技手段一样，都有一个适时、适量、合度的问题。技术工具要为我所用，使其发挥应有的辅助作用，切不可喧宾夺主，为其所累。不管是纯听还是视听，机器的操作都要熟练，做到心中有数，动作准确、利落。

（3）教学方法和技巧需要改进。

听力课难上，最重要的原因是缺乏行之有效的教学方法和技巧。有的教师只会放录音、做练习、对答案，方法简单单调，课堂气氛也沉闷。改进教学方法和技巧不仅要注意听、说、读、写的交叉运用和耳、脑、口、眼、手的协调动作，还要注意课堂情景的设置，如适当的引入、背景知识介绍、对文章内容的合理猜测等，以调动学生的学习热情，减轻理解的难度。教师还要善用教材，用好教材。根据教材内容准备丰富的教学辅助材料，如音乐、图片、道具、生词卡片等，配合使用。要掌握技能训练各个环节常用的、有效的甚至有趣的教学技巧。如训练学生对词语的记忆，我们可以采用"听句子挑生词""用生词回答问题""说出一组词语中的第N个词"，也可以使用"模仿跟读""听写或填空""猜词"等方法。总之，方法得当且富有变化，技巧娴熟而有效果，训练就会扎实到位，听力课也能上出特色。

（4）从"教"的角度讲，教师的教学能力也需要不断更新和提高。

一是要多学习，比如学习心理学、二语习得的最新研究成果，学习听力教学的教学理论等，从本质上认识听力发生的过程和机制。二是多学习别人的经验，比如观摩、研讨等。现在线上也有一些教学慕课，可以参考。三是要多实践。我们可以采用反思性教学和行动研究的方法，先找到问题的症结，然后开展教学实践。这样经过一段时间从理论到实践、再从实践到理论的努力，教学就会取得满意的效果。

二、听力技能教学的目标和原则

1. 听力技能教学的目标

关于听力教学的研究，一般都认为应该训练和培养学生的听力理解能力。吕必松（2007）曾认为，听力训练的任务在于：打听力基础，培养听的技巧；培养听的适应能力，培养注意力和开发智力。这种理解，如"打听力基础""培养听的适应能力"主要是针对听力课程而言的；而"培养注意力"是对学习习惯的要求，"开发智力"也更多带有快速反应、快速记忆训练的意味，认识还比较宽泛。

我们认为，听力训练的目标应该围绕着教学目的、从分析听力理解的心理过程、认知过程来入手。既然听是语言交际技能中最重要的因素，听力训练的目标就应该定位于如何帮助学生更快、更好地理解话语上。Rost（2002）曾从四个层面探讨了听力教学的分级目标：

第一级目标：对听到的内容做出恰当反应；

第二级目标：与说话人的说话内容建立适当的关联；

　　　　　　激活相关知识去理解说话人和话题；

　　　　　　理解语料的社会含义（包括说话人意图）；

第三级目标：理解语料大意；

　　　　　　理解话语之间的关联；

　　　　　　理解词语和句法结构；

　　　　　　理解语用惯例；

其他较低级目标：分辨说话人使用的语音。

这里，第一级目标是最高级的，表现为听话人所做出的恰当反应；最低级的目标表现为识别分辨语音。我们可以看出，较高一级目标的实现一般要依赖较低一级目标的达成。而低级目标到高级目标中间还有许多的过渡，这个过渡也基本能看出从语言理解到真实话语理解程度的加深。

从前文的多方面分析，我们将汉语听力技能教学的目标划分为以下几个方面：

（1）培养和训练学生从听入手、快速识别语音意义的能力。

这包括最基本的识音辨音练习、解码练习和记忆储存练习。着眼点是从声音解码，不仅是初步的、基本的能力，而且是贯穿始终的，在涉及任何难度和层次的理解上都会用到。

（2）培养学生在多种交际模式下的汉语听力理解能力。

多种交际模式会呈现多样化的语言表达，着眼于交际环境和交际意图，学生应能学习和应用汉语语言知识和文化知识，正确和准确理解话语意思，并能做出恰当反应。

（3）逐步建立起汉语的语感。

语感的建立是语言达到自动化的一个标志。有人说母语者的听力是"一只耳朵"，听力只是自然而然的反应。二语者当然就需要"两只耳朵"了。当习惯了汉语的叙述方式和中国人的思维表达方式，理解方式不再放在语料及语言形式上之后，学习者汉语的语感就容易建立起来了。

（4）能应用一定的学习策略，提高听力理解的效率。

关于学习策略的研究很多可以应用在听力理解上。比如"预测说话人将要说什么""注意被强调的词语""注意关键词和关键事实"及"不要担心某些听不清楚的声音"等。在听力教学中，教师应该积极引导和培养学生使用听力策略。

2. 听力技能训练的原则

我们既然要培养学生借助"听"来理解话语的能力，听力技能教学就应该紧紧围绕"听"来做文章，突出技能训练的特点。教师在教学中一般要遵循以下原则：

（1）强调大量输入。

儿童语言学习的经历和二语习得研究的成果都已证明，大量聆听是提高语言能力不可或缺的手段。造物者给了人一个舌头，两只耳朵，所以可能也就意味着听到的话是他说的话的两倍。体现在课堂教学中，就是要提供大量的听力材料，不断刺激学生的感知，加快识别速度，从而达到快速、准确的理解。

　　大量输入必须要保证一定的输入量。一是时间量，如充足的课时。二是内容量，如果讲解过多或形式操练过多，就会本末倒置。三是专注"听"的练习量。听力教学不排斥讲解和练习，也都要紧紧围绕"听"来进行。如生词讲练，不必板书、也不必抄写，用听老师说、学生听后重复、听后回答问题的方法可能更有效。四是大量输入并不局限于录制好的材料，老师的讲述、学生的介绍及师生的互动都是必要的。

　　（2）以听入手，以听为主，听练结合。

　　"以听入手"是说学习的开端是"听"，"以听为主"是说相关的说、写、读等活动都是与"听"相联系，为"听"服务的。由于听力理解的过程是一种复杂的心理加工过程，从接收声音起，听话者就一刻不停地对接收信息进行着预设、推理、匹配、补充等各种加工活动，好像"暗箱操作"，学生听懂没有、听懂多少都是我们无法从表面看到的。因此，在听的基础上，依据听的内容，我们设计了听说、听写和听读等活动，就是通过多种多样的活动，考查学生听的结果和听懂的程度。但不管是讲还是练，目的都是为了听。

　　（3）强调可懂输入。

　　听力输入材料要适合学生的接收水平，过难或过易都不利于学生的理解和学习。在克拉申（Krashen）的输入假说里，那个"1"道理容易，做起来却不容易。一般认为，听力材料的难度主要取决于学生生词量的大小、文本生词的密度和话题的熟悉程度。生词密度指的是生词数与材料总词数的比率，假设有一篇50词的文本，其中只有一个生词，那么生词密度就是2%。一般认为生词密度在5%以内，听力理解的状况最好。另外，从声音加工的特点来看，"听"总是要比"看"难一些，因此听力材料的难度往往略低于阅读材料。

　　输入的听力材料也要尽可能地体现真实、自然的语言环境。与儿童自然习得语言的方式不同，成人学习外语主要在课堂完成，而提供给成人的听力学习材料，尤其是初级的，都不是自然语料，语言比较规范、整齐，但也缺少真实、自然的气息，所以显得单调，也就缺少了更多可供借鉴的外部依据。

三、大纲解读

教学大纲有1996版老HSK[①]等，它们对各等级应达到的听力技能水平都做了描述性说明。老HSK（《汉语水平等级标准与语法等级大纲》）分为1—5级，因第五级水平接近母语，我们主要列出1—4级的内容，见表4-1：

表4-1　《汉语水平等级标准与语法等级大纲》关于听力技能的描述

类别		一级	二级	三级	四级
话题		基本的日常生活、简单的社会交际、有限的学习需要。	基本的日常生活、社会交际和一定范围内的学习需要。	一般性日常生活、社会交际、学习和一定范围内的工作需要。	报刊、电台、电视台的一般新闻，较高层次的学习（如大学本科），各种社会交际活动。
语言		1033个甲级词、129项甲级语法点。	3051个甲乙级词、252项甲乙级语法点。	5253个甲乙丙级词、652项甲乙丙级语法点。	7000个左右甲、乙、丙、丁级词，910项甲乙丙丁级语法点。
能力	语速	不低于160字/分	不低于180字/分	180—220字/分、正常语速。	180—240字/分、正常语速。
	长度	300—400字	500—600字	/	/
	难度	1%非关键性生词、无关键性新语法点、同课文内容接近。	不超过2%生词、无关键性新语法点、话题熟悉的语言材料。	能跳越障碍、获取信息。可进行一般性交涉和业务洽谈，听懂话题熟悉的新闻广播。	有较强的跳听、猜听和获取所需主要信息的能力，听懂语速正常的一般性新闻广播和电视节目。
	场所	教室	教室和交际场所	入系听基础课和交际场所	本科学习和各种交际场所

1996版老HSK关于听力能力的解释性说明涉及话题、语言和能力三个方面，前两个方面的要求属于基本要求，内容跟说、写、读的要求一致，而能力方面的要求来自于听的角度。第一个指标是语速，第二个指标是篇幅，只规定了最低限度，而没有规定上限，第三个指标是听力场所，区分

[①]　国家对外汉语教学领导小组办公室汉语水平考试部. 汉语水平等级标准与语法等级大纲[S]. 北京：高等教育出版社，1996.

了交际场所和非交际场所两种不同的语言环境，以及不同的语料来源，第四个指标是生词和跳越生词障碍的能力。

《国际汉语教学通用课程大纲》对听力技能的标准描述，见表4-2：

表4-2   《国际汉语教学通用课程大纲》关于听力技能的标准描述

等级	技能描述
一级	能听懂个人和日常生活中所熟悉的、简短的、发音准确清晰的基本词句和简单的课堂指令，可以借助说话者的肢体语言或语言环境猜出其意图，并能做出相应的反应。其中包括： 1. 能听懂与个人和日常生活密切相关的十分有限的简短词句和话语； 2. 能听懂基本的数字； 3. 能听懂他人的简单问候、称呼用语； 4. 能听懂最基本的课堂指示话语和要求； 5. 能听懂他人的简单请求。
二级	能基本理解与个人和日常生活密切相关的基本语言材料，捕捉相关信息，能听懂教师课堂用语和要求，并根据需要进行简单的操作。其中包括： 1. 能听懂与个人和日常生活密切相关的简短谈话中的相关信息； 2. 能听懂日常生活中不同场合下常见的简单词句和问候； 3. 能听懂与个人和日常生活密切相关的简短谈话中的提问、回答、要求或请求，理解对方的态度和情感； 4. 能听懂交谈中设计的数字、时间、地点等具体信息； 5. 能听懂课堂上的指示用语。
三级	能听懂日常生活和学习中简单的交谈或讲述，听懂常见的交际性话语或要求，初步满足生活和学习的基本需求。其中包括： 1. 能明白日常生活、学校生活中的交谈或简短发言的大意，听懂谈话或发言中的基本信息； 2. 能抓住交谈中重点提示的词句和话语； 3. 能听懂与个人生活和经历有关的简短会话或交谈； 4. 能听懂一般常识性的简单且直接的问题； 5. 能捕捉到闲谈、一般性介绍或电话交谈中的一些基本信息； 6. 能理解简单故事的梗概。
四级	能听懂工作场合及社交场合中的谈话或发言，理解陈述性或论述性表达的大意，抓住主要内容和关键信息。其中包括： 1. 能抓住工作场合中话题熟悉的谈话或发言的主要内容和观点； 2. 能抓住社交场合中对话或交谈的主要内容和关键信息，领悟说话人的真实意图；

续表

等级	技能描述
	3. 能大致听懂与个人或工作相关的一些议论； 4. 能理解陈述性或论述性话语的大意； 5. 能听懂与常见话题相关的一系列指示或要求； 6. 能听懂稍长的叙述性故事。
五级	能听懂多种场合下稍复杂的谈话或发言，包括与自己的工作或专业相关的一般性谈论，能抓住要点，把握基本事实，明白说话人的目的和意图。其中包括： 1. 能听懂多种社交或工作环境中稍复杂的交际用语和工作用语； 2. 能听懂与自己工作或专业相关的讨论或发言，能抓住要点，把握事实，明白说话人的观点和论据； 3. 能听懂话题熟悉、内容稍复杂的讲话或发言，抓住重点并掌握细节； 4. 能听懂有关技术性或任务性的简单说明或讲解； 5. 能理解一些成语、俗语的意思，领悟他人话语中暗含的意思； 6. 能听懂略带口音的话题熟悉的普通话。
六级	能听懂多种场合下较复杂的谈话或发言，包括与自己的工作或专业相关的谈论，迅速接收语音符号。能抓住要点，把握事实，较准确地明白说话人的目的和意图。其中包括： 1. 能听懂多种社交或工作环境中较复杂的交际用语和工作用语； 2. 能听懂与自己工作或专业相关的讨论或发言，能抓住要点，把握事实，较准确地理解说话人的观点和论据； 3. 能听懂话题比较熟悉、内容较复杂的讲话或发言，抓住重点并掌握细节； 4. 能听懂有关技术性或任务性的说明或讲解； 5. 能理解常用成语、俗语的意思，准确领悟他人话语中的言外之意； 6. 能听懂带一些口音的话题比较熟悉的普通话。

　　《国际汉语教学通用课程大纲》对听力技能的目标描述没有1996版老HSK详细，主要因为其总体设计要比1996版老HSK宽泛，整体难度低，如语言知识部分，从一级到六级，词汇量分别为150、300、600、1200、2500、5000，六级只相当于1996版老HSK的三级。不过，对技能的表述层次性较清晰，描述的要点主要为交际场合、话题熟悉程度、理解的程度、语音的辨识。

　　2021年，中华人民共和国教育部、国家语言文字工作委员会颁发了《国际中文教育中文水平等级标准》（以下简称《等级标准》），被称为汉语水平的3.0版。这个三等九级的新标准对听力技能的描述，见表4-3：

表4-3 《国际中文教育中文水平等级标准》关于听力技能的描述

等级		技能描述
初等	一级	能听懂涉及一级话题任务内容、以词语或单句为主的简短对话（80字以内），对话发音标准，语音清晰、语速缓慢（不低于100字/分钟）。能够通过图片和实物等辅助手段理解基本信息。
	二级	能听懂涉及二级话题任务内容、以单句为主或包含少量复句的对话或一般性讲话（150字以内），对话或讲话发音标准，语音清晰、语速较慢（不低于140字/分钟）。能够通过手势、表情等辅助手段理解基本信息。
	三级	能听懂涉及三级话题任务内容、以较长单句和简单复句为主的对话或一般性讲话（300字以内），对话或讲话发音基本标准，语音清晰、语速接近正常（不低于180字/分钟）。能够通过语音、语调、语速的变化等辅助手段理解和获取主要信息。
中等	四级	能听懂涉及四级话题任务内容的非正式对话或讲话（400字以内），对话或讲话发音自然，略有方音、语速正常（不低于180—200字/分钟）。能够规避其中不必要的重复、停顿等因素的影响，准确获取主要信息。能够听出言外之意，意识到对话或讲话中涉及的文化因素。
	五级	能听懂涉及五级话题任务内容的非正式或较为正式的对话或讲话（500字以内），对话或讲话发音自然，略有方音、语速正常（200—220字/分钟）。能够规避嘈杂的环境、不必要的重复和停顿等因素的影响，准确获取主要信息及部分细节信息。能够基本理解对话或讲话中涉及的文化因素。
	六级	能听懂涉及六级话题任务内容的对话或讲话（600字以内），对话或讲话发音自然，略有方音、语速正常或稍快（220—240字/分钟）。能够规避话语中的语病、修正等因素的影响，较为准确地理解说话者的真实意图。能够基本理解对话或讲话中涉及的文化内容。
高等	七级	能听懂涉及七级话题任务内容、语速正常或较快的一般性讲座和社会新闻（800字左右）。能够基本不受环境因素的干扰，较为准确地把握主要事实和观点，理解其中的逻辑结构。能够基本理解所涉及的社会文化内涵。
	八级	能听懂涉及八级话题任务内容、语速正常或较快的专业性讲座和专题新闻（800字左右）。能够不受环境等因素的干扰，跳越障碍，总结概括要点，准确把握细节，理解逻辑结构。能够较好地理解所涉及的社会文化内涵。
	九级	能听懂涉及九级话题任务内容、语速正常或较快的各类语言材料（800字左右）。能够分析、推断所需信息，准确理解所涉及的社会文化内涵。

《等级标准》是最新发布的国家级语言水平标准。关于听力技能的描述集中在限定的话题内容、交际的场所，以及任务的形式、发音、语速和对信息的理解程度、文化等。特点是突出了环境的影响，增加了对文化因素和文化内容的理解和把握。不足之处是要素的分级不够统一，如"跳越障碍"的策略只出现在八级，有的数据的界定较为机械武断，如关于语速的界定。

通过对这三个大纲的简要对比，我们提炼出一些影响听力理解的要素，并具体分析说明如下：

1. 语速

语速是指所听到的话语的发声速度，一般以每分钟发出音节的数量为衡量标准。说话速度越快，单位时间内发出的音节数量就越多，音节之间的间隔越小，留给听话者的反应时间就越少，从而带来的理解难度就越大。新HSK没有具体说明，老HSK对一级水平的语素要求是不低于160字/分，以后逐渐增加到五级的180—260字/分，从慢速逐渐过渡到基本接近正常语速。《等级标准》对语速的规定有一个梯度，不过起点一级定为"不低于100字/分钟"，似有些过低。孟国（2006）考查了不同职业母语者的平均语速，并对现行汉语听力教材的录音和老HSK听力部分的录音进行了统计，提出200—300字/分钟是正常语速的范围，建议汉语教学应让汉语学习者尽快接触245字/分钟左右的正常语速的听力材料。

在平时教学中，学生常反映"说得太快"，这就是语速问题。语速是听力的难点之一，也是听力教学的训练重点之一。课堂教学既要对所听材料的语速加以控制，以保障教学的质量，也要与时俱进，不断调整材料的语速，以培养学生跟上母语使用者说话的速度，具有实际交际的能力。初级水平的听力材料，由于受学生能力限制，多是录音棚中录制好的，语速慢而清晰，停顿较长，间隔也长，以保证学生的理解消化；进入中高级阶段，录音中说话者的语速可逐渐加快。

跟语速相关的一个问题是音质和音色。初中级教材的材料多取自课文录音，字正腔圆、标准地道，易于学生接受；随着学生水平的提高，教学中的材料日趋丰富，新闻、影视、讲座、报告等自然语料逐渐增加，说话者的语音常常受各种因素影响，不仅速度加快，而且可能有各种语调、语气变化，还可能有方音，不再字正腔圆，这无疑使语速问题复杂化了，实际上，这对培养学生真实的语言水平很有好处。在听力课上，教师的说话速度也要跟材料的语速协调起来，尽量靠近学生的接受水平，或稍高于学生能接受的水平。

2. 篇幅

篇幅指所听材料的文字长度，一般以字数多少为衡量标准。篇幅越长，包含的文字数量越多，需要理解和记忆的信息就越多，理解的难度也随之增加。当然这也不是绝对的，有时篇幅长的文本也可能听起来较容易，像叙述性的故事就会比专业性的报告或学术发言容易。1996版老HSK对一级水平的要求是文章长度在300—400字，二级在500—600字，三级以上没有具体说明。《等级标准》将中等的六级定为600字，高等为800字左右。

在初级教学中，教师往往选择篇幅短小的语言段落来进行听力训练，那时学生接触到的语言知识不多，积累的词汇量也小，还没形成汉语的语感，先从短文入手，可以帮助学生逐渐习惯由听入手的学习过程，掌握解码的技巧和方法。随后，慢慢增加文章的长度。

学生听力水平与听力材料篇幅的关系从客观上可理解为正相关。能够从一个较长段落里捕捉到主要思想和典型数据，并达到较高的理解正确率，可以说这个学生具有较高的听力水平。然而，根据学生水平来选择材料的篇幅也是相对的，因为文章的长度并不完全代表文章的深度和难度。以1996版老HSK的听力试题为例，它并不是按照从易到难的顺序来排列的，表面上容易的第一、二部分篇幅极短，都是一个或两个句子，句子中要考查的有词语、惯用语、习惯表达、疑难句式，还可能是不同的语气、言外之意等。短短的一两个句子中蕴含着这么深的考点，难度很大。第三部分为较长的短文，字数一般在300—400字左右，最长不超过500字。虽然篇幅较长，但考点不多，每段文章有三四个问题。

听力材料的篇幅也不是越长越好。以五级平均水平220字/分钟的语速听一篇短文，3分钟就达到660字的篇幅，这已达到全神贯注连续听的最高限度，超过这个限度，大脑就会出现疲劳，影响听力效果。语体的不同也会改变理解的难度。听力材料的形式主要为对话体和叙述体，每一类又可分为口语体和书面体，口语体随意、零散、停顿反复较多，语句可能不规范，语气可以强烈夸张；书面体严谨、整齐、很少反复、句子规范、语调平和。如果将材料内容加以区分，那么在同样的篇幅里，有情节的叙述文体或有较为明确的观点和看法的议论文体听起来就会容易掌握，而以传播知识、信息为主的材料，如广告、说明、时刻表等，听起来较难。

3. 听力场所

听力场所指听力活动发生的地点。听力场所有两类，一是非交际场所，听话者不直接参与听说交互活动，只以第三者的身份对聆听到的听力材料进行领会或评价；另一个就是在实际交际场所，听话者作为听说活动的成员，直接参与交谈、接洽等交流活动。1996版老HSK1—5级对非交际场所听力活动的要求是：由听懂同课文类似的听力材料，到听懂一般性新闻广播和电视节目，内容由熟悉的话题到不太熟悉的话题；在课堂上，由听懂教师用速度较慢的普通话所做的简单讲解，到听懂教师略带方音所做的内容较为复杂并带有某种专业性的讲解。1996版老HSK1—5级对交际场所听力活动的要求是：在社会交际场合，由能进行生活内容熟悉的简短问答，到进行一般性工作交涉或业务洽谈，并能听懂对方谈话的真实用意。

关于交际场所及非交际场所的区分对明确听力教学的任务很有意义。交际场所有互动双方，所以有可供理解的各种信息，包括表情、眼神、肢体语言等，理解起来要容易些。而非交际听力场所主要指演讲、报告、看电视、听广播等，由于没有交互对象，缺乏互动中可供理解的其他信息，理解起来难度会大一些。在听力课堂教学中，这两类听力类型都应该训练。

课堂听力教学中要注意的另一个重要方面就是听力材料的来源。不同等级所采用的材料体现出层级性，初期以听专门编写录制的有声材料为主，然后逐渐过渡到自然有声材料，如新闻、电影、电视、报告、演讲等。其差别不仅在于语速和篇幅，还有一个理解通道问题。一般来说，学习者聆听与课文相仿的话题，理解的通道是打开的，所不同的是细节上的差异；而听广播、看电视则主要是获取新信息、新内容、新发生的事、故事情节的发展，其内容常常无法预料。从易到难的话，教师可以让学生先听熟悉的话题，后听不熟悉的话题。为了复习巩固，学生可多听熟悉的话题；为了拓展拔高，就要听不熟悉的材料，当然前提是词汇和语法难度是相同的。为了实现听力技能训练的目标，听力选材的范围要逐步扩大，涉及的话题要广，要尽可能地满足学生了解中国和学习、生活的需要。

4. 跳越障碍的能力

跳越障碍的能力主要指学生具有克服生词或其他疑难问题的干扰、通过推理、概括等方式达到理解的能力。1996版老HSK1—5级中关于跳越障碍能力的规定是：由听懂已学过的语句，到具有一定的猜测词义、跳越障碍的能力，以至具有相当强的跳读、猜读、概括和提炼的能力。材料中的生词量1级为1%，2级为不超过2%，3级以上没有具体规定。新HSK没有涉及这方面的内容，《等级标准》虽有但没有做系统性的要求。

跳越障碍是听力和阅读中使用的最有效的策略，任何文字材料中都可能包含生词等未知的成分，采用一定的方式来扫除障碍，提高听的质量，加快理解速度，不仅是必要的，而且是可能的。人的认知能力中有一种"完形"功能，它会在人看到有缺失成分的事物时，自动按照合理的、合乎逻辑的思维方式将其补足。听力理解过程中的意义空白，大部分可以依赖人的认知能力、语言知识、逻辑思维等方式来填补。另一方面，对待任何输入信息，人都是有所取舍的，只有最关心的、最重要的信息，人的大脑才会高度警觉，并将其留在短时记忆中，然后整合起来。这就是说，听者不需要字字计较，一些并不影响我们理解的非关键性词语是可以忽略掉的。

关于生词的问题，在前文中已有详细说明。需要明确的是，在课堂教学中，我们可以采取适当的训练方式来帮助学生掌握跳越障碍的技巧。如抓主要信息，不纠缠于枝枝蔓蔓；保持聆听的连贯性，遇到生词不停顿；利用完形心理来填补空白。还有一些具体的策略，比如利用上下文的照应、语境的提示、结构的一致性、固定搭配等来猜测词义等。教师应将跳越障碍能力的培养视为听力教学的一项重要任务，从初级阶段贯穿到中高级阶段，通过练习的设计和操作来一步步进行下去。

四、听力教学的方式

在课堂教学中，精听与泛听是经常使用的两种听力方式。精听指逐词、逐句深究式地细听。从内容上讲，要准确无误地听出某些重要的数据和事实；操作上可以停顿、反复多次；教学方式上，可以分析、拓展；作用上，精听不仅能提高听力水平，还能极大地促进词汇和语法学习。泛听指粗听，从内容上讲，可以不计较精确说法，只了解主要意思或大概意思；从操作上讲，一气呵成、不停顿、少反复；从教学方式上讲，提倡综合、归纳、提炼，作用在于开阔视野、增长知识、巩固词汇和语法学习。精听和泛听代表了听力教学不同的训练方向，它们各有千秋，并形成优势互补。

精听与泛听在课堂操作时是交替进行的。一般好的听力教材，都划分出适宜精听或者泛听的部分，有时精听在前，有时泛听在前。如果没有明确的划分，教师可以利用同一篇文章分别采用精听和泛听的方式来处理，这时应该先进行泛听部分。如当听到下面这段对话时：

山本：喂，是王老师吗？听说你是个足球迷，我买了两张明天的票。

王欢：太好了！是中国队对意大利队吧？

山本：中国队对AC米兰。

王欢：几点？

山本：7点1刻。我想早点儿走，咱们去城里逛逛。

王欢：好。在哪儿见面？

山本：下午两点在西直门375路车站，怎么样？

王欢：行，一言为定。

泛听的任务是提出一些概括性的问题，让学生带着问题听，如"两个说话人在谈论什么？" "他们谈到了问题的几个方面"等。然后进行精听，进一步要求找出谈话中的所涉及的时间、地点等细节内容。在时间分配上，精听可占到课时的2/3或多一些。有些教师也常把一些泛听部分作为作业布置给学生，这也是可行的。下面再详细介绍一下精听和泛听的特点。

1. 精听

精听是一个细细聆听的过程，要求所获取的信息精确。这些信息也可称为细节性信息，如：时间、地点、年龄、价钱、数量、人名、地名、单位、职业、方式、工具等，还有修饰、限定、描述、说明，以及表达原因、结果、条件等逻辑关系的词语或结构和语气（赞叹、惊讶、命令、质疑、夸张、强调等）、态度（肯定、否定、拒绝、犹豫、客气、礼貌等）及情绪（高兴、消极等）。

获取信息时可能需要重复聆听，必要时还可以暂停。有的信息可以直接获取，如上例中关于时间（7点1刻、下午两点）的问题；有的信息需要将获得的信息进行一些加工，如：

男：怎么搞的？8点上班，你好，迟到半个小时。
问：男的几点到的？

关于语气、态度等的信息常常要靠分析词语或句式结构来判断，这类信息多表现为"言外之意"。如：

男：这件衣服好看是好看，就是……
问：男的想买这件衣服吗？

男人只用了一个轻微转折的词语"就是"，就把他否定、迟疑的态度表示出来。

精听是听力教学最主要的方式，课堂教学效果不仅有赖于教师的精心设计和准备，也有赖于学生掌握正确的学习方法。如边听边记的习惯是记录细节性信息最有用的手段。每当捕捉到有关信息，学生就要快速记录下来，使用数字、符号、母语、拼音都行，关键是方便和快捷。如果是应试的话，就可以浏览问题、画出问题的题干，做到心中有数，然后边听边看答案。

精听教学也肩负着语言学习的任务。获取细节信息常常有赖于对某个词语或某个句式的理解和记忆。对影响理解和记忆的语言要素进行适当的教学处理很有必要。教学内容包括词汇训练和语言点训练。词汇训练可以在听前做，也可以在听后做。练习的角度可以是理解性的、记忆性的、识别性的，也可以仅仅是教师的讲解、扩展练习，重要的是从词汇的形、音、义方面加强感性和理性认识。语言要素训练的力度和重点与综合课不同，侧重于语音识别和意义理解，不需要做大量的扩展练习。

2. 泛听

泛听的方法在于抓主旨、抓大概，理解了主要意义就算达到了目的。得到的信息可称为概括性信息。泛听作为精听的必要补充，起到扩大学生知识面，提高理解速度的作用。

从内容上来讲，泛听部分常常是精听内容的拓展和延伸，是对精听话题的另一角度的阐述和解释。同类话题大多具有相同的语言内核，有变化的叙述方式，这些对锻炼学生的理解力有很大的好处。泛听内容也可以与精听无关，只要程度相当、难度合适，任何体裁和题材的材料都可以拿来使用。

泛听练习还有一个很重要的作用，那就是针对学习过的语言要素进行大量的听觉训练。一般认为，听比看难，能看懂的未必能听懂，这说明在平时的语言学习中，学生运用听觉通道掌握的东西要少于来源于视觉的东西，或者说，靠视觉理解了的东西，没有经过听觉的锻炼和提升，达不到长时记忆。这也是我们提倡大量输入的原因。

关于泛听的量没有什么明确的规定，可以肯定的是，泛听的容量要远远大于精听，保持在5∶1或5∶2的比例上都没有问题。问题是课堂教学的时间有限，拿不出更多的时间，解决的办法只能是靠课下，通过布置一定的泛听任务来要求学生完成。除此以外，鼓励学生自行选择泛听的内容和方式，看电视、听广播、唱歌，以及找一些其他科目的课本录音来听，都不失为学习的好方法。比如看电视，现在大部分的电视节目都附有中文字幕，学生可以边听、边看、边说，久而久之，听力水平会有明显提高，解码的速度也会越来越快。不过，过于随意的泛听（或称随意听）对提高听力水平帮助不大，所以学生自己安排的泛听活动要避免过难，并有意识地关注一些词或句，或给自己规定一些学习任务，这样泛听的效果会比较好。

泛听方式开启了另一扇了解世界的窗口。上课用的精听材料，有些是编者撰写的，有些是改写的，或多或少存在人工语言的痕迹，程度比较高的班级才可能直接选用自然语料；更重要的是，不管是真实性材料还是非真实性材料，一旦成为教材，印刷成册，就有一个内容老化和过时的问题，教材还做不到两三年一换。所以，教师应该及时补充与社会生活紧密相关的内容，以免在思想上、观念上误导学生。大量的听与看一样，都肩负着扩大知识面、积累经验的任务。这一任务如果在课堂上完不成，自然要求学生在课下完成，甚至不需要教师安排，学生也会自觉安排。总而言之，学习不仅仅是课堂行为，更是人的社会行为。

五、听力练习的类型

从某种意义上说，课堂上的所有听力活动都是在训练和测试学生的能力。如任务型教学的教育理念是：我们应该让学生知道用他们听到的信息做什么，如讨论、完成笔记、选择、画画儿等。要是所听的内容是"指路"，就应该让学生根据指令在地图上标出路线或地点来，而不应该仅仅做个选择性的练习。不过听力活动和练习也适当包括一些任务性并不那么强的类型，比如识别语音、听后重复等，内容要丰富、形式要多样，兼顾知识的学习和能力的培养。

根据不同的分析角度，听力练习可以进行如下分类：

1.基于不同的训练目的，听力练习可分为：

（1）巩固语言知识的练习，如针对语音、词汇、句式的各种练习。

（2）训练语言基本技巧和策略的练习，如猜词、概括段落大意、听后复述或复写、记笔记等。

（3）形成语言技能的练习，如听说结合、听看结合、听写结合等的练习。

（4）还有一种练习与培养学生学习兴趣有关，如唱歌、猜谜、做游戏、听故事、欣赏电影等。

不管练习的形式如何，练习设计的原则是要有针对性，练习形式与考查要点紧密结合。据统计，很多教材听力练习的形式都有20多种，比较典型的题型有填空、回答问题、判断正误、选择正确答案。

2. 依据听力理解的语音感知、话语理解和信息储存的三个过程，听力练习可分为：

（1）以感知为目的的练习

感知类的练习目的在于让学生通过聆听去正确识别、辨析语音、语音组合和语调。它的重点放在听力感知上，视觉和上下文的辨异线索都保持在最低限度，以使学生仅依靠自己的耳朵来分辨。这种练习要求学生准确无误、迅速快捷地识别这些音，达到熟练辨认的结果。感知类的练习一般任务简单、操作快捷。常用的形式有单字辨音辨调、词语辨音辨调、句子模仿辨析等。具体的训练方法可以多种多样，以词语为例，常用的方法有口头重复、填空、听写、替换练习等。

（2）以记忆为目的的练习

记忆类的练习目的在于加强内容的储存，提高听力理解的速度，它更像是记忆策略的使用。如听后快速重复、边听边写等。

（3）以理解为目的的练习

理解类的练习目的在于获取意义，它不仅仅关注语音，更关注语音背后的内容。学生通过字、词、句等声音输入，获取细节性信息、综合性信息，不仅理解其字面意义，还要理解隐含义。理解性练习多围绕着内容来设计，任务形式较复杂，完成任务不仅依赖于语音感知，还有赖于语言知识、文化水平和解题技巧。常用的练习形式有回答问题、判断正误、选择正确答案等，像填表、画图、解决问题等任务型练习也比较常用。

3. 依据教学的过程，我们把听力教学划分为听前、听时和听后三个阶段。因此听力练习也可以分为：

（1）听前练习。

听前练习阶段会做一些热身活动，为听时练习扫除理解障碍。常用的方法有激活知识图式、预测文章内容、生词联想、回答问题、讨论等。

（2）听时练习。

听时练习指的是在聆听的过程中，检测学生理解的各种练习，如判断正误、选择正确答案、猜测词义、填表、画图等。

（3）听后练习。

听后练习指的是在理解的基础上做扩展和延伸性的活动，进一步提升技能运用水平，如回答问题、讨论、表演、讲故事等。

下面我们采用第三种分法，介绍一下听力教学的过程。

第四节　听前教学的过程与方法

听前练习是对听时练习进行铺垫和准备，既有心理上的，也有语言上的。在正式聆听之前，先做一些准备活动，既符合学生语言学习的心理，又能降低听时练习的难度，从而增加他们理解的成功率。听前教学的过程有五步：

一、课堂准备

课堂准备是指课堂教学活动之前教师所做的各项准备活动。包括：

（1）打印、复印或上传课堂活动材料，如练习的表格、地图、图片、习题等。

（2）准备或制作好音频、视频等教具。

（3）检查一下听力设备，熟悉操作程序，预听材料，确认音频的音质、清晰程度，做到心中有数。

二、组织教学

如我们在综合课教学中所说的那样，寒暄问候，检查作业，检查预习情况。要说明的是，听力课一般不要求学生预听课文录音，但是可以要求学生预听生词，朗读、记忆生词。

三、激活图式

激活图式也就是调取学生关于所听主题的背景知识，学生在聆听前可能对材料的主题有一些背景知识，也可能没有。围绕着教学材料的内容，可以采用背景知识介绍、话题内容的猜测、相关词汇的调动等方式，激活或填补学生的背景知识。可以采用的方法有：

1. 词语联想
此方法可以确定在听之前什么样的背景知识与新话题有关。例如有关"天气"的主题。教师可以：
（1）让学生口头回答与天气相关的词语。例如：冷、热、刮风、下雨。
（2）对关键词进行评述。学生可以只关注内容，不关注语法等方面的准确度，对词语的意义、功能、意向等进行描述评价。如天气很冷、常常刮风、冬天很干燥、我不喜欢冬天、冬天可以滑冰等。

2. 做一张海报或在黑板上写作
如"礼物"：
（1）老师把"礼物"写在大纸或黑板上。要求学生在3分钟内尽可能多地写下与关键词"礼物"有关的一连串词语。如"礼物"—"生日"—"开心"—"蛋糕"—"朋友"。也可以是给不同的小组提出不同的问题，如"给谁送礼物""送什么礼物""去哪儿买礼物""收到礼物时的感觉"等。
（2）每个小组先在纸上写出小组的看法。如"给妈妈送礼物""送妈妈一套餐具"等。

（3）请每个小组推荐一名学生在大纸或黑板上写出小组的看法。

（4）展示。教师可以跟学生交流、评价。

3. 看图片或视频讨论

视觉性的材料形象直观，可以帮助激活与主题相关的任何图式。比如这张图在传达什么信息？她们是什么关系？她们在哪儿？这是什么季节？她们的感觉怎么样？

图4-1

4. 猜猜发生的事

用一些情节不太明晰的图片或视频剪辑，让学生根据自己的知识图式去猜测可能发生的事件。比如图4-2可能发生了什么事？如果是视频，可以边给画面边提问。随着细节不断丰富，最后真相大白。

图4-2

5. 根据所给的提示词预测

有的时候，我们会先读后听，比如读一个演讲报告的海报、话剧介绍、演出节目单等。下面是一个打电话的例子：

男：你好！是北京饭店吗？

女：您好！我是北京饭店前台，有什么可以帮到您？

男：2月14日也就是下周三，我跟我的妻子要去……

女：……？

男：……

女：海景房……

男：……

女：……含早的话……

这是一个打电话订房间的交际图式，我们可以把材料发给小组，大家一边讨论，一边填出省略处可能的句子。

6. 介绍

对于那些比较陌生的题材，比如科普类及跟民族文化历史有关的题材。上课开始时，教师可以直接切入主题来进行介绍。如在听《大熊猫》这类自然生物题材的课文，教师可以重点介绍大熊猫之所以被称为"国宝"的原因，如其独特的生物特点、居住环境、存留数量及保护措施等，然后提出问题。而对于社会、文化类的题材，则要侧重其历史背景介绍、文化现象的产生渊源、人们的态度观点等。如《WTO是什么？》这样的文章，介绍了中国加入WTO以后，可能给中国经济、社会、生活等方面带来的影响，以及不同人士对WTO的理解。关于这个问题，教师就有必要对当时中国的计划经济状况、经营体制做一些说明，也有必要询问学生对WTO的了解。

从文章的题目可以预测到文章内容的范围。教师要善于启发引导学生，调动学生的联想猜测能力，对文章的大致内容、谈论重点等做出一定的合理想象。如前面提到的《大熊猫》一文，如果学生对此有一定的了解，教师就可以引导学生联想猜测：这篇文章可能谈论大熊猫的哪方面内容？外貌体征？食物？习性？居住地？为什么称为"国宝"？然后一边提问，一边讨论。学生知道的内容，可以让他们在听的过程中验证；不知道的内容，可以在听的过程中去搜寻。围绕题目所做的猜测内容不一定在录音里全部出现，那么文章谈论的重点是什么？或者猜测过程中被忽略的问题是什么？让学生思考对比，如此一来，听前的热身作用就很好地体现了出来。

四、输入一些必要的知识

在听力课上要不要教生词？关于这个问题有两种说法，一是理想的状况是控制教授的生词量，让学生在听中去解决余下的生词问题；另一种说法是听前的生词教学效果不明显，因为新学的词汇在听中不易听懂，多数学生无法思考得那么快。我们的观点是：既然生词在达到自动化的过程中需要多次重复来巩固记忆，那么听前的多次重复应该也有意义，所以听前还是需要预教生词。客观的做法是判断一下哪些生词要提前教、怎么教、哪些生词可以放到听中通过猜测或跳越来解决理解问题。一般来说，构词理据清楚、上下文语境清晰、可供猜词的线索明显的生词，就可以放到课文中去猜测，包括人名和地名；但用法复杂又虚化的虚词、科学术语等，一般很难猜测，硬猜也没有必要，那么，在听前热身练习中，就可以简单地讲解一下，耗时不多，却可省去不少麻烦。

但要注意的是，听前阶段的教学宜简单，生词意义不宜扩展，操练点到为止。而且方法上注意从听入手，突出听说训练。方法有：

1.学生听句子挑出生词

新接触一个生词，需要学生有高度的敏感性，能及时快速辨识出来。老师可以说句子，让学生听完这个句子马上说出其中包含的生词。也可以听一个语段，让学生听到某个生词时就拍一下手掌。以下画线部分为生词：

（1）手破了应该挂外科。
（2）这里是外科诊室，大夫在里面。
（3）我现在牙疼，难受极了。
（4）他吃了不干净的东西，得了肠炎。
（5）嗓子很红，发炎了。

2. 用本课的生词回答问题

学生在理解了词义的基础上，听老师的问句，运用生词来回答问题。此方法有助于学生熟悉生词的发音和意义。例如：

（1）吃了不干净的东西容易得什么病？（肠炎）

（2）嗓子很红还可以说嗓子怎么了？（发炎）

（3）大夫给病人看病的房间叫什么？（诊室）

（4）大夫开药以后去哪儿取药？（药房）

3. 老师朗读一组词语，请学生挑出不同类的词

老师把一些词语按照一定的特征组合在一起，其中包含一个不同类的，然后让学生听。学生要能快速反应并准确挑出来，这样可以训练学生同中求异的分辨能力。例如：

（1）红、黄、蓝、白、绿、黑、紫、<u>颜色</u>

（2）<u>两小时</u>、三点、五点二十、差一刻九点

（3）昨天、明天、前天、后天、今天、<u>两天</u>

（4）汉堡包、薯条、奶昔、苹果派、可口可乐、<u>麦当劳</u>

4. 听音节，然后将具有相同声调组合的词语归为一类

教师读：

| fēijī | huānyíng | hēibǎn | xīwàng |
| fāngfǎ | jīdàn | jiāotōng | jīngcháng |

学生写：学生在给出的声调组合的下面，写出符合条件的音节

‾ + ‾	‾ + ´	‾ + ˇ	‾ + `
fēijī	huānyíng	hēibǎn	xīwàng
jiāotōng	jīngcháng	fāngfǎ	jīdàn

5. 模仿跟读

模仿跟读的作用是定音、定调，学生通过跟教师读或者跟录音读，聆听正确、标准的发音，并进行口头发音。可以让学生跟读单个的词语，也可以把这个词语放到一定的语言环境中，跟读短语、句子，或者按照汉语

的组装程序一步步扩展跟读。例如：

（1）　　　　　感情

有感情

有很深的感情

小丽和小刚有很深的感情

（2）　　　　　举

举例子

举一个例子

举一个学汉语的例子

给我们举一个学汉语的例子

请你给我们举一个学汉语的例子

老师请你给我们举一个学汉语的例子

6. 听写或填空

直接听写生词或句子是最简单的方法，也可以听一个语段。这时学生听到的是一连串的语音，他们得先识别，然后再记录下来。我们用一首歌的歌词来做这个练习，用歌词的方法很有趣，学生不厌烦多听几遍，下例画线部分为听写内容：

甜蜜蜜，你笑得甜蜜蜜，好像花儿开在春风里，开在春风里。在哪里，在哪里见过你，你的笑容那么熟悉，我一时想不起。啊，在梦里。

7. 猜词游戏

学生听一句话或一段话的描述或介绍，然后来猜词。这样可以练习学生的快速反应能力。例如：

（1）晚上出现在天空、很亮的东西。（月亮、星星）

（2）红色的，样子像苹果。有人说是蔬菜，有人说是水果。（西红柿）

（3）有人上车，有人下车的地方。（车站）

（4）老师：今天白天，晴转多云，风向北，风力一二级，最高气温31度。今天夜间，阴有小雨，北转南风三四级，最低气温26度。

请问这是哪个季节的天气预报？（夏天/夏季）

8. 听句子、做动作

教师说一个句子，通常是一个含有指令意义的句子，要求学生按照指令来做动作，或完成一项任务。这是全身动作反应法的典型活动，学生需要理解，然后快速做出反应。例如：

（1）请大家打开书，翻到第137页。

（2）请大家翻回132页。

（3）××，请在132页的右上角写一下你的名字。

（4）请大家拿出一张白纸，用红色的笔画一个大大的心，再在里面写上"我喜欢你"四个字，然后把它交给你前边/后边的同学。

9. 听上句，选择下句

句与句之间存在一定的逻辑关系，学生听懂上句，能够自然联想和预测到下句的内容。教师说，学生听后选择。例如：

（1）A：今天的天气真好。

　　　B_1：可不是，咱们出去逛逛吧。

　　　B_2：可不是，我没听天气预报。

（2）A：要是一年四季都是夏天就好了。

　　　B_1：我很喜欢热。

　　　B_2：我也喜欢夏天。

（3）A：大门旁边有一个信筒。

　　　B_1：我的信放在哪儿？

　　　B_2：出门就看见了。

（4）A：王老师说他家有你要的书。

　　　B_1：你可以去他家拿。

　　　B_2：他家离这儿不太远。

10. 听句子，口头回答问题

请学生听一个句子，然后针对句中的关键词语或句义进行提问。

　　（1）吃完饭、睡一觉，多好啊。问：她想做什么？
　　（2）货明天送到。问：今天商店能送货吗？
　　（3）这件米黄色的衬衣真好看。问：他喜欢什么？
　　（4）这双鞋不错，我买一双。问：她在哪儿？

11. 听句子，判断正误

学生听一个句子，或者听对一个句子意思的解释，然后判断正确与否。例如：

　　（1）修鞋技术是一流的，价钱嘛，当然也是一流的。意思是修鞋的技术很好，价钱也不贵。（×）
　　（2）我再也没见过比他更聪明的学生了。意思是他是最聪明的学生。（√）
　　（3）我不是不想去，实在是抽不出时间。意思是他不想去，因为他没有时间。（×）
　　（4）你想让我更胖，对不对？说话人认为自己很胖。（√）

12. 听后选择正确答案

学生听一个句子，然后就提出的问题选择唯一恰当的答案。通常给出四个选项，一个为正确答案，它具有唯一性，其余的答案具有迷惑性。例如：

　　（1）一斤黄瓜两块四，两斤西红柿三块六，一共六块钱。
　　　　　问：一斤西红柿多少钱？
　　　　　A.一块二　　　　　　　　B.一块八
　　　　　C.两块四　　　　　　　　D.三块六
　　（2）李小丽妹妹的男朋友是一位中学老师。
　　　　　问：谁是中学老师？
　　　　　A.李小丽　　　　　　　　B.李小丽的妹妹

C. 李小丽的男朋友　　　　　D. 李小丽的妹妹的男朋友

（3）嘿，没想到，你还真有一套。

　　问：说话人的语气是什么？

　　A. 夸奖　　　　　　　　B. 讨厌

　　C. 怀疑　　　　　　　　D. 否定

（4）我这是老太太过年，一年不如一年喽。

　　问：从说话人的语气，我们可以感觉到

　　A. 他的情况很好　　　　　B. 他的情况很糟

　　C. 他的情况越来越糟　　　D. 他的情况跟以前一样

13. 听后模仿

请学生听一句话，然后模仿，要求学生整句记忆，注意重音、语调和语气。

这种练习方式也可用来做词语替换练习。例如：

　　老师：请问，你是北京语言大学的老师吗？（北京大学、国际交流学院、外语学院）

　　学生：请问，你是北京语言大学的老师吗？

　　老师：北京大学

　　学生：请问，你是北京大学的老师吗？

五、建立起要听的理由，要求学生提出疑问，带着问题去听

做完了以上各项准备练习，就可以进入听的环节了。如果学生对课文内容做了预测，可以要求学生带着问题去听，看看预测能否得到验证，这样学生就有了浓厚的兴趣和充足的理由去听了。

第五节　听时教学的过程与方法

听时活动是听力技能训练的主体活动。它是学生运用大脑来接收声音符号、进行解码的过程，是一个分析综合的过程，也是预测、验证、推理

的过程。在此过程中，师生双方互动合作，共同推进和完成一系列的学习活动。

听时活动的组成部分包括听、讲、练三方面。听和练是学生活动，讲是师生互动活动。一般步骤是先听，然后做练习，最后讲解。在实际操练中，这两个方面常常会交叉进行，如边听边讲、边听边练、讲练结合等。从时间安排上讲，每一个听力材料一般放三遍（视学生情况可多可少），每一遍侧重不同，要求不同，完成的任务不同。三遍结束，听、讲、练的活动也随之完成。下面我们说明一下这三遍的教学要点。

一、听第一遍，提出概括性问题，弄通文章大意

概括性理解主要针对段落和篇章而言，它是对文章大意的理解和把握。当我们听到一段话时，需要对所听内容有一个大概的理解，获取主要信息，了解说话人的态度和观点等。如本文主要讲了什么问题？这个故事主要告诉我们什么？作者的态度是什么？它要求学生不仅有从纷繁复杂的细节中抽取主旨的归纳能力，还要有跳越障碍、保持理解的连贯性的能力。我们常常在听第一遍时就进行概括性的理解活动。

在听第一遍时往往不停顿，要求学生从头听到尾，保持连贯。这时，教师要提示学生将注意力集中在文章大意上，不要纠缠于某个生僻词语和复杂句子而影响对文章整体的把握。教师还可以教学生通过分析文章的结构、寻找主题句、关键词语等方法来获取文章大意。具体方法有：

1.寻找主题句

主题句往往蕴含了文章的主要内容和作者的主要观点，找到了主题句也就找到了文章的关键信息。分析文章的结构可以帮助学生更快地找到主题句，因此教师可以先讲授方法，然后提供大量材料让学生边听边实践。比如，用演绎法表述的文章，其主题句常常位于段落的开始，使用归纳法写作的文章，其主题句常常在段落的最后。见下例（画线部分表示主题句）：

<u>喝茶有很多好处。</u>现在人们喝茶不仅是为了解渴，还因为茶有多种功能。吃饭以后喝杯红茶，可以帮助消化；困了喝杯茶能够提精

神；胖的人多喝茶，可以减肥；喝茶还可以增加人体的维生素C，使身体更健康；家里来了客人，主人常常用茶招待，喝茶又成了人们进行社会交往的重要方式之一。

　　问：这段话的主要意思是什么？

　　A. 喝茶有很多好处

　　B. 喝茶的主要目的是解渴

　　C. 喝茶是招待客人的好方法

　　D. 在中国，喝茶的人很多

2. 画出所听段落的主题句

说一说为什么你认为这句话是一个主题句？给出一段包含主题句的段落，让学生找到并画出主题句，然后说明寻找的依据。例如：

　　教育孩子要使用正确的方法。首先，不要用"懒""笨"这样的词批评孩子，这样很容易让孩子相信自己就是那样的。其次，即使为了教育孩子，也千万不能骗孩子，看到父母骗人，孩子也容易学着说假话。

3. 填空

有的文章没有明显的主题句，或者只是叙述了一个故事，这就需要我们从论述过程或事件的发展过程中来判断。一般用5个"W"来提出问题，如"谁/哪儿/为什么"等，让学生用填空的方法概括文章大意。例如：

　　喝茶的习惯是从中国开始的。传说，中国古时候，有一个皇帝到树林里去打猎。这一天天气很热，过了一会儿，他渴了。侍从们取来泉水给他喝，皇帝要喝热水不喝冷水。侍从们就在树林里给他烧水。水快开的时候，忽然刮来一阵风，从树上掉下几片叶子，正好掉在了水锅里。侍从们都很着急，你看看我，我看看你，不知道这水还能不能喝。这时候，其中的一个侍从拿起碗，舀了一碗水，尝了尝，他觉得很好喝，又让别的侍从尝，大家都说味道不错。他们把这件事告诉了皇帝。皇帝也尝了尝，他很喜欢这水的味道。以后，人们就用这种树的叶子煮水喝，把这种树叫作茶树，把这种树的叶子叫茶叶。喝茶就从这时候开始了。

　　　　这段文章介绍了什么？请根据听到的内容填空：

　　　　谁：＿＿＿＿＿＿＿＿＿＿＿＿＿＿＿＿＿＿

　　　　在哪儿：＿＿＿＿＿＿＿＿＿＿＿＿＿＿＿＿

　　　　做什么：＿＿＿＿＿＿＿＿＿＿＿＿＿＿＿＿

　　　　为什么：＿＿＿＿＿＿＿＿＿＿＿＿＿＿＿＿

　　　　结果怎么样：＿＿＿＿＿＿＿＿＿＿＿＿＿＿

4. 请写出或补充本文中的关键词，然后用几句话概括说明

　　有时，围绕着主题，语篇中会使用一连串有关系的词语，从而给我们提供了理解整篇文章的线索和暗示。将它们整合起来，就可以形成一个完整的印象，顺着词语的线索也能抓住主要的问题。例如：

　　　　腊月初八叫"庆丰日"。腊月是农历十二月，初八是8号，"庆丰日"是<u>庆祝丰收</u>的日子。每年的腊月初八，中国北方有这样一个习俗：喝腊八粥、做腊八醋。腊八粥是用各种米和豆子，加上枣、花生、核桃、芝麻和糖什么的做成的一种<u>又香又甜</u>的粥，用这种方法<u>庆祝五谷丰登</u>。这一天，人们还把醋和蒜放在一个罐子或者大瓶子里，封好放着，等到春节的时候吃。因为是腊八这一天做的，所以叫腊八醋。春节吃饺子蘸腊八醋，醋有蒜的味道，蒜有醋的味道，<u>好吃极了</u>。

　　　　请补足信息，并用几句话介绍一下这个节日：

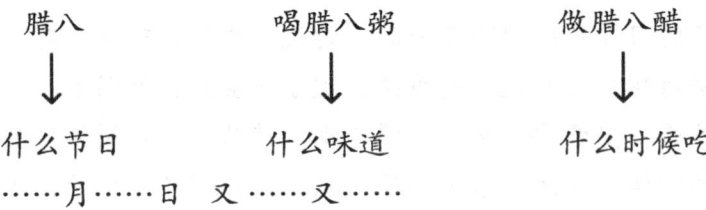

　　　　腊八　　　　　　喝腊八粥　　　　　做腊八醋
　　　　↓　　　　　　　　↓　　　　　　　　↓
　　　什么节日　　　　　什么味道　　　　　什么时候吃
　　……月……日　　又……又……

二、听第二遍，解决细节性问题，对文章进行精细理解

　　除了把握文章的中心思想、段落大意以外，听话人还需要了解事件发

生的时间、地点、人物、方式、结果等细节性信息，还要准确把握论述的论据、事实等，这是对文章的精细化理解。这个任务要在听第二遍时完成。

准确把握文本中的关键细节信息，就像在飞机场，只需要检索到自己要乘坐的航班信息一样，精细化的信息也是听者"选择性听"的结果。所以要让学生想象：你是一个听者，你会对什么问题感兴趣？什么人会对某个确定的信息感兴趣？从这个角度出发，教师要预测信息的价值，从而来设计检测的练习。

在听第二遍时，我们还要让学生从选项中预先推测问题，即反向思维。比如当我们看到下面这样的选项：A食堂、B教室、C图书馆、D操场，一定会推测这是在询问事件发生的地点、约会的地点、讲座的地点。总之问题会与"地点"有关系。同样的，也可以推测事件中的人物、时间、价钱、交通工具、季节等。

听之前要求学生先快速浏览，然后带着问题去听，边听边看，以提高理解的速度和准确率。

由于细节性的信息隐藏在句子中，有的可以直接捕捉到，只要找到这个细节即可，有的则需要综合一些信息来获得。获取细节信息与听辨、识别语音有极大关系，还跟记忆能力、记录速度有关。学生需要有抓重点和关键词的能力，还要边听边记。教师要告诉学生快速记录下重要的数字、地名、人名、关键动词，以备查考，记录时用汉字、拼音、符号、母语都行，它主要是弥补瞬时记忆的不足。

在听第二遍时，如果遇到疑难问题或关键点，教师可以回放，特别是出错较多的部分可反复放，直到大部分学生都理解了为止。

听时练习可以选择以下方法：

（1）听后填空

当听到一段包含众多细节信息的材料时，学生需要跟随着录音的速度，将要辨识出来的信息快速记录下来，或者直接写下来。例如：

> 昨天，玛丽、安娜、约翰和小林去中国银行换钱。玛丽有美元，安娜有法郎，约翰有英镑，小林有日元。昨天美元和人民币的比价是812.25，法郎和人民币的比价是133，英镑和人民币的比价是1650，

日元和人民币的比价是7.154。玛丽换了500美元，安娜换了2000法郎，约翰换了200英镑，小林换了10万日元。^①

听后填空：他们各换了多少人民币？

玛丽：美元和人民币的比价是_____，外币数是_____，人民币数是_____。

安娜：法郎元和人民币的比价是_____，外币数是_____，人民币数是_____。

约翰：英镑和人民币的比价是_____，外币数是_____，人民币数是_____。

小林：日元和人民币的比价是_____，外币数是_____，人民币数是_____。

（2）听后连线

听后连线也是一种辨识细节信息的练习题，与填空所不同的是，它是将意义上有关联的信息左右排列，学生边听边将它们连接起来。例如：

小杨、小王和小黄是好朋友。4月10日是小杨的生日，小王送小杨一本书；10月4日是小王的生日，小黄送小王一枝花儿；10月14日是小黄的生日，小杨送小黄一支毛笔。^②

请找到小杨的生日，谁的生日礼物是一支笔？请把这些信息用线连起来。

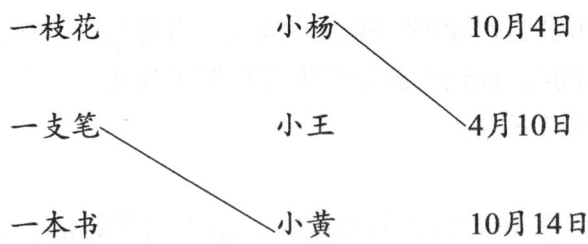

```
一枝花        小杨        10月4日

一支笔        小王        4月10日

一本书        小黄        10月14日
```

---

①② 杨惠元.速成汉语初级听力教程（上册）[M].北京语言文化大学出版社，2000.

（3）判断人物的语言

各种交际场景都有一些典型的交际语言，如在购物中，顾客的语言多是询问和评价，售卖之人多是回应或推荐。让学生听后挑出顾客说的句子，并在其后打"√"。例如：

苹果怎么卖？　　　　　　　　（ √ ）
十二块一双。　　　　　　　　（　　）
保质期多长时间？　　　　　　（ √ ）
还要别的吗？　　　　　　　　（　　）
这个苹果又脆又甜，你尝尝。　（　　）
不要了。　　　　　　　　　　（ √ ）

（4）制作一张节目单

告诉喜欢看电视剧的妈妈几点看，告诉喜欢动物世界的爷爷他可能喜欢的节目。正如生活中的那样，我们听一个文本，是要找到我们需要的信息，并利用这个信息来做事。例如：

　　观众朋友们，晚上好！欢迎各位收看中央电视台的节目。今天是10月28日，星期二，农历九月二十七。现在我来为您介绍一下本台今天晚上将要播出的电视节目。首先在19点是新闻联播，19点38分焦点访谈。19点55分欢迎各位收看电视连续剧《咱爸咱妈》，第六集。20点45分为您播出的是第二届全国相声比赛的部分节目。中央电视台晚间新闻报道之后，22点30分欢迎你收看《人与自然》节目。23点播送地方台30分钟《大山的儿子》。之后是体育节目《足球世界》。好了，观众朋友，本台今天晚上的节目就为您介绍到这儿，希望这些节目能陪伴您度过一个愉快的夜晚。下面请您收看新闻联播节目。

　　边听边填出空缺的信息，并为妈妈和爷爷找到他们要看的节目：

电视节目单

19点	新闻联播
＿＿＿＿＿＿	焦点访谈
＿＿＿＿＿＿	电视剧《咱爸咱妈》
20点45分	第二届全国相声比赛的部分节目
22点30分	《人与自然》
23点	地方台30分钟《大山的儿子》
23点30分	体育节目《足球世界》

（5）听妈妈的留言条，然后判断小明这样做对不对。

　　小明，妈妈今天晚上加班回不来，你放学以后赶快回家，洗手，换衣服，把校服放到洗衣机里，等我回来洗。今天作业多的话，先做作业，作业不多的话，可以休息一下，干你喜欢干的事。记着把冰箱里的肉拿出来，米饭我已经做上了。

　　判断小明做的事儿对不对。对的画√，不对的画×

　　1）回家以后洗个澡。　　　　　　　　（　×　）

　　2）把脏衣服放到洗衣机里。　　　　　（　√　）

　　3）先玩儿一会儿游戏。　　　　　　　（　×　）

　　4）把冰箱里的米饭拿出来。　　　　　（　×　）

（6）听后选择正确答案

　　听后选择正确答案，这是听力和阅读考试中最常见的一种题型，主要是它能较准确地判断出学生的理解程度。概括性问题、细节性问题都适合考查。例如：

　　我觉得住四合院十分方便，不用上楼下楼，也不用往楼上搬东西。而且四合院都有一个大院子，可以种花、种草，也可以散步、休息、打太极拳。如果几家合住一个四合院，大家互相帮助，关系特别密切。平时院子里总是有人，你家没人，他家有人，每天去上班觉得非常安全。

1）这段话主要告诉我们什么？
　　A. 什么叫四合院
　　B. 住四合院的好处
　　C. 四合院房子的特点
　　D. 什么人喜欢住四合院

2）四合院里邻居之间的关系怎么样？
　　A. 互相不认识
　　B. 有的帮助别人
　　C. 关系很好
　　D. 都是一家人

3）在四合院里，哪种活动没有提到？
　　A. 种花、种草
　　B. 散步 休息
　　C. 运动、打拳
　　D. 娱乐、下棋

（7）听后回答问题

听一句话或一段话，听后回答老师的问题。这种练习比较直接，学生可以简单地回答"是"或"不是"，也可以回答具体的内容，难度大一些的，可以做概括总结或简要概述等。这时听与说结合在一起。考查时只注重内容。例如：

你知道吗？广东人有吃早茶的习惯。广东人吃早茶不是在家里喝茶，而是去茶楼，一边喝茶一边品尝各种制作精美的小吃。有的广东人吃早茶从早上吃到中午，一些生意人在这里一边吃早茶一边谈生意。肚子吃饱了，生意也谈好了。人们在这里既享受美好的生活，又进行着紧张的工作，什么都不耽误。[①]

---

① 杨惠元. 速成汉语初级听力教程（下册）[M]. 北京：北京语言文化大学出版社，2000。

提问：

1）广东人有一个什么习惯？

2）人们去哪里喝早茶？

3）喝茶的时候还做什么？

4）人们对喝早茶有什么样的看法？

（8）判断正误。根据听到的内容，判断下列的说法是否正确。文本同上。

1）广东人常常去茶楼喝茶。 （   ）

2）吃早茶一般只在早上。 （   ）

3）早茶除了有各种茶水，也有各种精美的小吃。（   ）

（9）记笔记。学生接听一段电话，边听边记，然后转述别人。可以用这个表格。例如：

顾客1：你好！我下单了一个烤鸡肉盖饭，还有一份蛋花汤，怎么还没有送到？

服务员：不好意思。我查一下。请问您的订单电话的后四位？

顾客1：2952。

服务员：哦，是张女士。您的订单正在打包，5分钟后就可以送到。真对不起，让您久等了。

顾客1：马上送？好吧！那我再等一等。对了，有外带的辣酱吗？给我放一包。

服务员：没问题，祝您用餐愉快！

顾客 1 来电
姓名＿＿＿＿＿＿＿
手机 XXXXXXX＿＿＿＿＿＿＿＿＿
内容：
备注：

（10）找不同。学生听一段故事、趣闻或其他文本，然后再听一段类似的故事或文本，找出两者的不同。可以边听边记，然后跟伙伴核对。

> 现在播送北京地区天气预报。今天白天，晴，风向北转南，风力三四级，最高气温16摄氏度；今天夜间，晴转阴，有零星小雨。最低气温5摄氏度。

> 现在播送上海地区天气预报。今天白天，晴间多云，风向北转南，风力二三级，最高气温28摄氏度；今天夜间，多云转阴，风向南转北，风力三四级转一二级，最低气温22摄氏度。

		北京	上海
白天	天气		
	风向		
	风力		
	最高气温		
夜间	天气		
	风向		
	风力		
	最低气温		

（11）听后画图

学生根据老师的口述画图。老师说一段描述物体形状、人物外貌、方位、摆放位置等的段落，学生边听边画，要求突出细节特征。例如：

> 三月十五号下午，在天安门广场，走失了一个叫毛毛的小男孩。毛毛今年六岁，身高一米二左右，圆脸，大眼睛，左耳下有一个小黑痣。不会说普通话，只会说上海话。穿一身咖啡色衣服，白色运动鞋。有知其下落的，请跟长城饭店521房间的焦新联系。必有重谢。[1]

> 为方便寻找，请画一张毛毛的像。

---

① 白雪林.中级汉语听和说（英日文注释本）[M].北京：北京语言文化大学出版社，1999.

三、听第三遍

第三遍主要是整理思路，听时不再停顿。听前两遍时，学生已经对所听内容从整体到细节都有了比较全面细致的了解，此时可以自然地按照文章的叙述，跟听回想，形成连贯意识。也可以边看边听。对理解程度弱的学生，可以让他们边看边听，效果也很好。

第三遍以后，我们可以继续做一些扩展性的练习活动。因为听给我们输入了大量丰富的知识和内容，引发了理解和共鸣，学生可以在听的基础上，根据听到的内容、听的结果和相关材料，做一些说和写的输出练习。这些练习可以脱离原文的框架来进行，由学生发挥想象力，并创造运用。比如：

1.转告、改述或重述

在理解的基础上，不改变原义，但可以改变语言的表达形式。如下例，可以改成"传话"的游戏：

赵刚：田军，明天咱们不参观了，因为没有车。明天8点上课。请你告诉王林好吗？

田军：王林，老师说明天咱们不参观了，因为没有车。明天8点上课。

赵刚：王林，麻烦你告诉一下张力，办公室有人找他，让他快点儿回来。

王林：张力，赵刚说办公室有人找你，让你快点儿回去。

赵刚：张力，今天你能看见刘清吗？上周他从我那儿借了一本书，你能不能帮我问问他看完了没有？

张力：刘清，老师问你上周从他那儿借的书看完了没有。

2.听后根据所听内容组织对话或表演

学生听一段带有情节性、故事性和动作性的叙述语段，然后把听到的内容组织成对话或表演出来，可以加上适当的语言。例如：

听下面的一段介绍，然后请你和同伴表演一下：

下课了，尼克回到家，先把外衣挂在门后，把书包放在桌上，然后走到沙发边坐下，打开手机，高高兴兴地看起来。这时，"叮咚"，女朋友的微信来了，是声音甜美的留言：尼克，明天你打算怎么做呢？这可是我在北京过的第一个生日。我不喜欢去热闹的地方，咱们来我的房间，叫一只烤鸭怎么样？尼克可不想让女朋友失望。除了烤鸭，他还想带上其他浪漫的东西。于是，他拨通了一家花店的电话。

3. 合作听写：听后写、缩写、略写、扩写等

让学生听一段叙述，然后把听到的内容写出来。可以是回答问题，也可以是写中心思想，或者简写、缩写等。如果是故事，还可以续写，试想一下故事的发展和结尾。如果把它作为小组活动，可以让小组讨论，重新写出一个新版本的材料。要求语言表达清楚，包含原文中的主要意思。

4. 看图片，听后描述

教师描述一张简单的图片，学生把它画下来。然后学生两人一组，共同修改。最后老师把原画和学生的画作一起贴在黑板上展示。每个组也可以派一名学生描述一下本组的图片。

5. 接话游戏

教师讲一个故事，当他停下来的时候，学生要用提问来打断他，这可以激发学生听的积极性，并不断扩充表达的细节。例如：

师：几年以前，我工作得太努力了，身体有些顶不住，所以我想休息一段时间。

生：你有假期吗？

师：是的。我特别想去一个暖和的地方，因为我住的地方又干又冷，还常常刮风。

生：那你想去哪儿？去南方还是海边？你打算出国吗？

师：我去了中国大陆最南边的一个不太大的城市，跟海南岛一海之隔。在那儿我有了一个新发现……

生：……

第六节　听后教学的过程与方法

听后活动是前两个教学活动的延续和总结，主要任务在于总结、反馈和延伸操练。我们可以这样进行：

一、总结语言问题，并做简单操练

教师指导学生进行总结，比如在聆听过程中所遇到的重要生词和语法、学习难点等，然后在此做一些必要的处理。如解释反问句的形式特点，分析说明一些文章结构特点，如记叙文、议论文、说明文的语篇构造，以及话语交际的技巧、展开故事常用的标志等，再做一些简单的扩展练习。例如：

（1）抄写、听写好词好句。

适当摘抄课文中的一些语言表达形式，来强化语言的输入。如下面一段故事的开场，语言简练、优美，可以让学生抄写或听写：

> 我的家乡是一个美丽的小城，每到晴天的夜晚，就可以看到明亮的星空，尤其是冬天的星空，常常使我看得入迷。

（2）指出句子的理解难点。

如请学生分析一下下面的句子：句子的主要成分是什么？不遵守交通规则有哪些表现？

> 不遵守交通规则，如闯红灯、逆行、行人不走人行横道等，很容易导致交通事故。

（3）进行简单操练。

做一些如听写句子、完成句子、选词填空等形式的练习，来巩固学生的理解。

二、倾听学生的反映

在本堂课中，学生有什么收获？教师可以与学生简单交流。如可以引导学生谈一下他们是如何通过听力获得信息的，他们的方法和策略是什么，什么样的文章理解起来有困难，更喜欢什么样的练习形式等。如下面句（1）可以问学生："你的答案为什么是D？""在句（2）里你有生词吗？你用什么方法来理解句子意思？"。这里句（1）用到的策略是通过语境来猜词，句（2）"同窗"可能是生词，因为"好友"的意思不难理解，所以可以通过跳越障碍的方法来理解。

（1）听从东北回来的人说，那儿现在很冷，你得带上<u>羽绒服</u>。
问：现在是什么季节？
A. 春季
B. 夏季
C. 秋季
D. 冬季

（2）他叫布朗，美国人，是我在美国学习时的<u>同窗</u>好友。

三、内容的温习或延续

针对听力材料，让学生自由和详尽地阐述或添加细节，如引导学生进行讨论，或预测这一问题的后续性发展，猜测人们的反应，分析事件发展的结果等。在内容上、思想上做进一步的探讨。如：

1. 启发提问
教师用启发、引导、提出问题的方式将学生带入将要进行的活动中。例如：

刚才我们听了很多关于北京交通的问题，很多人的观念是现在交通恶化的状况是大城市不可避免的现象。你觉得如何？有没有什么改进的方法？在你的国家，交通状况怎么样？有什么做法值得北京学习？

2. 总结概括

教师用总结性的语言对所听的内容做一概括介绍，并结束课程。例如：

> 今天我们听了关于大熊猫生活习性的介绍，大家了解了大熊猫，也更喜爱大熊猫了。可是大熊猫却是一种濒于灭绝的动物，我们人类有责任来保护它。

四、布置作业

听后活动也包括布置作业环节。教师可要求学生课下完成相关作业，如再次聆听本课内容，完成听写、填空、听后笔头回答问题等练习，也可以布置新的听力材料来做泛听练习，扩大学生的了解范围，加深对本话题的理解。例如：

> 今天我们听了北京的天气和季节情况，但是中国是个很大的国家，各地的气候都有不同。今天的作业是听一下泛听课文，了解中国南北的气候差异，并完成课后填空练习。

值得注意的是，听后活动在整个听力教学过程中所占比例最小，所以不可占用过多时间。

第七节　样课示例

以下通过一份教案来具体了解一下听力教学的过程。

选自《速成汉语初级听力教程》（下册）[①]第三十五课《风味小吃》的精听部分，设计课时为两课时。

教学目的：通过有针对性的训练，提高汉语听说能力，并实现听说技能到交际能力的转化。

---

① 杨惠元. 速成汉语初级听力教程（下册）[M]. 北京：北京语言文化大学出版社，2000.

教学重点：训练语言接收能力中联想猜测、辨别分析、快速反应和概括总结能力等微技能。

教学方法：采取自上而下的图式理解模式，利用背景知识、社会经验等对获取语言信息的作用，加速理解过程；进行词语、难句和长段落逐渐深化的分项理解训练；根据难点，有侧重地进行微技能训练。

（一）听前

1. 热身活动——内容的预测

根据课文题目，引导学生猜测、预示可能出现的词语和话题范围。

（1）"风味"是什么意思？

（2）什么是"小吃"？

（3）在哪儿能吃到小吃？

（4）小吃常常适宜什么时候吃？

可能出现的内容：各种各样的小吃介绍、小吃的名字、小吃的名字的由来和意思，以及小吃的种类、做法、什么地方的小吃有名、课文里的人物等。

2. 热身活动——讲练生词：扫除理解过程中的词语和句式障碍

（1）理解生词（通过图画或PPT展示）

削：用刀斜着去掉物体的表皮；

烫：温度高的物体接触皮肤时感觉疼痛；

理：对别人的言语行动有所反应或表明态度；

碎：完整的东西变成较小的部分。

（2）词语练习：听与模仿

1）他削苹果的技术很高，削下来的苹果皮又长又薄。

2）青菜放开水里烫一下。

3）小王做事只考虑自己，大家都不爱理他。

4）孩子把饼干掰碎了给小鸟吃。

（3）补充新词，利用录像进行知识介绍和词语理解

山西：刀削面、老陈醋、猫耳朵

上海：南翔小笼包

天津：狗不理包子

北京：炸酱面、糖耳朵、驴打滚儿、烧卖

兰州：牛肉拉面

西安：饺子宴、羊肉泡馍

四川：凉面、元宵、汤圆、粽子

（4）句式的理解和简单操练

选择正确答案

1）昨天我吃了一碗山西有名的小吃刀削面，嘿，那个味道，<u>别提多香了</u>。

这个句子是什么意思？

A. 刀削面的味道不知道好不好

B. 山西有名的小吃是刀削面

C. 别再说刀削面了，味道不好

D. 刀削面很好吃

2）那时我已经饿坏了。包子来了，我<u>一口就是一个包子</u>。

问：下面哪种说法正确？

A. 包子太小了

B. 我只吃了一个包子

C. 我吃得很快

D. 包子很好吃

3）<u>谁知道</u>包子里除了肉以外还有不少汤，那汤好烫啊！

问：关于说话人，我们知道什么？

A. 他吃过那种包子

B. 他没吃过那种包子

C. 他听说过那种包子

D. 他没有时间吃包子

4）他<u>可</u>不吃狗肉。

问：这句话是什么意思？

A. 他不吃狗肉

  B. 他没吃过狗肉

  C. 他不知道狗肉能不能吃

  D. 他可以尝尝狗肉

（5）跟说并模仿，注意老师的语气和语调

  1）昨天我吃了一碗山西有名的小吃刀削面，嘿，那个味道，<u>别提多香了</u>。

   几个　糖耳朵　甜　碗　四川凉面　辣

  2）那时我已经饿坏了。包子来了，<u>我一口就是一个包子</u>。

   一个饺子　一个汤圆

  3）谁知道包子里除了肉以外还有不少汤，那汤好烫啊！

   汤圆　馅儿　油　烫　（板书）

   宫保鸡丁　肉　辣椒　辣

  4）你觉得山西的刀削面好吃，<u>我倒觉得天津的狗不理包子最好吃</u>。

   兰州　拉面　北京　烧卖

  5）他<u>可</u>不吃狗肉。

   蛇肉　羊肉

（二）听时

1. 概括性的活动，获取主要信息

提出几个问题：听前与听后对照。

录音（一）

听第一遍前，问题：本段的主要内容是什么？本段录音的谈话顺序是什么？

选择正确答案：

（1）本段的主要内容是什么？

  A. 中国风味小吃有哪几种

  B. 中国风味小吃名字的由来

  C. 刀削面的做法

  D. 山本很了解中国风味小吃

（2）本段录音的谈话顺序是：

  A. 看照片——削苹果——介绍刀削面——介绍风味小吃

  B. 削苹果——看照片——介绍刀削面——介绍风味小吃

  C. 看照片——削苹果——介绍风味小吃——介绍刀削面

  D. 削苹果——介绍刀削面——看照片——介绍风味小吃

2. 专项性活动，获取细节信息

关键词语和重点短句理解。

听第二遍，边听边做练习：

（1）填空

  1）这位师傅的技术，真是太棒了！你们看，他左手拿_____，右手拿_____，一下接着一下，刀不离面，面不离刀，削出面条_____。面条熟了以后，放点儿_____，再加点儿山西的_____。嘿，那个味道，_____。

  2）根据我的研究，中国风味小吃的名字常常是跟小吃的_____，_____、_____或者_____有关。

  3）这是山西的另一种有名的小吃，叫_____。

  4）北京小吃里有_____，还有一种小吃叫_____。

（2）问题

  1）艾米为什么不让山本削苹果？

  2）"一下接着一下"，这句话是什么意思？

  3）"那味道，别提多香了"，为什么这么说？

  4）大内想起来什么事？

3. 语言类的活动，获取语言运用和归纳表述的能力

有关课文内容的准确回答和完整叙述。

听第三遍，概括说明：

问题：

（1）什么叫刀削面、猫耳朵、糖耳朵、驴打滚儿？

（2）这四种小吃的名字分别跟什么有关？

（3）请具体介绍一下刀削面的做法。

（4）有没有跟师傅的名字有关的小吃？

转入录音（二）

1. 概括性的活动，获取主要信息

提出几个问题：听前与听后对照。

听第一遍前，提出问题：

（1）这段对话谈到几个话题？都是什么话题？

（2）为什么要介绍吃南翔小笼包的正确方法？

（3）为什么要介绍狗不理包子名字的由来？

原因？例句：是不是……？哪儿啊，为什么叫这个奇怪的名字？

2. 专项性活动，获取细节信息

关键词语和重点短句理解：关于细节听辨记忆及概念性理解。

（1）判断正误

1）南翔小笼包不好吃，所以照片上山本吃包子的样子很痛苦。

（　　）

2）吃包子的人很多，山本他们排了一个多小时的队才吃上。

（　　）

3）吃小笼包的正确方法是先咬一小口，然后把里面的汤喝了。

（　　）

4）狗不理包子跟狗肉没有关系，跟做包子的人有关系。

（　　）

5）狗不理这个名字是别人给起的。　　　　　　　　　（　　）

6）那个少年做的包子不好吃，所以别人把他做的包子也叫作狗
不理包子。　　　　　　　　　　　　　　　　　　（　　）

（2）快速回答问题

1）南翔小笼包是不是上海最有名的小吃？

2）想要品尝小笼包的人多不多？为什么？

3）山本饿坏了，他吃小笼包的时候发生了什么事？

　　4) 山本和三木对南翔小笼包的喜爱程度一样吗? 为什么?

　　5) 狗不理包子就是用狗肉做的吗?

　　6) 狗不理包子最早出现于哪个朝代?

3. 语言类的活动, 获取语言运用和归纳表述的能力

有关课文内容的准确回答和完整叙述。

　　(1) 你怎么知道吃小笼包的人很多?

　　(2) 那个上海人为什么要给他们介绍吃小笼包的正确方法?

　　(3) 吃小笼包的正确方法是什么?

　　(4) 那个少年是怎么做出狗不理包子的?

(三) 听后

　　延续性活动, 对提出的问题进行讨论或对本话题进行进一步的补充探讨。

　　在北京你们都吃过什么小吃? 在哪儿吃的? 你觉得味道怎么样? 价钱呢? 听完今天的课文, 你们最想做什么?

　　布置作业: 泛听练习《广东早茶》

思考题

1. 什么是听力理解? 听力理解的心理过程是怎样的?

2. 怎样认识听力微技能? 听力微技能包括哪些方面?

3. 听力教学的任务是什么?

4. 在听力课上, 只要让学生大量地听就行了, 这种说法对不对?

5. 听力课是否难上? 困难之处在哪儿? 有什么克服的方法?

6. 听力教学的原则有哪些?

7. 如何在听力课上贯彻"可懂输入"?

8. 影响听力理解的因素有哪些?

9. 如何运用图式理论来进行听力教学?

10. 理解的综合加工模式指什么?

11. 怎样理解精听和泛听的教学方式？这两种教学方法各有什么作用？

12. 如何布置泛听作业？

13. 试说明听力课的教学过程。

14. 听前准备的内容有哪些？为什么说听前准备很重要？

15. 在听的过程中，如何贯彻任务型教学的理念？

参考文献

常敬宇. 汉语词汇与文化[M]. 北京：北京大学出版社，1995.

高 霞. 图式理论与第二语言听力教学[J]. 楚雄师范学院学报，2003（2）.

高彦德，李国强，郭 旭. 外国人学习与使用汉语情况调查研究报告[M]. 北京：北京语言学院
出版社，1993.

桂诗春. 实验心理语言学纲要——语言的感知、理解与产生[M]. 长沙：湖南教育出版社，1991.

胡春洞. 英语教学法[M]. 北京：高等教育出版社，1990.

孔子学院总部/国家汉办. 国际汉语教学通用课程大纲（修订版）[S]. 北京：北京语言大学出版
社，2014.

李红印. 汉语听力教学新论[J]. 南京大学学报（哲学·人文科学·社会科学），2000（5）.

李红印，陈 莉. 论汉语听力课的设置和教学——北大汉语中心听力课调查报告[C]//郭振华，
赵燕皎. 北大海外教育（第二辑）. 北京：北京大学出版社，1998.

李清华. 谈科技汉语的听力理解[J]. 语言教学与研究，1987（2）.

李 杨. 建立科学的训练体系——中高级阶段汉语教学技能训练问题[J]. 汉语学习，1992（6）.

刘超英. 从留学生入系听课的困难看中高级听力教学[D]. 北京大学对外汉语教学中心90级硕士
研究生论文，1993.

吕必松. 汉语和汉语作为第二语言教学[M]. 北京：北京大学出版社，2007.

马燕华. 中级汉语水平日韩留学生汉语语音听辨范畴的异同[J]. 北京师范大学学报（社会科学
版），1999（6）.

毛 悦. 从听力测试谈留学生听力理解方面的障碍[C]//中国对外汉语教学学会. 中国对外汉语教
学学会第五次学术讨论会论文选. 北京：北京语言学院出版社，1996.

孟 国. 汉语语速与对外汉语听力教学[J]. 世界汉语教学，2006（2）.

王又民. 匈牙利学生汉语双音词声调标注量化分析[J]. 世界汉语教学，1998（2）.

徐子亮. 汉语作为外语教学的认知理论研究[M]. 北京：华语教学出版社，2000.

杨惠元. 汉语听力说话教学法[M]. 北京：北京语言文化大学出版社，1996.

杨惠元. 辨音辨调跟理解词义句义的关系——一次听力理解的实验[J]. 世界汉语教学，2000（1）.

张本楠. 中文听力教学导论[M]. 北京：北京语言大学出版社，2008.

中华人民共和国教育部，国家语言文字工作委员会. 国际中文教育中文水平等级标准[S]. 北京：北京语言大学出版社，2021.

周小兵. 口语教学中的听话训练[J]. 世界汉语教学，1989（3）.

HELGESEN M. Listening[M]//Practical English language teaching. New York: McGraw-Hill, 2003.

ROST M. Teaching and researching listening[M]. London: Pearson Education, 2002.

第五章 汉语阅读技能教学

第一节 阅读行为研究

一、什么是阅读?

阅读是大脑多部位的综合活动。阅读过程从获得视觉信号开始,然后利用大脑中储存的语言与社会文化知识进行符号识别和信息加工,在视觉信息与非视觉信息相互作用的活动中理解读物所传递的信息。获得视觉信号称为阅读的外部过程,对视觉信号进行加工称为阅读的内部过程。

彭聃龄(1991)将阅读过程分为五个层次:

(1)物理学层次:阅读活动开始于含有信息的文字符号。

(2)生理学层次:文字符号变为读者视觉的神经冲动。

(3)心理学初级层次:文字符号产生的神经冲动可能以语音形式存在。

(4)语言学层次:对语音形式进行文字、句法和语义方面的分析,进行言语译码加工。

(5)心理学高级层次:理解课文的意义。

二、阅读的目的

日常生活、学习和工作中,人们阅读的目的主要有两种:一是为了消遣,如阅读文学作品;二是为了获取知识或信息,如阅读专业书籍、浏览新闻或查阅信息等。

三、阅读的方式

Francoise Grellet在其*Developing Reading Skills*（《英语阅读教学》）[①]一书中，提出四种主要的阅读方式：

（1）略读（skimming）：快速阅读，了解文章的宗旨，或掌握文章的大意。

（2）跳读（scanning）：就是快速查找所需要的信息，如时间、地点、数字等。

（3）泛读（extensive reading）：或称粗读。这是一种消遣性阅读，阅读过程轻松、流畅，其理解是综合性的。

（4）精读（intensive reading）：或称细读。这是一种精确理解细节的阅读方法，目的是获取特定的信息。

四、阅读的模式

（一）"自下而上"模式（Bottom-up Model）

"自下而上"的阅读模式是美国心理学家高夫（P. B. Gough）提出的。该模式认为，阅读是从读物中提取意义的单一过程，读者的眼睛从左往右连续运动，对读物中的文字逐一辨认识别。所谓"自下而上"指的是信息的加工是由字到词再到句子，自下而上逐级加工。

"自下而上"模式受到的批评主要是忽视了读者本身已有的知识对阅读材料进行加工所起的作用。阅读中任何一个层次的加工实际上都可能受到读者已有知识的影响，比如语境效应使词在有意义的上下文中比单独出现时更容易识别，而读者对读物背景知识的了解程度也会直接影响是否顺畅地理解读物内容。

[①]　Francoise Grellet 的 *Developing Reading Skills*（《英语阅读教学》），2000年由人民教育出版社/外语教学与研究出版社/剑桥大学出版社联合出版。

（二）"自上而下"模式（Top-down Model）

1967年，心理语言学家肯尼斯·古德曼（Kenneth S. Goodman）发表了他的著名文章Reading: A Psycholinguistic Guessing Game（《阅读是一种心理语言学的猜测游戏》）。他把阅读看作心理语言学的猜谜游戏，认为阅读是一种选择的过程，即以读者头脑中已有的知识为基础积极主动地去寻找理解的线索。在这个过程中，读者从读物中得到一定的提示，凭借已有的经验对下文的内容做出推断和预测，然后在文章中寻求证据对该推断和预测进行证实，得到证实就接着产生新的推断和预测，否则就要从读物中取得更多的信息进行修改，阅读过程就是一边推断、预测，一边验证、修改的过程。

"自上而下"模式是20世纪60年代提出的，与强调读物本身作用的"自下而上"模式相反，该模式强调读者的知识和经验在阅读过程中的作用，反对把阅读过程看作逐字逐句的辨认过程。认为有效的阅读并非精确地知觉和辨认读物中字、词、句的结果，读者能预测那些眼睛看不到的内容。这一模式的出现在当时影响很大，被认为是阅读理论的革命性突破，推动了阅读心理学研究的深入发展。但过于强调阅读的自上而下的过程使该模式走向了另一个极端。阅读虽然不必逐字逐句地进行，但自下而上的加工是必需的，没有通过视觉从读物中获取的信息，推断和预测无法展开。

（三）相互作用模式（Interactive Model）

随着对阅读心理研究的不断深入，越来越多的人认识到阅读理解并不是"自下而上"或"自上而下"的单一过程，而是视觉信息与读者已有的知识相互作用的过程。20世纪70年代后期，美国人工智能专家鲁梅尔哈特（David E. Rumelhart）提出了两种加工相互作用的模式。该模式影响很大，后来的图式理论就是在这种模式的基础上发展起来的。

五、图式理论

　　图式（Schema）是认知心理学的术语，指人脑中已经存在的知识系统，其中包括人们的日常生活知识、经验、科学知识和语言文化知识等。当人们接触新的事物时，其认知会受到已经储存于大脑中的知识的影响。

　　心理学家研究图式是为了寻找一种能够解释人类记忆现象的理论，并不是专门针对阅读的，但它能很好地解释阅读和理解的心理过程。根据这一理论，阅读过程就是读者头脑中的图式与语言材料所提供的信息之间相互作用的过程。读者首先从读物中获得一定量的信息，头脑中的相关图式随之不断被激活、充实并形成新图式，在这一过程中实现理解。反之，如果读者头脑中不具备相应的图式，就会产生理解障碍。如"服务员抱怨旗袍的开衩太高了，让她们觉得很不自在。"这句话并没有提到旗袍开衩高为什么会让服务员不自在。但是中国人一般都能理解，这是因为我们头脑中存在对旗袍及中国人对女性服装暴露尺度的认识，它帮我们填补了材料中缺失的信息。如果是个从来没见过旗袍的人，可能会因为无法在"穿开衩高的旗袍"与"不自在"之间建立联系而感到莫名其妙。背景知识对阅读理解的作用，有时要大于语言难度。

第二节　外文阅读

一、外文阅读的目的

　　外文阅读的目的主要有两种：一种是为了消遣或获取信息，比如阅读外文专业著作、小说、报刊等。这种阅读与母语阅读性质相同。另一种是为了训练外文阅读能力，比如外文阅读教学中的阅读。前者是一种自主行为，阅读的时间、地点、材料、方式等都是自由选择的。后者是非自主的，阅读材料和阅读方式是被指定的，阅读时间是受限的，阅读过程一般是有指导的，阅读的最终目的不是获取信息，而是在阅读理解的过程中积累知识，提高阅读能力。

二、外文阅读中存在的问题

外文阅读中存在的主要问题有两个：一是阅读速度慢，二是理解不顺畅。很多人都有这样的体验，阅读母语读物时可以一目十行，但阅读外文读物时却经常逐字逐句地读，遇到理解障碍时还会倒回来读，甚至翻来覆去读好几遍，这必然会影响到阅读速度。一般来说，读物难度越大，阅读速度越慢，而正确理解更非易事。理解障碍有时发生在词语上，有时发生在句子上，有时一篇文章中生词不多，单个的句子也不难理解，但是读完整篇文章却感到不知所云。

三、外文阅读障碍

人们在阅读外文读物时遇到的主要障碍包括：词汇量不足、语法知识不足、对外文表达方式不熟悉及缺乏相应的背景知识。

（一）词汇量不足

如果一篇文章中有大量不熟悉的词，阅读过程会很艰难。吴思远等（2018）指出，关于文本可读性研究的结果显示，读者对词汇越熟悉，文本越简单。换句话说，对词汇的熟悉度是影响文本难度的重要指标。王小曼（2005）做的关于汉语阅读、听说及写作水平的影响因素的调查显示，"认为汉语词汇量影响较大者所占比例最大，达到了65.4%"。

（二）语法知识不足

在阅读过程中，正确辨析字词、理解词句的意义及句子之间、段落之间的语义联系需要相关的词汇和句法知识的支撑。比如当遇到不认识的词时，运用词汇知识并结合语境进行推测，可以使阅读过程不至于因为频繁地查词典而中断，从而提高阅读速度；分析长句、难句需要依托句法结构知识；关联词语的知识在把握文章各部分之间的关系方面起着重要作用。阅读外文读物时，词汇与语法知识的不足通常会成为快速阅读与正确理解的绊脚石。

（三）对外文表达方式不熟悉

陈贤纯（1998）讨论了不同语言表达方式差异的分布情况，包括词汇系统的差异、惯用语构成差异、组合关系的约定俗成、表达的字面意义与交际意义的不一致现象、句法的差异、篇章结构的差异。这些差异点同时也是影响外文阅读理解的重要因素。

（四）缺乏相关的背景知识

前文提到了图式理论。王初明（1990）指出，图式理论对外语学习的最大贡献在于它明确了背景知识在语言处理过程中的作用。在外文阅读教学中，背景知识对阅读理解的作用已经越来越受到重视。对母语阅读者来说，背景知识障碍通常表现在专业知识方面。比如阅读科技读物时，如果缺乏相关的知识，即使一个不认识的词也没有，整句话的意思却可能完全不理解。而在外文阅读中，影响阅读理解的背景知识除了专业知识以外，还有读物中涉及的文化知识和渗透在字里行间的文化信息。例如：

老李一大早出门看见两只喜鹊在树上，心想今天看来是个好日子。

"看见喜鹊"与"今天是个好日子"这样的联想对中国人来说是很自然的。但外国人却常常会感到疑惑："喜鹊"跟"好日子"有什么关系？是天气好的意思吗？产生这种困惑的原因在于在他们的认识中不存在"喜鹊"意味着"喜事"这样的概念。

再看一个例子：

小王最近正忙着准备考研呢，他新交的女朋友是个硕士，他说他至少也得是个硕士吧。

有学生表示不理解这句话的意思，为什么小王至少也得是个硕士？这一疑问缘于学生不了解中国人传统的男大女小、男高女低的婚恋观。

以上是外文阅读中存在的普遍问题。对汉语学习者来说，在阅读中文读物时，除了上述障碍之外，还有两大障碍：一是汉字问题，二是词语的切分问题。

1. 汉字问题

对外国学生，尤其是母语为拼音文字的学生来说，汉字无疑是阅读中的特大拦路虎。特别是初中级阶段，不少学生的汉字认读能力滞后于口头表达能力。口语能力与读写能力不平衡的现象在华裔学生中尤其突出。要提高中文阅读能力，首先要突破汉字认读关。

2. 词语的切分问题

中文书写时字字相连，词与词之间无间隔，阅读时需要读者自行切分词语。分词断句能力是汉语阅读的一项重要技能。外国人阅读中文读物时常见的现象是逐字点读，这样就把一句话拆成了一个个的单字。有些字既可以独立成词，也可以作为语素与前边或后边相连的字构成一个词，如果分词出现偏差，就会影响到对句义的理解。例如：

结婚还是独身，这|是|个人|的|选择。
*结婚还是独身，这|是|个|人|的|选择。

这|套|房子|里间是卧室，外间是工作室。
*这|套|房子里|间|是卧室，外间是工作室。

与|其他人|比起来，我还算幸运的。
*与其|他人|比起来，我还算幸运的。

发展｜中国｜家用电器｜换取外汇

发展中国家｜用电器｜换取外汇

上述句子中的前三组如果做第二种切分，会导致意义不明。第四组为歧义句，不同的切分会产生对句义的不同理解。

四、如何提高外文阅读技能

什么是阅读技能？简言之就是从读物中获取信息的能力，包括字词辨识能力、理解文章内各部分之间关系的能力、把握语段及文章主题的能力、推测不熟悉词语意义的能力、跳越障碍的能力等微技能。

提高外文阅读技能主要需要从以下两方面入手：

一是积累阅读目的语读物所需的知识，包括词汇积累和充实学生头脑中与目的语阅读有关的认知图式，发展并完善与外文阅读有关的理解策略和认知能力。与汉语阅读能力有关的知识图式大致包括三个方面的内容：首先是以汉语言社会和汉民族文化为背景的社会百科知识，这是汉语篇章的宏观语境。其次是汉语本身的内部语言知识，包括汉字知识、汉语构词知识、汉语句法结构知识等。第三是汉语篇章生成和构造规律的知识，包括篇章的构造方式及语段连贯手段等。

二是提高运用目的语知识快速阅读并正确理解读物内容的能力。知识积累与技能训练是相辅相成的，技能训练是相关知识的具体运用，而各种认知图式的建立有赖于在相关训练中形成的感知。

第三节　汉语阅读技能训练

一、汉语阅读技能等级划分

中华人民共和国教育部、国家语言文字工作委员会2021年发布的《国际中文教育中文水平等级标准》将学习者的中文水平从低到高分为初、中、高三等，每一等又根据水平差异各分为三级。其中，关于阅读技能的等级描述，见表5-1：

表5-1　《国际中文教育中文水平等级标准》关于阅读技能的描述

等级		技能描述
初等	一级	能够准确认读一级语言量化指标涉及的音节、汉字和词汇。能够借助图片、拼音等，读懂涉及本级话题任务内容的、语法不超过本级范围的语言材料（100字以内），阅读速度不低于80字/分钟。能够识别日常生活中最常见的标识，从简单的便条、表格、地图中获取最基本的信息。
	二级	能够准确认读二级语言量化指标涉及的音节、汉字和词汇。能够借助拼音、插图、学习词典等读懂涉及本级话题任务内容的、语法不超出本级范围的简短语言材料（200字以内），阅读速度不低于100字/分钟。能够从介绍性、叙述性等语言材料中获取具体的目标信息，基本读懂一般的通知、电子消息等。
	三级	能够准确认读三级语言量化指标涉及的音节、汉字和词汇。能够读懂涉及本级话题任务内容的、语法基本不超出本级范围的语言材料（300字以内），阅读速度不低于120字/分钟。能够理解简单复句、读懂叙述性、说明性等语言材料，理解文章大意和细节信息。能够利用字典、词典等，理解生词意义。初步具备略读、跳读等阅读技能。
中等	四级	能够准确认读四级语言量化指标涉及的音节、汉字和词汇。能够读懂涉及本级话题任务内容的、语法基本不超出本级范围的语言材料（500字以内），阅读速度不低于140字/分钟。能够理解一般复句、读懂叙述性、说明性等语言材料及简单的议论文，理解主要内容，把握关键信息，并做出适当推断，基本了解所涉及的文化因素。初步掌握快速阅读、猜测联想、跳越障碍等阅读技能。
	五级	能够准确认读五级语言量化指标涉及的音节、汉字和词汇。能够读懂涉及本级话题任务内容的、语法基本不超出本级范围的语言材料（700字以内），阅读速度不低于160字/分钟。能够理解复杂的复句，读懂叙述性、说明性、议论性等语言材料，理解、概括语言材料的中心思想或论点论据，并进行逻辑推断，较好理解所涉及的文化因素。较好地掌握速读、跳读、查找信息等阅读技能。
	六级	能够准确认读六级语言量化指标涉及的音节、汉字和词汇。能够读懂涉及本级话题任务内容的、语法基本不超出本级范围的语言材料（900字以内），阅读速度不低于180字/分钟。能够厘清语言材料的结构层次，准确理解内容，撷取主要论点和信息；能够通过上下文猜测词义、推断隐含信息，基本理解所涉及的文化内容。具有较强的跳读、查找信息、概括要点等阅读技能。

续表

等级		技能描述
高等	七级	能够准确认读高等语言量化指标涉及的音节、汉字和词汇。能够读懂涉及本级话题任务内容的各类体裁的文章，阅读速度不低于200字/分钟。对中文的思维与表达习惯有一定理解与掌握，能够准确把握语篇的结构关系，对语篇内容进行分析、判断与逻辑推理，能够理解所涉及的文化内容。掌握各种阅读技能，基本能够独立地检索、查找所需信息。
	八级	能够准确认读高等语言量化指标涉及的音节、汉字和词汇。能够读懂涉及本级话题任务内容的各类体裁的文章，阅读速度不低于220字/分钟。基本掌握中文的思维与表达习惯，熟练掌握各种阅读技能，准确理解文章的思想与社会文化内涵，能够发现文章的语言问题、逻辑缺陷等。
	九级	能够准确认读高等语言量化指标涉及的音节、汉字和词汇。能够读懂各类题材、体裁的文章，阅读速度不低于240字/分钟。能够熟练掌握中文的思维与表达习惯，综合运用各种阅读技能，深刻理解文章的思想与文化内涵。

二、汉语阅读技能训练要点和训练方法

（一）词汇训练

上文提到，词汇量不足是外文阅读的最大障碍。因此扩大词汇量是阅读技能训练的重中之重。刘颂浩（1999）认为，词汇教学在阅读教学中应处于核心地位。

综合课和口语课上学习的词汇基本上属于使用性词汇，在教学中需要通过大量的听说练习帮助学生掌握词语的用法。考虑到课堂教学时间和学习者的接受能力，使用性词汇的教学在数量上比较受限。阅读课上学习的词汇，属于接受性的，在课上一般不需要进行过多的使用性操练，因此在数量上，接受性词汇的输入可以多于使用性词汇。从初级阶段开始，阅读教学就应该将词汇积累作为教学重点，在学生可接受的范围内有意识地增加词汇输入，帮助学生扩大大脑中的词汇储备量。到了中级阶段，训练重点由词汇输入过渡到词汇知识的学习及利用构词知识和语义联想等手段大量扩展新词。

1. 语素组词练习

汉语中有一些构词能力比较强的词缀、类词缀和语素，有的阅读教材，如《汉语阅读技能训练教程》①中有专门进行构词法分析的部分，其中有对词缀意义的介绍及专项练习。对没有把构词知识作为专项训练内容的教材，教师可以自行设计相关练习，每次课上介绍两三个构词能力比较强的词缀、类词缀和语素，也可以将相关知识的介绍与生词教学结合起来，从当课的生词中选出常见的词缀、类词缀或语素，介绍它们的意义并补充含该词缀或语素的词。通过语素组词练习，既可以扩大词汇量，又可以帮助学生了解汉语的构词知识，为阅读过程中的猜测词义打下基础。以《汉语阅读速成：基础篇》（第二版）②第3课课文（一）中的生词为例：

1 通常	2 常规	3 电脑	4 异性	5 就餐	6 传真
7 保健	8 吵架	9 稀少	10 聚会	11 人员	12 确切
13 观念	14 行为	15 讲究	16 效率	17 敢于	18 尝试
19 看不惯	20 时装	21 群体	22 潮流	23 形成	

上面的生词中包含两个常用的类词缀：～员（人员）、～装（时装），可以借此补充包含这两个类词缀的词：

员：人～、演～、职～、售货～、售票～、教～、学～、船～、海～、队～

装：时～、服～、军～、正～、休闲～、女～、男～、童～、唐～

本课生词中构词能力特别强的语素有：

电：～脑、～灯、～话、～冰箱、～器、通～、触～

---

① 吴晓露.汉语阅读技能训练教程[M].北京：北京语言学院出版社，1992.

② 郑蕊.汉语阅读速成：基础篇（第二版）[M].北京：北京语言大学出版社，2011.

异：～性、～国、～乡、～地、～样、～同、大同小～、～口
同声

进行这项练习时需要注意以下问题：

（1）尽量选择常用的、构词能力强的词缀或语素。

（2）对多义的词缀或语素，介绍其在不同义项上构成的词时应按义
项分类。例如：

常 ①常常：经～、时～、～客、～言、～备、～来～往
　　②一般的：平～、～人、～识、～年、～态

（3）数量上要有所控制，每课选取几个词缀和语素要视学生的接受程
度而定。过多的话会给学生造成记忆负担，而且会挤占其他练习的时间。

（4）列出包含某个词缀或语素的词时，教师可以先请学生说出自己
知道的，然后写出一些学生没学过的，如上面的"常客""常言""常
识""常态"等。

需要注意的是，作为构词成分的语素的意义应该是学生知道的，这样
便于学生猜测和理解词义，也便于记忆。

2. 语义联想练习

语言中的词汇，根据词义之间的类聚关系，可以组成不同类别的语义
场。采用以语义场为基础的词汇呈现方式，有助于学生储存和记忆生词，
也是扩大词汇量的手段之一。

（1）联想并列出某一语义场中的其他常用词

生词：灰
联想：红——黄——绿——蓝——黑——白……

生词：傍晚
联想：上午——中午——下午——（傍晚）——晚上——夜里

生词：师傅
联想：徒弟

生词：乱七八糟
联想：整齐

生词：依然
联想：还是　仍然

上面的语义联想涉及五种语义场：类属义场、顺序义场、关系义场、反义义场、同义义场。我们还可以做更广泛的联想，如关系义场中除了"师傅——徒弟"外，还可以联想"老师——学生""老板——职员""教练——队员"等。再如，"乱七八糟"和"整齐"都可以形容房间，那么我们还可以联想用于修饰房间的其他形容词，如"脏、干净、乱"等。做上面的练习时，一般以当课的生词为基础，所联想的语义场中的其他词多数应为学生学过的，可以根据学生的水平适当补充一些词，但数量和难度要控制好。

（2）在当课阅读材料中找出在意思上有联系的词

阅读课文基本上有一个中心话题，课文中出现的词往往在意义上有一定的关联，这非常有利于进行词义聚合关系的训练，有助于学生按意义板块储存和记忆生词。如《汉语阅读速成：基础篇》（第二版）①第九课细读课文《夫妻旗袍店》的生词表上列出了21个生词，其中有多个与"服装"有关的生词，我们可以在此基础上引导学生联想和适当补充与服装有关的常用词，帮助学生组块记忆。

服装种类；旗袍②、便装、休闲装、正装、西装、中山装……
制作服装的场所、工具：作坊、缝纫机、电熨斗、服装厂、针、线
技艺：手艺、得体、做工、精细、合适、肥、瘦、（做工）粗

---

① 郑蕊.汉语阅读速成：基础篇（第二版）[M].北京：北京语言大学出版社，2011.

② 画线的为当课生词。

（二）阅读微技能训练

1. 字词辨识能力训练

精确高效地辨识字词是提高阅读速度和正确理解意义的基础。字词辨识包括两个方面：一是辨形，二是辨义。

（1）字形辨认

练习示例：

例1. 快速找出与画线的字相同的汉字

　　第一组：今天天<u>气</u>非常好。（汽　气　乞　）

例2. 快速找出有相同汉字的词

　　第一组：学习　家庭　学生　大家　留学
　　第二组：会场　表扬　广场　赞扬　场合

例3. 快速找出两个句子中相同的词

　　第一组：a. 小李是个非常热情的人。
　　　　　　b. 她热情地给我们介绍了学校的情况。
　　第二组：a. 这部电影的故事情节很曲折。
　　　　　　b. 人生的道路是曲折的。

例4. 快速找出本课的生词

　　a. 中国菜很<u>重视</u>①味道。
　　b. 这道菜<u>营养</u>丰富。

例1、例2属于形近字辨认。选词时不受学生是否学过的限制，重在字形。例3、例4中包含当课的生词，通过在句子中辨认生词，教师可以让学生进一步熟悉所学生词，加深印象，同时为下一步的阅读练习做好铺垫。

---

① 画线的为当课生词表中的生词。

（2）词义辨认

练习示例：

例1. 连接词语和释义

重视	大家一起吃饭
快乐	受欢迎
有人气	看得很重要
聚餐	高兴

词义辨认的目的在于帮助学生熟悉词义，所选词语应该是学生学过的。释义应该使用学生能理解的语言，不求精准，只要能表明基本意思即可。

例2. 连接意义相近或相反的词

爱好	高兴
愉快	称赞
表扬	喜欢
漂亮	好看

忙碌	失败
紧张	放松
成功	悠闲
乱	整齐

例3. 找出与画线词词义相同或相近的词

第一组：<u>开朗</u>　善良　外向　内向　聪明

第二组：<u>解释</u>　了解　说明　解决

例4. 找出与画线词词义相反或相对的词

第一组：<u>年迈</u>　年龄　年轻　年月

第二组：温暖　<u>寒冷</u>　成熟　热情

例5. 找出意义上有联系的词

第一组：味道　　朋友　　食品　　人品　　食堂
第二组：大小　　学校　　款式　　成绩　　颜色

例6. 找出与其他词不同类的词

第一组：亲眼　　亲耳　　亲手　　亲人
第二组：高兴　　愉快　　开心　　痛苦

例7. 用所给的词语替换句中画线的词语

听到消息　　马上　　买
眼看就要考试了，你怎么也不复习复习？
小李的妈妈住院了，小李闻讯马上赶到了医院。
这些家具都是这两年购置的。

例8. 指出哪两个句子中画线部分的词语意思相同
第一组：

a. 每次他在路上看见我都热情地打招呼。
b. 你什么时候回国一定要跟我打声招呼啊。
c. 你没跟人家打招呼就把人家的东西拿走，这样不好吧？

第二组：

a. 我们已经把菜吃光啦。
b. 我一个月的工资半个月就花光了。
c. 快来帮帮忙，别光看着。

例8的练习为多义词辨义练习。目标词一般选择当课课文中出现的多义词。

2. 推测词义能力训练

阅读外文读物时，不少人总是词典不离手，有些人甚至逢词便查，使阅读行为经常中断，这是导致外文阅读速度慢的重要原因。实际上，即使是阅读母语读物时，人们也会遇到一些不认识的词，但除非特别必要，很少有人会中断阅读去翻阅词典。事实上要理解一篇文章的意思，并不一定需要读懂每个词的意思。这是因为，很多词的意思我们可以借助丰富的词汇、语法及篇章结构知识等进行推测，还有一些词即使跳过也不妨碍理解。外文阅读者要想突破阅读中的词汇障碍，除了扩大词汇量以外，还应该掌握推测目的语词语意义和忽略非关键词语的技巧。

（1）运用汉字知识推断字词的意思

汉字的义符在语义提取中有重要的作用，这也是汉字的一大优势。常用的汉字有3000多，其中有90%左右是形声字。形声字的特点是形旁表示意义，即事物的大致类别。例如"江、河、湖"这几个字都是形声字，左边的"三点水"表示水，右边的"工、可、胡"表示声音（由于古今语音的不同，声旁表音已经有很多不太准确了，如"法""没"）。尽管也存在义符与字义所代表的概念不一致的现象，比如带"女"字旁的"姑、娘、姐、妹"都是女性，"婿"则不同。另外，汉字在两千多年的历史中几经演变，许多表义的形旁已经脱离了语素与词汇的基本义，如"精"的基本义已经不再与米有关，但了解有关义符的知识对理解字词意思仍然有一定帮助。

练习示例：

例1.将汉字与释义对应起来

惧　　一种病

疯　　害怕

持　　用手拿着

睹　　一种动物

獾　　用米粉、面粉做的食品

糕　　看

例2. 判断词义①

　　a. 听到这个消息，他<u>忐忑不安</u>。
　　　A. 生病住院了　　　　　B. 马上通知别人
　　　C. 哭了起来　　　　　　D. 心里感到紧张
　　b. 他是<u>痴呆症</u>患者，不能一个人出去。
　　　A. 有某种病的人　　　　B. 小孩子
　　　C. 怕孤独的人　　　　　D. 重要的人
　　c. 这条<u>锦鲤</u>我养了好多年了。
　　　A. 一种鱼　　　　　B. 一种鸟　　　　　C. 一种花

（2）运用构词法知识辨识词义

1）通过词缀推测词义

　　汉语中真正意义上的词缀并不多，如"子——桌子、儿——花儿/鸟儿、们——你们"等。不过有一部分类似词缀的成分，它们的特点是：位置固定、构词能力强，了解这些类词缀的意义对辨识词义也很有帮助。如：

　　　员（运动员、售货员、演员）
　　　家（画家、作家、艺术家）
　　　手（歌手、新手、老手、多面手）
　　　感（美感、好感、动感、新鲜感、亲切感）
　　　化（绿化、美化、现代化、老化）
　　　热（出国热、旅游热、上网热）
　　　迷（歌迷、书迷、影迷）
　　　虫（书虫、网虫、睡虫、懒虫）

　　练习示例：判断画线词语的意思

---

① 可以给出备选答案，也可以让学生自己估计大概的意思。画线的词可以从当课生词中选，也可以根据教学需要自行选择。

她在车上贴了一张纸，上面写着"新手女司机"。

最近兴起了"网购热"。

这俩人，一个是馋虫，一个是懒虫。

2）通过语素义推测词义

在拼音文字中，组成词的字母本身并不表义，组合后生成的词才有意义，所以使用拼音文字的人习惯把词作为一个整体来理解和记忆。这与汉语词的构成大不相同。汉语中的词有单纯词与合成词之分。合成词是由两个或两个以上的语素构成的，在现代汉语词汇中占很大比例。汉字既可以独立成词，也可以作为构词的语素。作为构词成分的语素的意义与词义之间往往有一定的关联，语素组合原则与汉语词组的组合原则基本一致。合成词的意义常常可以通过语素义推测出来。比如，读者如果知道"居"是"住"的意思，"民"是"人"的意思，那么大致可以推测出"居民"是"住的人"的意思。如果知道"恋"是"恋爱"的意思，又知道"人"的意思，那么比较容易推测出"恋人"是"男朋友"或"女朋友"的意思。了解汉语词的这一特点对词义理解非常有利，我们应该通过汉语构词知识的教学帮助学生加强语素意识，并通过相关的练习帮助学生掌握运用构词法知识通过语素义推测词义的能力。

练习：解释画线词语的意思

这里素有"世界花园"之美称。

这是一场高水平的球赛，吸引了五万名球迷到现场观战。

我们的商品物美价廉。

这种样式的建筑在全国是独一无二的。

利用语素组合关系推测词义的训练重点之一是缩略语。缩略语是由原来音节较多的词组简缩而成的音节较少的词语，如"彩色电视机"简缩为"彩电"，"展览销售"简缩为"展销"，"空中小姐"简缩为"空姐"等。缩略语用的时间长了就固定成新的词，不但能单独使用，有的还能作为复合词根再造新词。如"展销会""宇航员"。缩略语在现代汉语中数量较大，在阅读过程中经常会接触到。为了帮助学生了解这一语言现象，并能利用相关知识理解词义，我们在教学中应该结合练习帮助学生熟悉这类词的构成方式。

缩略语的构成方式主要有以下几种：

A. 截取：只用原词语的一部分，如"清华大学"→"清华"。

B. 抽取：从原词组中抽取有代表性的语素简缩而成，抽取的方式有：

a. "1+1"：抽取原式中各词的第一个语素

> 高级干部→高干
> 计划生育办公室→计生办

b. "1+2"：抽取原式中第一词的第一个语素和第二词的第二个语素

> 环绕地球→环球
> 扫除文盲→扫盲

c. "2+1"：抽取原式中第一词的第二个语素和第二词的第一个语素

> 身体检查→体检
> 对外贸易→外贸

d. "2+2"：抽取原式中各词的第二个语素

> 电影电视→影视
> 教师学生→师生

C. 混合：截取+抽取

> 新华通讯社→新华社
> 社会保险基金→社保基金

D. 利用数字帮助概括

> 包修、包换、包退 →三包
> 工业现代化、农业现代化、国防现代化、科学技术现代化→四化

练习示例：

例1. 选择缩略语的正确解释①

　　达标：A. 达到标准　　B. 超过标准　　C. 到达目的地
　　学龄：A. 学习时间　　B. 入学年龄　　C. 学生的年龄

例2. 用缩略语更换画线词语

　　　　　　　海归　　经销　　三包　　网红

那个在地铁站唱歌的女孩现在成了网络红人。
张先生是位海外归国的博士。
这家商店经营销售的产品大部分是从国外进口的。
我们对售出的商品实行"包修、包换、包退"。

例3. 连接非缩略语与同义缩略语②

中等专业学校　　　　　　　　　作协
作家协会　　　　　　　　　　　产供销
生产、供给、销售　　　　　　　四季
春季、夏季、秋季、冬季　　　　中专

（3）通过上下文线索推测词义

1）利用互释的词语理解词义

　　互释的词语指在上下文中存在的对目标词有提示作用的词语，比如，"他这人就是个书呆子，除了看书什么也不懂。"在这句话中，"除了看书什么也不懂"实际上是对"书呆子"的具体说明，读者看了这句话也就明白了"书呆子"的意思。再如，"老张是个闷葫芦，他爱人跟他不一样，爱说爱笑的。"这句话中，"跟他不一样"提示了"爱说爱笑"与"闷葫芦"相反，"爱说爱笑"的意思很容易理解，因此"闷葫芦"的意

---

① 也可由学生自己推测。

② 学生们了解了缩略方式后也可让其试着做一下缩词练习，但不必作为训练重点。

思能猜个八九不离十。

练习示例：

例1. 解释画线词语的意思①

不少年轻人是月光族，不到月底钱就花光了。

你看人家的房间，总是那么整整齐齐的。不像咱家，老是乱七八糟的。

我是个路痴，分不清东南西北，经常迷路。

招女服务员两名，月薪1500元。

厨房的台子上摆着各种用具，铲子、勺子、案板什么的。

例2. 在横线上填上可能出现的词语②

他很遵守时间，说好两点见面，他两点一定到，从来不＿＿＿＿＿。

这件衣服好看是好看，不过价钱太＿＿＿＿＿＿＿了，买一件得花我半个月的工资。

这孩子很诚实，从来不说＿＿＿＿＿＿＿。

2）在对比性的句子中找出与目标词相对应的同义或反义词语

汉语在表达上讲究对称，在一些对比性的语句中，处在相同语法位置上的词语在意义上一般具有近义或者反义的关系，这一点对推测词义很有帮助。比如，"（这条路）东到德胜门，西至学院路"句中，"东""西"均为方向、"到""至"均为动词、"德胜门"与"学院路"均为场所。如果学生初读时不懂"至"的意思，那么通过分析上下句的语义，比较容易根据与其相对的"到"的意思推测出"至"的意思。此外，汉语熟语中这类对比式表达更为常见，比如"上有老，下有小""人往高处走，水往低处流""人挪活、树挪死"等等。在根据上下文线索推测词义的训练中，这类语句也是训练重点之一。

---

① 不一定解释得很确切，只需说出大概意思即可。

② 横线上出现的词可能不止一个，与句义相符、合乎语法即可。

练习示例：

例1. 解释画线词语的意思

> 在广州100元的生活消费，在上海<u>仅需</u>84元，在哈尔滨只需64元。
>
> 观众中既有<u>古稀</u>老人，也有二十来岁的年轻人。
>
> 人的性格很难改变，俗话说"江山易改，本性<u>难移</u>啊"。

例2. 选择横线上可能出现的词

> 世事难料，俗话说"三十年河东，三十年河_____"。（西 上 里）
>
> 你别太骄傲，别忘了"山外有_____，天外有天"。（人 海 山）
>
> 苏州和杭州不但经济发达，而且风景优美，自古就有"上有天堂，_____有苏杭"之说。（外 下 里）

（4）根据词语搭配特征猜测词义

语言中的词不是孤零零地存在的，任何语言都有自己的词语搭配系统。学习外语时，了解目的语词语的常用搭配，对正确表达和理解都很有帮助。在阅读过程中，了解词语之间的搭配关系不但有助于猜测词义，也有助于预测，人们可以根据已经出现的词预见到可能会出现的词。在有些句子中，当我们看到前面的一两个关键词语时，可能都不需要看完，就已经知道后面将出现哪个或哪类词语。

比如：

> 王子和公主过上了幸福的……。

这个句子省略的部分可以很容易被预测出来，即"生活"或"日子"。因为在语法和语义上能同时满足"过上"和"幸福"搭配要求的基本上就是这两个词。

除了一些修辞性搭配和特殊搭配以外，一般词语之间的搭配总要受到语法因素和语义因素的制约。如动词"受到""进行""加以"的宾语只能是动词或动词性词组，看到连词"和、及"，就会想到后边应该是与前边的成分功能相同的并列成分。"遭到"的宾语一般是使人不快或会造成不良后果的行为，"终于"的后边一般是说话人期待的事情等。了解了这些，在阅读中即使不知道"遭到""终于"后边词语的具体意思，但至少可以推断出它们的语义特征。

练习示例：

例1. 选择与画线词语意思相同或相近的解释

他开的宝马是从国外进口的。

A. 一种车   B. 一种马   C. 一种公司

情人节当天，他送给女朋友一大束红玫瑰。

A. 一种化妆品   B. 一种花   C. 一种蛋糕

那个人的做法遭到了大家的谴责。

A. 称赞   B. 批评

经过了三个月的治疗，他的病终于痊愈了。

A. 好了   B. 严重了

例2. 选择横线上可能出现的词

大学毕业以后，你想继续学习_____工作？

A. 还是   B. 还   C. 也

小偷被_____抓住了。

A. 偷   B. 东西   C. 警察

多年以后，我的_____终于实现了。

A. 健康   B. 成绩   C. 愿望

两国领导人进行了亲切友好的_____。

A. 会谈   B. 见面   C. 谈判

他在比赛中发挥出色，最终登上了冠军_____。

A. 金牌   B. 领奖台   C. 名称

3. 句义理解训练

（1）压缩句子，化繁为简

1）略去举例性的词语

　　不遵守交通规则，如闯红灯、逆行、行人不走人行横道等，很容易导致交通事故。

　　→不遵守交通规则，很容易导致交通事故。

　　晚会上的节目丰富多彩，歌舞呀、小品呀，还有魔术、杂技什么的，令观众大饱眼福。

　　→晚会上的节目丰富多彩，令观众大饱眼福。

2）略去一些重复性的引言

　　他退休以后上了老年大学，真是"活到老，学到老"。
　　→他退休以后上了老年大学。

　　那家快递公司出了个小偷，"一粒老鼠屎坏了一锅汤"，败坏了整个公司的声誉。

　　→那家快递公司出了个小偷，败坏了整个公司的声誉。

在做上述练习时需要提醒学生注意一些标志词和标点符号。比如定语的标志词"的"和状语的标志词"地"。"如、比如、例如、诸如"之后的内容为举例性的，"……（呀）""……等等/什么的"为列举性的内容，"俗话说""正如……所说的""照……的话说""真是……"等是引用俗话、名言、他人言论时的常用表达方式。在阅读中可以根据这些信息判断哪些是可以跳过不看的内容。

（2）抽取句子的主干

汉语句子有六大成分，主语、谓语、宾语、定语、状语、补语，其中主语、谓语、宾语为句子的主要成分，又叫句子的主干。定语、状语、补语为附加成分。句子的主要成分承载着全句的基本信息。对一些附加成分多的句子，只要抽出句子主干，整个句子的意思就基本明了了。

正确抽取句子的主干，有赖于对汉语语序和基本句型的熟悉。汉语由于缺乏印欧语那样的形态变化，语序相对比较固定。词语组合时的排列顺序有一定的规律，表现为：主语在谓语之前，宾语在述语之后，定语、状语在中心语之前，补语在中心语之后。当然，为了表达的需要，也有一些变式句。不过大部分的汉语句子语序是相对固定的。

汉语单句的基本句型主要有：

谁	做	什么	
谁/什么	是	什么	
谁/什么	怎么样		
谁/哪里	有	什么	
谁/什么	在	哪里	
哪里	是	什么	
哪里	V着	什么	
谁	把	什么	怎么样
谁/什么	被	（谁/什么）	怎么样
谁/什么	比	谁/什么	怎么样

抽取句子主干时需要确认主语部分和谓语部分的中心词。除了句型策略外，还可以利用标志词帮助确认。比如，助词"的"是定中结构的标志词，在一个长句中，如果主语或宾语前的中心词前有多重修饰语，并不需要在每个修饰语后都加上"的"。但是一般来说，最后一个修饰语与中心词之间的"的"不能省略。也就是说，找到最后一个"的"字，其后的名词或代词最有可能是句子的主语或宾语。在句子中确认状语、谓语动词和补语时，可以利用状中结构的标志词"地"、中补结构的标志词"得"，还可以结合动态助词"了、着、过"帮助确认句子的成分。

练习示例：

例1. 抽取句子的主干

我们经过反复讨论，终于达成了一致的意见。

→我们达成了一致的意见。

小李昨天带来的那个女孩是从美国留学回来的医学博士。

→那个女孩是医学博士。

孩子把展台上摆放的一套贵重的瓷器打碎了。

→孩子把瓷器打碎了。

一些竖在路边的大型广告牌在这次强烈的台风中被刮倒了。

→广告牌被刮倒了。

例2. 扩展句子①

＿＿＿＿＿＿＿＿＿姐姐＿＿＿＿＿＿＿＿买衣服。

我吃了＿＿＿＿＿＿＿＿苹果。

＿＿＿＿＿＿＿＿书桌上放着＿＿＿＿＿＿＿＿书。

（3）借助虚词理解句子成分之间的关系

汉语由于缺乏严格意义的形态变化，语法意义常用虚词来表示。阅读汉语读物时，学习者可以借助一些虚词理解句子成分之间的结构或语义关系。比如，上面提到的助词"的、地、得"可以帮助读者了解附加成分和中心语之间的结构关系。连词"和、跟、同、与、以及"所连接的成分在意义上具有并列关系。介词大都用来引出与动作有关的语义成分，如"被、让、叫"等常用来引出施事。"把、对"等常用来引出受事。"给、向、替"等常用来引出与事。"凭、按照、根据、靠"等常用来引出做事的依据或方式。"从、自、于"常用来引出处所或时间。"至于"用来引出与前一个话题有关的话题等。还有语气词"吗、吧、呢、嘛、呗、喽"等可以帮助读者把握句子的语气，复句中的关联词可以帮助读者把握分句之间的关系等。

练习示例：

例1. 填出句中横线上可能出现的词

爬山、游泳及＿＿＿＿＿是我最喜欢的运动。

---

① 做这项练习时对修饰语的数量不加限制。

　　　　妈妈把房间_____干净了。

　　　　我比哥哥_____两岁。

例2. 选择正确答案

　　　小张不是这周回来就是下周回来，反正月底之前一定会回来。

　　　问：小张什么时候回来？

　　　A. 不是这周，是下周　　　　B. 这周或者下周　　　　C. 下个月

　　　现在有点儿晚了，况且天气不太好，再加上大家都累了，别出去逛了，在饭店休息吧。

　　　问：不出去逛的理由有几个？

　　　A. 一个　　　　　　　　　　B. 两个　　　　　　　　　C. 三个

（4）利用标点符号帮助理解句义

　　标点符号可以传递一定的语义信息，比如，冒号（：）主要用在提示性话语之后，表示提示下文；顿号（、）主要用在并列的词或词组中间，表示句子内部并列词语之间的停顿，顿号前后成分在语义上为并列关系；问号（？）用在疑问句尾，叹号（！）用在感叹句尾。如果问号与感叹号连用（？！），表示句子所表达的内容为强烈的质疑，有时为反问句。破折号（——）之后的语句通常是对之前的语句的注释或说明性内容，一般来说，略去破折号部分的内容不会影响对句子整体语义的理解。引号（“　”）的作用也很值得关注，它或者用来引述别人的话，或者表示其中的词语具有某种特殊含义。当我们在读到带引号的词语时，如果发现并非引述的内容，就需要确认一下其所表示的真正含义是什么。

　　练习示例：

　　选择正确答案

　　　我结婚时，朋友送我们一盆巴西木，说它的两根树干紧紧地靠在一起，就好像一对恩爱夫妻。为了照顾好这对"夫妻"，我们定期浇水、施肥、修剪黄叶。在我们的精心照顾下，这对"夫妻"看起来总是精神饱满的，当我们忙了一天疲惫地回到家时，看到这甜蜜的"两

口子"就觉得心情舒畅。

从上面这段话中我们可以知道什么？

A. 巴西木是一种树。

B. 我和爱人总是精神饱满的。

C. 照顾巴西木很辛苦。

D. 巴西木是一对夫妻。

林小雷——这个十岁就失去父母的孩子，经过多年的艰苦努力，今天终于成为一位著名的歌手。

下面哪句话不正确？

A. 林小雷十岁的时候就没有父母了。

B. 林小雷今年十岁。

C. 林小雷现在是一位歌手。

D. 为了成为歌手，林小雷很努力。

4. 语段、语篇理解训练

（1）根据标题、主题词、主题句把握语段、语篇主旨

文章的标题是标明文章主题的简短语句，可以说是全文内容的浓缩。一般来说，读者看到标题，就会了解到文章主要说的是什么。

除了标题以外，主题词也有体现段落或篇章话题中心内容的作用。主题词多为名词或动词，可能是一个或几个词，有时会在文章标题中出现，在语段、语篇中也往往会多次出现。比如，《汉语阅读速成：基础篇》（第二版）①第十课课文的标题是《变色汽车向我们驶来》。其中的"变色汽车"即本文主题词，该词和近似表达在文章中多次出现。当我们在语段或语篇中不断看到某个词出现时，基本可以断定该词或是主题词，或是与主题密切相关的词。主题词还可以是某一类词，比如，在这本教材第五课课文中，出现了大量与气候有关的词语，读者可以据此抓住本文的主题——气候。

主题句是体现文章主要观点的句子。在阅读中，准确地识别主题句，

① 郑蕊. 汉语阅读速成：基础篇（第二版）[M]. 北京：北京语言大学出版社，2011.

也就等于把握住了文章的主旨。一般来说，不同文体有各自的写作手法和结构特点，与散文、记叙文比起来，议论文和说明文的主题句比较突出，容易辨认。议论文的主题句一般出现在段首/篇首或段尾/篇尾部分，有时还会首尾呼应。说明文的主题句多出现在段首/篇首或在开篇的一些铺垫性文字之后、举例性说明或分项说明的内容之前。有些文章没有一个现成的主题句，但这不等于没有主题，需要作者通过对文章内容的整合进行归纳。

在教学中，教师可以通过给学生介绍汉语读物不同文体的结构特点帮助学生掌握抓主题句的技巧，另外，还可以介绍一些经常出现在主题句前后的标志词。由"例如、比如、如、以……为例"引出的举例性句子之前表示总括的句子常常是主题句，位于"综上所述、总之、一言以蔽之、由此可见、因此、这说明、这表明、可以说"之后表示结论的句子通常也是主题句。

练习示例：

例1. 找出下面这段话中的主题词

电视和广播里每天都有天气预报。除了说明是天晴还是天阴，下雨还是下雪以外，还要告诉我们刮不刮风，风力有多少级。风的大小用级来表示。最小的风是一级风，最大的风是十二级。二三级风就是小风，能吹动树上的枝叶；四五级风能吹得河水起波；六七级风就很大了，能吹折树枝；八九级风就特别大了，吹得人都走不动；十级到十二级的风能把大树刮倒。[①]

主题词：风

例2. 在短文中找出一个表示短文主题的句子

为什么猫能抓老鼠？首先，因为它有一双明亮的眼睛，无论在多么黑暗的夜里，也能看清楚东西。其次，它的耳朵也很灵，能够随意转向声音的来处，只要一有声音，哪怕是非常小的声音，它也能及时

---

① 郑蕊.汉语阅读速成：基础篇（第二版）[M].北京：北京语言大学出版社，2011.

听出来。最后，猫的脚底还有一块软而厚的肉，因而走起路来没有声音，可以在老鼠还没发现的时候接近它们。①

主题句：为什么猫能抓老鼠？

例3. 选择能代表下面这段短文主要观点的一句话

在现代社会，身材矮小者成了被社会侮辱和歧视的对象，这是不公正的，因为身高不能决定一个人的命运。人的高矮虽然不同，但都能做出自己的一番事业。对此，现代史上的一些显耀人物就很能说明问题：俄罗斯总统叶利钦身高1.93米，德国总理科尔1.92米，美国总统克林顿1.86米，西班牙首相冈萨雷斯1.70米，巴勒斯坦领袖阿拉法特1.69米，约旦国王侯赛因1.65米。尽管他们的身高差异很大，但都是重要人物。②

A. 身材矮小者在现代社会成了被侮辱和歧视的对象。

B. 身高不能决定一个人的命运。

C. 俄罗斯总统叶利钦比德国总理个子高。

D. 现代史上的重要人物

例4. 给下面的文章选择一个标题

人的一生一般要经历童年、少年、青年、中年和老年五个阶段。

天真、可爱的孩子享受着美好的童年。少年是指十岁左右到十五六岁的阶段，这大概是从小学四五年级到刚上高中的年龄。这个阶段的孩子对世界充满了好奇，而且因为进入"青春期"，心理也有了很大的变化，是个让父母头疼的时期。我们一般称十五六岁到三十岁左右的人为青年。人在这个阶段要解决的最大的问题是就业和婚姻。

人到了中年，也就是到了四五十岁的年纪。中年人一般上有老，下有小，这个阶段人最忙碌，也最辛苦。中年以后，人就进入了老

---

① 周小兵，徐霄鹰. 中级汉语阅读教程I[M]. 北京：北京大学出版社，1999.

② 同上。

年。有这样一句古诗："人生七十古来稀。"因此，七十岁又称"古稀之年"。不过，如今人活到八十岁也不是什么新鲜事了。老年人一生中最后一个时期称为"晚年"。[①]

  A. 美好的童年

  B. 上有老，下有小

  C. 青春期

  D. 人生五个阶段

（2）根据指示语把握句子之间、段落之间的逻辑关系

  一篇文章中包含很多在意义上有联系的句子和由句子组成的段落。句子之间、段落之间常使用一些表示层次和逻辑关系的指示语。这些词语对于跟随作者的思路很有帮助。抓住这些指示语，有助于把握全文的层次和脉络理解文意或进行推测。

  汉语篇章中的指示语很丰富，主要类型有：

  表示顺序的：首先、其次、第一、第二、最初、后来、先、然后、接着、最后……

  表示补充的：此外、除此之外、再有、还有、另外、再加上……

  表示重述的：这就是说、那就是说、换句话说、换言之、也就是说、即……

  表示举例的：如、例如、比如、诸如、正如、拿……来说……、以……为例……

  表示承接的：这下儿、这样一来……

  表示范围的：关于……，就……而言、从……方面/角度来说、一方面……，另一方面……

  表示比喻的：像……一样、好像、好比、打个比方说……

  表示对比的：与此相反、反之……

  表示引用的：正如……所说的、照……的话说

  表示总结的：总之、总而言之、综上所述、一言以蔽之……

---

① 朱子仪. 中级速成汉语课本[M]. 北京：北京语言大学出版社，2008.

复句中的关联词也可以看作一种指示语。有些关联词还可以连接段落。读者可以根据这些关联词语把握分句之间、段落之间的逻辑关系。

练习示例：

例1. 在文章中找出问题的答案

> 现在社会上流行"干得好不如嫁得好"的说法，也就是说，对女性来说，与其在社会上努力拼搏，不如嫁一个事业有成的好丈夫。在不少女大学生看来，自己大学毕业后即使找到理想的工作，要想过上有房有车的日子，至少得奋斗一二十年。而如果嫁得好，就可以少奋斗这么多年，照她们的话说"干吗要跟自己过不去呢？"
>
> 问题："干得好，不如嫁得好"是什么意思？

上面这段话中的"也就是说"表示其后的句子是对前句的说明，所以正确答案应该是文中的画线部分。

例2. 读后回答问题并预测画线部分的内容

> 王先生是个令人羡慕的人。在事业上他算得上是一位成功人士，有一家自己的大公司，员工有几千人。除此之外，他还有一个幸福的家庭，妻子美丽温柔，儿子今年刚刚考上了名牌大学。
>
> 然而，"天有不测风云"，＿＿＿＿＿＿＿。
>
> 问题：作者从几个方面来说明"王先生是个令人羡慕的人"？

上面这段话中的"除此之外，还……"是表示补充的，问题的答案应该包括"除此之外，还……"前后的内容，即"事业"和"家庭"两个方面。

预测练习：选择可能出现在横线上的内容

A. 今年，他公司的生意越来越好。

B. 受金融危机的影响，今年，他的公司遇到了很大的困难。

C. 他今年计划再开一家公司。

D. 他对现在的生活感到满足。

上文中第一段讲的是"王先生"的幸福生活。"然而"表示转折，据此可以预测其后的内容应该是不幸的事情，因此答案应该选B。预测的练习可以给学生提供备选答案，还可以让学生根据上文提供的信息自己进行预测。

（3）利用篇章结构模式把握篇章的脉络

篇章是按照一定的结构模式生成的，结构模式规定了篇章中各种信息的组织方式。受人们思维方式和表达习惯的影响，不同语言的篇章模式不尽相同。在汉语阅读技能训练中，我们需要通过相关的练习帮助读者熟悉汉语篇章常见的结构模式，从而把握篇章的脉络，预测内容的发展。比如，"总分式"的构造是汉语篇章和段落中常见的结构模式，熟悉这一结构模式的读者读到了总说的语句，一般就能预测下文内容是对总说的分述（储诚志，1994）。例如：

> 溺爱对孩子各方面的成长都非常不利。从个性上看，被父母溺爱的孩子往往比较自私，不易与他人相处。从生活能力上看，许多"小皇帝"被照顾惯了，依赖性强，缺乏独立生活的能力。

上面这段话的第一句"溺爱对孩子各方面的成长都非常不利"是一个总说句，读者可以据此预测下文是从各方面对这一说法进行阐述。这一预测一旦从下文"从个性上看，……"句得到证实，读者可以更有把握地预测之后应该说的是从个性之外的其他方面看。

此外，不同文体有各自的文体结构，比如说明文、记叙文、议论文、新闻报道都有各自相对固定的结构模式。

说明文是以说明为主要表达方式的文体，通过对事物的性质、特点、内容、道理等的说明使人增长知识。一般来说，说明文首先说明"是什么"，然后说明"为什么"或"怎么样"。说明的方式主要有三种：一是按照空间顺序，即按从上到下、从外到内、从左到右、从南到北、从远到近、从中间到四周、从整体到部分的说明顺序安排材料。描述建筑物的结构布局、某地所处的位置、产品的构造与特点等时多采用这种方式。常用的标志词有东、南、西、北、中、前、后、左、右、内、外等。二是按照时间顺序，即以时间为序安排材料内容。介绍自然知识的说明文一般都是先发生的先写，后发生的后写。介绍生产技术和工作方法的说明文，一般按照生产和工作的程序，逐一说明。以事物的发展为说明对象的文章一般按照事物的发生、发展、消亡的过程展开。这类文章常用的标志词有"首先、然后、最后、第一、第二、第三、第一步、第二步、第三步"或者使用连续的时间词组成一个时间链。三是按照逻辑顺序。有些说明文主要是剖析事理的，在说明时按照事理的逻辑关系进行安排，或从主到次，或从浅到深，或从原因到结果。有些按事物的性质分几个方面来安排材料，这几个方面的材料就形成了一种并列关系。总之是按照事物的内部关系组织文章，使之具有严密的条理性。阅读这类文章时要注意抓住那些表示因果、分类等逻辑关系的标志词。

以记叙作为主要表达方式的文章叫记叙文，主要运用叙述、描写的表达方式，记叙的六个要素是：时间、地点、人物、原因、经过、结果。作品中所反映的生活和作者对生活的看法，就是记叙文的主题，也叫中心思想。主题是依靠对人、事、景、物这些材料的记叙来表现的，因而记叙文的材料安排必须服从主题的需要，使主题突出。记叙文的人称有第一人称、第二人称、第三人称三种。记叙的人称反映了作者叙述的观察点和立足点，记叙文的顺序主要有顺叙、倒叙、插叙。顺叙是按事件的发生、发展的过程记叙。一般包括开端、发展、高潮和结局。倒叙是把事件的结局或某个最突出的片段提到文章的开头写，然后再按时间顺序写事件的经过。倒叙一般仅仅是作为文章的开头，文章的主体部分仍然按时间发展的顺序写。倒叙内容的起止点在文章中一般有明确的交代，如在倒叙与顺叙的转接处会有一些时间词或表示回忆的语句，如"那是在……时候""事情还得回到……前""看到/提起……，……就想起/回忆起……"等。例如：

浪漫的回忆

在我的家里，珍藏着一件已经褪色的紫色外套。那是二十多年前买的。多年过去了，搬了好几次家，衣服也不知淘汰了多少轮，唯有这件衣服一直静静地躺在衣柜里，每当我看到它，就不由得回想起那件温馨往事。

　　那是在二十多年前，……。

　　光阴荏苒，一晃二十多年过去了。……

　　这篇记叙文从第二段开始进入倒叙，最后一段转为正叙。第一段最后一句"每当看到它，就不由得回想起……"句标志着由顺叙进入倒叙。第二段的第一句"那是在……年前"是倒叙时常用的起始句。最后一段的起始句"光阴荏苒，一晃……年过去了"是倒叙转入顺叙时常用的标志句。

　　插叙是在叙述主要情节时，暂时中断叙述的线索，插入一些与主要情节相关的内容来丰富文章的内容，借以突出主题。

　　议论文是以议论作为主要表达方式的析事说理的文章。在议论文中，作者要提出自己的观点或主张，这就是论点；要拿出相应的事实或理论作为依据，这就是论据；还要对论据加以分析推导，以证明论点的正确，这一过程就是论证。论点、论据、论证就是论文的三个要素。

　　从议论文的结构看，一般由绪论、本论（或称正论）、结论三部分组成，体现为提出问题、分析问题、解决问题三个论述的环节，即人们通常所说的"三段论式"。

　　新闻报道也叫消息，是一种客观报告最新事件的记叙文体。从结构上看，一般包含导语、主体、背景、结语几个部分。导语使用最简洁的语言概括叙述新闻，让读者大致了解发生了什么事情。主体是进一步详细地介绍新闻发生的经过和细节，让读者清楚地了解事件本身。背景一般交代新闻发生的社会环境等周边情况。结语是对新闻的影响和作用进行反映。在一般的新闻中，上述几个部分不一定都出现，比较常见的是导语加主体的结构形式。

　　新闻报道的正文部分有两种基本结构，一种是正金字塔结构，即按照事情发展的时间顺序或逻辑顺序报道事件。另一种是倒金字塔结构，即把最重要、最新鲜的事情或结论放在最前面，然后按照"重要—次重要—次要"的顺序安排其他材料。也有把两种结构结合起来的。如把最重要的信息放在开头的部分，后面按照时间顺序或逻辑顺序进行叙述。在阅读汉语新闻报道时，读者可以根据其所采用的结构模式判断最重要的信息出现的位置。

练习示例：

例1. 将句子排序后组成段落

（3）他与女儿分析来分析去，发现女儿最大的弱项是作文。

（2）大家坐在一起谈起孩子的考试成绩时，他经常感到脸上无光。

（6）他一气之下，竟亲自动笔，将10篇文章全写了出来。

（4）于是，他便和女儿一道根据目前形势和语文考试的特点分析，大范围地给女儿出了10道作文题。

（5）只可惜女儿作文基础太差，无论他怎样讲解，女儿就是不得其法。

（1）王美的父亲是从事新闻工作的，认识的朋友很多。①

排序后组成的语篇：_____

王美的父亲是从事新闻工作的，认识的朋友很多。大家坐在一起谈起孩子的考试成绩时，他经常感到脸上无光。他与女儿分析来分析去，发现女儿最大的弱项是作文。

于是，他便和女儿一道根据目前形势和语文考试的特点分析，大范围地给女儿出了10道作文题。只可惜女儿作文基础太差，无论他怎样讲解，女儿就是不得其法。他一气之下，竟亲自动笔，将10篇文章全写了出来。

做排序练习时，要让学生注意一些可以提示句子之间、段落之间语义或逻辑关系的词语。比如上边的文章中，第一段第二句中出现了代词"他"。"他"之前一定有所指代的对象，因此，该句一般不会是首句。第二段中的"于是"是个连词，连接前后两件事，表示后一件事是由前一件事引起的，前后句之间存在"承接关系"。"只可惜"表示转折，前后小句之间存在转折关系。"一气之下"前边的句子应该是令人不满的情

---

① 郑蕊. 汉语阅读速成：提高篇（第二版）[M]. 北京：北京语言大学出版社，2011.

况，后边的句子是在某种令人生气的情况下采取的行动。

根据相关提示语把握前后语句的语义特征，在此基础上进行句子的排序练习，可以培养学生根据具有标记作用的词语，理解上下文之间语义关系的能力。

例2. 预测文章的内容

"君子之交淡如水"是说，古人所推崇的是一种高尚诚挚的友情。这种友情，是从情感上把自己同朋友的生活、前途和命运联系起来，把朋友的欢乐当成自己的欢乐，把朋友的痛苦当成自己的痛苦，在朋友危难的时刻，伸出援助的手，甚至牺牲自己，拯救朋友。所以"患难之中见朋友"，说的就是这个意思。中国古代有许多动人的故事体现了这种优良品德。[①]

练习：作者接下来最可能写到什么内容?

A. 现在的人们怎么看待友情　　　B. 如何帮助在危难中的朋友

C. 危难时刻不应该抛弃朋友　　　D. 体现高尚友情的动人故事

在篇章衔接的手段中，除了篇章连接词语以外，还包括语句的排列和话题推进顺序。汉语篇章中话题推进的最基本模式是平行推进和链式推进两种。话题的平行推进指后句话共用前句话的话题，链式推进指后句话以前句话的说明部分作为话题。篇章的生成遵从一些基本话题推进模式，保证了前后语句之间的语义联系，从而也实现了篇章的连贯（储诚志，1994）。

上面语段中的最后一句话是"中国古代有许多动人的故事体现了这种优良品德"。根据话题推进的基本模式，我们可以预测后面最有可能写到的内容是体现高尚友情的动人故事（D）。

5. 快速阅读训练

所谓快速阅读，就是从读物中迅速提取有用信息的阅读方法。彭聃龄（1991）指出，快速阅读不是只求时间上的快速浏览，而是重视积极且具

---

① 刘颂浩，黄立，张明莹. 中级汉语阅读[M]. 北京：北京语言大学出版社，2002.

有创造性的理解过程。

在阅读过程中，眼睛以一系列快速跳动的方式进行。心理学家把视线的每一次跳动称为眼动，一次眼动仅用10到12毫秒就可以完成。眼动之后视线固定在一个地方，这种注视称为眼停。每次眼停至少要200—250毫秒（1/4秒）。眼动时看到的东西很少，视觉信息主要在眼停时获得。阅读行为就是眼动、眼停的连续过程（陈贤纯，1998）。

人们在阅读外文读物与阅读母语读物在速度上往往有较大差异。阅读母语读物时，人们可以一目十行，但阅读外文读物时常见的情况是逐字逐词地注视、辨认，还有不少人词典不离手，逢词便查，使阅读行为经常中断。导致这种现象的根本原因归根结底还是语言水平问题。刘颂浩（2005）指出，"没有人愿意采取低效率的方法，比如一个字一个字地读，对学生来说，这样做纯属不得已。"能否快速准确地辨识字词，与对字词的熟悉程度密切相关。人们在阅读时，对熟悉的字词，从辨形到识义，即从获得视觉符号到符号的识别与信息加工都是在瞬间完成的。反之，面对不熟悉的字词，对视觉信号的反应和加工速度就会减慢。中国人看汉字时，只扫一下字的轮廓就能认个八九不离十了，而外国人看汉字半天还不一定能认对，类似把"牛"认成"午"、把"大树"看成"大楼"、把"处长"认作"外长"的情况并不鲜见。人们阅读外文读物时，逐字逐词地注视，是因为对外语的文字书写系统不熟悉，加上由于对准确辨识外语文字的不自信导致其不敢大意，非要逐字确认才放心。再如，人们之所以能够以很快的速度阅读母语读物，是因为阅读时一次眼停看到的不是一个字一个词，而是一个词组甚至更大的单位。能做到这一点，除了对文字的熟悉度之外，还缘于对母语表达方式的熟悉。前文提到，汉语句子中的词是一个挨着一个写的，对中国人来说，分词断句是一个自动化的过程。比如下面的句子：

中国乒乓球队在第29届奥运会上获得4枚金牌。

熟练的读者会把这个句子划分为三个意群，读完这句话，眼球最多动三次就可以了：

中国乒乓球队 在第29届奥运会上 获得4枚金牌 。

　　但是对外国人，特别是初学汉语的人来说，还不具备对汉语句子结构的分析能力，对词语的搭配组合也不够熟悉，难以做到按意群来阅读，对上面的句子，如果一个字一个字地读，眼球要动20次才能完成。即使是按词来读，在分词正确的前提下，眼球的移动次数也得12次。

中国|乒乓球队|在|第|29|届|奥运会|上|获得|4|枚|金牌。

　　逐字点读的阅读方式带来的不仅是速度慢的问题，还会使理解阅读内容变得支离破碎，由于专注于一个个的字，忽视词语之间的语义联系，也不利于对句子整体意义的理解，字词以个体而不是一个个意义组块进入大脑，需要花时间重新进行信息组合。如果句子较长，读到最后一个字或词，前边的内容可能已经忘记了，只好回过头来重看，即回视。相对于阅读速度，这种阅读方式对阅读理解的影响应该说是更严重的问题。因此在阅读教学中，教师应该通过有针对性的训练帮助学生掌握以意群为单位阅读的习惯和能力，提高阅读速度。

　　除了字词辨识与分词断句以外，跳越障碍的能力和把握句子之间、语段之间逻辑关系的能力等也会影响到阅读速度。这些能力的提高有赖于读者头脑中有关认知图式的发展和完善。

　　前文介绍的快速辨识字词和阅读理解技巧等都有助于提高阅读速度。下面再介绍一下组读训练和限时阅读训练的方法。

　　（1）组读训练

　　从句法结构的角度看，组读是按词组、短语或小句为单位来阅读；从语义的角度看，"组读是按意群为单位来阅读"（周小兵、张世涛、干红梅，2008）。组读训练的重点是帮助学生熟悉汉语词汇的组合方式、搭配关系与句法结构。

　　1）短语认读

　　做短语认读练习时，要根据学生水平选择学生学过的、在汉语中使用频率高的短语。在结构上，每次可集中展示一种或两种结构类型的短语，最终让学生熟悉各种结构的短语。如：

主谓短语：我学习　　明天星期三　　天气好　　　水平高……

动宾短语：学习汉语 做作业　　　写生词　　　听录音……

偏正短语 ⎰ 定中短语：他的书　　北京人　　昨天的事
　　　　　　　　　　　新衣服的书……
　　　　　　状中短语：非常好　　慢走　　　努力学习
　　　　　　　　　　　马上出发　这么写　　高兴地说……
　　　　　　中补短语：吃完　　　写得很好　听得懂　去过一次
　　　　　　　　　　　玩儿到半夜　　　　　走进来……

联合短语：我和你　　明天或者后天　聪明而努力
　　　　　讨论并且通过……

连谓短语：去看电影　　进来说　　找人玩儿　　看着高兴……

兼语短语：请朋友吃饭　叫他进来　让学生做作业　派他去上海
　　　　　称他为老师……

同位短语：首都北京　　我们大家　班长小王……

方位短语：房间里　　　教室外　　桌子上……

量词短语：一本书　　　两个人　　那件衣服　一桌子菜……

介词短语：给他打电话　对我说　　朝前走　　　向他学习……

"的"字短语：吃的　　　玩儿的　　大的　　　　小的
　　　　　　红的　　　绿的……

比况短语：春天般的温暖 兄弟般的情谊　火一样的热情
　　　　　雪一样的白　小孩似的表情　木头似的站着
　　　　　……

"所"字短语：所介绍的情况　　　所用的课本　所说的话……[1]

2）意群切分训练

意群切分训练可从汉语基本句型入手，先由教师根据句子的组成成分划分出若干个意群，让学生按照划分出的意群进行阅读练习，组读的单位可根据学生水平而逐渐增大。然后训练学生根据范例或提示划分意群，最

---

[1]　黄伯荣，廖序东. 现代汉语（增订六版）[M]. 北京：高等教育出版社，2017.

后过渡到自行切分意群。

练习示例：

例1. 以画线部分为单位阅读

北京 是中国的首都。
那个女孩儿 是小李的女朋友。

我 昨天 在学校门口 遇见了一个老同学。
我 每个周末 跟朋友们一块儿 去爬山。
我弟弟 跑得特别快。
周末 公园里 人很多。

从现在开始，我每天走一万步。
从下周起，我们下午2点开始上班。

例2. 根据提示切分意群

a. 模仿例句切分意群

例如：越来越多的父母 想让孩子去国外读大学。
练习：越来越多的年轻人希望自己创业。

例如：我 跟朋友一起吃饭。
练习：同学们跟老师们一起旅行。

b. 根据提示切分句子

我五年前在一家外企工作过一段时间。
提示：根据"谁""什么时候""在什么地方""做过什么事"
四个方面的内容把句子切分成四个组成部分。
答案：我｜五年前｜在一家外企｜工作过一段时间。

早上晨练的老人们突然发现湖边不知道什么时候种上了一排
小树。
提示：根据"谁""发现""什么事"把句子切分成三个组成

部分。

答案：早上晨练的老人们|突然发现|湖边不知道什么时候种上了一排小树。

c. 自行切分意群

我用一周的时间读完了那本书。

工作以后，朋友们之间的联系越来越少了。

老张的小儿子被航空公司录取了。

我和朋友坐在湖边的长椅上聊天儿，一阵微风吹来，树叶轻轻摇动。

（2）限时阅读

除了逐字点读外，阅读速度慢的原因还有回视，即在阅读过程中经常回头重读前面读过的部分。另外经常查词典会使阅读行为频繁中断而影响阅读速度。前文已经提到，人们在阅读母语读物时遇到不熟悉的字词时，除非特别必要，一般不会立刻查词典，因为这些词的意思往往可以通过字词知识或上下文推测出来，或是因其不影响对读物内容的理解而可以忽略不计。人们在阅读外文读物时遇词必查的原因：一方面是因为外文读物的生词量通常大于母语读物，另一方面与读者阅读外文读物时心理上的不自信有关。当遇到某个词或某句话看不懂时，就会觉得读不下去了。实际上，如果继续往下读，有些词的意义或许就会得到显现。为此，我们在教学中可以采取限时阅读的做法，鼓励学生遇到不熟悉的词语时只是做个记号，不要停下来，接着往下读。当学生们在规定的时间内读完整篇文章后往往会发现，有些词语的意思在读的过程中已经慢慢理解了，还有些词即使不懂也不影响理解，也就是说，真正影响理解的词语实际上并没有标记出来的那么多。我们还可以设计一些练习帮助学生运用字词知识进行词义推测。这样一来，剩下来的完全不理解的词就更少了。当学生们逐渐认识到，虽然读物中的生词乍看起来很多，但有不少词的意义是可以借助语境和字词知识来理解的，会对跳越不熟悉的词语慢慢树立起信心，阅读速度也会随之提高。

阅读速度训练要注意循序渐进，不能急于求成。有些阅读教材对每篇课文都标出了速度要求，对此，在实际教学中，教师要视本班学生的水平、课文的难度及教学阶段灵活掌握。如果大部分学生达不到该要求，就要适当降低标准，避免一刀切。

第四节　阅读课教学

一、汉语阅读课的教学原则

第二语言教学的基本任务是提高学生听、说、读、写的技能，其中"读"的技能指的是阅读技能，主要由阅读课承担。换句话说，阅读课的教学任务是提高学生的阅读技能。教学中教师可遵循以下基本原则：

1.技能培养原则

教师在进行阅读课教学设计时，首先要明确的是阅读课教学的最终目标不是为了帮助学生读懂课文，而是帮助学生学会如何读懂中文文章，也就是说，要通过有针对性的训练帮助学生掌握汉语阅读能力，所谓"授之以渔"。明确这一点是非常重要的。在目前的汉语阅读课教学中，存在重理解轻技能的现象。比如，当学生遇到理解障碍时，有些教师采用逐字逐句讲解或者翻译的方法帮助学生理解，以理解文意为最终目标，而不是引导学生通过对字、词、句或篇章结构的分析学会如何在阅读理解的过程中扫除障碍。一些阅读教材的编者也存在对阅读教学目标认识不足的问题，阅读技能训练特色不突出。编写教材时只是选取一些文章，做一些删改，挑出一些生词做成生词表，然后加上回答问题、判断正误等练习。这样的教材因为没有从技能训练的目标出发为教学提供充分的训练素材，设计具有技能训练特色的练习，所以教师在使用时常面临"巧妇难为无米之炊"的困境，往往需要下大力气在文本中挖掘训练材料或自编练习，导致训练内容零碎且不成系统，也加大了教师的备课难度。严格来说，这样的课本只能算是读物，而非合格的阅读教材。

2. 突出课型特点的原则

所有技能课都强调"精讲多练"，阅读课也是如此。但是阅读课的讲练方式与其他技能课不同，阅读课不以语言输出为目标，教学中需要多设计阅读理解类练习，不宜设计大量语言输出练习，避免将阅读课上成综合课或口语课。比如，一篇课文中有"人们觉得昆明是一座宜居城市"，其中的"宜居"是生词。如果是口语课，教师的练习方式可以是让学生说明一下"宜居"的意思，然后让学生说一说自己国家有哪些宜居城市或者宜居城市有哪些特点。所有练习都以"说"的形式进行，在此过程中培养学生的口头表达能力。但是，如果阅读课也这么上，就变成了口语课，课型特点不突出了。阅读练习应重在词句的意义理解上，针对"宜居"一词，可以设计这样的练习：

"宜居"的意思是：A.房子很便宜　B.适合居住

该练习旨在让学生根据上下文语境和"宜""居"这两个语素的意思推测词义，在此过程中学生用眼睛看，用脑子想，目标是"看懂"。教学目的是理解词义，而非通过"说"掌握词的用法。再如，课文中有这样的句子："外边天气这么好，与其窝在家里，不如出去逛逛"，其中包含一个重点句式"与其……，不如……"。如果是综合课或口语课，会通过情景表达或完成句子等方式让学生用该句式说话。如果是阅读课，则可以设计这样的练习：

"外边天气这么好，与其窝在家里，不如出去逛逛"这句话的意思是：
　A. 说话人觉得出去逛逛比窝在家里好
　B. 说话人不想出去逛

学生看懂了，选对了，"读解"的目标就达成了。至于口头表达，交给口语课练。当然，不是说阅读课上绝对不能设计口头表达练习，比如课后可以围绕课文主题进行讨论。这里强调的是阅读课的训练重点和训练方法应突出"读解"的特色，避免将练习重点放在听说上。

3. 循序渐进的原则

阅读能力的培养是一个渐进的过程。技能训练要分层次、分阶段进行。初级阶段的学生汉语知识有限，对由汉字写成的汉语书面语材料比较陌生。因此，辨识字词是这一阶段首先要解决的问题。在知识积累方面，初级阶段的主要任务是利用构词知识扩大词汇量、熟悉汉语的基本句法结构及表达方式。在阅读理解方面，以字、词、句理解为主。训练运用汉字和词汇及句法知识推测不熟悉的字词及短语意思的技巧，以及通过语法手段理解句子的内部关系的技巧等。

中级阶段的学生已经基本掌握了初级汉语词汇和汉语的基本句型，对汉语书面语有了一定的感性认识，具备了初步的汉语阅读能力。在知识积累方面，中级阶段的主要任务包括利用构词知识及语义联想等手段扩大词汇量、熟悉汉语的特殊句式和常用虚词、关联词语的意义及用法、了解汉语篇章的构造方式和连接手段等。在阅读理解方面，侧重于语段和篇章的理解，训练利用上下文信息推测词义的技巧、通过词汇连接手段理解语段中各部分之间的关系的技巧、通过指示语理解语篇中各部分之间的关系的技巧、通过标题与关键句判断语段或语篇核心内容的技巧、通过标点符号所传递的信息理解文意的技巧等。

高级阶段的阅读课以报刊阅读和文学作品阅读为主。报刊阅读训练的重点是帮助学生积累中文报刊常用词语，熟悉常用句式和篇章结构，建立中文报刊阅读的知识图式。文学作品阅读重在作品赏析，体会作品的修辞艺术，提高学生对汉语文学性语言的理解和鉴赏力。高级阶段的阅读教学与一般的阅读技能训练的侧重点有所不同。本书主要讨论的是初中级阶段的阅读技能训练。

4. 保证阅读量的原则

精讲多练是第二语言技能训练的基本原则。外文阅读技能的提高，有赖于大量的阅读实践。只有在大量阅读的基础上，目的语的字词、句法结构、表达方式等才能在多次重现中被读者熟悉，并巩固定型后进入读者的心理词典。没有足够的阅读量，就无法突破阅读认知的瓶颈。由于课上教学时间有限，要确保阅读量，教师应该为学生编写或选择合适的文章作为课后阅读材料，并检查学生的完成情况。在阅读材料的选择上，要综合考虑材料的难度、数量、文体和趣味性。一般来说，阅读材料的生词量要控制在2%左右，初、中、高级阶段的课外阅读量应当分别达到课内阅读量的二、三、四倍。在文体上，初级阶段以记叙文和说明文为主，中高级阶段可以增加一些议论文和新闻报道。在读物内容上，要注意内容覆盖面广，趣味性强。

二、教学内容与教学环节

阅读课的教学一般由三个环节组成：专项阅读技能训练、词汇学习和阅读实践。

1.专项阅读技能训练

关于专项阅读技能训练的内容和方法在第三节中已经做了详细的介绍。在具体的教学中，教师可以根据教材的编写体例和训练思路，或在每次课上先进行一两项专项技能训练，或将专项技能训练与课文阅读理解练习结合起来。训练内容包括两个方面：一是技能讲解，二是技能练习。

2.词汇学习

阅读课上的词汇学习以当课生词学习为主，并适当补充相关词汇，目的是扩大词汇量，为阅读理解减少语言障碍。前文已经提到，阅读课上学习的词汇属于接受性词汇，即能够在词形和词义之间建立联系，即辨形知义，不要求会用，要避免在阅读课上做大量的词语使用练习。

一般的阅读教材都有生词表，大部分教材生词表中有生词的翻译或中文注释，有的教材对生词采取只注音不翻译的方法，如《中级汉语阅读》[①]要求学生课前先查字典解决生词问题。在教学中，生词教学环节可以放在课文阅读前，也可以在读完课文、做完阅读理解练习后进行。前者先通过生词教学帮助学生熟悉词形词义、了解词语的常见搭配、利用语素

---

① 刘颂浩，黄立，张明莹.中级汉语阅读[M].北京：北京语言大学出版社，2002.

构词或语义场扩展词汇等，还可以利用意义上有联系的一些生词预测课文内容。后者要求学生在阅读之前不看生词，在阅读过程中遇到不懂的词先进行推测，并通过相关练习理解生词意思，最后再学习生词。还有一种方法是在阅读之前处理部分对理解文意起关键作用，但词义较难推测出来的生词，其他生词在读后学习。

3. 阅读实践

阅读实践指的是学生运用语言知识和阅读技巧所进行的阅读活动，包括课上阅读和课后阅读。

课上阅读是在教师的指导下进行的。要求学生在规定的时间内读完课文，并按照教师的引导进行阅读理解练习。一般来说，阅读理解采用的是由大到小的练习步骤，即先理解课文大意，然后理解长句和难句，最后进行词语理解练习。课后阅读由教师指定阅读材料，学生课后进行阅读并完成相关练习。

三、不同阅读方式训练的教学设计

下面介绍一下阅读课上针对细读、通读、略读和查读这四种阅读方式的训练步骤与方法。

1. 细读

细读不但要求理解文章的大意，还要求理解细节；不但要求理解字面意义，还要弄清言外之意。基本的教学步骤如下：

（1）课文导入（话题导入、文化背景知识介绍）。

（2）限时阅读全文，做概括文章及段落大意练习。

在开始阅读之前，教师先提出问题，要求学生在规定的时间内阅读全文并找出问题的答案。

（3）公布答案并进行相关说明。

（4）分段阅读，做句子、生词理解练习及文章细节理解练习。

阅读前，教师提出问题或板书一些句子，要求学生读后判断正误、选择正确答案或回答问题。

（5）生词学习。

生词学习的环节也可放到课文阅读之前。

（6）朗读课文。

阅读技能训练中首先要求默读，朗读的环节建议放在整个阅读活动完成之后。通过朗读可以检查学生对字词的辨识是否正确，如果把"大楼"读成了"大树"，把"外长"读成"处长"，就不属于发音问题了，而是由词形混淆而导致了辨识错误。另外，在朗读过程中，断句是否正确也可以反映出学生对句义的理解情况。

2. 通读

通读就是把文章从头到尾粗略地读一遍，要求能了解文章的主要内容和重要细节。基本的教学步骤是：

（1）限时阅读课文。教师先提出问题，要求学生在规定的时间内阅读全文并找出问题的答案。

（2）公布答案。

（3）再一次读课文，检查错的地方为什么错了。

（4）教师答疑或请学生说明所选答案的根据。

（5）认读生词表中的生词，进行猜测词义练习。

3. 略读

略读只要求看个大概的意思，掌握文章的中心思想就够了。一般来说，如果是一篇短文，主要看一下每一段的开头几句及全文的最后几句，如果是较长的文章则先看第一段，然后简单浏览一下中间的段落，之后看最后一段，只要看懂了这篇文章说的是什么，就达到了目的，阅读行为也就结束了。教师在教学中对课文中的语法、词语等一般不做讲解。基本的教学步骤是：

（1）限时阅读课文。

（2）读完做理解练习，练习只检查学生是否了解了这篇文章说的是什么。

（3）老师公布练习的正确答案，如果学生有疑问，老师指点应该看哪几个地方。

4. 查读

查读指在读物中迅速查找需要的信息，如时间、地点、数据等。一旦查到，阅读过程即告完成。基本的教学步骤是：

（1）教师介绍一下某一类资料（如列车时刻表、演出节目单）等在内容编排上的一些特点，帮助学生了解查阅一些中文资料的常识，以便迅速查到所需信息。

（2）说明要查找的内容。

（3）限时查找。

每人记下自己开始查找的时间，逐项查找，并将查到的答案记下来，查完最后一项后记下结束的时间，算算共用了多长时间。

（4）教师公布正确答案。

（5）做错的学生可以重查一次，弄明白查错的原因。

在阅读课教学中，一些学生，包括一些教师，总是觉得如果一篇课文中还有许多不懂的句子和生词，就不能算是读完了。持这种想法是因为对阅读课的教学和学习目标认识不清。前文已经提到，阅读课教学不是以完全读懂一篇课文为目的，而是通过多种形式的阅读训练帮助学生提高阅读的技能。教师首先应该对此心中有数，其次在教学之初就要让学生知晓阅读课学什么和怎么学。

四、阅读课教学示例

（一）教学示例1 [①]

教学对象：汉语学习时间在100个学时左右或已经掌握150个左右汉语常用词的国际学生

[①] 教学示例1的教案由《乐读——国际中文阅读教学课本2》的编者蔡楠提供。

教材：《乐读——国际中文阅读教学课本2》①

教学内容：第7课《不识庐山真面目，只缘身在此山中》

    （1）常用句式：不但……而且……/"被"字句；

    （2）课文4篇。

教学目标：（1）帮助学生熟练运用通过义符及上下文推测字/词义的能力；

    （2）掌握常用句式的语义及用法；

    （3）通过阅读实践巩固所学知识和技能，提高阅读综合能力；

    （4）进一步扩大词汇量。

教学时间：2课时 （100分钟）

教学步骤：

1.常用句式（约8分钟）

第一步：例释

（1）不但……，而且……

    小笼包不但好吃，而且不贵。

    这些孩子不但会唱歌，而且跳舞跳得也好。

（2）A被（B）＋动词＋……

    我被蚊子咬了。

    Michael Jackson被认为是最伟大的歌手之一。

第二步：练习

    （1）他女朋友不但很聪明，＿＿＿＿＿＿＿＿＿＿。

        A.而且很漂亮   B.而且很不好看

        C.而且学习汉语

---

① 苏英霞.乐读——国际中文阅读教学课本2[M].北京：北京语言大学出版社，2021.

（2）在中国旅游＿＿＿＿＿＿＿＿＿＿＿，而且还能提高汉语
水平。

  A. 不但不好玩儿　　　　　B. 不但没时间学习汉语

  C. 不但能认识中国朋友

（3）他们打算天黑以后再去，这样＿＿＿＿＿＿＿＿＿＿＿。

  A. 天就黑了　　　　　　　B. 不容易被别人看见

  C. 容易被别人看见

（4）我的钱包＿＿＿＿＿＿＿＿＿＿＿。

  A. 被小偷偷走了　　　　　B. 被没有钱了

  C. 被买东西了

  句式练习设计说明：阅读课重点句式练习形式与以输出为目标的综合课和口语课教学练习方式不同。以上的完句练习，如果是综合课或口语课，基本上是给出前句或后句，让学生自主说出后句或前句。阅读课采取的方式是通过"阅读"的方式，选择符合语义、句法或语用要求的选项。

2. 阅读实践

阅读（一）（精读，约42分钟）

你不知道的可口可乐

  1885年，美国人约翰·彭伯顿（John Pemberton）研制出了一种治头疼的药水。有一天，他的助手不小心把苏打水（二氧化碳+水）倒进了药水。谁也没有想到，几天以后，有很多人排队来买这种药水。约翰·彭伯顿和他的助手觉得很奇怪，就问那些人为什么要买这个药水。那些人告诉他们这个药水不但可以治头疼，而且喝了以后会让人觉得很快乐。

  1886年，这种药水被当作饮料开始在美国售卖。由于这个药水是用古柯（coca）树的叶子和古拉（cola）树的果子制成，所以叫Coca-Cola。

  40年之后，Coca-Cola来到了中国。刚开始的时候，这种饮料只在上海卖，但是卖得非常不好，因为在那个时候，它的中文名字叫

"蝌蚪啃蜡"。很少有人想去尝试这种新饮料，因为它的名字太奇怪了，<u>不知所云</u>。

1928年，生产这个饮料的公司希望能给Coca-Cola找到一个地道的中文名字。于是，他们把这个消息登在了报纸上，奖金为<u>350英镑</u>。最后，上海的一位教授凭借"可口可乐"这个名字<u>打败了所有对手</u>，拿走了这350英镑。

中国人喜欢"可口可乐"这个名字，因为它不但听起来像"Coca-Cola"，而且意思也好。"可口"的意思是好喝，"可乐"是让人觉得快乐。直到今天，"可口可乐"仍然被认为是翻译得最好的一个品牌名。

（1）引入

你们喜欢喝什么饮料？你知道全世界最受欢迎的饮料是什么吗？

对了，是可口可乐。今天我们要来读一篇跟可口可乐有关的文章。

（2）生词

1）朗读生词，熟悉词义和常用搭配

2）生词练习：选词填空

（阅读课不展开讲生词，教师通过练习检查学生是否明白生词的意思）

英镑、登、地道、翻译、对手、奖金、凭借、仍然、品牌、消息

这是我在北京吃到的最_____的四川菜。（地道）

告诉你一个好_____，这次汉字比赛我们班得了第一名。（消息）

他想卖车，所以在报纸上_____了一个广告。（登）

除了工资以外，我们公司每半年还会给我们发一次_____。（奖金）

英国人用的钱叫_____。（英镑）

Justin Bieber因为 *baby* 这首歌让所有人认识了他。我也可以说，

Justin Bieber_____*baby* 这首歌让所有人认识了他。（凭借）

这次比赛，我们的_____比我们水平高。（对手）

老师讲了3遍，可是学生们_____不懂。（仍然）

我不懂日语，你能不能帮我_____一下？（翻译）

Benz是非常有名的汽车_____。（品牌）

（3）技巧训练——根据义符推测字/词义

1）蝌蚪（kēdǒu）

A. 　　　　　　　　B.　　　　　　　　C.

图5-1　　　　　　　　图5-2　　　　　　　　图5-3

2）啃（kěn）

A. 　　　　　　　　B.　　　　　　　　C.

图5-4　　　　　　　　图5-5　　　　　　　　图5-6

（4）细读课文，然后选择正确答案

1）二氧化碳加水形成了_____。

A. 苏打水　　　　　　B. 药水　　　　　　C. 可口可乐

2）为什么很多人排队买加了苏打水的药水？

A. 因为喝了可以治头疼

B. 因为喝了可以让人觉得很快乐

C. 以上都对

3）可口可乐是哪年来到中国的？

A. 1886　　　　　　B. 1926　　　　　　C. 1928

4）可口可乐刚来到中国的时候，为什么卖得不好？

    A. 因为上海是一个小城市，人不多

    B. 因为它的名字很奇怪

    C. 文章没有告诉我们为什么

5）"可口可乐"这个地道的中文名字是怎么来的？

    A. 是饮料公司翻译的

    B. 是中国的一位教授翻译的

    C. 是从报纸上找到的

6）中国人为什么喜欢"可口可乐"这个名字？

    A. 因为它听起来和"Coca-Cola"差不多

    B. 因为这个名字的意思很好

    C. 以上都对

7）这篇文章主要想告诉我们什么？

    A. 有时候一个好的名字对一个品牌来说很重要

    B. 如果奖金很多，人们就愿意参加比赛

    C. 苏打水可以让饮料变好喝

（5）技巧训练——根据上下文推测词义、句义

1）他的助手不小心把苏打水倒进了药水。

    A. 帮助他的人　　　　　　　　B. 他的朋友

2）由于药水是用古柯树的叶子和古拉树的果子制成，所以叫
Coca-Cola。

    A. 因为　　　　　　　　　　　B. 虽然

3）因为它的名字太奇怪了，不知所云。

    A. 所以不知道　　　　　　　　B. 不知道说的是什么

4）他们把这个消息登在了报纸上，奖金为350英镑。

    A. 因为　　　　　　　　　　　B. 是

5）他打败了所有对手，拿走了这350英镑。

    A. 他的对手被他打败了　　　　B. 他被他的对手打败了

（6）大声朗读课文

（7）讨论

像"酷""美年达""汉堡包""三明治""奔驰"这样的词都是通过发音翻译成汉语的，所以叫"音译外来词"。有没有别的像"可口可乐"这样的音译外来词，是你觉得翻译得非常好的？请小组讨论后举例说明。

阅读（二）（扩展阅读，约20分钟）

———————————————————

比萨是欧洲和北美地区最常见的快餐。可你知道比萨的历史吗？

古希腊人把油、药草和奶酪放在面包上，<u>同</u>面包一起吃。这可以看作世界上最古老的"比萨"了。但这样的"比萨"不管从做法、样子还是味道来说，都和我们今天吃的比萨有很大的不同。我们今天吃的比萨来自意大利。

最早做比萨和吃比萨的是意大利的穷人。1889年，女王玛格丽特（Margherita）在街上看到了很多<u>穷人</u>在吃比萨。这比萨闻起来很香，所以她也想尝尝。她吃完以后非常喜欢，<u>便</u>把做这个比萨的人带回了王宫。这个人进了王宫以后，每天给女王做各种各样的比萨。有一次，他用蔬菜、奶酪和西红柿做了一个比萨。这个比萨的颜色恰好和意大利国旗的颜色一样——有绿色、白色和红色。他看到女王非常喜欢这个比萨，就把这个比萨叫作"玛格丽特"。直到今天，玛格丽特仍然是最受欢迎的比萨之一。之后，意大利<u>移民</u>把比萨带到了全欧洲和美国。

今天，你可以在世界各地找到比萨，但每个国家的比萨又是不太一样的。比如，日本人做比萨喜欢放蛋黄酱，墨西哥人喜欢放辣椒，斯洛伐克人用的奶酪很特别。总之，你爱吃什么就往比萨里放什么。如果你<u>吃素</u>，就可以做一个都是蔬菜的比萨，没有人会觉得奇怪。

（1）引入

可口可乐是喝的，下面咱们再来说说吃的。

（2）生词

1）朗读生词，熟悉词义和常用搭配

2）生词练习

看图，用生词回答问题：

（图片）这是——？（比萨）

（图片）这些都是——？（药草）

（图片）小男孩在做什么——？（闻）

（图片）有的人吃薯条的时候会蘸这种黄色的酱，这种酱叫——？（蛋黄酱）

（图片）英国、法国、德国这些国家在哪儿？（欧洲）

看一段话，用生词填空：

我坐的公共汽车坏了，只好打车去机场。路上堵车，所以到得很晚。上了飞机以后，广播说因为天气原因，不能起飞。_____我今天很倒霉！（总之）

（3）快速浏览文章，然后为文章选择一个最合适的标题（考查文章大意理解）

A.比萨的历史　　　B.意大利的比萨　　C.世界各地的比萨

（4）通读课文，然后判断正误

1）我们今天吃的比萨来自古希腊。 （　　）

2）最早做比萨和吃比萨的人是意大利女王玛格丽特。（　　）

3）女王把一个人带回了王宫，是因为她觉得那个人做的比萨很好吃。 （　　）

4）玛格丽特比萨在今天仍然很受欢迎。 （　　）

5）今天，每个国家的比萨都差不多一样。 （　　）

6）如果你做了一个蔬菜比萨，别人会觉得很奇怪。 （　　）

（5）技巧训练——根据上下文推测词义

1）古希腊人把油、药草和奶酪放在面包上，同面包一起吃。

A.相同　　　　　　　　　B.和

2）女王玛格丽特在街上看到了很多穷人在吃比萨。

　　A. 有钱的人　　　　　　　B. 没有钱的人

3）她吃完以后非常喜欢，便把做这个比萨的人带回了王宫。

　　A. 就　　　　　　　　　　B. 方便

4）意大利移民把比萨带到了全欧洲和美国。

　　A. 搬到别的国家生活的人　　B. 在自己国家生活的人

5）如果你吃素，就可以做一个都是蔬菜的比萨。

　　A. 不吃肉　　　　　　　　　B. 吃肉

（6）大声朗读课文

阅读（三）（信息查找，约15分钟）

关于可口可乐公司，你不知道的事

> 可口可乐公司的成立时间是 1886 年 5 月 8 日。

> 世界上第一瓶可口可乐是在药店卖出的，价格为 5 美分。

> 每天，全世界有 17 亿人购买可口可乐公司的产品。

> 可口可乐公司每秒钟卖出 19400 瓶饮料。

> 2016 年，可口可乐公司在全世界最有价值品牌中排第三（第一是苹果、第二是谷歌）。

> 日本是拥有可口可乐饮料自动售卖机最多的国家，大概有 70 万台。

> 哥斯达黎加有用"可口可乐"来命名的公共汽车站。

> 瑞典有世界上最大的可口可乐卡车。

> 智利有全世界最大的可口可乐广告牌。

> 美国纽约的时代广场有全世界最大的可口可乐瓶子。

> 可口可乐于 1926 年进入中国市场。

> 1948 年上海每天可卖出可口可乐 100 万箱。

> 可口可乐公司在中国有 43 家工厂，有员工大概 45000 人。

> 可口可乐公司为中国人提供了 50 多种饮料，每天，中国人购买其饮料的数量达 1.5 亿杯。

（1）引入

同学们都爱喝可口可乐，也知道了可口可乐的历史和它中文名字的由来。可是，关于可口可乐公司，我们还有很多事情不知道。下面咱们一起来了解一下。

（2）信息查找：先看问题，带着问题去找答案

  1）世界上第一瓶可口可乐是在哪儿卖出的？

   A. 医院　　　　　　B. 药店　　　　　　C. 自动售卖机

  2）可口可乐公司每秒钟可以卖出多少饮料？

   A. 19400瓶　　　　B. 100万箱　　　　C. 1.5亿杯

  3）2016年，全世界最有价值品牌中排第一的是哪个公司？

   A. 可口可乐　　　　B. 苹果　　　　　　C. 谷歌

  4）你在哪个国家可以找到"可口可乐"公共汽车站？

   A. 瑞典　　　　　　B. 美国　　　　　　C. 哥斯达黎加

  5）可口可乐公司在中国有多少家工厂？

   A. 43　　　　　　　B. 50　　　　　　　C. 100

阅读（四）（汉字的智慧，约15分钟）

乐

  看到这个字，你会怎么读呢？是读"yuè"呢？还是读"lè"呢？

  如果只是这一个字，你读哪个都对。但是在"音乐"这个词中你要读"yuè"，在"快乐"这个词中你要读"lè"。像这样一个字有几个读音的，我们叫它"多音字"。

  "乐"的古文字写作龰，像一个木头架子上有一个鼓，所以"乐"的本义是"音乐"。人们听到好听的音乐，当然就会感到"快乐"。孔子听到好听的音乐以后，"三月不知肉味"——很长一段时间吃肉都觉得没有味道。

  你看，虽然"乐"有两个意思，但是意思之间是有联系的。

（1）引入

同学们，如果这个字"乐"不在词里，也不在句子里，你会怎么读

呢？这个字的本义又是什么呢？请大家读一读课文，然后完成后面的练习。

（2）根据课文内容选择正确答案

　　1）"乐"的本义是什么？

　　　　A. 快乐　　　　　　　B. 音乐　　　　　　　C. 乐器

　　2）什么是多音字？

　　　　A. 一个字有几个意思

　　　　B. 一个字有几个读音

　　　　C. 两个不同的字读音一样

　　3）下面3个你学过的字，哪个是多音字？

　　　　A. 得　　　　　　　　B. 米　　　　　　　　C. 吃

（3）讨论

　　你还学过哪些多音字？请通过造句举例说明。（如：我觉得我需要多睡觉。）

（二）教学示例2[①]

　　教学对象：汉语学习时间在400学时以上或掌握600个左右汉语常用词语的国际学生

　　教材：《乐读——国际中文阅读教学课本3》[②]

　　教学内容：

　　《乐读——国际中文阅读教学课本3》第1课精读课文、泛读课文

　　（1）精读课文：生词、课文、课后练习

　　（2）泛读课文：生词、课文、课后练习

　　教学目标：

　　（1）通过学习，储备本课主题（中华饮食文化）相关的核心词汇。

---

① 教学示例2的教案由《乐读——国际中文阅读教学课本3》的编者张倩提供。

② 苏英霞. 乐读——国际中文阅读教学课本3[M]. 北京：北京语言大学出版社，2021.

把握重点字义、词义、句式、篇章结构；

（2）通过精读及泛读阅读实践掌握相应的阅读技巧及策略，提高阅读理解速度和准确度，增强相关主题阅读的语感；

（3）丰富本课主题相关的社会、文化背景知识，培养阅读兴趣，学以致用。

教学时间：3课时（150分钟）

教学步骤（第1、2课时）：

1. 引入（约5分钟）

（1）你吃过哪些中国菜？是什么味道的？

（2）试试用几个词说说你眼中的中国菜

教学建议：

可尝试根据本课主题（中华饮食文化）引导学生利用简单的思维导图（Mind map）做相关主题背景知识激活，初步掌握学生对该主题的已有词汇量及对主题内容的关注情况，导入背景知识介绍，从而为本课阅读内容的教学做积极而有效的预热。

操作方法：

第一步：给出本课主题词：中国菜；

第二步：学生分为两到三组做思维导图（2分钟），每组一名学生做简单的口头介绍（2分钟）；

（黑板、纸、手机端、电脑端均可，汉字、拼音均可）

【教师可预先列出几样较受外国人欢迎的中国菜（菜名+图片）做提示】

第三步：教师结合思维导图中相关核心词汇做本课主题背景知识介绍（1分钟）。

2. 精读课文生词（约20分钟）

（1）学生朗读生词

教学建议：

学生依次朗读生词，第一遍有拼音（教材），第二遍无拼音（PPT）。

（2）生词讲解与扩展

教学建议：

第一步：学生依次朗读教材中给出的短语及例句，教师就例句内容进行简单提问；

第二步：适当扩展，结合图片进行生词识读、理解练习。

重点生词：丰富、重视、满、适合

1）文化

　　看图片，快速找出对应词语：

　　（图片：京剧脸谱、中华美食、汉服）

> 饮食文化
> 传统文化
> 服饰文化

2）营养

　　（没）有营养

　　读句子，选择相应的图片：

　　牛奶很有营养。

　　方便面不太有营养，要少吃。

　　（图片：牛奶、方便面）

3）丰富

　　a.看图片，快速找出对应词语：

　　　营养丰富

　　　丰富的生活

　　　（图片：蔬菜、大学生的课外活动）

　　b.看图片，选择正确答案：

　　　这份早餐（　　　）。

　　　A.没有营养　　B.营养丰富

　　　（图片：小米粥+鸡蛋）

　　　读句子，回答问题：

　　　美食丰富了人们的生活。

　　　问：美食对人们的生活有什么好处？

　　　（图片：美食街）

4）脑

　　看图片，选择短语：

　　A. 大脑　　　　　　　B. 电脑

　　（图片：大脑）

5）嘴

　　看图片，选择短语：

　　A. 张（开）嘴　　　B. 闭（上）嘴

　　（图片：闭嘴）

6）重视

　　a. 看图片，快速找出对应词语：

　　　重视饮食健康

　　　重视学习

　　（图片：饮食健康宣传广告截图、父母辅导孩子学习）

　　b. 读句子，回答问题：

　　　人们越来越重视饮食健康=人们对饮食健康越来越重视。

　　　人们越来越重视什么？

7）味道

　　a. 看图片，快速找出对应词语：

　　　味道鲜美

　　　味道很辣

　　　（图片：海鲜、四川火锅）

　　b. 读句子，回答问题：

　　　做菜时，味道当然重要，但我更重视营养。

　　　问：做菜时我更重视什么？

8）满

　　a. 看图片，快速找出对应词语：

　　　倒满了

　　　坐满了

　　　（图片：倒满水的杯子、倒了半满的杯子、坐满学生的教室、没坐满学生的教室）

b. 读句子，选择图片：

中国人倒茶的时候一般只倒七分满。

（图片：倒满的茶杯、七分满的茶杯）

9）适合

读句子，回答问题：

她想找一份适合自己的工作，钱多少没关系。

问：她想找什么样的工作？

辨析：适合（动词）&合适（形容词）

选词填空：

这本汉语书（　　　）零起点的学生。

（图片：初级汉语教材）

这双鞋不大不小，你穿很（　　　）。

（图片：试穿鞋）

（3）朗读生词（无拼音）

（4）生词练习

1）选词填空

A 适合　B 味道　C 重视　D 丰富　E 营养

a. 这家超市的商品很（　　）。

b. 学习外语时，我特别（　　）语法。

c. 有些东西只是好吃，但是没什么（　　）。

d. 她给大家介绍了几种（　　）孩子们看的书。

e. 这几个家常菜让人想起家的（　　）和温暖。

2）句子连线

他三岁就认识不少字了　　　　　　　　　有点儿烫嘴

四川菜太辣了　　　　　　　　　　　　　没有营养

汤很热　　　　　　　　　　　　　　　　脑子很聪明

不要每天吃方便面　　　　　　　　　　　不适合我

3. 热身练习（约10分钟）

（1）为下面的词语找出相应的图片

1）味道：酸＿＿＿＿＿＿＿ 甜＿＿＿＿＿＿＿ 辣＿＿＿＿＿＿＿

苦＿＿＿＿＿＿＿ 咸＿＿＿＿＿＿＿ 鲜＿＿＿＿＿＿＿

麻辣＿＿＿＿＿＿＿

图5-7　　　　　图5-8　　　　　图5-9　　　　　图5-10

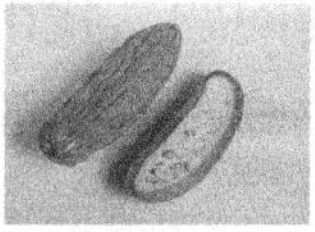

A　　　　　　　B　　　　　　　C　　　　　　　D

图5-11　　　　　　　图5-12　　　　　　　图5-13

E　　　　　　　　　　F　　　　　　　　　　G

2）辣椒（làjiāo）＿＿ 火锅（huǒguō）＿＿ 麻婆豆腐（Mápódòufu）＿＿

图5-14　　　　　　　图5-15　　　　　　　图5-16

A　　　　　　　　　　B　　　　　　　　　　C

（2）读句子，快速找出本课生词

1）中华饮食文化非常丰富。

2）我做菜重视味道，也重视营养。

3）有人说，外国人用"脑"吃饭，中国人用"嘴"吃饭。

4）红红的辣椒看着就让人满心欢喜，因此更适合忙碌的年
轻人。

4. 精读课文阅读（约60分钟）

（1）第一遍通读课文，理解课文大意，回答问题（约8—10分钟）

1）中国菜的特点是什么？

2）现代中国年轻人最喜欢什么味道？原因是什么？

教学建议：

第一步：读前提问，请学生读问题，找出题干中的关键词；

第二步：通读全文，在原文中画出相关问题的关键信息；

第三步：回答上边两个问题。

（2）读第二遍，理解重点内容（约10分钟）

1）根据课文判断对错（在括号中填"对""错"或"没提到"）

a. 中国人认为菜有没有营养没关系。（　　　　）

b. 很多年轻人特别喜欢吃川菜。（　　　　）

c. 辣椒最早来自中国。（　　　　）

2）根据课文内容填空

a. 外国人用"脑"吃饭，中国人用（　　　　）吃饭。外国人更重视（　　　　），中国人更重视（　　　　）。（第1段）

b. 中国有句话说："南（　　　　）北（　　　　），东（　　　　）西（　　　　）。"（第2段）

c. 川菜的味道是（　　　　）、（　　　　）。（第2段）

（3）分段细读课文（约30分钟）

教学建议：教师引导学生找出每段主题句或关键词，归纳出每段主要内容。

1）第一段

段落大意理解：第一段主要介绍了什么？

重点词语和句子理解：

句1. 外国人用"脑"吃饭，中国人用"嘴"吃饭。

→问：这句话是什么意思？

句2. 中国人讲究菜要色、香、味、形、意都好。

→问：这个句子中"讲究"作动词，跟下面哪个词意思相近？
　　A. 重视　　　　　　　　B. 希望　　　　　　　　C. 研究

扩展句：

学习外语要讲究方法。
他的家庭很富有，但是他平时不太讲究吃穿。
→问：菜的"色、香、味、形、意"指什么？
→问：你认为哪一项最重要？

2）第二段
段落大意理解：第二段主要介绍了什么？
课文里为什么提到四川菜？提到了哪几个菜？
重点词语和句子理解：
句3. 色香味形意中，"味"是第一位的。

→问："第一位"是什么意思？

扩展句：

虽然工作很重要，但是健康是第一位的。
对他来说，家人是第一位的。

句4. 以前中国有句话说："南甜北咸、东辣西酸"。

→问："南甜北咸、东辣西酸"指什么？

句5. 现在很多年轻人已经离不开辣。

→问："离不开"是什么意思？

扩展句：

孩子太小了，离不开妈妈。
日常生活和工作越来越离不开网络。

句6. 川菜馆儿在很多地方都很受人们的欢迎。

→问："受……欢迎"是什么意思？

扩展句：
受……欢迎

这条美食街很受人们的欢迎。
这是最受年轻人欢迎的一款手机。

3）第三段
段落大意理解：第三段主要介绍了什么？
重点词语和句子理解：
句7. 辣味儿能让人感到温暖和快乐。

→问：这句话是什么意思？

扩展句：
……让……感到……

帮助别人让他感到很开心。
他很懂事，让父母感到很放心。

句8. 辣也就成了现代中国人的第一口味。
扩展句：
……成了/成为……

他们刚认识就成了好朋友。
这里已经成为附近最受欢迎的一家超市。

（4）写出各段小标题（约5分钟）

教学建议：引导学生在把握各段主要内容的基础上写出小标题。

第一段：中国菜的特点；

第二段：辣味儿最受中国年轻人欢迎；

第三段：年轻人爱吃辣的原因。

（5）朗读课文（约5分钟）

教学建议：学生依次朗读课文，考查学生汉字认读情况及有无词语切分错误等问题。

5.总结（约3分钟）

6.作业（约2分钟）

（1）课后练习：句义理解、词义理解

（2）组词成句

　　　1）辣　很多　离不开　年轻人　已经

　　　2）很　欢迎　川菜馆儿　受　人们的

　　　3）温暖和快乐　让人　辣味儿　能　感到

（3）按词切分下面的句子

　　　例如：南方人　喜欢　吃　甜的。

　　　1）请服务员先给我们桌上菜。

　　　2）一起吃饭点菜时有的人喜欢说"随便"。

　　　3）甜食能让人快乐，但是不能吃太多。

　　　4）四川菜很辣，但是很多年轻人的最爱。

第3课时

1.引入（约2分钟）

中国人的餐桌礼仪你了解哪些？

2. 泛读课文生词（约10分钟）

（1）学生朗读生词

教学建议：学生依次朗读生词，第一遍有拼音（教材），第二遍无拼音（PPT）。

（2）重点生词讲解与扩展

1）规矩

名词：

吃的规矩

做事的规矩

读句子，回答问题：

这篇文章介绍的是世界各国人们去别人家做客的规矩。

问：这篇文章介绍的是什么？

形容词：

读句子，回答问题：

他做事总是规规矩矩的。

问：他做事怎么样？

2）安排

动词：

看图片，快速找出对应词语：

安排时间

安排座位

读句子，回答问题：

主人给客人安排座位。

问：主人做什么？

（图片：安排座位）

名词：

看图片，快速找出对应词语：

考试安排

旅游安排

（图片：考试时间表、旅游行程表）

3）礼貌

名词：

对……有礼貌

讲礼貌

形容词：

（不）礼貌的行为

读句子，选择图片：

这个孩子对长辈非常有礼貌。

4）尊重

动词：

a. respect; value; esteem

尊重长辈 互相尊重

b. treat seriously

尊重别人的想法

名词：对……的尊重

入座时，请长辈先坐是（　　）。

A. 对长辈的尊重

B. 长辈对晚辈的尊重

读句子，回答问题：

他的父母很尊重他的想法。

问：根据这句话，可以知道什么？

A. 他的父母会认真对待他的想法

B. 他的父母觉得他的想法都对

（3）朗读生词（无拼音）

3. 泛读课文阅读（约25分钟）

教学建议：

第一步：学生读问题，找出题干中的关键词；

第二步：通读全文，在原文中画出相关问题的关键信息，回答问题。

（1）第一遍通读课文，理解课文大意，回答问题

　　1）请为本文选择合适的标题：

　　　　A. 中国人吃饭的规矩　　　　B. 中国人怎么请客

　　　　C. 中国的饮食文化　　　　　D. 中国人的礼貌

　　2）"民以食为天"的意思是：

　　　　A. 人们喜欢吃　　　　　　　B. 人们觉得"吃"非常重要

　　　　C. 人们每天要吃饭　　　　　D. 为了吃，人们要每天工作

　　3）课文主要介绍了哪几类餐桌礼仪？

　　　　例如：入座的规矩

　　　　_____

（2）读第二遍，理解重点内容

　　1）根据课文内容判断下面的行为是否礼貌（在括号里写"礼貌""不礼貌"或"没提到"）

　　　　a. 筷子竖在米饭里　　　　　　　　　　　（　　　）

　　　　b. 长辈先夹菜，其他人再开始吃　　　　　（　　　）

　　　　c. 坐在自己想坐的位子上　　　　　　　　（　　　）

　　　　d. 年轻人给长辈倒茶　　　　　　　　　　（　　　）

　　　　e. 倒茶时，要倒满　　　　　　　　　　　（　　　）

　　　　f. 敬酒时，杯子比长辈拿得高一些　　　　（　　　）

　　　　g. 酒杯倒满以后一口喝完　　　　　　　　（　　　）

　　2）为下面的词语找出相应的图片

　　　　倒茶_____　　　　　　　　入座_____

　　　　夹菜_____　　　　　　　　敲碗_____

　　　　图5-17　　　　　　　　　　　图5-18

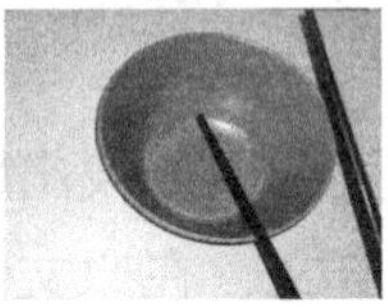

　　　　　A　　　　　　　　　　　　　B

图5-19
C

图5-20
D

4.综合拓展练习（约10分钟）

你们国家吃饭时有哪些规矩？

教学建议：

第一步：每名学生在两分钟内写出2项自己国家的餐桌礼仪（纸或手机端、电脑端）；

第二步：阅读其他学生分享的信息，限时5分钟；

第三步：每名学生根据自己阅读到的信息，介绍其中一项。

这一环节中注重读写的互动，并且通过信息分享了解不同国家的文化差异。

5.总结（约1分钟）

（1）中国菜的特点；

（2）现代中国年轻人最喜欢的口味；

（3）中国人吃饭的规矩。

6.作业（约2分钟）

教学建议：

根据教学内容及学生水平，适当补充课外调查任务或读写任务，将课堂阅读教学、课外阅读与写作融为一体，学以致用。

（1）课外延伸阅读（10分钟内完成）

　　饮食文化主题的短文（200字左右），例如美食小故事，设计1—2个问题。

（2）课外调查任务

　　1）在餐饮网站找一家饭馆，看一下网上的介绍与评价，填写

　　　　调查任务单，如饭馆名字、味道、环境、服务态度、菜量、价格、最受欢迎的菜品等。

　　2）记下两家饭馆儿的名字，查一查名字的含义。

（3）写作

　　在网上查找一种中国美食，了解一下它的由来，简单介绍一下。（100字左右）

（三）教学示例3 [①]

　　教学对象：汉语学习时间在1200个学时以上或掌握3000个左右汉语常用词语的国际学生

　　教材：《乐读——国际中文阅读教学课本5》[②]

　　教学内容：《乐读——国际中文阅读教学课本5》

（1）第1课"知识银行"板块

（2）第1课课文一生词

（3）第1课课文一《走近哈佛大学》

　　教学目标：

（1）通过知识银行中常用字、常用书面语和常用句式的学习，掌握常用字基本义并扩展字词量、掌握常用书面语和常用句式的语义色彩与主要含义；

（2）通过词语学习进一步扩大词汇量，能够迅速理解包含生词的句子；

（3）通过阅读实践巩固所学知识和技能，提高阅读综合能力，掌握文章的结构框架并能扩展至同主题、同体裁文章的阅读。

　　教学时间：2课时　（100分钟）

　　教学步骤：

1.引入（约2分钟）

　　（1）关于哈佛大学，你知道什么？

---

① 教学示例3的教案由《乐读——国际中文阅读教学课本5》的编者王蕾提供。

② 苏英霞.乐读——国际中文阅读教学课本5[M].北京：北京语言大学出版社，2021.

（2）下面哪些短语符合哈佛大学的情况？

　　A. 私立大学　　　B. 世界闻名　　C. 占（zhàn）地面积1.5平方千米

　　D. 选修课丰富　　E. 名人辈出　　　　F. 位于美国南部

　　G. 容易申请　　　H. 哈佛先生建立　　I. 历史悠久

教学建议：

（1）学生不确定时可存疑；

（2）教师引导学生进行短语的主要意义猜测：

　　私立大学——是不是主要由国家、政府出钱建设的大学？

　　占地面积广大—— 学校大不大？

　　选修课——是一定要上的课吗？

　　名人辈出——意思是有名的人很多还是年纪很大？

　　位于美国南部——猜猜"位于"的意思是什么？

　　历史悠久——意思是历史长还是短？

2. 关键句阅读（约3分钟）

阅读下列句子，说说关于哈佛大学，你又知道了什么？

　　哈佛大学简称"哈佛"。

　　哈佛大学位于美国东北部的马萨诸塞州。

　　哈佛大学建校早于美国。

　　哈佛大学为世界各地的人们所熟知。

　　哈佛大学的科学研究与课程都居世界领先水平。

3. 常用字（约10分钟）

（1）读关键句

　　哈佛大学简称"哈佛"。

（2）常用字1——简：簡

　　形声字，由"⺮"和"間"两部分组成，"⺮"表示意义，即"竹"；

"间"表示发音。本义指古代写了字的长竹片。现代汉语中的常用义是"简单、不复杂"。常用作构词语素，一般不单独使用。

例如：简便　简短　简历　简述

教学建议：学生根据老师说出的意思，从以上词语中选出合适的词。

1）简单、短小——简短；

2）找工作的时候，需要写一下个人简单的经历，比如受教育情况、工作情况等，这是一个人的——简历；

3）又简单又方便——简便；

4）简单地说一说——简述。

练习：说一说画线的词是什么意思？

a. 在这家医院的网站上，可以看到每位医生的简介。

b. 中午时间紧，咱们吃顿简餐，晚上再吃大餐。

c. 不要讲得那么复杂，要化繁为简。

常用字2——称：稱（《说文解字》的篆字）

形声字，繁体字写作"稱"，由"禾"和"爯"（chēng）两部分组成。古代常用禾苗衡量重量、长度等，所以"称"的本义指衡量物体重量的器具。

现代汉语中，"称"的常用义有"测定重量""说""叫"等。说说下面的"称"分别是哪个意思？

称水果、称重

称病、点头称是

自称、改称、称兄道弟

练习：画线的词是什么意思？

北京大学简称"北大"。

称完体重发现又胖了不少，我决定从明天开始去健身房运动。

西方人收到礼物的时候，一般当面打开并连声称好，表示感谢。

刚刚发布的天气预报称，今天傍晚前后，全市有中到大雨。

（3）常用字扩展练习

使用下面的句式，说一说：

1）＿＿＿＿＿＿大学简称＿＿＿＿＿＿。

如：北京外国语大学简称"北外"。

2）天气预报称，＿＿＿＿＿＿明天＿＿＿＿＿＿。

如：天气预报称，北京明天有中到大雨。

4. 常用书面语（约10分钟）

（1）读关键句2—4

2）哈佛大学位于美国东北部的马萨诸塞州。

3）哈佛大学诞生于1636年。

4）哈佛大学建校早于美国。

（2）说明"于"的两个意思

1）于+时间/地点/领域：在某个时间、地点、领域

2）adj.+于……：比……adj.

（3）练习：读后回答问题

1）孔子生于山东。

→问1：孔子是在哪里出生的？

→问2："孔子是在山东出生的。""孔子生于山东。"这两
个句子哪个更正式？

2）我每月收入的一大部分用于租房。

→问1：从这个句子我们可以知道什么？

→问2："钱花在租房上。""钱用于租房。"
这两个句子哪个更正式？

3）飞机的发明晚于汽车。

→问1：飞机和汽车哪个先出现？

→问2："飞机的发明比汽车晚。""飞机的发明晚于汽车。"
这两个句子哪个更正式？

4）经过学校路段，车速不得高于30公里/小时。

→问1：在这个路段，车速最高30公里/小时？最低30公里/
小时？

→问2："车速不能超过30公里/小时"。"车速不得高于30公
里/小时"。这两个句子哪个更正式？

5. 常用句式（约5分钟）

（1）读关键句5、6

5）哈佛大学为世界各地的人们所熟知。

→问：人们都知道哈佛大学吗？

6）哈佛大学的科学研究与课程都居世界领先水平。

→问：哈佛大学的科学研究与课程水平怎么样？

（2）练习

1）为……所……

读后回答问题：

a. 这种手机价格太高，很难为消费者所接受。

→问：根据这个句子，你认为购买这种手机的消费者多吗？为
什么？

b. 酒后开车为法律所禁止。

→问：根据这个句子，法律禁止什么？

2）居……水平/第……位

读后回答问题：

a. 上海的经济实力居全国领先水平。

→问：从全国来看，上海的经济发展情况好还是不好？

b. 在世界各大报纸杂志及研究机构提供的科研成果排行榜上，

哈佛大学经常居第一位。

→问：哈佛大学的科研水平怎么样？

扩展：

说一说，下面的短语是什么意思？

居前列　　　　　　　位居第三　　　　　　　居末位

6. 课文（一）生词（约15分钟）

（1）学生朗读生词（无拼音）

（2）词义配对

教学建议：PPT上显示释义句，学生看后说出相应的词（均为本课生词），然后PPT上显示常用搭配，学生朗读。

简单的称呼、短小的名字→简称

按水平、受欢迎程度等排列，然后公布出来的名单→排行榜（电影排行榜、学校排行榜、歌曲排行榜）

一个人或者一个家庭攒下来、留下来的钱等→积蓄（一笔积蓄）

原来的规定、制度等等有问题、不合理，所以要改成更好的→改革（经济改革、一项改革）

法律、习惯、制度等完全不要了，彻底放弃→废除（废除旧制度，废除不合理的法律）

靠自己做事，不靠别人、别的国家。→独立（独立生活、独立思考、国家独立）

为了帮助别人，把自己的钱、东西送给别人或学校等。→捐赠（捐赠图书、捐赠给学校）

有影响的人物出生，新事物出现→诞生（诞生日、诞生于北京）

教科文组织（UNESCO）、世界卫生组织（WHO）等，这些都是联合国的→机构（教育机构、研究机构）

对一个人、一件事的看法是→评价（评价一个人、很高的评价）

（3）重点词语

1）坐落

坐落在/于+place

读句子回答：

哈佛大学坐落在美国东北部的马萨诸塞州。

→问：哈佛大学位于南部吗？

读后填空：

故宫坐落于_____。（A.北京市中心；B.北京郊区）

2）占地

占地（面积）+数字/adj.

国家体育场（鸟巢），位于北京奥林匹克公园中心区南部，为2008年北京奥运会的主体育场，建筑面积0.258平方千米，可容纳观众9.1万人。[①]

读后填空：

国家体育场（鸟巢）建筑面积_____，可容纳_____人。

3）届

夏季奥运会每四年一届，原定于2020年的东京奥运会为第32届。

→问：从这句话可以知道，第31届奥运会是哪年举行的？

4）培养

哈佛大学起初是一所主要培养牧师、律师等职业人员的学校。

→问：刚开始的时候，哈佛大学的毕业生主要做什么工作？

这所大学建于1962年，到目前为止已经为世界上183个国家和地区培养了近20万名懂汉语、熟悉中华文化的外国留学生。

→问：这所大学主要教什么学生？教什么？

（4）词语回顾

朗读课文（一）生词

---

① 数据来自百度百科。

（5）热身练习

1）读句子，快速圈出本课生词：

a. 这所大学占地26平方千米。

b. 哈佛先生把400多册图书捐赠给这所学校。

c. 他表示，将继续参加下届"上海国际电影节"。

d. 以前的课程不适应新情况了，必须进行改革。

2）选择合适的词语填空：

A 诞生　B 坐落　C 评价　D 培养　E 废除

a. 天安门广场＿＿＿于北京市中心。

b. 20世纪80年代中期，一些不合理的简化字被＿＿＿＿了。

c. 只根据考试成绩＿＿＿＿学生，是不全面的。

d. 这是一所专门＿＿＿法律专业学生的大学。

e. 中国最早的公立大学性质的学校＿＿＿于19世纪末。

7. 课文阅读（约50分钟）

教学建议：课文阅读采用的是由"总体"到"细节"的阅读模式，先通读，了解大意，然后逐段读，掌握细节。从语篇到句子再到词语。

（1）通读课文，回答问题

1）"哈佛大学"这个名字是怎么来的？

2）哈佛大学对美国、对世界的影响有哪些？

（2）分段细读课文

1）第一段

读后回答：

第一段介绍了哈佛大学的概况还是历史发展？

快速查找信息：

将下面的数字与对应的情况连接起来：

1.5	位	面积
8	平方千米	学院数量
13	位	成为总统的毕业生数量
上百	个	诺贝尔奖获得者数量

重点句理解：

句1. 该校占地约1.5平方千米，目前有13个学院。

→问："该校"是哪个学校？"该"是什么意思？

扩展句：

美国总统日前结束了对日本的访问，于8号下午乘专机抵达菲律宾首都马尼拉，开始了对该国为期三天的访问和参观。

→问："该国"是哪个国家？

扩展：该国、该书、该公司、该计划……

句2. 这里不仅走出了8位美国总统，还有上百位诺贝尔奖获得者曾在这里工作、学习过，其在文学、医学、法学、商学等多个领域有着广泛的影响力。

→问："其"指什么？

扩展句：

科学家发现，不同职业的父亲对其子女的学科成绩影响不同。

→问："其"指什么？

2）第二段

读后回答：

这一段介绍了哈佛大学的哪个方面？

哈佛先生建立了哈佛大学，对吗？

为什么说"先有哈佛，后有美国"是一种开玩笑的说法？

迅速查找各年份对应的事件：

1636年　→　（答案：新市民学院成立）

1638年　→　（答案：哈佛先生捐赠）

1639年　→　（答案：改名为"哈佛学院"）

1780年　→　（答案：改称"哈佛大学"）

1776年　→　（答案：美国独立）

在本段中找出包含下列意思的短语：

同一年没有招生→当年并未招生

很大方地捐赠、捐赠了很多→慷慨捐赠

3）第三段

读后回答问题：

这一段介绍了哈佛大学哪个方面的情况？

哈佛大学对课程进行了怎样的改革？

教师给学生的成绩评价有几种？

重点句阅读：

作为世界名校，哈佛大学在课程改革方面的经验始终为人们所称赞。

→问：人们表扬还是批评哈佛的课程改革？

19世纪初开始，哈佛大学的自由选修课程制度逐渐发展起来，甚至一度只有英语和现代外语是必修课。

→问："一度"的意思：A过去的一段时间　B从过去到现在

时至今日，哈佛大学的课程改革仍未停止，课程的丰富性、广泛性都令人叹为观止。

→问：哈佛大学的课程好还是不好？（令人叹为观止：觉得最好）

4）第四段

读后回答问题：

这一段介绍了哈佛大学的哪个方面？

哈佛大学的科研费用世界第一，对吗？

重点句阅读：

哈佛大学为人类经济、医学、教育等诸多方面的发展都做出
了巨大贡献。

→问："诸多""巨大"的意思是什么？

5）第五段

读后回答问题：

哈佛大学的校训是什么？

这条校训要求学生怎么做？

（3）课文结构

第一段　　　　　　　哈佛大学的校训
第二段　　　　　　　哈佛大学的科研
第三段　　　　　　　哈佛大学的课程
第四段　　　　　　　哈佛大学的历史
第五段　　　　　　　哈佛大学的概况

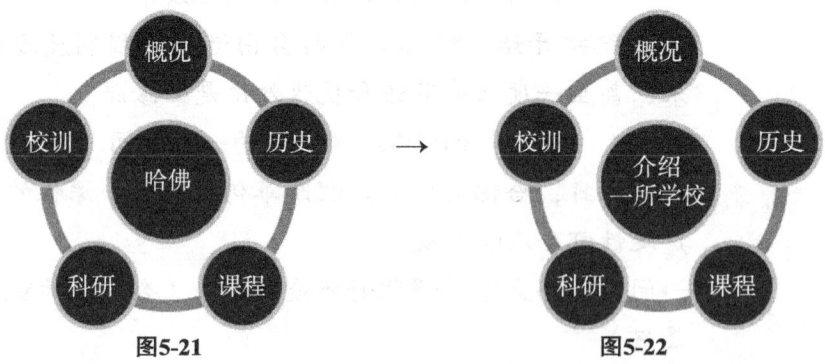

图5-21　　　　　　　　　　　　图5-22

（4）细读课文，选择正确答案

1）关于哈佛大学，下面哪种说法不正确？（第1、2段）

    A. 是一所私立大学　　　　B. 是美国最早的大学

    C. 哈佛先生是第一任校长　D. 现名是从1780年开始使用的

2）哈佛大学最初的目标是：（第3段）

    A. 发展学生兴趣　　　　　B. 进行科学研究

    C. 培养专门人才　　　　　D. 建成一流大学

3）关于哈佛大学的课程，下列哪项不正确？（第3段）

    A. 学生能自由选择　　　　B. 课程安排十分丰富

    C. 课程改革一直在进行　　D. 大部分来自其他学校的经验

4）哈佛大学的科研水平高，主要表现在：（第4段）

    A. 科研成果多而且有用

    B. 用于科研的费用世界领先

    C. 是诺贝尔奖获得者最多的学校

    D. 为世界各国捐赠大量科研款项

5）关于哈佛大学对学生的希望，文中没有提到下面哪项：（第5段）

    A. 实现梦想　　　　　　　B. 寻找真理

    C. 努力学习　　　　　　　D. 独立思考

（5）朗读课文

读后回答：下面哪些短语符合哈佛大学的情况？

    A. 私立大学　　　B. 世界闻名　　　C. 占地面积1.5平方千米

    D. 选修课丰富　　E. 名人辈出　　　F. 位于美国南部

    G. 容易申请　　　H. 哈佛先生建立　I. 历史悠久

8. 总结（约3分钟）

9. 作业（约2分钟）

  课后练习：句义理解、词义理解。

总体来说，阅读课上的所有练习，无论是练习内容还是练习形式，都应围绕阅读技能训练的目标设计，即以"阅读理解"的方式，设计"阅读理解"类练习，不设计或少设计语言输出型练习。

第五节　阅读课的测试

阅读课的测试主要考查点包括：语言知识、阅读技巧、文章阅读理解能力。测试结果可以为教师掌握学生学习情况，进行有针对性的教学设计提供依据。

阅读测试通常围绕语言知识、阅读技巧和阅读实践能力三个方面设计试题。试题中阅读文本部分选自教材，部分为学生没有阅读过的，以便使测试成绩能够更真实地反映学生的实际阅读水平。

与阅读课教学设计要求相同，阅读课的测试也考查阅读理解能力，不设计考查语言输出能力的题型，比如造句、作文等，见表5-2：

表5-2　阅读考试常用题型

题型	主要适用等级	例题
选择正确的汉字	各等级	初级：我喜欢唱_____。（歌、哥） 中级： 　　　　　　思 、 识 （1）家长要培养孩子们的环保意_____。 （2）这个词是什么意_____？ 高级： 　　　　　举 、喜 、开 一_____两得 欢天___地 笑口常_____
选词填空	各等级	不愧、不然 （1）这块手表我戴了好多年，还是这么准时，真_____是国际名牌！ （2）咱们早点儿出发吧，_____可能会迟到。

题型	主要适用等级	例题
选择合适的搭配	各等级	打　　　　晚饭 换　　　　衣服 吃　　　　网球
选择与图片相应的生词	各等级	A 手机 B 桌子 　（　）　　（　） 图5-23　　　　　图5-24
连接意思相同或相近的词语	中级、高级	购物　　　　　　不高兴的样子 愁眉苦脸　　　　买东西
连接意思相反的词语	中级、高级	高兴　失败 成功　生气
选择画线词语的正确解释	中级、高级	饮食与健康的关系<u>密不可分</u>。 A.关系密切 B.没有关系 C.相互影响
在句子中表示"人/场所"的词下画线	初级	这是小明在九寨沟旅游时照的照片。
根据上下文找出句子中与画线词意思相对、相反的词	中级、高级	刚见面时他对我很<u>热情</u>，后来不知怎么回事儿，变冷淡了。
将汉字与释义对应起来	各等级	惧　　　一种病 疯　　　害怕
判断画线词语的意思	各等级	题型 1： 听到这个消息，他<u>忐忑不安</u>。 A.笑了　　　　　B. 跑出去了 C.哭了　　　　　D. 很紧张 题型 2： 大家喜欢<u>买物美价廉</u>的东西。（　　） 不少年轻人是<u>月光族</u>，不到月底钱包就空了。 （　　）

续表

题型	主要适用等级	例题
写出横线上可能出现的词	各等级	爬山、打乒乓球、游泳，以及＿＿＿＿是我最喜欢的运动。 杭州是个好地方。中国有句俗话，上有天堂，＿＿＿＿有苏杭。 这孩子很诚实，从来不说＿＿＿＿。
根据所给句子，选择正确答案。	各等级	小张不是这周回来就是下周回来，反正月底之前一定会回来。 问：小张什么时候回来？ A.不是这周，是下周 B.这周或者下周 C.下个月 D.月底前一天
给下面的句子排序	各等级	A.我在家具店看中了一套皮沙发 B.就是价钱太贵了。 C.坐起来也很舒服 D.这套沙发样子很雅致
读后判断正误	各等级	略
读后选择正确答案	各等级	
读后填表/填空	各等级	
读后回答问题	各等级	
写出/选择可能出现在文中横线上的词/句子	各等级	
给文章加上标题	各等级	

思考题

1.阅读的主要方式有几种？

2."自下而上""自上而下"模式分别指的是什么？

3.图式理论对阅读教学有什么启示？

4.外国人中文阅读的难点主要有哪些？

5.《国际中文教育中文水平等级标准》中，对各等级阅读速度的要求是什么？

6. 阅读课与口语课的词汇教学目标及方法有什么不同？

7. 阅读微技能主要包括哪些？

8. 推测词义的方法主要有哪些？

9. 语段、语篇理解训练的常用方法有哪些？

10. 如何进行快速阅读训练？

11. 阅读课教学需要遵循哪些基本原则？

12. 阅读课教学与口语课教学在步骤设计上有哪些不同？为什么？

13. 阅读课测试的主要题型有哪些？

参考文献

陈贤纯. 外语阅读教学与心理学[M]. 北京：北京语言文化大学出版社，1998.

储诚志. 知识图式、篇章构造与汉语阅读教学[J]. 世界汉语教学，1994（2）.

刘颂浩. 阅读课上的词汇训练[J]. 世界汉语教学，1999（4）.

刘颂浩. 对外汉语教学研究[M]. 北京：教育科学出版社，2005.

彭聃龄. 语言心理学[M]. 北京：北京师范大学出版社，1991.

盛　炎. 语言教学原理[M]. 重庆：重庆出版社，1990.

王初明. 应用心理语言学——外语学习心理研究[M]. 长沙：湖南教育出版社，1990.

王小曼. 阅读课与词汇教学[C]//周小兵，宋永波. 对外汉语阅读研究. 北京：北京大学出版社，
　　2005.

吴思远，蔡建永，于 东，江 新. 文本可读性的自动分析研究综述[J]. 中文信息学报，2018
　　（12）.

周小兵，张世涛，干红梅. 汉语阅读教学理论与方法[M]. 北京：北京大学出版社，2008.

GOODMAN K S. Reading: A psycholinguistic guessing game[J]. Journal of the Reading Specialist,
　　1967(1): 123-135.

GOUGH P B. Word recognition[M]//Handbook of Reading Research, London: Longman Press, 1984:
　　225-254.

第六章　汉语写作技能教学

第一节　什么是汉语写作技能

写作是人类所特有的认识世界、反映世界的自主性活动，其成果具有审美的、伦理道德的精神力量，是人类社会的宝贵财富。在第二语言学习中，随着学生语言能力的提高，写作的重要性越来越突出。写作是综合、全面运用语言的活动，它不仅要求语言形式更为准确、规范，还要求内容丰富、生动，篇章结构完整、合理，因而最能反映出一个人的语言运用水平。写作教学作为语言技能教学的一个重要组成部分，理所当然地成为汉语作为第二语言教学的一项重要内容。

一、"写"与"说"

一般认为，在"听、说、读、写"语言技能中，"写"的难度最大。原因是多方面的，首先，用书面形式来表达，就有一个文字书写问题。多年的汉语教学，汉字被公认为一大难题，汉字的认读、记忆、书写不过关，直接影响汉语能力的进一步发展，也影响写作的进行；其次，具有写作意义的"写"，考查的不仅是学生遣词造句的语言组织能力，还有思维能力、认识能力和文化素养等。从写作的"成品"——文章来看，一篇合格的文章，应是文从字顺、结构完整、逻辑清晰的。而一篇好的文章，还需要立意高远、感情真挚、语言富有感染力。因此，完成一个写作任务，有很多要求，因此有些学生不可避免产生畏难情绪。

我们常常把书面写作与口头表达进行比较，因为它们都属于语言输出。不同之处在于，它们一个借助声音，是即时性的；一个借助文字，是非即时性的。写作的一个优势就是非即时性，这给了写作者更多的机会去思考和推敲，学生可以充分利用较充裕的时间，去关注语言的形式与内容。从表达心理来看，一部分不善言辞的学生也会更乐于接受书面表达的形式，感觉环境更自由，对表达的语言也更自信。

以下是Donn Byrne（1979）对"说"与"写"特点的概括（见表6-1）：

表6-1 "说"与"写"的特点

说	写
在一定的语境中进行，语境能够使得提及的事情更加清楚。	作者创造语境，因此必须明确交代清楚。
说话人和听话人交流、互相作用并交换角色。	读者不参与，也不可能相互作用。
通常情况下，讲话人是特定的。	读者不一定要认识作者。
要求立即给予反馈。或是提问、评论，或用动作、表情等表态。	不可能立刻得到反馈。作者在文章中隐含着自己所期望的读者反应。
说是短暂的，倾向于立即被理解；否则，听话人会采取相互交流的方式。	写的东西是可以保留的，读者可以根据需要反复读。
说话时句子经常是不完整的，有时也不合语法，有停顿、迟疑并通常有一些重复的话。	句子应仔细安排，并在语篇中合理地连接和组织。
有重音、语调、音高、语速等因素帮助传达意思，面部表情和身体语言也用于表达之中。	有标点符号、大写和表强调的横线来帮助表达，清晰地显示出句子的界限。

从表6-1可以看出，写作是不受时间、地域、空间限制的语言表达形式，我们可以把它的特点概括为以下几点：

（1）写作需要借助文字形式来表达和固定内容。因此写作的成果可以在时间和空间上予以保留，能够流传，供人反复阅读；

（2）没有直接的对话和交流者，写作者需要在心里预设阅读对象，并极力地为读者创造理解的最佳表达途径，因此写作者更关注语言的形式，注意语言的提炼和修改；

（3）注重文章结构，因此需要经过各种规范的文体训练。

二、汉语写作教学的性质与任务

1. 汉语写作的性质

（1）目的

我们所说的"汉语写作"，不等于中国学生母语教学中的"作文"或"写作"，因为中国学生的作文或写作实际上就是"写文章"，教学的中心是立意和选材，更注重文章的思想性和创造性；而汉语教学中的写作训练是语言教学的一部分，它的目的一方面在于帮助学生复习、巩固所学过的汉语知识，另一方面是要培养学生用汉语进行思维、用汉语进行书面表达的能力。当然，不论是母语写作还是作为二语的汉语写作，都会借助范文来学习不同文体的写作技巧。

（2）难点

作为二语的汉语写作，也是传递信息、抒发情感、表达观点的交际手段。由于成人学习者在本国业已完成了相应的教育，具有一定的文化知识，也具有运用母语来组织语言、表达思想的思维能力和写作能力，因而会将这些知识和能力迁移到汉语的写作中来。对他们而言，写作的难点在于正确书写汉字、正确使用标点符号、选择适当的语句用汉语表达上，用一句话来概括，此时的写作突出表现为成熟的心智水平与较弱的语言能力之间的矛盾。针对这一突出问题，汉语写作教学首先应关注学生的语言表达，帮助他们跨越汉语水平的障碍，做到流利和得体的表达，写出一篇结构完整、内容丰富、语言流畅的段落或文章。

2. 汉语写作教学的任务

汉语写作教学的任务包括以下方面：

（1）语言知识的掌握和训练

写作是组词成句、组句成篇的结果，组词造句能力是学生写作时最基本的能力。在初级阶段，教学生去写，可能是抄写、仿写、组词、造句等，教学会从最基础的做起，这时，语言表达的准确性可能更为重要。写作课上教师会在批改的基础上进行词语和句式教学，但是不偏重于教授新词，而是侧重于教授用法，用法就是告诉学生选择这个词或这个句式的原因及条件，比如词语的感情色彩、文化色彩等。

在句子的表达上，最典型的如"把"字句，它不仅是语法教学中的难点，也是学生使用中的难点，表现为学生使用的错误率高，或者回避使用。其原因在于，"把"字句的语义内容比较复杂，学生不易理解；即使理解了，也把握不住使用的环境与条件。从写作教学经验来看，学生使用"把"字句单句时困难就很大，在语篇中困难更大。如"……我一直把这件事记住，现在，这件事被我写出来，告诉大家"（何立荣，1999）。这篇文章记述了一个留学生路遇一个中国男孩儿，在他简陋的房间里做客时的感受。文章中的"把"字句与"被"字句使用不当，就反映出这样的问题。再如汉语语篇中频繁使用省略这一修辞方法，句子之间只要逻辑关系明确，主语、宾语都可以省略，并不会引起理解上的偏差。但在汉语写作中，留学生需要在教师指导下进行多次实践，才能放心地去使用这个技巧。

（2）语篇构造知识的掌握和训练

一个个单句是靠一定的逻辑关系组织起来的，有内在联系的一个个单句又组成了一个语义连贯的语篇。在学生作文中常出现这样的问题：一个句子单看不存在问题，但是连起来看，就感觉别扭，原因就在于从语篇的角度看，句与句的连接出现问题。写作训练中，教师应加强语篇构造知识的讲授与训练，首先要注意文章段与段、句与句之间的关联，看其逻辑关系是否清晰、语义是否衔接自然。采用阅读分析范文的方式，可以帮助学生理解和掌握文章的各种衔接手段，如"首先……""其次……""再次……"等，积累相关知识并加强应用。其次，还要教授一定的语篇衔接知识，如省略、照应、替代的方法，以及关联词语的运用、词汇的同现等，以增强写作表达的效果。

在初级阶段或写作的前期，不一定要写结构完整的文章，可以写"语段"，这个观点得到了诸多研究者的认可，其做法不仅具有现实意义，而且符合写作训练的客观实际。

（3）写作基础知识的掌握和训练

正确使用标点符号是写作的基本功之一。标点符号除了具有断句的功能，还能表达一定的意义，并增加文章的感染力。如省略号（……）、破折号（——）若使用得当，往往具有意犹未尽之意，简洁而直观。还没学会使用标点符号的学生，往往采用一逗到底或逐句画句号的方法，这种表达形式就缺乏了标点符号的表现力和感染力。另外，各种文体的格式、常用的套语、一般修辞的方法等，也是学生写作中需要了解和掌握的。

（4）文体知识

一般的汉语写作教学都把不同文体的训练作为主线，如《外国留学生汉语写作指导》（乔惠芳、赵建华，1995）按照应用文、记叙文、说明文、议论文四种文体来排列训练内容。罗青松（1998）的《汉语写作教程》也基本以文体划分的单元训练项目为线索，辅佐语言项目训练。按照文体来训练，需要学生掌握该文体的基本框架结构，如叙述性文体一般是讲述一个过程，常见的结构方法如下：

1）纵式：按照时间的先后顺序安排层次；

2）横式：按照空间的变换安排层次；

3）纵横结合式：以时间为"经"、空间为"纬"，时空交错。

议论文的常见结构有：

1）"三段"式："总—分—总"的逻辑关系；

2）"花瓣"式：主题为中心，分头论述的部分如花瓣围绕中心；

3）"连环"式：逐层深入，一环扣一环；

4）"蛛网"式："花瓣"式和"连环"式的总和，结构较为复杂。

每一种格式都包含开头、主体、结尾几部分，每部分都有一定的写作章法。将这些基本的章法提供给学生，帮助他们掌握各部分的写作要领，如如何开头、如何结尾、如何展开论述和列举例证等，可以使他们在写作实践时，提高写作的效率。

不同文体也有相对固定的语言风格，这是特定体裁与话语情境的结合，也带有写作者个人的主观色彩。一般来说，记叙文讲究描写和抒情，也可夹叙夹议，语言或朴实或优美，稍显自由活泼；议论文讲究思辨论证，摆事实，讲道理，一般语言较严谨、规范，书面语体色彩强。不同文体的写作需要学生先阅读和赏析优美的范文，然后在此基础上进行模仿和创作。

三、汉语写作教学的原则

教师在写作教学时应遵循以下原则：

（1）以读带写的训练原则

写作训练是表达训练，只有大量的输入，才能促进有效的输出，因此，多读、精读是写作训练的第一步。通过阅读，可以丰富词汇、熟悉句型句式，可以增加文体知识、了解语体类型，同时也增强表达意识、提高表达技巧。

（2）由控制模仿到自由表达的训练原则

汉语写作训练的初期常常从控制写作和模仿写作着手。在训练的初始阶段，如果缺少必要的限制与模仿练习，会导致学生无从下笔或完全依赖母语进行思维和表达，影响学生写作能力的提升。模仿是对自由表达加以限制的一种练习方式，它可以帮助学生体会词语的搭配、句式的选择，并允许和鼓励学生套用范文的开头、结尾乃至整体结构。在模仿中，学生不仅锻炼了语言能力，还培养了用汉语思维的习惯。因此，模仿可以使学生得到多方面的锻炼，并为自由表达提供必要的准备。

（3）精讲多练的训练原则

精讲多练是对外汉语教学各项技能训练都必须遵守的基本原则，这条原则在汉语写作训练中显得尤为重要。在每一次的写作训练中，都包括一定程度的知识讲授，也包括必要的反馈指导。讲授的知识应精选，反馈指导要聚焦问题，切中要害，这样学生才能沿着教师所指的"路"走下去。可以说精讲的目的是多练、练好，当练习的量达到了一定程度，学生的写作能力才有条件提高。

（4）循序渐进的训练原则

教师应该认识到外国人的汉语写作训练与中国学生的"写文章"有极大的不同，因此要避免随便定个题目就让学生去写的做法。汉语写作教学应遵循从易到难、从简单到复杂的循序渐进的训练原则，先从简单的题目、身边的生活写起，然后再过渡到有一定思想性内容的写作。教师要指导学生进行系统练习，并根据学生的学习情况逐渐加深练习的难度。

四、汉语写作教学的阶段要求

关于写作技能，我们以《国际中文教育中文水平等级标准》为例来做一下说明，见表6-2：

表6-2 《国际中文教育中文水平等级标准》的写作要求

等级		描述
初等	一级	能够掌握初等手写汉字表中的汉字100个。基本了解汉字笔画和笔顺的书写规则，以及最常见的标点符号的用法。能够基本正确地抄写汉字，速度不低于10字/分钟。具备最基本的书面表达能力，能够使用简单的词语和常用单句，填写最基本的个人信息，书写便条。
	二级	能够掌握初等手写汉字表中的汉字200个。能够较好地掌握汉字笔画和笔顺的书写规则，以及常见标点符号的用法。能够较为正确地抄写汉字，速度不低于15字/分钟。具备初步的书面表达能力，能够使用简单的句子，在规定时间内，介绍与个人生活或学习等密切相关的基本信息，字数不低于100字。
	三级	能够掌握初等手写汉字表中的汉字300个。能够较为熟练地掌握汉字笔画和笔顺的书写规则，以及各类标点符号的用法。能够正确地抄写汉字，速度不低于20字/分钟。具备一般的书面表达能力，能够进行简单的书面交流，在规定时间内，书写邮件、通知及叙述性的短文等，字数不低于200字。语句基本通顺，表达基本清楚。
中等	四级	能够掌握中等手写汉字表中的汉字100个。能够基本掌握汉字的结构特点。能够使用简单的句式进行语段表达，在规定时间内，完成简单的叙述性、说明性等语言材料的写作，字数不低于300字。用词基本正确，句式有一定的变化，内容基本完整，表达比较清楚。能够完成常见的应用文体写作，格式基本正确。
	五级	能够掌握中等手写汉字表中的汉字250个。能够分析常见汉字的结构。能够使用较为复杂的句式进行语段表达，在规定时间内，完成一般的叙述性、说明性及简单的议论性等语言材料的写作，字数不低于450字。用词较为恰当，句式基本正确，内容比较完整，表达较为通顺。能够完成一般的应用文体写作，格式正确，表达基本规范。
	六级	能够掌握中等手写汉字表中的汉字400个。能够较为熟练地分析汉字的结构。能够使用较长和较为复杂的句式进行语段表达，在规定时间内，完成常见的叙述性、说明性、议论性等语言材料的写作，字数不低于600字。用词恰当，句式正确，内容完整，表达通顺、连贯。能够运用常见的修辞方法，能够完成多种应用文体写作，格式正确，表达规范。

续表

等级		描述
高等	七级	能够手写高等语言量化指标要求书写的汉字。能够撰写一定篇幅的应用文、说明文、议论文和专业论文。观点基本明确，层次基本清晰，语句通顺，格式正确，表达得体，符合逻辑。能够正确运用多种修辞方法。
	八级	能够手写高等语言量化指标要求书写的汉字。能够撰写篇幅较长的应用文、说明文、议论文和专业论文。观点明确，层次清晰，语句流畅，格式正确，表达得体，符合逻辑。能够正确运用比较丰富的成语、习用语和多种修辞方法。
	九级	能够手写高等语言量化指标要求书写的汉字。能够完成学位论文及多种文体的写作。观点明确，语篇连贯，格式正确，表达得体，逻辑性强。能够正确运用各种复杂句式、综合运用多种修辞方法，言之有物，富有文采。

《国际中文教育中文水平等级大纲》对汉语写作水平的等级描述主要围绕以下几个方面：能够书写的汉字数量、抄写及书写、标点符号的运用、写作的篇幅和文体、语言表现、思想性、修辞手法等等，可以看出初级、中级、高级有不同的关注点。结合写作教学实践，我们说明一下对各阶段写作教学的认识。

1. 初级阶段

初级阶段学生只掌握600个书写汉字，他们的书面表达能力还处于较低水平。由于这一阶段学生的主要问题是汉字书写不过关，汉语词汇量不足，还没有掌握正确的汉语语序，因此容易出现语法错误或词语搭配不当等问题。因此，初级阶段的写作教学主要是开展组词造句、掌握正确的汉语语序的训练，内容侧重于正确应用基础词汇、语法句式，以及正确书写汉字、标点符号等方面。简单地说，初级阶段主要解决的是语言表达"对不对""通顺不通顺"的问题。此阶段学生常出现的表达错误如下（见打*号的句子）：

　　*这是我第一次见面他。

　　（这是我第一次跟他见面。）

　　*今年三月我毕业了大学以后来到了北京。

　　（今年三月我大学毕业以后来到了北京。）

*他们在路上遇见，谈话了一会儿。

（他们在路上遇见，谈了一会儿话。）

*我的家乡天阴和下起雨来的时候特别多。

（我的家乡阴天和下雨的时候特别多。）

为了较好地解决初级阶段的写作问题，刚开始训练的时候可以让学生完成抄写、组词成句、连句成段等基础练习，学习基本的标点符号如逗号、句号、问号等，知道一个汉字占用一个方格。之后可以写一些简单的记叙文和应用文，如书信、便条、介绍自己的爱好和家庭、简单描述天气及生活等。长度不超过200字，格式基本正确，表达清楚，语言基本流畅。

2. 中级阶段

中级阶段学生基本能掌握1300多个汉字的书写，此时主要的训练任务是连句成段和连段成章，语段、语篇的写作是教学重点。

这一阶段学生的主要问题表现在词语搭配、语句连贯或衔接不当；以及缺乏照应、口语体与书面语体混用等方面。因此，这一阶段的训练重点是在扩大词汇量的基础上加强语段练习和语篇写作练习。从初级阶段的"对不对"逐步过渡到"好不好"。

如下例画线部分：

我去年11月刚来苏州的时候，我只知道"你好""再见""谢谢"这三个词。我觉得我在中国生活，如果我不会说汉语的话，我会遇到很多困难，于是，我开始学汉语。[①]

从单句来看，上面每个句子都对，然而从语篇来看，由于每个句子之间都缺乏连接和照应，整段表达显得生硬、机械，缺点很明显。

语段通常由两个以上的句子组成，它大于句子而小于语篇。中级阶段的写作训练从语段入手有很多好处：它篇幅短小，适合在有限的课堂时间内练习；它信息量小，便于说明一个简单的观点或事件；它主题突出，语

---

① 何立荣. 浅析留学生汉语写作中的篇章失误[J]. 汉语学习，1999（1）.

言的连贯性强，便于组织。语段还具有组合性，语段和语段之间可依照一定的关系组成篇章。语段训练是语篇训练的基础，但不能代替语篇训练，因为语篇训练还要包括整篇文章的构思、文体练习，中级阶段的写作文体以记叙文和应用文为主，要求能够使用较长和较为复杂的句式，用词恰当，句式正确，内容完整，表达通顺、连贯。

3.高级阶段

中级以上掌握约3000个汉字的学习阶段可称为高级阶段。高级阶段的主要任务是文体写作，要求学生既能够撰写一般性文章（读后感、记叙文、议论文、普通应用文、实习报告、论文等），也能够写作学位论文或一定专业性工作范围内的有关文章。这就要求学生必须熟悉并能运用有关文体，掌握与某类文体相适应的写作方法和语言风格。这一阶段不仅要求写得对、写得好，还要求写得得体。能够正确运用各种复杂句式、综合运用多种修辞方法，言之有物，富有文采。论述性和研究性的文章则要求观点明确，语篇衔接自然连贯，层次清楚，逻辑性强。

如果说中级阶段开始的文体写作主要是在"文体"这个外壳里进行的综合练习，那么，高级阶段则要用得体的表达把文体的特点充分地展现出来。为了适应不同的交际领域、目的和内容等的需要，不同文体在语体上也要有相应的表现，如富有生活气息的口语语体、准确简洁的口语语体、逻辑论证清晰的政论语体、严谨精确的科技语体和抒情形象的文艺语体等。

实际上，学生的真实情况是非常复杂的，学生的水平也不会像我们上面所说的那样可以简单划分为初、中、高三段，因此在具体的教学实践中，教师需要依据学生的实际水平和能力来确定训练内容，教学方法也要做灵活的调整。

第二节　汉语写作技能教学的训练要点

吕必松（2007）认为，"书面表达至少需要两个条件，一是想写，二是会写。想写就是有内容可写，这需要一定的思想水平和生活经验；会写就是知道怎么写，这需要一定的文字能力"。在辛平2001年发表的《对11

篇留学生汉语作文中偏误的统计分析及对汉语写作课教学的思考》一文中，作者谈到"你觉得写文章最难的地方是什么？"学生的主要反馈是"不知道写什么内容""不知道合适的词语、语法""不知道文章的写法"。第一点是所有写作的人（包括用母语写作的人）都面临的共同问题，第二点和第三点对写作课教学更有实际意义，即词汇、语法比文章的写法更难把握。这印证了在初级阶段开始写作训练的必要性。

我们可以把写作简单看成"词汇—句子—语段—篇章"的阶梯，这是根据语言单位的大小来区分的，但不一定是难度的阶梯。它们的关系可看成：写作的起点是语段，落脚点是篇章，词汇、句子是最基本的表现形式。各语言单位有其独特的内容和侧重点，但都围绕着写作训练而展开，下面逐一说明。

一、词汇训练

词汇是构成语言大厦的基石。写作训练中的词汇训练应属于基础性的活动，由于使用难度大、偏误数量大，词汇训练应受到足够的重视。根据罗青松（1997）的统计，4万字的留学生写作语料中，语言运用错误742个，其中词语运用错误479个，约占65%。学生词语使用的困难主要在于一词多义现象普遍，词语使用环境复杂，选择时限制条件多。综合课或其他课型中的词语教学，难以将一个词的所有语义条件、句法条件都解释清楚，在写作运用时，环境、条件变了，就会出现词汇使用错误。当然，还有其他方面的困难，不在此赘述了。写作教学中的词汇问题，归根到底是使用问题，因此不能按照词汇教学的模式来讲解用法，而应该根据写作中出现的偏误来分析原因，并进行针对性的词汇知识讲解，以帮助学生正确使用词汇。

1.写作中的词语偏误

目前，写作中的词语偏误一般有以下情况：

（1）生造词语

学生从母语中照搬或按照学过的汉语词语格式，自己创造词语。如：

*从明年三月起，我是社会人了。

*贵游客，欢迎你们参加我们旅游团。

（2）词典用词

从汉语词典中找到意义相近的词，进行不恰当的使用。

*我们教室的窗口有窗帘。

（3）近义词混用

无法区分近义词之间的细微差异，特别是在词义范围、词义大小、语气轻重、感情色彩等方面的差异。

*他是一个优良的学生。

*我渴望过游手好闲的生活和丈夫的工资高。

（4）搭配问题

词与词之间的意义衔接，但搭配不当。

*他们得到的成绩很小。

（5）词性误用

因词性不同造成的句式表达错误。

*这不是一个使世界和平的解决。

*她参谋我们的各种各样的困难。

*我要享乐剩余的短期大学生活。

（6）词语运用问题

主要是离合词使用不当，导致句子结构出现错误。

*托马斯去年结婚了一个中国姑娘。

*我打工咖啡馆。

（7）句式语法问题

有的句式对进入该句式的词语有限定作用，词语一旦进入该句式，就要遵循该句式的一般成句规则，如双宾句的远宾语前必须有数量词语的修饰。下面的句子如果补足了数量词语就成立。

　　*他贿赂公司领导钱，才得到了提升职位的机会。
　　（他贿赂公司领导很多钱，才得到了提升职位的机会）

　　2.写作中的词语训练

　　写作训练中的词语教学，很大程度上是依据偏误来进行的。在评改作文时，教师根据收集到的偏误进行讲解。不过这种方法容易流于头疼医头、脚疼医脚的形式。加强词语的使用训练，提高表达的准确度和精确性，还应进行以下方面的工作：

　　（1）对词语偏误出现的规律进行说明

　　一般认为，词语偏误类型繁多，情况复杂，具体到某一个词，某一个学生，产生偏误的原因各不相同。对偏误进行规律性说明，教师应从汉语词语的特点出发，总结偏误的一般类型，这样更有针对性。

　　根据词语偏误的各种形式，翟艳（2007）提出了以下几个观察角度：

　　在"语素—语素"层面，注重对词义的把握和理解，不但要善于辨别语素构词的"同中之异"，还要善于提取词语的附加含义，包括各种表达色彩和文化内涵；在"词—词"层面，要沟通词法与句法、结构与语义的关系，主要着眼于词的外部，即透视词语的结构与语义、观察该词在与其他词组合的过程中如何规定和制约了句子的模式，也就是看词语的结构与语义在句中的作用。如词法、句法具有一致性的词语"结婚""打工"等。在"词—句子"层面，要注意句式整体意义对词语选用的影响，如"把"字句、"被"字句中的动词需有"处置"义，双宾语的远宾语需有定等。

　　（2）进行一定的词语运用训练

　　根据偏误分析的结果，设计专项练习，进行有针对性的词语搭配练习，这样可以把讲练结合起来，提高教学的效率。专项练习的内容可以这样设计：

　　1）侧重词义

　　近义词的辨析和运用。因词义的细微差别，造成表达不正确，但句式结构基本正确，因此可以只进行词内的分析。针对每一组近义词中构词语素的不同，进行词义大小、搭配范围、词性和色彩等方面的辨析，然后指导学生完成相应的练习，如选词填空、画线连接、解释异语素、找出句中用错的词语、填上合适的词语等。

2）侧重运用

词语结构的分析运用。词语的词义表达正确，但是由于进入句子，造成句子结构发生问题，这类词语不能孤立地分析语素，要与句式结合起来进行综合分析。如离合词"见面"等，可以说"见了一面""见了一次面""跟他见面"，这是因为离合词本身比较复杂，结合紧密的更具有词的特点；结合松散的则成为短语，中间可以插入其他成分。它们进入句子后，多数不能再带宾语。针对这类问题，宜按照词类的划分进行集中讲解，除了需要讲解词语结构外，还要分析句式的要求。练习形式可以设计为判断对错、改错等。

需要说明的一点是，写作训练中的词语训练不等同于专门的词汇训练，首先它们是从偏误的角度筛选出来的代表性词语，其次，训练的目的是运用，因此在量和训练方式上应体现写作教学的要求。

更好地练习词语的方式是把词语运用到写作中。比如我们可以为学生提供一些词语，请学生写一段话，要求语句连贯。写清时间、地点，并适当加入对季节、天气的描写。这时，我们也可以提供语段的开头或结尾，中间的部分需要学生去合理想象、丰富内容。如下面的例子①：

> a. 有的……有的……，表演、热闹、尽情欢笑、鼓掌、虽然……但是……、难忘在联欢会上，留学生们＿＿＿＿＿＿＿。
>
> b. 加油、跟……比赛、满头大汗、非常灵敏、水平、着急、开始时……、后来……、为了……＿＿＿＿＿＿最后，我们班以2:1获得冠军，大家都高兴得跳了起来。

（3）加强阅读

以读带写是写作训练的一个重要方法，词语训练也能从中受益。大量

---

① 何立荣. 留学生汉语写作进阶[M]. 北京：北京大学出版社，2003.

阅读可以让学生建立语感，体会词语的使用，掌握使用的条件。对于已经熟悉了的词语，学生可以学习如何去创造性使用，以获得新的写作体验。如"美丽"一词，可以说"美丽的地方""美丽的女人"，这是比较简单的使用，而"美丽的心"则带有修辞色彩，学生可以从阅读中学习并尝试使用。对于一词多义现象，大量阅读也能提供破解词义的语言环境。如"打"的使用频率相当高，《现代汉语词典》（第7版）中光是动词的义项就列出24种，因此，每一个词的意思都需要在具体的语境中来判断。如：

1）我刚从水房打了两壶开水回来，你拿走一壶吧。

2）王师傅打的家具在那一带小有名气。

3）结婚以前，新娘子给新郎打了一件漂亮的毛衣。

"打水"是舀取，"打家具"指制造（器物、食品），"打毛衣"则是指编织，从"打"词的本义出发，结合上下文语境，学生不仅容易猜出"打"的不同意思，而且可以在以后的写作中尝试使用，减少生造词和词典用词现象。

（4）以类聚的方式学习词汇

写作训练多采用文体写作的形式来进行，不同的文体和体裁常有最适宜展示的内容，也有可以类聚的词汇，适宜集中展示和学习。如描写人物的语段（乔惠芳、赵建华，1995）：

教室的门打开了，走进一位四十岁左右、中等身材的老师。他穿着一件蓝色上衣，戴着一顶浅棕色帽子，鼻梁上架着一副眼镜，眼镜后面是一双带着亲切目光的不大的眼睛，眼角有几道浅浅的鱼尾纹。

其中有大量关于外貌描写的词汇/短语：

年龄：四十岁左右

身材：中等

容貌：不大的眼睛、浅浅的鱼尾纹

表情：亲切

衣着：蓝色上衣、浅棕色帽子、一副眼镜

而每一项，教师都可以给出一定数量的类聚词汇/短语。

如表示年龄的：二十岁出头、三十岁上下、接近四十、十七八岁，牙牙学语之时、不惑之年、年方二八、耄耋之际

表示外貌的：弯弯的眉毛、浓眉大眼、高高的鼻梁、圆圆的脸、英俊、清秀、苗条、丰满

学生学习了这样的词语，不仅可以扩大词汇量，方便写作，而且写出来的文章也会更加生动、自然，有感染力。

二、句子训练

句子是表达一个完整意义的语言单位，是构成语篇的基本要素。句子是词汇依靠一定的语法规则组织起来的，而组织得是否正确、是否得体，首先要看句子是否符合语法规律和语用习惯。

运用汉语语法来组织语言材料，需要学生对汉语句子的构造和语用规则有一定的了解。同词汇训练原则相同，句子训练也不是写作教学的根本任务，而是为写作训练做准备的。写作训练中的语法教学，重要的依据还是句子偏误。

1. 写作中的句子偏误

写作时，学生虽然已经具有了一些汉语基础，经过了一定的语法训练，但并不意味着所有的语法知识都已转化为了语言运用能力。相对于单句写作，篇章中的句子写作是综合性的，要求更高，因此，出现的问题也更复杂。教师在批改学生作文时，一个很重要的工作就是修改文章的病句。根据篇章中的语法偏误研究，句子偏误主要有以下方面：

（1）虚词使用问题

虚词使用问题，不同于前文所说的词语偏误。前文中所介绍的词语偏误，一般不引起句子结构的变化，只影响词语搭配，而句子中的虚词使用偏误，往往会造成汉语句式的混乱，如介词、副词前置或后置等造成的语序问题：

　　*我感谢我的父母，我的<u>都</u>亲人。

　　*先前，一个月间，他去了<u>一个人</u>中国。

　　*我想去<u>再次</u>澳洲。

　　*<u>特别</u>我喜欢炒饭。

　　*我游泳<u>从</u>7岁。

　　*现在我积蓄<u>为</u>卒业旅行。

　　*两年以前，我的父母住了<u>在</u>别的城市。

（2）句子结构问题

　　写作中的句子应该表达规范，某些在口语中能接受和理解的说法，在书面表达时往往不被接受。写作中的句子要求形式完整、合乎表达规则。句子结构方面出现的问题主要有以下这几类：

　　1）遗漏：因遗漏了某个成分而导致的偏误。如：

　　　母亲也（做）服装工作。

　　　有时我跟他一道去（打）台球。

　　　我在大江饭店的宾馆（当）侍应生。

　　　他和我（有）相反的性格。

　　　一楼是书店，正好（符合）我的爱好。

　　2）添加：因添加了某个成分而导致的偏误。如形容词谓语句以添加"是"字为最多。

　　　*她<u>是</u>二十一岁了。

　　　*我们不<u>是</u>说复杂的话。

　　　*每天<u>做</u>打工的时间很长。

　　　*我想读<u>在</u>中国最有名的畅销书。

　　　*开始学习汉语时，我感觉<u>了</u>汉字太难。

　　3）杂糅：句法成分重叠，造成语义叠加，有的实际上为两个句子，可以拆分，有的只需删除其中的一个成分。如：

　　*我会说汉语<u>得</u>很好。

　　*我建议<u>穿西服比较好</u>。

　　*<u>什么时候</u>有时间<u>吗</u>?

　　*王欢写了一个保证书,<u>挂着在</u>墙上。

（3）句子语序问题

　　一般认为,汉语属于SVO型语言,除了修辞等特殊表达以外,句子成分(包括修饰性成分、补语)都有相对固定的位置,如果违背了语序原则,就会造成语序混乱。如:

　　*这个大学我有朋友<u>很多</u>。

　　*最近我喜欢的歌手的音乐会<u>没有</u>。

　　*香川县有很多的寺,<u>寺来看很多人</u>。

　　*张老师画了两年一幅画。

　　*我打电话不告诉老师。

（4）句子结构难以分析

　　学生的思维跳跃,语言组织能力跟不上,这时的句子基本上是混乱的,成分不清,语序不明,也许还有汉字书写问题,只有借助上下文,才能猜出大概的意思。如:

　　最近我想增多"一百店"了。<u>往昔那有每月一次在百货公司的一个专柜,可是,现在那有百货商店的地面的宽度,于是有"一百店"大大的牌子</u>。

2.写作中的句子训练

　　通过分析以上句子偏误,我们可以认为句子训练的立足点仍然要放在偏误上。因为这些偏误体现了不同母语背景的学生的偏误类型。教师从偏误出发,有助于抓住问题的重心,进行集中概括说明。在进行训练时,教师应该注意以下几点:

（1）偏误对比说明

　　无论语法多么复杂,句子的类型总是有限的。写作教学中的句子训练可以基于句型，进行大的框架说明，同时结合偏误特征，互为对照，强化学生对相关语法点的认识。

　　汉语是语法形态不丰富的语言，组词成句主要靠语序，不需要添加其他的形态手段，形容词谓语句就是典型的例子。从汉语的特点入手，进行汉语特点的说明，往往只能点到为止，综合课的语法练习就局限于此；而写作课的语法教学，可以借助学生的写作直接对比说明，学生的体会能更加深刻。

　　还有一些句式，只进行孤立的单句操练，比如替换、转换、跟读、问答是不够的，因为这样很难看出使用上的问题，如"被"字句。劲松（2004）分析指出："从类型学的角度来说，汉语是一种以主动态表达法为主的语言。使用被动态的句子很少，从结构上说，被动态的句子既可以有标记，也可以没有标记；从表达方法来说，既可以使用'受、挨、遭'之类的动词来表达，也可以使用'被、给、叫、让'这些虚词来表达，而且标记指向复杂……在语义上也受到一定的制约，常常表示一些不如意和不期望的意义。"留学生使用"被"字句，常有泛化现象，汉语中可以使用无标记的被动句或不需要使用被动句的，学生常使用了"被"字句来表达。在单句操练时，师生较注意 "被"字句的结构特征，较少有在交际中使用"被"字句的机会，所以才会写出"这件事被我写出来，告诉大家。""这时门突然被打开了。"等偏误句。

　　教师对照偏误进行说明的一个重要内容就是把汉语句子的语法规则，特别是语用规则说清楚。讲解时从具体偏误入手，有的放矢，指导学生分析问题，搞清楚出错的原因，即为什么这里不用"被"字句，然后归纳出正确的使用规则，加深理解。

　　针对写作偏误的练习还可以这样设计，让学生直接修改单句，也可以给一个语段，让学生发现错误，把句子理顺，还可以要求学生把修改后的句子与原句进行比较，并说明为什么要那么修改。例如：

　　1）今天上课的时候，我说老师一个故事。

　　2）她的想法比我的差不多。

3）春天到了，天气越来越暖和多了。

4）昨天小平得了感冒，他很不舒服了。

5）我很感兴趣了这工作。

6）那年夏天，回北京的时候，我想学做饭。但是我没有做饭的书，我得同屋会做饭，但是她去旅行了还不回来，没有人教我，这让我伤大脑筋。我脑海里浮现鸡蛋的影子，鸡蛋不但好吃，而且有营养，不但不需费功夫，而且做法简单，唯一能我做的菜。明天，我就去买了好多鸡蛋，炒鸡蛋开始吃。[①]

（2）增加写作实践机会

加强句子运用训练，就必须给学生提供更多的实践机会，特别是在语段中练习各种句子的用法。以写作为目的的句子训练，可以侧重以下方面：

第一，找规律。根据写作文体或题材的特点，概括出使用的高频句式，然后观察以往学生的使用情况，将大量出现的典型偏误句子集中起来，让学生进行改错练习。

第二，练语感。可以设计各种练习方式，帮助学生培养语感。如"完成句子"，在一个语段中，将所需要填出的句子空出来，如需要填一个"把"字句、"被"字句还是存现句等，练习中不必说明句式的要求，学生要在上下文语境的提示下来自主选择使用的句式。句式的语用背景具体化、情境化，可以为学生提供更多的可建立语感的信息。

第三，进行小语段的练习。小语段是指几个语义上有联系的句子组成的段落。进行小语段的练习，可以减少写作的难度，更重要的是可以规定相应的句式，强制学生使用某种句式。如用两三个句子描述一下房间的一角、描述几个连贯性的动作、解释一件事情的原因、表达一下个人的意见等。如以下模仿造句[②]：

---

① 练习分别来自何立荣的《留学生汉语写作进阶》（北京大学出版社，2003）和乔惠芳、赵建华的《外国留学生汉语写作指导》（北京大学出版社，1995）。

② 李增吉. 汉语高级写作教程（上册）[M]. 北京：北京大学出版社，2006.

1）除此以外，我还有许多爱好，比如喜欢说笑话、喜欢多交朋友等。除此以外，_____还_____，比如_____，_____。

2）左边粥店的成功之处在于，他们利用了"加一个还是加两个"这一信息，不仅给别人留有余地，而且为自己争取了更大的空间，才会一声不响地获胜。_____成功之处在于，_____，不仅_____，而且_____，才_____。

三、语篇衔接与连贯

衔接与连贯是语篇的重要特征。语篇中句子、段落之间的衔接与连贯主要靠三种方式来实现：（1）显性手段——运用连接成分；（2）半隐性手段——运用省略和指代的方式；（3）隐性手段——运用句子的逻辑顺序。一般认为，衔接是通过语法手段和词汇手段实现的，也称为"形合"；连贯是通过逻辑推理来达到语义连接的，也称为"意合"。

连接成分通常指连接性词语，它们可以连接多种语义关系的语句，是语篇中最基本、最直观的衔接方式。一般的语篇教学，都将连接成分训练作为重要的内容。罗青松（2002）有一个关于连接成分的简表，列举了表达17种语义关系的连接成分，见表6-3：

表6-3　汉语句子、语段之间的语义关系与相应的连接成分

语义关系	连接成分举例
时间	原先、事先、很久、以前、不久前、过不多久、随之、随后、接下来、曾几何时、顷刻之间、片刻
序列、列举	首先、其次、最后、第一、一则、再则、其一、进一步说
加合	相应的、无独有偶、再说、此外、还有、更有甚者、此外、另外、补充一点、除此以外
真相或实情	其实、实际上、确切地说、老实讲、不瞒你说、说句心里话
转折、选择	要不、但是、不过、然而、闲话少说、言归正传
条件	钥匙、不管怎样、无论如何、无论、不论、要不是这样、否则
让步	退一步说、自然、诚然、固然、当然
结果	终于、果然、不出所料、果不其然、果真、难怪、怪不得、原来如此

续表

语义关系	连接成分举例
原因	所以、于是、因此、因而
目的	为此
解释	这就是说、换句话说、也就是说、具体来说、具体地说
举例	拿……来说、例如、比如说、举个例子、以……为例
题外、补充	还有、另外、再说、补充依据、顺便说一下、顺带提一下、附带说几句
归纳总结	总之、综上所述、总而言之、一言以蔽之、一句话、总的来看
意外	谁知、哪料到、突然、猛然间、岂料、岂知
推论	不用说、由此可见、显然、毫无疑问、可以肯定、这意味着、这说明
比较、对比、对立	同样、相比之下、与此相比、对比之下、相形之下、与此相反、相反、反之

省略和指代通常在上下文中使用，只要关系明确，文中可以省略主语，也可使用指代性的词语如"他""那个事"等来代替上文中的人与事。逻辑手段主要靠句子、段落内在的语义联系来表现。不同的篇章结构体现出不同的语义衔接方式，如按照时间顺序、空间顺序、认识或感情发展变化顺序来安排句子与段落等。

1. 写作中的语篇偏误

在语篇层次上，学生的偏误表现也是大量的，与词汇偏误和语法偏误相比，语篇偏误比较隐秘，不易识别，也不易引起重视。实际上，语篇问题更能反映学生的写作水平。语篇偏误主要表现为：

（1）关联词语使用不当

作为连接成分，关联词语的使用非常重要，使用不当的话，不仅影响语义的贯通，还会让人产生误解。学生使用关联词语一般存在词汇贫乏、滥用或错用的现象。如：

> （因为）上个月我们有春假，（所以）我去北京旅行了。在北京的几天中（因为）一直下雨，（所以）我一直在饭店里睡觉，只去了故宫一个地方，（所以），这次旅行不愉快。现在（因为）我刚从旅行回来，（所以）情绪不稳定，因此不能专心地读书。

　　文中使用了三组"因为……，所以……"，语句啰唆，结构不紧凑。
再如：

　　　　日本人关于这段战争的历史避而不谈，<u>不管</u>我们这些"不知战争
　　　时代的孩子"愿意学习这段历史，（　　）"经验过战争的大人"都拒
　　　绝教给我们这段历史。

文中画线部分有误，应为"尽管"，（　　）处为关联词语缺失。
教材中也常常设计这样的练习。例如：
例1. 选择适当的关联词语填空①

　　　1）昆明是"春城"，一年到头都很暖和，＿＿＿＿＿＿＿＿冬
　　　天＿＿＿＿＿＿不冷。
　　　　　a. 要是……就……　　　　　　b. 即使……也……

　　　2）＿＿＿＿＿＿雨下得很大，＿＿＿＿＿＿＿我们仍然坚持爬上了
　　　山顶。
　　　　　a. 哪怕……也……　　　　　　b. 尽管……但……

　　　3）＿＿＿＿＿＿明天一大早出发，＿＿＿＿＿今天晚上就出发。
　　　　　a. 与其……还不如……　　　　b. 不论……还是……

　　　4）我认为＿＿＿先尊重别人，＿＿＿＿＿＿赢得别人的尊重。
　　　　　a. 只有……才能……　　　　　b. 不是……而是……

　　例2. 也可以提供分句，让学生用适当的关联词语将下面各组句子合并
成复句。

　　　1）a. 他喜欢看足球赛　　　　　b. 他爸爸喜欢看足球赛
　　　　→

　　　2）a. 她听得懂苏州话　　　　　b. 她不会说苏州话
　　　　→

①　何立荣. 留学生汉语写作进阶[M]. 北京：北京大学出版社，2003.

3）a. 他们在生活上关心我　　　　b. 他们在学习上帮助我

　　→

4）a. 路上堵车了　　　　　　　　b. 我们迟到了

　　→

5）a. 事情已经发生了　　　　　　b. 你光生气没有用

　　→

例3. 还可以提供一个语段，让学生在通读文章的基础上，填上合适的关联词语①

　　1）我认识一个大学生，他假期几乎从来不休息，（　　　）写论文，（　　　）去打工。我问他这样安排假期生活会不会觉得乏味。他笑着说："这样利用假期，（　　　）能争取在学业上有所提高，（　　　）经济上有些受益，我觉得过得很有意思。"

　　2）学习语言，重要的（　　　）记住一些语法规则，（　　　）要多在实践中运用在书本上学到的语言知识。我们（　　　）要在课堂上利用机会多说、多练，（　　　）要在课外积极寻找练习的机会。这样才能使我们的语言能力有较大的提高。

（2）连接成分错用或误用

连接成分一般都是连接性词语，不仅有一定的意义，而且有的还是两个、三个一起使用，可以套用。语篇写作中常出现错用或漏用的现象。如：

　　除了早睡早起之外，我有几个改变。<u>一个</u>，来中国以后我有午睡的习惯。<u>另外</u>，我开始坚持体育锻炼。（画线部分可替换为表列举的词语"一个是""另一个是"）

　　来中国以后，我过着这样有规律的生活，我的身体比较好。（　）在日本的时候，我每天很累，身体总是不大好。（括号里可加上表示转折或对立的连接成分"然而""与此相反"等）

① 罗青松. 汉语写作教程[M]. 北京：华语教学出版社，1998.

（3）省略和指代不当

在省略方面，学生不会或不敢使用这种汉语中常见的衔接方式；在指代方面，有时该用不用或指代不明。如：

> 她是英国人，她生于香港，不过她现在住在伦敦。（画线部分重复）

> 他没有孩子，晚年收养了一个，他没有能力。（画线部分指代不清）

（4）语句重复

在同一个语段里，意义相同的语句重复出现，显得文章烦琐、冗长，语义层次不清。如：

> 我家旁边的一个家庭里有一棵樱花树。那棵樱花树在那个家庭的院子里。那棵樱花树在四月初时满开花，花开得非常美丽。在我家旁边除了那棵樱花树以外，没有别的树，只有那棵樱花树。那棵樱花树开花时，满开的樱花把那一带的被烟尘污染的空气和气氛变成桃源乡。我很喜欢那棵樱花树。

文章中所要表达的只是邻家院中的一棵樱花树及花开的情景，却重复使用"我家旁边"（两遍）、"那棵樱花树"（七遍），花开时的感受（见画线部分），衔接手段单调，语义上也有重复。

（5）语句排列顺序混乱

句子或段落的排列显得逻辑混乱、杂乱无章；有的语义跨度大，语义松散，甚至没有联系。汉族人习惯于从大到小、由远及近、从左到右、由上及下地理解事物，反映在篇章上，很多语句都是按照这样的时空顺序来组织的。比如介绍家庭成员的顺序一般是先长后幼、先男后女，下面的段落就表现出明显的不足：

> 我家有五口人。除了我以外，有父亲、母亲、妹妹和哥哥。母亲是小学老师，哥哥在一个美术院，他画西洋画儿。妹妹是大学生。父亲呢，当一个兽医。我现在在中国学习汉语，想学习两年。妹妹的专

业是衣裳设计，他很喜欢造衣服。

针对这样的问题，教学中可以设计一些段落层次方面的练习，比如可以给学生提供一些无关联的句子，让学生把这些句子按照语义关系连接起来。如：

例1. 把下面四个分句排成一段话①

1）A. 1983年7月，张贺民从四川大学生物系动物专业毕业

　　B. 从此与大熊猫结下了不解之缘

　　C. 他放弃了大城市工作的机会

　　D. 主动申请到卧龙工作

2）A. 面对商场里琳琅满目、包装精美的月饼

　　B. 一年一度的中秋节即将到来

　　C. 我们该如何选购月饼呢

　　D. 人们把月饼当作吉祥、团圆的象征

例2. 请把下面的句子连成一个语段，并使语义连贯②

在寒假里翻译文章

1）我本来以为只要10天左右就可以翻译完。

2）我把文章全部读懂就花了差不多一个星期。

3）这件事害得我寒假哪儿都没去成。

4）我必须利用寒假翻译两篇文章，一篇是汉译英，一篇是英译汉。

5）我很快就发现我估计错了。

6）我的整个寒假都是在学校度过的。

7）三个星期过去了我还没有译完。

正确的顺序是：

————————————————

① 李增吉.汉语高级写作教程（上册）[M].北京：北京大学出版社，2006.

② 乔惠芳，赵建华.外国留学生汉语写作指导[M].北京：北京大学出版社，1995.

2. 写作中的语篇训练

语篇教学是与写作教学结合最紧密的教学，要想保证写作的效果，形式的衔接与语义的连贯是最基本的要求。写作训练时可以着眼于以下几点：

（1）语篇知识的讲解

语篇知识的介绍和讲解是保证写作效果的重要条件，也是写作教学的重要内容。从偏误的各种表现看，语篇知识的缺乏应是学生学习写作的一大障碍，进行有关知识的介绍和讲解，能保证学生写作时基本结构清楚、层次清晰、内容完整。

语篇知识大概包括：

1）连接性成分：按照语义内容分类的各连接性词语，它们在文中的作用及使用的方法等。

2）省略与替代性知识：汉语省略的一般方法、替代性词语及可替代的成分等。

3）语篇手段：句子组合及段落组合的基本规律，如时间顺序、空间顺序、发展过程顺序、因果关系、并列关系等。各种文体的功能，如叙述、描写、说明、议论等。段落之间的过渡与照应，过渡的方式如使用关联词和使用承上启下的句子或段落等；照应的方式，如首尾照应、前后照应、题文照应、反复照应等。

知识的讲解要与偏误分析和写作实践紧密结合起来进行，并要协调好讲与练的度，三分讲，七分练，帮助学生做到明白道理、能够分析、学会使用。

（2）范文赏析

欣赏和分析经典范文是从正面提供样例、指导学生写作的好方法。范文赏析要以语篇知识为依据，从文章入手，在整体阅读后，按照要求，指导学生去分析理解。如"文中省略掉的成分是什么？""指代性成分的指代内容是什么？""该篇文章是按照什么逻辑顺序安排的？"等。教师还可以让学生画出文中的连接成分，找出过渡性的语句，看看它们是如何实现层次的转换、内容的转换、时空的转换和表达方式的转换的。此外，还可以看看文中有没有照应性成分，照应是如何为文章服务的，等等。总之，范文赏析是欣赏，更是学习。

（3）科学有效地练习

语篇练习侧重于以下方面：

1）规范写作

真正意义上的写作应有一些标准，包括书写正确、语言表达准确、无语病、内容清晰、中心思想明确、结构合理和完整等，使用一定的修辞手段。在写作过程中，由于受到各种条件的限制，学生不能自如地使用语言，在语言运用、内容表达、文体格式方面都会出现不规范的问题。

规范化的问题不局限于形式，与交际任务的性质相关。如不同的文体往往有习惯表达，特别是应用文体，如请假条、推荐信、请柬等，都是有比较固定的写法，在书写顺序、文字排列方式、语言风格、用词、称谓、落款上，都有一套程式化了的表达形式，如果在格式方面出现问题，就必然会影响交际的效果。文体方面，叙述性的文体要求有头有尾、脉络清晰；论说性的文体，为了加强说服力，要层次分明、论述深入。再如标点符号的使用、汉字的书写等，也都有一定的规范。语篇训练可以帮助学生逐渐建立起规范写作的意识，减少写作的随意性和盲目性，提高写作的效率。

2）提供写作的方法

语篇训练由于有较为具体的形式、较为格式化的结构，因而可以让学生更快掌握。如模仿性写作就是借用范文的框架或借鉴范文提供的词汇、句型、连接方式和段落组织结构等进行的写作，这种限制性写作的方式在写作的初期或者学生语言水平较低时使用，具有很好的引导和促进作用。在写作进入成熟期或学生的写作水平有较大提高时，学生就能突破框架的限制，进行自我创造。

3）指导修改

文章写得如何，修改是最重要的一环，任何文章都需要作者反复斟酌和修改，小到词句，大到文章结构、立意，精心地推敲、打磨，才能让一块璞玉变成美玉。

借助语篇知识，学生可以对文章的各个方面进行排查，看看文章的思路是否清晰、语言表达连接是否顺畅、文章结构是否合理和完整、详略是否得当、在修辞造句上是否有更好的表达、有没有语病等等。修改时，老师应该给出一定的时间，还应指定修改的范围。如果关注关联词语，就让学生反复朗读，体会语义，判断是否需要关联词语或已使用的关联词语是否恰当等。有疑问的地方学生或查词典，或与同学讨论，或直接问老师。学生可朗读几遍修改后的文章，感受前后差异。将文章互换修改也是一个很好的方法。同学间互换修改，或者小组交流，能够很快地看出文章的问题，还能展开有益的讨论，加深理解和运用。修改范围应根据学生的实际情况来决定，并且与讲解性活动结合起来。

第三节　汉语的文体写作

一、四部教材的文体概括

汉语写作一般按照文体来进行。教师可根据学生的汉语水平，选择不同的文体，体现出难度的层级性。以下几部教材在文体写作方面体现得较为充分，我们做一下介绍。

（1）乔惠芳、赵建华编著的《外国留学生汉语写作指导》（见表6-4），1995年在北京大学出版社出版。

表6-4　《外国留学生汉语写作指导》

文体	具体内容	体例及主要练习形式
应用文	一般书信、申请书、感谢信、慰问信、祝贺信、推荐信、请柬、启事。	体例为"说明＋要点＋例文"。 主要练习形式有：评改学生写作原文、（整理／套用）常用词语和格式。
记叙文 说明文 议论文 读后感	记故乡、记一件小事、记留学生活、记童年的事、记难忘的事、记生日、节日、记参观、访问、记游览、记人物（上）、记人物（下）。	主要练习形式有：修改写作中错误的地方、看图写作文、看图改写、听后写、缩写、片段练习、续写。

（2）罗青松编著的《汉语写作教程》（见表6-5），1998年在华语教学出版社出版。

表6-5 《汉语写作教程》

文体	具体内容	体例及主要练习形式
记叙文、日常应用文	听记小故事、写便条、看图记事、写启事与海报。	体例为"训练重点＋范文＋说明"。
记叙文书信	记叙旅游见闻、按时间顺序记叙、有条理地记叙和说明、写日常书信。	主要练习形式有：选词填空、语序练习、加标点符号、改错。
说明文	说明事物（1）、说明事物（2）、介绍处所、描写景物、用具体数据介绍和说明事物。	主要练习形式有: 排序、写段落、改正指代不明或主语省略不当、用所给的关联词语改写句子、口头作文、小组讨论或调查、看图写故事、仿写。
复杂的记叙文书信	描写人物、结合抒情和议论叙事、介绍各地风情及社会生活、专用书信。	
议论文	叙议结合的议论文、应用对比和比较说明自己的看法、微型调查、通过事实等论据说明道理。	

（3）何立荣编著的《留学生汉语写作进阶》（见表6-6），2003年在北京大学出版社出版。

表6-6 《留学生汉语写作进阶》

文体	具体内容	体例及主要练习形式
应用文	便条、通知、日记和书信、调查报告。	体例为"导写＋范文"。主要练习形式有：句子练习、组句练习、使用关联词语填空、修改病句、段落练习、连句成段，以及看图写话、加标点符号、修改或补充便条、读后回答问题、排序、找出文中的比喻句、分组活动、口头表达。
记叙文说明文描写文议论文	完整地叙述一件事、按一定的时间顺序记叙事件、按事情的发展顺序记事、围绕文章中心选取材料。	

（4）杨俐编著的《外国人汉语过程写作》（见表6-7），2006年在北京大学出版社出版。

表6-7　《外国人汉语过程写作》

文体	具体内容	体例及主要练习形式
说明文	具体内容包括说明文的构思过程、说明文开头部分的写作、说明文主体部分的写作、说明文结尾部分的写作。如：说明文《我的故乡》的构思、HSK命题作文——旅游景点介绍、产品介绍、HSK命题作文——留学中介公司的文字广告。	体例为"作文的构思＋作文的写作＋写作知识＋单元自测＋参考范文＋课堂练习＋作业"。主要练习形式有：写出提纲、讨论提纲、排序、续写段落、画出中心句和关联词语、阅读回答问题、阅读后填表、按照指定的语序造句组段、将口语词汇变换成书面语词汇。
调查报告	一个小型调查及调查报告的写作。	
议论文	具体内容包括HSK语料作文的写作、一篇议论文的构思过程、议论文开头部分的写作、议论文主体部分的写作、议论文结尾部分的写作、一篇说明与议论相结合的文章构思、一篇辩论性议论文的构思和写作、HSK议论文的构思。	
应用文	具体内容包括HSK应用文的写作、求职信和个人简历的构思。	

以上四部都是近30年较有代表性的写作教材，从简表来看，它们都把文体写作作为写作设计的脉络，选用的文体主要为记叙文、应用文、议论文和说明文。排列的方法一般是先为记叙文、应用文，后为议论文和说明文，显示出体裁上的由易到难。前三部教材的起点为有一定基础的中级学生，第四部教材的起点为高级。

二、文体写作要点

按照文体来安排写作训练的顺序符合写作教学的一般惯例。拿母语写作来说，小学生阶段要掌握的文体就是记叙文和应用文。记叙文常常来记一个人、一件难忘的事、一天的生活等，在叙述中融入一点儿简单的景物描写、心理描写和动作描写，可以有一些夹叙夹议的写法，总的来说，在文体结构的运用上、语言的组织安排上、事件的叙述方式上都比较容易掌握。进入初高中后，一方面孩子们的思维成长很快，逻辑思辨能力大大增强；另一方面生活阅历增加，知识面扩大，对事物都有了自己的观点和看法，这时才会开始使用议论和说明这样复杂的文体来写作。第二语言的写作训练，虽说学习者都是成人，但是他们的第二语言能力与思维水平不同步，还驾驭不了复杂的写作形式，因此在选择适宜的文体形式时，其顺序与母语学生写作的顺序基本一致。初级以记叙文和简单的应用文为主，到了中高级，写作的难度也逐渐从叙述性、描述性向议论性、说明性发展。

1. 记叙文

（1）什么是记叙文

记叙文就是叙述内容的线性排列。写事的记叙文记叙事件的发生、发展过程，通过描写事件中人物的语言、行为、心理活动和事件的细节，来表现文章的中心思想。写人的记叙文是以人物为中心，以人物的活动为线索，通过典型事件的叙述描写，展现人物的心灵、品德、命运。写事的记叙文重情节，写人的记叙文重人物性格。

记叙文中有六个要素，即时间、地点、人物、事件、原因、结果，叙述时需要把什么人、在什么时间、什么地点、做了什么事及前因后果写清楚，给读者一个清晰而完整的印象。当然，根据实际表达的需要，这六要素不是缺一不可的，在安排上也可简可繁。

（2）记叙文的写作安排

初级的记叙文可以写事，如"难忘的一件事""到校的第一天""我的学习生活"等，也可以写人，如"我的朋友"，注意单句正确、上下文衔接、时间词转换等。

中高级的记叙文可以写人，如"李小明的故事""我最佩服的一个人"，侧重描写人物外貌、刻画人物性格等；也可以写事如"打工记""旅途经历"等，注重记叙、议论、抒情相结合，侧重表达内心的感受和心理刻画等。

（3）记叙文的训练要点

1）精心挑选细节

叙述离不开细节。很多细节看起来都是很具体、很琐碎的，写作者应该选择那些最接近写作目的、最具备支撑主题表现力的细节，力求每个细节都有意义。在安排叙述内容时，也要详略得当，避免流水账。每篇文章让学生确定最重要的一两段，深入挖掘，其余的部分交代清楚即可。

2）安排好叙述顺序

选择一定的叙述顺序来安排写作的素材。记叙文一般采用时间顺序来安排叙述结构，将选择好了的细节，按照事件的发展、人物的经历脉络来组织，保证每一个材料都围绕着时间的轴线依次展开，并逐渐走向高潮。还有一些文章采用空间顺序来安排叙述的结构，但空间位置的转换，也暗含着时间顺序。在段与段的衔接转换时，指导学生运用各种丰富的连接手段，以及过渡和照应形式，加强文章的表现力。如《夜游泰山》[①]一文就给我们展现了清晰的叙述脉络：

> 在泰山脚下……
> 刚上山时……
> 到了中天门……
> 快到"十八盘"时……
> 终于登上了南天门……
> 在泰山顶上……

3）展开要有逻辑性

叙述的展开要有内在的逻辑性。有效的叙述不仅是连续的，而且是一个接一个相继发生、滚动前进的。每一个情节的展开都尽可能在前一个情节的基础上继续，如同登山，只有迈出了第一步，才可能有第二步、第三步……在记叙人的成长、情感变化时，特别注意铺垫和前因后果。如学生写自己汉语水平提高的过程，就是从刚来北京时写起，线索清晰，结论可信。

---

① 何立荣. 留学生汉语写作进阶[M]. 北京：北京大学出版社，2003.

一句汉语也不会说……

上课努力学习……

跟中国朋友游玩儿……

跟出租车司机、饭馆的服务员聊天儿……

最近带家人出游，居然没有遇到困难……

点题"原来我的汉语水平这么高啊"

4）注意叙述人物

以谁的口吻来叙述，也就规定了文章的叙述视角。叙述的人称主要有两种：第一人称和第三人称。使用第一人称，作者也就是当事者或目击者，写作时便于抒发议论、沟通感情，更具真实性；使用第三人称，作者是局外人，便于站在客观的立场，在广阔的时间和空间内反映事件。我们采用哪种人称叙述，要根据实际情况来决定，一般初级写作多用第一人称，比较好驾驭材料。

2. 应用文

（1）什么是应用文

应用文体指公文和一般生活应用文。公文类包括法令、布告、文件、会议记录等，一般生活应用文指书信、启事、便条、调查等，后者是第二语言写作教学的主要内容。

应用文一般都有固定的形式，写作者必须按照这个格式来写，才能取得基本的效果。如书信必须有称呼、问候语、正文、结尾、署名和日期。称呼语要顶格写，在书信的左上角，而署名和日期在右下角。因为汉语的书信跟英文的书信格式有所不同，所以需要了解汉语书信的写作习惯。

应用文的语言讲究准确、简洁，措辞严谨、规范。书面语气息浓厚，常使用程式化的套语，多用完全句、常式句、陈述句、使令句等，还有很多文言用法。如一则寻物启事：

因本人不慎，在食堂遗失书包一个，内有本人学生证与学习用品若干。有知其下落者，请与17楼302房联系。必有重谢！

如果将上述内容转化为口语语体，如画线部分可改为"里面有我的学生证和一些学习用品"，则不够简洁、典雅。学习应用文的写作，很重要的一项任务就是指导学生使用书面语的表达形式。

（2）应用文的写作安排

初级：简单应用文，如便条、请假条、申请书等。学习者需了解应用文的一般格式和语言特点。

中级：一般书信，如给朋友的一封信、旅途见闻、祝贺或申诉信等。学习者需了解并应用书信的格式和常用的书信语言形式等。

高级：小型调查报告、合同、论文、事务信函，如"留学生汉语学习动机与学习目标的调查""留学中介公司的文字广告"，语言方面要求能设计调查问卷，会使用统计数据进行表达，了解并运用公文的书面语言，等等。

（3）应用文的训练要点

1）掌握多种应用文的格式

应用文体种类多样，在前面的四部教材中就列出了十几种。由于文体格式相对固定、各不相同，只能一个一个地学习、一种一种地实践。如书信的格式要有称呼和署名，日记的格式要有日期和天气，简历就更复杂了，姓名、性别、年龄、文化程度、特长、工作经验、联系方式等信息都要有。即使同为书信，推荐信、申诉信、邀请信的措辞、语气、句式也都有所不同。需要学生体会理解，反复实践。

2）注意学习常用的语言表达形式

应用文体有一些惯常使用的套话、词汇与句式，教师应将此概括出来，教给学生。这样不仅使学生的文笔更地道，而且提高了写作效率。如书信的结束语：

　　知道你也很忙，我就不多写了，就此搁笔。

　　最后，关于我去广州的事你究竟有什么看法，请尽快来信告知。我等着你的回音。

　　总之，非常感谢您在南京为我做的一切！欢迎您有空儿来西安做客！

明天一早我还有个手术，就到这里吧。关于小弟出国留学之事，我月底回家后我们再商量。①

3）进行口语语体到书面语体的转换

应用文属于公文的一种，它具有较强的社会性，语言也较规范、严谨。学习应用文写作，学生要树立起书面语体的意识，尽量减少大白话和随意性的表达方式，努力进行从口语语体到书面语体的转换。教师可以通过范文讲解，让学生归纳整理书面语体的表现形式，并提供一些文本让学生修改。书面语体的特征可以把握这样几点：口语中的一些双音节词，在书面语体中可以用单音节词来表达，如"已经——已""知道——知"；同义词中口语语体与书面语体的转换，如"睡觉——就寝""丢——遗失""老师——教师"；以及使用文言色彩的词（如"它——其""这——此"）和文言句式"……为盼""兹定于……""在……之际"等。

3. 议论文

（1）什么是议论文

议论文是使用事实材料进行逻辑推理，从而表明自己的观点和态度，达到明辨是非和阐明事理目的的写作方法。通俗地说，就是摆事实、讲道理地说理、论证。

议论有两大类：立论和驳论。立论以正面论证观点为主，通过论据阐述自己的观点，使其成立。驳论以驳斥反面观点为主，通过论证，证明其不成立。

议论文的三要素：论点、论据、论证。论点是作者的观点、主张。论据指用来证明论点的事实和道理。论证就是用论据来证明论点的过程。

议论文的篇幅可长可短，有的短小精悍，有的长篇宏论。语言比较正式，风格或严肃或风趣。讲究首尾呼应、结构完整、逻辑上层层深入。

（2）议论文的写作安排

议论文的写作向来是比较困难的，所以安排在中级以后。

---

① 何立荣. 留学生汉语写作进阶[M]. 北京：北京大学出版社，2003.

中级到高级：根据提供的材料或事实发表看法，如"干得好还是嫁得好""打孩子是不是家庭暴力"；常用的语言形式有如表示比较的句型、强调的句型、表示对比的连接成分等。

高级：对社会问题、专业问题等深层次的认识与评价，如"中国的未来""毒品的危害"；常用的语言形式有反问和设问等修辞手法及论证、推论、归纳的语言表达等。

（3）议论文的训练要点

1）论点要鲜明

议论文最重要的一点就是要有一个鲜明的论点。文章要想能吸引人、说服人，首先要敢于亮出观点。如果观点不清晰，模棱两可，或者观点不集中，变来变去，就会影响论证的过程。写作前，教师要给出充分的时间让学生展开讨论，在讨论的过程中，论点会越来越清晰，态度越来越坚定，这都将有助于论述。另外，观点大多来源于生活实践和知识水平，教师要鼓励学生多接触社会，了解真实的生活情况，多阅读思考，提高自己明辨是非的能力。

2）论据要可靠

要想让论点站住脚，就得提供可靠的论据，提供大量的事实，以理服人，用事实说话。教师可以用家庭作业的形式，要求学生查找资料，获得相关的支撑材料。这包括各种数据、图表、调查报告、统计公告、政策文件、名人名言、历史人物或历史事件、科学研究、定理、常识等，然后筛选提炼，选择3到5个例证来加强论述的力度。还要注意，论据一定要与论点保持一致，要能为论点服务。

3）论证方法要艺术

如何将事实、观点统一起来，这就需要艺术的论证方法。教师可以通过范文分析等方法，帮助学生了解一般的论证组织方法，并尝试使用。如：

例证法：列举事实；

引证法：引用权威性的论述、名家著作或言论；

对比法：不同事物的比较、过去与当前的比较等；

类比法：两个以上具有同类道理的事物做比较，由此及彼，如打比方、讲故事等。

归纳法：从个别到一般，使用事实做论据时，往往使用这个方法。

演绎法：从一般到个别，用普遍性前提推演特殊性。

选用什么论证方法，跟学生的思维和写作习惯有关，也跟训练的强度有关。学生可能更乐于采用自己熟悉的论证方法。值得说明的是，这些论证方法不是相互排斥的，可以交叉使用。

4. 说明文

（1）什么是说明文

说明文就是用介绍、解说的方式来写作，它使用简洁的文字将事物的性质、形状、功能等解说明白，将抽象事理的概念、特点、缘由等阐释清楚，具有说明性、知识性和实用性三大特点。

一般的说明文，其主要内容都由说明性文字构成，为增加直观感，也可配上数据、图表和图画。常用的解说方法有：下定义、名词解释、举例、比较、比喻、分类、分解等。如分类法，它依据事物的特点、形状、成因、功用等属性，将事物划分为不同的类型，依类说明；而分解法则是把事物分成若干部分，逐一加以说明。分类和分解的区别在于：以文体为例，将文体分成记叙文、应用文、议论文、说明文，这是分类的方法；而将议论文分成例证法、引证法、对比法、类比法等，则是分解的方法。

在写作说明文时，要求抱着客观、公正的态度，尽量使用说明性文字，控制使用记叙、描写、议论和抒情的表达方式。语言要准确，解说要清晰。

（2）说明文的写作安排

初级到中级：环境处所的描述等简单的说明，如"我的宿舍""家乡的四季""北京一日游"。在语言形式方面，学习运用一些存现句等描写环境的句型和空间转换变化的语句。

中高级（1）①：说明与描述，对过程的说明，如"介绍一款菜的做

---

① 因中级到高级不易区分等级，故合并为中高级，内部分为三个层级，即中高级（1）、中高级（2）、中高级（3）。

法""如何租房""传统节日"。在语言形式方面，学生要清楚地交代过程，使用一些表示列举的连接成分，多使用复杂句、长句等。

中高级（2）：说明与描述，如"我喜欢的一本书""汉语课程介绍"。多使用复杂句、长句等，学习使用指代、省略等语篇的连接方式。

中高级（3）：陈述事实、状况和发表议论，如"中国的教育制度""论北京交通发展规划"。在语言形式方面，学生要学习数据的表达，如概数、百分比、递增、递减等用语，多使用复句、复杂句及衔接连贯形式。

高级：介绍一种人类活动或文化传统的发展过程，如"烟草的来历""奥林匹克运动"。在语言形式方面，学生要多使用复句、复杂句及省略、指代等篇章结构，以及表示举例、补充、推论的连接成分。

（3）说明文的训练要点

1）抓住事物的特点和本质

要想清楚地说明一个事物的特征、属性，就必须抓住事物的特点和本质。所谓特点，就是事物与众不同的地方；而本质，则是事物本身固有的、决定事物性质和面貌的根本属性。比如中国的传统节日春节，是中国最重要的节日，象征着团圆，而中华民族是一个讲究礼仪、亲情、重视人际交往的国家，团圆的节日就成为人们心目中最重要的节日。春节有哪些特点呢？千里之外、大雪纷飞也阻挡不了回乡脚步的人、大红的"福"字和对联、震耳欲聋的鞭炮、热腾腾的饺子……通过对这些典型场景和特征的描述与说明，一幅春节的民俗画就栩栩如生地展现在人们面前。

要想抓住本质和特点，需要有敏锐的观察力和分析力，需要对事物充分了解，尽可能多地占有资料，尤其是第一手资料。写作前，应该指导学生收集大量的资料；写作时，让学生先静默思考一下，想一想如何让读者产生深刻的印象，然后选取关键性的素材开始写作。

2）要选择好角度

说明文常用来传播知识，指导读者完成某项任务，因而有较强的实用性。写作时要针对读者对象来确定文章的方向，选择好适当的说明角度。如"在课堂上如何提高汉语学习效率"，是为留学生准备的，所提的建议就要紧密围绕留学生的学习而展开；如果是为老师准备的，就要从教学的角度来展开。总之，考虑到阅读的人、阅读的目的，写作时就会有不同的选材和表达方式了。比如下面这段从颜色、形状的角度来描写爬山虎的叶子，显得层次清楚、衔接自然。

> 学校操场北边墙上满是爬山虎。
>
> 爬山虎刚长出来的叶子是嫩红的，不几天叶子长大，就变成嫩绿的。爬山虎的嫩叶，不太引人注意，引人注意的是长大了的叶子。那些叶子嫩得那么新鲜，看着非常舒服。叶尖一顺儿朝下，在墙上铺得那么均匀，没有重叠起来的，也不留一点儿空隙。一阵风拂过，一墙的叶子就漾起波纹，好看得很。[①]

3）使用最恰当的表达句式

说明文体常有一些最适宜表达的句式，如描述房屋位置、摆设时，常使用存现句、"着"字句；描述做菜、布置房间多使用"把"字句，使用数据写调查报告常采用这样的表述：

> 据统计
> 据介绍
> 通过调查发现/调查显示/调查结果表明/调查结果显示
> 统计数字表明
> 从调查结果看
> 从调查可以得出这样的结论

所以，教师多引导学生使用这样的表述，可以增强文章的论述性和说服力。

第四节　汉语写作技能教学的过程

不同的写作训练方式，其课堂教学过程会有不同。在环节的设计上也

---

① 由教育部组织编写，温儒敏总主编的《语文》四年级上册，2019年在人民教育出版社出版。原作者为叶圣陶，本文有改动。

可能各有侧重，但教学的思路还是基本相同的。我们将写作训练的过程大致概括为以下4部分：

一、写作准备

正式动笔写作前所进行的各种有利于写作的准备活动，都属于写作准备。准备活动主要有心理的、语言的和思维的。目的是激发学生的写作欲望和兴趣，将学生心理由"要我写"变成"我要写"。下面简要说明进行写作准备时常用的方法：

1. 激活动机

很多有经验的教师都把克服学生写作时的畏难情绪作为新课开始的内容，通过讲故事、听音乐、朗读等方式舒缓学生的压力，并融入一些与写作内容、写作知识有关的背景介绍。如今天的内容是介绍一个人物，教师可能先引导学生说一说生活中最重要的人，询问其身份、年龄、性别、外貌，有什么印象深刻的事件，为什么对他很重要，等等，引起学生的表达欲望。在介绍写作知识、如标点符号的使用时，先给学生看一段跟标点符号有关的小故事，或讲一个因断句位置不同而引起的笑话，让学生在轻松幽默的笑声中建立起重视标点符号的意识。

2. 集体讨论

教师可以简单介绍一下今天的学习或写作内容，然后把学生分成组，进行讨论。如介绍一个人物，学生们可以讨论选择什么样的人物进行写作、文章的内容应该包括哪几个部分、开头怎么写、结尾有几种方式等。在阅读范文的时候，教师可以提出一些思考的问题：本文是按什么方式来组织语言材料的、采用的连接手段有哪些、分为几段、每段的中心思想是什么、各段落之间有什么样的层次关系、文章列举了哪些证据来加强文章的说服力等，然后让学生自己寻找答案。

3. 讲解

对一些需要专门传授的知识，教师可采用讲解式的方法。前文介绍了写作中常见的语言偏误，这对学生来说是很重要的反面学习材料，教师可以结合学生习作，将有普遍性的偏误挑出来，给学生进行讲解。教师还要提供一些练习，如找错、改错、选择词语、填出关联词语等，加强学生的理解。对于写作中重要的知识性内容，也适宜采用讲解式的方式，但要注意讲练结合，讲解过程还要注意启发学生积极思考。

讲解也是范文导读时常用的方法。教师事先将范文发给学生，等学生阅读后，进行有侧重的讲解。这些侧重点应跟写作任务相关，如重点句型、该话题的常用词汇、论据的展现、结尾的写法等等。范文的题材和体裁应该丰富多样、内容有趣，每次以2到3篇为好。虽然很多知识需要教师的引导和说明，但在范文导读时更应该注意激发学生的探索欲。如下面的做法可以引导学生更好地关注文章中的语言形式[①]：

1）找出范文中的存现句；

2）找出范文中使用比拟和排比的地方；

3）找出范文中的"把"字句；

4）从范文中找出10个带状语的句子，并说说多层次状语的顺序。

4. 展示

教师提供一些直观、形象、具体的材料来引入写作的话题，规定内容的范围，提示写作的思路，提供可用的数据，如听后写、读后写、看后写等。像"我的一天""一件难忘的经历"这样叙述性的写作，可以用图片、影像来展示内容、介绍事件的发展；公文体、论说文体也适宜用图形、图表、数据等来组织观点、安排段落。展示的目的在于提供更多激发写作的证据，使写作变得更容易，避免因知识缺乏、思维单调导致写作困难。

5. 思维引导

写作的一个重要方面就是构思。虽然成人外语学习者都有母语写作经验，但是进行真正的汉语写作，仍有力不从心的地方。如汉语文章的结构就体现了中国人的思维方式，汉语文章的开头喜欢铺垫、英语文章的开头

---

① 何立荣.留学生汉语写作进阶[M].北京：北京大学出版社，2003.

喜欢开门见山。当然，这样的说法并不全面，但是在写作前，对学生进行一定的思维引导，也是促进写作顺利进行的重要方面。模仿写作的很多方法实际上起到了引导学生构思的作用，特别是过程写作，更是把写作前期的构思作为重要的环节来对待，用了很多时间来安排自由写作、形成思路图和整理提纲，保证了文章的写作效果。好的开始是成功的一半，构思的作用就在于此。

二、写作

学生完成写作的前期准备，就开始进入写作环节。有的教师愿意把写作布置成家庭作业，有的愿意学生当堂完成。一般来说，写作课的教学时间不充裕，大多数教师会利用一些课堂时间开个头，然后把作文布置给学生，并限定上交的时间，这样可以充分利用课堂时间来进行重要的师生互动，同时又给了学生更多思考和写作的机会。

在布置写作任务的时候，教师要做以下说明：

1. 限定文章内容的范围

（1）内容要宽

写作内容的范围可以由教师指定，为了便于学生构思，教师给出的作文题目应该宽泛，能有较大的发挥余地，并启发学生深入挖掘。比如写作题目《北京印象》，就涉及北京的方方面面：交通、环保、建筑、饮食、居民等等，学生可就自己印象深刻的一点展开论述。学生选材的角度不同、观点不同，提炼出的文章主题就不同。因此，文章的题目应提供足够的信息，让人还没阅读，就开始预测，并产生阅读的兴趣。

（2）选题多样化

选题内容也应该多样化，不要只局限于校园生活、学习生活，可以将范围扩大到社会、历史、地理、经济、政治、文化、民俗等各方面，考虑到生活和工作的多方面需要。内容的复杂度也要有所体现，有的作文需要学生调动个人储备的知识、经验、阅历和体验来完成，有的则需要去调查、访谈，寻找第一手资料，有的还需要利用图书馆、网络等去搜寻。总之，布置作文时，范围由教师定，题目可由学生定。

2. 规定文章的体裁

文章的体裁应跟文章内容结合紧密。范围过于宽泛的题目如果对体裁不加以限制，学生可能会写出各种风格的文章。如关于手机，从议论文的角度可以写《手机的功过》《手机需要经常换吗》《青少年每天看多长时间的手机》等，也可以从记叙文的角度写《我的第一部手机》《我家的微信圈》《一次惊险的经历》等。所以教师应该明确说明作文的要求，如"请以议论文的形式写一篇文章，确定主题、论点、论据，字数400"等。

选用什么样的文章体裁也要注意学生的写作水平。在初中级水平，以记叙文、说明文和简单的应用文为主，到中高级阶段，侧重议论文和复杂的应用文。另外，布置的作文体裁也要跟范文一致，写作要求尽量与范文显示出的特征（如结构特点、典型的句式等）相吻合。

3. 提示语言的形式

语言的形式，特别是词汇常与一定的话题内容相联系，在前期准备时，学生可能已经通过各种途径掌握了不少相关词汇或表达形式。如谈论交通状况，这样的词汇必不可少：汽车、地铁、私家车、堵车、拥挤、上下班高峰期、废气、空气污染……布置作文时，教师应该引导学生选择使用。还有一个更重要的方面就是句式和连接成分，如表示比较的句式"晚上比早上挤""比我们国家好多了"，表示程度的句式"挤得我快成相片了"，连接词语"除此以外""一来、二来"，等等。在模仿写作时，语言形式上的控制比较严，要求也比较具体，而在其他方式的写作中，尤其是自由写作时，要求就不那么严格，在布置作文时，教师可以做出一定的提示和要求。

三、批改

作文批改主要指教师阅读作文后所写的评语。批改学生的作文，一般有以下几个原则：

（1）教师应对学生作文持一种积极评价的态度。

善于挖掘文章中的闪光点，并给予肯定。在宽松和赞赏的环境下，学生会热爱写作、关心写作，有较强的自信心，从而使写作的创造力得到极大发挥。

（2）评价应该具体。

不要笼统地使用"语言优美，文字通顺"这样的用词，要多针对具体问题来进行批改。评语可以用文字描述出来，如"文章的开头写得不错，清楚点明了主题，又引出问题，为下文的论述进行了铺垫"等；也可以直接在或优美或出错的句子和词语下画线，然后在旁边加注。

（3）点出重要问题。

学生的作文中包含的问题是大量的，也是复杂的，不同的学生出现的错误也有不同，如果教师从词汇到语法，从结构到语义，甚至汉字、标点都逐一改正，需要大量的时间和精力，有不分主次之嫌。较好的方法是每次教师可提出一两个重要的方面请学生特别注意，批改文章时，老师也着重注意这一两个方面。这样做带来的另一个好处是便于教师集中观察和讲评。

（4）使用规范的修改符号。

因为教师的个人习惯不同，在批改作文时可能使用不同的修改符号，这样容易使学生感到困惑。首先，教师要使用规范的修改标记，如插入符、删除符、互换符、缩进符等；其次，要给学生明确各种符号所代表的意义，让学生不仅能看懂老师的修改，而且也能使用这些符号自我修改。

四、讲评与修改

讲评是教师活动，修改是学生活动，它们没有固定的顺序，另外讲评和修改可以重复进行。

（1）讲评

讲评应先总评，就本次写作的总体情况做简要概述，充分肯定成绩，并从前后的对比中说明学生的进步。

挑选出几篇比较好的文章作为范文进行朗读，朗读完可做点评，也可请学生来发表意见。选择范文时尽量照顾大多数学生，不要只选某几个学生的作文。

就重要的、有代表性的问题进行解释说明。教师对于明显的语言偏误，可设计为练习，进行集中的概括说明。筛选时要注意该偏误是否为大多数学生所共有，是否具有典型性。对于那些个别人的非典型问题，最好不要放在全班讲评时说。

教师可给学生一些相互交流的时间，把学生分成组，每个小组的学生可自由讨论交流，互评互改。之后，教师可以巡视各组，听听大家的意见，并做相应的解释。

（2）修改

教师讲评和学生互评的目的是对作文提出建设性意见，帮助学生进一步修改。有的写作课进行到讲评就结束了，这样还不够，讲评之后，教师应该提出进一步的修改要求。修改有两个不同层次：宏观修改和微观修改。宏观修改指的是从总体效果、结构和内容上提出要求，涉及通篇内容和结构；微观修改指的是在具体段落、词句上进行精细加工或润色，涉及段落和遣词造句。具体操作时，一是改错，可让学生准备一个错句本，将出错的词语、句子写在本子上；篇章结构的问题可只让学生列出框架，或改写某一段落，充实某一段落，不必全文重写。二是润色，让学生通读全文，看看哪些方面有提高的可能。如句子比较平淡、词语不优美、语句较啰唆，就可以看看有没有什么成语、级别高的词可替换，有没有什么更言简意赅的表达方式。添加修饰词也是细化描写、增加文章感情色彩的好方法，也可以引导学生使用。

讲评与修改是贯穿写作全过程最重要的环节，它们不一定在写作最后进行，在写作中也可穿插使用。如提纲列完了，教师就可组织学生讨论，丰富提纲内容，修改不合理的地方；写完开头，教师也可就文章开头评讲一番，修改后再进入下一步的写作。过程写作甚至在学期末还给学生提供修改的机会，以确定最后的分数。写作的一大优势就是可修改，可以反复进行。

第五节　汉语写作技能教学的方法

汉语写作技能教学中具有代表性的方法有过程写作、任务写作、自由写作与模仿写作等，下面做一下简要介绍。

一、过程写作

过程写作是第一语言写作教学中广泛使用的一个方法，它认为写作是学习的过程，而学习只有与学习者的人生经验结合起来，才能成为一种有意义的学习。因此，过程写作强调学生在写作的过程中，完成对语言的探索和使用，教学的侧重点"由传统的篇章结构、语法、词汇，转向了对写作内容及写作过程的关注。一些与学习者的写作过程密切相关的写作'程序'被当作了写作课的教学内容。"[①]

1. 过程写作的特点

（1）写作成为一个过程

从准备写作到写作最终完成，是一个包含很多环节的、连续的相互关联的过程，演示了写作意识的萌发与发展，以及语言表达不断完善的整个过程。换句话说，从无话可说、无从下笔到文章完成，一步步都有章可循，其间学生能获得来自师生各方面的指导和帮助。

（2）注重过程

任何人、任何时候都可以开始写作，尤其是最初，不要求完美、准确，重要的是过程中的进步。过程写作强调写作中的讨论、反馈和修改，以及写作者自我能力的提高。教学双方的目的就是通过循序渐进的训练进程培养学习者的写作能力。

（3）强调写作的目的

学生首先要明确写作的目的、写作的对象，从而激发写作的兴趣。在写作的过程中，学生要不断与人交流，修改和调整自己的思路和表达方

---

① 杨俐.过程写作的实践与理论[J].世界汉语教学，2004（1）.

式，使之更规范和易于理解。

（4）教师的作用

教师成为一个全面的指导者，而不仅仅是写作的指导者。因此，教师要有效地组织教学，为学习者提供更多的讨论和修改的时间，鼓励写作。教师批改也不是找错误、给分数，而是与学生一起讨论、思考后提出改进意见。

2. 过程写作的程序

过程写作的程序一般分为三步：准备→写作与修改→编辑与整理。这个程序有必要让学生充分了解，为了达到了这个目的，教师采用了排序的练习方法：

思路排序：学生分组，把下面的写作组织过程进行合理排序。然后说一下本小组的结果，与教师和同学们一起讨论排序的理由，只要有正当、合理的理由，你的排序就可以成立。[①]

（　　　　　　　　　　）

1）写作草稿

2）修改草稿，撰写出上交的修改稿

3）写作本文话题

4）整理思路图

5）准备写作所用的有关话题的语言（词汇表）

6）草拟提纲

7）集体讨论

8）选择话题

9）填写作业封面

10）收集话题资料

11）上交作业

12）给文章起个题目

下面我们介绍一下过程写作教学的过程。

① 杨俐. 外国人汉语过程写作[M]. 北京：北京大学出版社，2006.

（1）准备

准备阶段，教师指导学生对写作行为进行思考和讨论，明确写作意图，激发写作动机，并确定写作的内容和提纲。这是一个梳理思路的过程。具体而言，有这样的步骤：

1）选定话题：教师提供至少5个话题让学生选择。

2）明确写作目的和对象：请学生设问，我为什么选择这个话题？什么人会对我的写作感兴趣？

3）进行构思：关于这个话题，明确要表达的意图。学生可将想到的内容全部列出来，按照一定的顺序排列，分出段落层次。

4）列出写作提纲：列提纲时，学生要使用精练的语言给出写作的大致框架和主要观点，理清思路。在列提纲的过程中，教师还要带着学生不断地讨论和修改。如关于"抽烟与健康"，教师先让学生分组阅读下列提纲，尝试说一下这样设计的原因，然后带领学生就其优缺点加以评论。例子如下[①]：

> 吸烟与健康
>
> a. 开头：吸烟对自己、家庭和社会都有害处
>
> b. 主题：吸烟的危害
>
> { 对个人身体：严重的有毒成分，如……
>
> 对家庭：家人健康，吸烟的费用
>
> 对社会：浪费社会财物，希望别吸烟
>
> c. 结尾：吸烟对身体危害大，希望别吸烟

5）写出相应的词汇：通过查词典、询问等方式，列出可能使用到的词汇。

6）学习范文等：在教师的指导下，阅读范文，学习和讨论写作知识和写作方法。掌握一些常用句式和篇章结构方法。

（2）写作与修改

写作与修改是使文章成型的重要阶段，在这个阶段，学生不仅要完成

---

① 杨俐.外国人汉语过程写作[M].北京：北京大学出版社，2006.

初稿，还要进行自我完善。具体步骤为：

1）写出草稿：根据提纲，扩充内容，写出草稿。此时学生要专注于文章的整体架构和内容的表述，不拘泥于语言形式。

2）初步修改：内容是否清楚？有没有遗漏、重复？词汇、句子是否要改进？段落是否要调整？各部分衔接是否流畅？依据这个自我评估表，学生对初稿进行内容和结构上的调整。

3）讨论：就写作初稿在小组中交流。学生之间互相点评，就不清楚的地方展开讨论，学习借鉴别人的方法。其间教师也可提出建设性意见。

4）再次修改：就内容、形式等方面进行深入的修改、润色。

（3）编辑与整理

教师指导学生编辑与整理已完成的写作，汇总成果，具体工作可能延伸到整个学期。具体包括：

1）整理文稿：将写作过程中的所有材料，按照过程顺序整理好。

2）填写写作日志：将姓名、时间、文章题目、教师评语、写作心得等填在表格上，作为本次写作的总结，附在文稿之后。

3）编辑成册：期末时，将本学期所有的文章按顺序整理、编辑成册，制成作品集。如有可能，可以再次修改。

3.过程写作的评价

过程写作是在认知心理学、社会语言学和建构主义等理论基础上发展起来的，是学校母语教育的一个重要组成方式，之后运用于第二语言的写作训练。过程写作的方法强调学习者自主意识的发挥，关注人的认知心理对语言能力的作用，为思维的表达提供了一个良好的出路，体现出语言成长的合理性和真实性，因而取得良好的教学效果。

在过程写作中，写作成为一个由易到难、逐步完善的学习过程，减轻了写作者的心理压力，使他们能够从容地面对，并自由表现。在写作的过程中，每一个环节、每一个步骤师生双方都积极参与，体现出充分的交互性。师生之间、生生之间进行充分的讨论，有充足的修改时间，也给了写作者更多的思考和探索的机会，使他们能够更深入地理解和灵活熟练地运用语言形式，发挥出最佳的语言组织能力。在第二语言写作的课堂，学生的写作困难集中在不知道写什么和如何写上，过程写作在帮助学生明确写作意图、搭建写作框架、指导学生自我提升方面有较好的效果。

运用过程写作的方法来进行教学，在操作上要求较高。教师需要进行周密的计划和合理的安排，才能组织好课堂，避免细枝末节问题的打扰。教师还要善于挖掘每个学生的潜力，调动他们的写作热情。在初级写作课堂，搭配范文分析、模仿写作较为重要，完全独立的过程写作更适用于中高级的课堂。

二、任务写作

任务写作是任务型教学法在写作教学领域的运用。任务型教学设定具体的交际任务，通过完成任务的情况来检查写作的质量。与过程写作相比，任务写作更关注结果，与交际项目结合更紧密，当然也关注过程，因此与过程写作有共同的教育理念。

1.任务写作的特点

（1）交际性

语言具有交际性。写作中的交际性体现在写作要关注写作目的和对象，明确"为谁写""为什么写"。当学生像真实生活中的人物一样思考并写作时，教学效果最好。任务写作设定真实的语境，让学生设身处地地来构思文章内容，表达自我意识。语言形式的选择和使用都以服务写作为目的，因而任务写作能促进探究式学习、有意义学习的发展。

（2）实用性

为了达到交际目的，任务写作从实用性的角度精选写作项目，因此与学习者生活、工作、求职等关系密切的题材多收录其中。如寻物启事、游记、简历、便条、备忘录、私人信件，以及表达意见和建议等。其中公文写作占据了很重要的位置。

（3）灵活性

任务写作在教学内容的安排上比较灵活，公文写作和议论文写作的任务项目都没有严格的排序。一个大项目下往往有若干个子项目，如写信函可以分为写私人信件、申请信、推荐信、介绍信、申诉信等，教师可以根据学生的需要和兴趣选择学习。在同一类任务中也设置有不同难度的题目，因而有较大的选择余地。

2.任务写作的过程

任务教学一般分为三个阶段：任务前→任务中→任务后。任务写作的过程为：

（1）任务前——写作准备

写作准备分为以下几个步骤：

1）选定任务

教师要根据学生的兴趣和需要，选定当前的写作任务，进行任务的解释和说明，明确其重要性。

2）热身活动

根据写作主题，进行一定的语言输入，激活知识图式。包括简单的讨论，就个人了解到的情况进行交流等。如"妈妈，我需要换一个手机了"。如果写作文体是议论文，就可以设计这样的热身活动①：

> 你使用手机吗？下面的选项中哪些是你使用最多的功能？
> □打电话 □发短信 □上网 □照相 □看时间
> □听音乐 □玩儿游戏 □摄像 □记事 □听广播

学生可以勾选选项，也可以增加选项。这个任务可以为后面的论说提供支撑。完成之后，还可以继续安排一些延伸性的小组活动和班级活动。如：

> 小组活动，谈谈换手机的理由。
>
> 需要换手机的十大理由 { 1.
> 2.
> ……

---

① 陈作宏主编的《体验汉语写作教程》（中级2）2006年在高等教育出版社出版。本文借用了其中的例子，在教学设计上进行了较大改动。

学生分组讨论，边听边记录要点，这样可以理清学生的观点和态度。

3）范文示例

指导学生分析范文，也即相类似的典型语言样例，讲解段落的安排与组织。如下例：

中学生带手机弊大于利

中学生使用手机会影响身体健康。据有关专家介绍，青少年的免疫系统比成人要脆弱，使用手机时，大脑吸收的辐射比成年人要高出50%。因此频繁地使用手机，会对脑部神经造成损害，引起头痛、记忆力减退和失眠。

……

在阅读的过程中，教师带着学生进一步分析：

文章的主要观点是什么？

作者是用什么理由来说明的？

然后请学生继续完善小组讨论的内容，猜测可能引起的家庭反应，为自己的理由提供合理的说明和解释。如：

$$为自己的理由找一些客观依据 \begin{cases} 1. \\ 2. \\ …… \end{cases}$$

4）语言提示

就范文或任务类型有密切关系的语言形式进行说明，描述使用的规则，进行一定程度的操练。例如归纳性的语言表现形式主要有"总的来说、一言以蔽之、总之、概括地说、综上所述"等，可以提供这样的说明：

看看下面的例句，注意一下"总之""一句话""总的来说"等语言形式的意义和用法：

总之，……　　有了手机，我随时都能跟家人取得联系，也不用在着急的时候到处找公用电话。总之，我非常喜欢手机。

一句话，……　　任何事情都有利有弊，一句话，要具体问题具体分析。

总的来说，……　　使用手机虽然有利有弊，但总的来说，还是给我们
　　　　　　　　　　的生活带来了更多便利。

之后，教师可以让小组继续活动，就之前讨论的内容，运用以上语言形式对小组的结果进行归纳整理。如：

　　　　总之，我认为，＿＿＿＿＿＿＿＿。

（2）任务中——进行写作

学生按照前期的准备情况，开始独立写作。其间教师可进行指导，也可安排小组协商，注意调动学生写作的潜能。

（3）任务后——写作汇报

1）小组交流

学生就写作成果进行交流。学生可以朗读、传阅和讨论写作文章，教师也可发表意见。

2）汇报

每个小组推举发言人，汇报小组的讨论情况，或朗读写作成果，注意语言的准确性与流利性。

3）评价和巩固

教师提出评价标准，学生对照检查，进行全文修改。教师就共性的问题，如文章中存在的语言、文化和语用错误提出建设性意见，也可安排一些后续性的练习，巩固写作的效果。

学生互评可以这样设计：

　　　　与同伴交换课本，看看他写的这段话，并注意下列问题：
　　　　他有没有针对图片故事中的三种情况谈自己的看法？
　　　　从这段话中可以看出他对广告的态度吗？
　　　　这段话中有没有你看不明白的地方？如果有，你可以问问他，或建议他改一改。
　　　　这段话中有没有用错的词？如果有，就告诉他。

标点符号都用对了吗？请帮他检查一下。

如果你发现你的同伴写了错字，请帮他记在下面。

3. 任务写作的评价

任务写作是在交际法的大环境下发展成熟的一种写作方法，强调"用中学""做中学"，强调语言的社会功能，因而具有较强的针对性和实用性。

任务写作吸收了传统写作注重语言形式的优点，语言形式的组织较规范，并尽量与语言表达功能相结合，因而能提高学生写作的准确性。

教学灵活，教师注重学生的个性，可以根据学生的兴趣、语言水平及时调整任务项目，减低难度，保护了学生的学习热情。

存在的问题是：写作任务的选择众口难调，真实性的任务有的难以设计。另外，语言形式与任务的结合有的贴切，有的牵强，甚至遗漏，因此影响了语言的系统性。

4. 练习举例

任务型写作的应用范围很广，如：

（1）写便条

便条是一种简短方便的短信，主要用来把比较简单的事情告诉别人，如留言条、请假条等。写作要点是事由清楚、篇幅短小、语言简洁、形式多样。如下面这个请假条是学生写给老师的，所以要求语言正式、规范，格式正确。如：

仔细阅读下面的说明，请给老师写一个请假条。

大卫的妈妈生病了，大卫需要去医院照顾妈妈，所以他明天不能来上课，他需要请假。如果你是大卫，怎么向老师请假呢？

（2）写私人信件

中文的信件格式不同于英文，一般包括称呼、问候语、正文、祝颂词、署名、日期等几部分。信件的称呼在页首，为顶格写，署名在倒数第二行，在右下角，署名的下方是信件写作的日期。如：

　　我们已经学习了书信的格式和一般写法，请阅读下面的说明，练习一下。

　　你的朋友在上海工作，最近遇到一个难题，女朋友催他结婚，可是他觉得工作经验不足，想去国外进修，因此他左右为难，想问问你的意见。

　　3或4人一组，小组讨论，说说各自的想法，然后给你的朋友写一封信。

（3）写简历

为应聘岗位或申请某种资助，我们需要向别人介绍自己。简历的写法主要在于介绍个人信息、基本教育、工作经历、奖励、荣誉等足以加深对方对自己了解的内容，重点在于对照要求，推销自己。如：

国际中文教师招聘启事

　　因工作需要，本单位面向社会招聘国际中文教师，要求具备硕士及以上学历，语用学或国际中文教育专业，有两年以上教学经历，小语种资历者优先。

　　请根据招聘启事的要求，写一份简历。

（4）写解说词

解说词是一种说明性质的写作文体，常见的有博物馆展品解说、电影故事解说、人物解说、景点解说等，应用范围很广。如：

　　模仿范文，介绍一个自己熟悉的城市、名胜古迹、饭馆、图书馆等。先分组讨论可以从哪些方面来介绍说明这些地方，例如位置、历史、建筑、规模、特色、功能等。

（5）阐明观点

现代商业社会，广告无处不入。下面这个例子[1]从图片导入，展示了三种对待广告的不同态度和做法。通过教师的引导、学生小组活动讨论，

---

[1]　陈作宏.体验汉语写作教程（中级2）[M].北京：高等教育出版社，2006.

学生不断提炼观点并进入写作。在完成任务后，采取学生互评的方法，帮助学生发现问题，进行初步的修改。步骤如下：

　　1）写作准备

　　a. 学生三人一组，谈谈对图片内容的理解。

　　b. 写句子，学生用简单的句子概括图片故事中的三个人对待广告的不同态度。老师找几个学生介绍一下他们的写作内容。

　　c. 学生两人一组，交流对图片中这三个人的看法。

　　2）整理思路

　　a. 请学生简单列举广告给人们的生活带来的好处和坏处。

　　　　好处：

　　　　坏处：

　　b. 全班就以下问题进行讨论。

　　　　➢ 广告到底给人们的生活带来了什么影响？

　　　　➢ 为什么有的人特别相信广告，有的人一点儿也不相信广告？

　　　　➢ 你认为应该相信广告吗？为什么？

　　　　➢ 你喜欢什么样的广告？讲一讲你印象最深的一个广告。

　　c. 参考下面的内容提纲，请学生确定自己的写作内容和顺序。

　　　　➢ 广告对我们生活的影响

　　　　➢ 广告带来的好处和问题

　　　　➢ 应该如何对待广告

　　　　你要写的内容

　　　　➢

　　　　➢

　　　　➢

　　d. 正式写作

　　3）讨论修改

　　a. 两人一组，交换写作成果。看看同伴写的这段话，并注意下列问题：

　　　　➢ 他有没有针对图片故事中的三种情况谈自己的看法？

> 从这段话中可以看出他对广告的态度吗？
> 这段话中有没有你看不明白的地方？如果有，你可以问问他，或建议他改一改。
> 这段话中有没有用错的词？如果有，就告诉他。
> 标点符号都用对了吗？请帮他检查一下。
> 如果你发现你的同伴写了错字，请帮他记在下面。

b. 根据同伴的建议和自己的新想法修改你的草稿。

三、自由写作

自由写作严格地说还不是一种教学法，而是一种写作路子，它是为克服写作时的语言"堵塞"而设计的。不论是第一语言写作还是第二语言写作，都可能有"无从下笔"的情况发生，自由写作能激发写作者打开思路，从而为进一步的写作打下基础。

自由写作的一个常用方法就是"头脑风暴"（Brainstorming），也叫"激情联想"，写作者面前放着一张白纸，中间画一个圈，写上题目或关键词，写作者只需盯着白纸，将脑中涌现出的任何词语或句子写出来，越多越好，而不必计较拼写和语法。关键是一直写、尽快写，不要停顿。之后，再进行整理、充实。

宗世海等（2012）基于"以写促学"理念开展的"写长法"教学实践取得显著教学效果。"写长法"以写的字数多、写的篇数多、适当写快为特点，写作形式包括当堂作文、听后写、课外日记等，可以看作是自由写作的一种代表。

1. 自由写作的特点

（1）强调写作的启动

写作前，任何人都需要构思，要考虑内容、结构、写作意图、语言风格等，往往考虑的问题越多，越难安排取舍，尤其是第二语言写作者，还受到语言水平的限制，思维和语言不同步，就越发觉得难写。自由写作强调头脑放松，打开思路，激发灵感，将涌入脑中的任何想法，有关的或无关的都尽快记下来，而不考虑其他问题，能保证大脑处于积极活动状态，从而为下一步理清思路、提炼主题提供更多、更好的帮助。"万事开头难"，自由写作用头脑风暴的方法能帮助写作者跨越写作的心理障碍。

（2）强调写作的量

写出来的东西，量比质更重要。快速地写、不间断地写，激活的成分越多，语言表达就可能更丰富、更得体。正如罗青松（2002）所说，一旦能把自己的意见写出来，语法的正确以至语言的组织问题都可以迎刃而解。当学生越来越自如地进入自由写作状态，就会发现自己能写得比较流利，语言表达的量积累到一定程度，就会在质上产生飞跃。

（3）关注内容的表达

思维的连贯性会保证语言表达的流利，学生的注意力会更多地放在表达的内容和速度上，而不必担心词汇、语法、拼写、标点的使用及可能出现的错误，能够保证写作内容的基本表达。

2. 自由写作的步骤

（1）限定一定的时间，三四分钟或者更长。

（2）写出脑中出现的任何词语或句子。

（3）把它们按照一定的内容排列起来。

（4）画出重要的部分，将其分成有层次的段落。

（5）将段落按照一定的层次组织起来，构思提纲。

（6）试着写出一些小的段落。

（7）考虑语言的形式、文章的结构，进入写作。

3. 自由写作的评价

自由写作的最大好处是解决了学生书面表达中的思路阻塞问题，减轻了学生对写作的压力。让学生在自由放松的状态下想象，并尽情书写，不苛求语言的表达，不计较文字的书写，这对很多惯于用母语思维的人来说，尝到了外语写作的快乐，也让许多惧怕写作的学生认识到写作并不是一件很难的事。

自由写作更好地体现出写作的特点。写作是思维表达的一种形式，它借助文字来抒发情感、表达观念，如果限于文字和语言的羁绊，无法真实、有效地表达，写作的意义就大打折扣。鼓励学生大胆写作而不关注语言形式的问题，就是明确告诉学生，只要表达出思想，形式上的东西是可以修改的，不必为了形式的完美而放弃对思想的追求，从而让学生摆正内容与形式的关系，并体会到学习的意义。

自由写作奠定了准确表达的基础。从自由表达到认真修改是一个循环。在写作的前期阶段，学生写出尽可能多的词语，通过互换学习、提问解答，慢慢形成文章的表达雏形，获得写作的经验和感性认识，然后逐步进行语言的加工。前期准备为后期写作打下扎实的基础，提高了写作的效率。

存在的不足是自由写作作为一种写作手段，在启动写作方面具有明显的优势，在进入真正的写作后却缺乏有力的指导，在表达的内容和形式上也没有严格的要求，写作的效果也主要看学生的发挥，因此具有一定的局限性，应作为常规写作方法的一种补充。如写长法不适用于应用文写作，也不适宜初级水平的学生（宗世海等，2012）。

四、模仿写作

模仿写作也叫控制写作，是传统写作常用的教学模式，它吸收了听说法注重语言结构训练的思想，强调在教师指导下的学习。学生通过各种形式的语言操练，模仿使用语言，以达到减少错误的发生，巩固并熟练使用语言的目的。

模仿写作遵循"词—句—段—篇章"的写作路子，一般从语言形式入手，学生先做各种形式的句子练习（如看图写话、填空、组句、添加成分等），熟悉语言的使用规则，然后根据提供的语言框架做段落练习，进行篇章模仿写作。在此过程中，教师是教学的组织者和引导者，不仅要提供大量的练习材料，解释练习的方法，保证练习的效果，还要进行写作知识的讲解，规范写作的内容和形式。与自由写作相比，教师控制课堂的成分大大加强了。在学生水平还未达到自由的输出阶段时，控制性的写作对于那些特别是语言储备还不充分的学生来说，起到了建立规则、减少错误、树立信心等作用，较适合初级教学。

1. 模仿写作的特点

（1）实行分解训练的方法

模仿写作按照组成篇章的各级语言单位来安排训练的顺序，如词语组句练习、连句成段练习、连段成章练习、综合模仿练习等，通过单项练习的方式，熟悉写作所需的各种知识，掌握谋篇布局的各项技能，为真正进入自由写作做准备。分解训练的好处在于分化写作的难点，突出单项训练的效果，减轻写作的压力。比如，写作教材中常做一些语言形式的操练：

例1. 仿照例句连词成句，使句子通顺，这是运用一定的句法规则组合句子的练习[①]：

1）这个｜那个｜大｜了｜多｜房间｜比

2）西湖｜苏州｜碧螺春茶｜龙井茶｜这么｜吗｜好喝｜有

3）今天｜我｜妹妹｜回家｜妈妈｜早｜让｜一点儿｜和

4）有｜她｜姐姐｜中国｜一个｜王红｜叫

5）通过｜我们｜的｜介绍｜是｜朋友｜认识

例2. 仿照例句填空，使句子完整[②]。此例通过让学生补充句子成分来完成句子。相比例1而言，这个练习有了一些自由表达的余地。

1）（　　　）‖是我的好朋友。

2）妈妈‖（　　　）了很多鲜花。

3）大山‖今天吃了很多（　　　）。

4）图书馆里‖（　　　）

5）（　　　）‖不大合适。

---

① 何立荣. 留学生汉语写作进阶[M]. 北京：北京大学出版社，2003.

② 同上。

例3. 将下列每组句子合并成一个句子①。这一练习需要学生准确理解两个独立的句子之间的语义关联，并用合适的方式改写成一个句子。难度加深了。

例如：我认识一位服务员。

她对顾客十分热情周到。

——我认识一位对顾客十分热情周到的服务员。

1）我买了一张足球票。

这张足球票是明天晚上七点的。

2）这场杂技是北京杂技团表演的。

杂技节目精彩极了。

3）两年前我在北京第一次见到他。

那时候他已经是一个出色的翻译了。

4）老师借给我一本语法书。

这本语法书对我的学习很有帮助。

5）我晚上要去飞机场接我的一个朋友。

那位朋友在东京外国语学院学习汉语。

例4. 给下列句子选择适当的程度补语②。这一练习已经给出了具体的语境，学生要根据实际需要来完成句子。

1）我长这么大，交的朋友真是多得＿＿＿＿＿＿。

2）听说儿子生病住院了，他急得＿＿＿＿＿＿。

3）得到大学录取通知书的那天，她高兴得＿＿＿＿＿＿。

4）这位老人爬上山顶时，已经累得＿＿＿＿＿＿。

5）看到远方回来探亲的孩子，他笑得＿＿＿＿＿＿。

例5. 扩展句子：为下面的句子或短语添加成分，使句子复杂化③。

---

① 罗青松. 汉语写作教程[M]. 北京：华语教学出版社，1998.

② 同上。

③ 何立荣. 留学生汉语写作进阶[M]. 北京：北京大学出版社，2003.

1）园林有名

2）照片不错

3）字不清楚

4）幼儿园有孩子

5）外国游客参观博物馆

（2）提供写作的范本

模仿写作很重视范文的作用，课堂上往往利用范文来分析文章结构，总结写作技巧，学习篇章的连接方式。在分析的基础上，引导学生了解文章的体裁，以及内容是如何与形式紧密结合的，然后指导学生在现有的框架下，更换主题或表达范围，写出一篇新的文章。如下面的留言条：

留言条

儿子：

我今天晚上有点儿事情要加班，晚饭在冰箱里，你加热

　　写明原因　　　　　　　交代事项

一下，我会在八点左右到家。

　　　　告知时间

　　　　　　　　　　　　　　　爱你的妈妈

　　　　　　　　　　　　　　　2022年8月5日中午

写作的框架也可以用这样的方式给出：

我家的客厅里放着……，走进我的卧室……，正对着我的房间是……。走出后门，是一个小小的花园……

或者提供题目和一些词语，要求学生有选择地使用，适当加入如对季节、天气的描写等。例如[①]：

---

① 乔惠芳，赵建华.外国留学生汉语写作指导[M].北京：北京大学出版社，1995.

清晨去上课

差15分8点　起床　早饭　来不及　洗漱　迟到　匆匆忙忙
抱歉　满头大汗　好容易　不好意思　拿起……　跑出……
气喘吁吁　飘着雪花

（3）强调语言表达的正确性

在结构主义思想的影响下，教师对语言的正确性相当重视，对错误，尤其是语法错误采取比较严格的态度。控制写作采用了一系列井然有序的训练方式，目的就在于提供更多有规律的使用条件，规范学生学习，减少错误的产生。模仿写作对文章出现的形式错误尽量做到修改无误，这也强化了学生对语言形式的重视。

正确使用标点符号，也是模仿写作的一个重要方面。常用的标点符号有两种，一种包括逗号、句号、分号、冒号、问号等，用来表示停顿或语气；一种包括引号、书名号、括号、破折号等，用来表示特殊的标示意义。如教材中会安排这样的练习：

例1. 提供一个不含标点符号的文本，让学生添加上合适的标点符号。①

1）哎呀　真是美极了　安娜说　我是十二分的满意

2）修好了吧　一个人焦急地问

3）他还打算一年内掌握英文　法文和德文等语言

4）王红低着头　在门前走来走去　谁也不知道此时此刻她在想什么

例2. 学生作文中的标点符号可能出错，可以设计找到文中使用错误的标点符号并改正。②

1）小时候我比较淘气。胆子特别大。记得上小学时经常因为逃课或者跟别的孩子打架而挨妈妈打。

---

① 李增吉.汉语高级写作教程（上册）[M].北京：北京大学出版社，2006.

② 同上。

2）我最佩服的人要数我父亲了；我觉得他什么都懂！

3）昨天的面试怎么样、有希望吗？朋友问。

4）有人说，这部电影就像它的片名"绿茶"，越品越有味儿。

2. 模仿写作的常用方法

模仿写作的方法比较多样，因提供材料的方式、写作时的要求、引导的方法各有不同，形成一些各有侧重的训练方式。这里，我们也着重介绍方法，对过程略去不讲。

（1）变换法

学生根据提供的一些段落，或改变说话人的身份，或改变叙述的方式，或改变其中的某一语法句式，进行再次写作。如一个以第三人称口吻描述人物的段落，介绍了哥哥与弟弟相比的各种特点，相貌、身高、爱好、习惯等，如果使用变换法写作，就可将叙述人物的口吻改成哥哥或弟弟，变为第一人称，并规定一些句式的变换，如"比"字句变为"不如"句等，这样文章的模式保持大致不变，但是语言的组织、叙述方式都会发生变化。

续写也是一种变换的写作方式，比如为文章写一个开头，或给文章写一个结尾。写作的内容是依据原文的合理想象。如下例：

> 说说接下来写的段落或文章应该是哪些方面的内容，然后把你的想法写出来。
>
> 在小学时，我就迷上了画画儿……

（2）问答法

围绕着一定主题，教师提出很多问题，对这些问题的回答实际上就可写成一篇文章。如"介绍学习汉语的情况"，可以提出以下问题：

> 你是什么时候开始学习汉语的？
> 你现在在哪个班？
> 那个班的老师和课程怎么样？
> 你觉得哪方面比较难？

你的学习方法是……?

效果如何?

你打算学习多长时间?

学完以后,你打算做什么?

由于所提的问题相对集中,而且可以分成不同的段落,等于提示了写作的脉络,有助于形成一个完整的叙述。

(3)图示法

在写作的内容和形式方面,教师直接提出各种要求,学生按照教师的引导,逐步、逐项地完成。教师一般可以借助各种表格、图画等形象化的材料来提示写作的内容,也可以提供一些连接成分或提示性的句子,学生必须运用上面所给的材料来描述和表达。如Ann Raimes 练习实例①,展示了一张有人物和背景的图画,要求学生写出:

1)画面上有一对男女和他们的住房。第一段描写出房子的颜色、窗户的形状,以及对房子的印象。

2)第二段介绍画面上的女士,描述她的样子:年纪、头发、衣服和表情,以及对她的印象。

3)第三段用"靠着这位女士站着的是一位先生"这个句子开始,说明对他身份的猜测及理由。描述他的外貌、眼睛、表情、衣着,以及手中拿的工具。

4)用两三个句子结束文章。

图片可以提供丰富的信息,且比较直观。看图写作跟看图说话类似,都是根据提供的图片,分析图片的内容来写作。其要求是不仅准确理解和描述出图片信息,如果是多幅图片,还要求图片之间的内容要连接顺畅。另外,根据某人的简历写一封推荐信、根据一个产品说明写一个广告等,都是较为常用且简便有效的写作训练。

---

① 罗青松.对外汉语写作教学研究[M].北京:中国社会科学出版社,2002.

（4）填充法

填充法是指提供详细的叙述或说明框架，空出关键部位由写作者来填充的写作方法，对于信件、请柬等格式较为固定的写作文体，这样的方法提供了很好的写作模板，较易学习掌握。如下例，请学生在横线上填上合适的词语或句子，完成一个请假条：

请假条

　　_____：

　　　　昨天晚上我的好朋友打_____来告诉我，他坐今天上午的飞机从首尔来上海，她不会说汉语，_____，所以，我今天不能上课，特请假一天，_____。

　　此致

敬礼

学生_____

____年____月____日

（5）平行法

采用"听后写""读后写"等形式，将文章的内容介绍给学生，要求学生使用提供的词汇、句型、连接方式和段落结构等，将理解和记忆的内容进行重新组织，完成段落或篇章。如果要求学生融入个人的观点、加入评价式的语言，则可以写成"听后感"或"读后感"。

3. 模仿写作的评价

考虑到语言输出的开放性和复杂性，模仿写作的指导者力求为学习者们提供一个规范的、可控制的写作环境，消除一切可能出现的错误，这在一定程度上保证了写作的质量。写作中涉及的问题是多方面的，采用分解训练的方法，将写作的难点进行分级处理，将有助于学生了解自身的状况，确定写作的主要目标。模仿写作多采用提具体要求的指导方式，尤其是规定了必须使用的词语或句式，这种强制使用的方法，使学生回避使用的现象受到遏制，强化了语言训练。

模仿写作基本属于传统的第二语言教学路子，它对语言形式的重视、对文章篇章结构的合理使用，都基于第二语言教学不同于母语教学的认识，因而更照顾到了外语学习者的心理。目前国内大部分写作教学模式都吸收了模仿写作的精华，在练习的编排上更注意语言形式的阶梯性，循序渐进，由易到难，由分散到综合，对初级水平的学生来说，有较强的指导意义。

模仿写作的局限是在内容与形式上都设置了一定的条条框框，限制了思想表达的自由发挥。写作说到底是表达思想的，而思想可以有更多、更丰富的表达方式。机械性的变换、框架的束缚，在一定程度上损害了学生的思维，使得文章千篇一律，缺乏个性。仅靠模仿就能学会写作的思想也有简单化的倾向，语篇并不是词汇、语法的简单堆砌，而是语言、文化、心理和认知能力的综合体现，过于分散的语言形式练习可能会误导学生，使他们将写作的重心只放在形式化的练习上。因此模仿写作多应用在写作的初级阶段。

思考题

1. 书面表达的特点是什么？
2. 留学生的汉语写作与中国人的母语写作有什么区别？
3. 各阶段写作训练的任务是什么？
4. 写作中的语篇偏误有哪些？
5. 写作前的准备方法有哪些？
6. 试说明教师反馈的做法。
7. 什么是过程写作？它有什么特点？
8. 什么是任务写作？任务写作最适宜安排什么文体的写作训练？为什么？
9. 简述模仿写作的优劣。

参考文献

陈贤纯.对外汉语教学写作课初探[J].语言教学与研究，2003（5）.

郝长留.语段知识[M].北京：北京出版社，1983.

何立荣.浅析留学生汉语写作中的篇章失误[J].汉语学习，1999（1）.

劲　松.被字句的偏误和规范[J].汉语学习，2004（1）.

吕必松.汉语和汉语作为第二语言教学[M].北京：北京大学出版社，2007.

罗青松.英语国家学生高级汉语词汇学习过程的心理特征与教学策略[C]//《第五届国际汉语教学讨论会论文选》编辑委员会.第五届国际汉语教学讨论会论文选.北京：北京大学出版社，1997.

罗青松.汉语写作教程[M].北京：华语教学出版社，1998.

罗青松.对外汉语写作教学研究[M].北京：中国社会科学出版社，2002.

乔惠芳，赵建华.外国留学生汉语写作指导[M].北京：北京大学出版社，1995.

辛　平.对11篇留学生汉语作文中偏误的统计分析及对汉语写作课教学的思考[J].汉语学习，2001（4）.

杨　俐.过程写作的实践与理论[J].世界汉语教学，2004（1）.

翟　艳.汉语词语偏误分析的方法[J].云南师范大学学报（对外汉语教学与研究版），2007（1）.

祝炳耀.汉语写作教学中的语段运用[C]//北京语言文化大学汉语学院.语言文化教学研究集刊第3辑.北京：华语教学出版社，1999.

宗世海，祝晓宏，刘文辉.“写长法”及其在汉语二语写作教学中的应用[J].世界汉语教学，2012（2）.

DONN B. Teaching writing skills[M]. London: Longman Press, 1979.